CW01646410

ATLAS
de
L'ARCHÉOLOGIE

ATLAS *de* L'ARCHÉOLOGIE

MICK ASTON & TIM TAYLOR

GALLIMARD

RESPONSABLES ÉDITORIAUX
Joanna Warwick, David Williams, Christine Winters et Sean Moore
RESPONSABLES ARTISTIQUES
Joanne Mitchell, Paul Greenleaf, Heather McCary et Tina Vaughan
PHOTOGRAPHIE : Steve Gorton
CARTOGRAPHIE : John Plumer et Dale Buckton
FABRICATION : Sarah Coltman
RECHERCHE ICONOGRAPHIQUE : Jo Carlill
CONSEILLER : Jenni Butterworth

Edition originale parue sous le titre :
The Atlas of Archaeology
Copyright © 1998 Dorling Kindersley Limited, Londres
Copyright pour le texte © 1998 Mick Aston, Tim Taylor
Copyright pour les cartes © 1998 Dorling Kindersley

POUR L'ÉDITION FRANÇAISE

EDITION :
Françoise Favez
CONSEILLERS ÉDITORIAUX
Jean Bosom et Philippe Peltier
(Musée des Arts d'Afrique et d'Océanie)
Eric Delpont
(Institut du Monde arabe)
Philippe Jacquin
(Université de Lyon III).
Bertrand Lemoine
(Architecte et ingénieur)
Catherine Louboutin et Laurent Olivier
(Musée des Antiquités nationales)
Amina Okada
(Musée national
des Arts Asiatiques-Guimet)
Jean-Marie Pesez
(Ecole des Hautes Etudes en Sciences Sociales)
Claude Sintès
(Musée de l'Arles antique).

BOUCLE MÉDIÉVALE

TRADUCTION :
Christiane Descoubès-Prigent, Cécile Giroldi, Olivier Le Goff,
Françoise Paîcher, Catherine Sobecki et Béatrice Vierne
CORRECTION :
Isabelle Haffen, Catherine Houchot, Eliane Rizo, Agathe Roso
et Claire Simonin
MONTAGE
Octavo

Imprimé en Italie par Mondadori
ISBN : 2-07-051311-4
Copyright Éditions Gallimard, Paris
«Loi n° 49-956 du 16 juillet 1949
sur les publications destinées à la jeunesse»
Dépôt légal : septembre 1998
Numéro d'édition : 81861

HACHE PALÉOLITHIQUE

SOMMAIRE

INTRODUCTION 6-9

PREMIÈRE PARTIE 10-131

LES CHASSEURS-CUEILLEURS 12-13
UNE VALLÉES PALÉOLITHIQUE : STANTON HARCOURT 14-17
TYPOLOGIE : LES OUTILS DE PIERRE 18-19
AUTRES SITES 20-23

LE NÉOLITHIQUE 24-25
UNE VILLE NÉOLITHIQUE : ÇATAL HÜYÜK 26-29
AUTRES SITES 30-33

L'ÈRE MONUMENTALE 34-35
LE HENGE D'AVEBURY 36-39
TYPOLOGIE : LA CÉRAMIQUE 40-41
AUTRES SITES 42-45

LES PREMIÈRES VILLES 46-47
UNE CITÉ DE L'ÂGE DU BRONZE : PALAIKASTRO 48-51
TYPOLOGIE : LES BRONZE 52-53
AUTRES SITES 54-57

MOHENJO-DARO

L'ÂGE DU FER 58-59
UN SITE FORTIFIÉ : NAVAN 60-63
AUTRES SITES 64-67

L'ÉPOQUE CLASSIQUE 68-69
UNE VILLA ROMAINE : TOCKENHAM 70-73
TYPOLOGIE : LE VERRE 74-75
AUTRES SITES 76-79

JET D'EAU ROMAIN EN FORME DE TÊTE DE POISSON

LE HAUT MOYEN ÂGE 80-81
UNE NÉCROPOLE SAXONNE :
WINTERBOURNE GUNNER 82-85
AUTRES SITES 86-89

L'ÉPOQUE MÉDIÉVALE 90-91
UN CHÂTEAU DU MOYEN ÂGE :
HYLTON 92-95
AUTRES SITES 96-99

L'ALHAMBRA, GRENADE

LES NOUVELLES COLONIES 100-101
UN SITE COLONIAL :
ST. MARY'S CITY 102-105
AUTRES SITES 106-109

L'ÈRE INDUSTRIELLE 110-111
UNE MANUFACTURE :
BIRMINGHAM 112-115
TYPOLOGIE : LES MONNAIES 116-117
AUTRES SITES 118-121

LES TECHNIQUES ARCHÉOLOGIQUES 122-131

ARCHÉOLOGIE SOUS-MARINE

DEUXIÈME PARTIE 132-208

COMMENT UTILISER L'INDEX GÉOGRAPHIQUE 134-135

LES CARTES 136-157

LISTE DES SITES 158-197

GLOSSAIRE 198-200

BIBLIOGRAPHIE 201

INDEX 202-207

REMERCIEMENTS 208

INTRODUCTION

Les signes mystérieux laissés par nos ancêtres sont pour nous une source de fascination. Ils attisent notre curiosité, notre désir naturel d'en savoir plus. Interpréter ces signes mystérieux disséminés dans le monde, tel est justement le travail passionnant de l'archéologue. Les chapitres du présent livre ont pour objet de vous faire découvrir quelques-uns des plus importants sites archéologiques. Nous avons tenté de rendre compte du travail réel fourni par les archéologues, de faire ressentir l'émotion suscitée par une découverte et le défi que constitue son interprétation. Certains sites ont donc été retenus parce que plus représentatifs que d'autres du travail de l'archéologue qui ne saurait se limiter à la fouille des pyramides ou de riches sépultures. Nous espérons qu'ils vous donneront envie de visiter des sites similaires non loin de chez vous.

PREMIÈRES EMPREINTES
Les empreintes de pieds d'hominidés, vieilles de 3,8 millions d'années, trouvées sur le site de Laetoli, en Tanzanie, évoquent le mystère et la poésie de notre passé commun.

LA LECTURE DU PASSÉ

L'archéologie nous offre une certaine vision du monde en s'appuyant sur l'analyse des traces matérielles laissées par les cultures anciennes. Dans un millénaire, l'archéologue qui découvrira les omniprésentes bouteilles de Coca-Cola sera à même de tirer des conclusions sur notre savoir-faire technique, notre rapport à l'environnement et notre alimentation. D'autres objets typiques peuvent faire l'objet d'une «lecture» identique et être rapprochés d'autres découvertes effectuées dans la même région. Dans le présent livre, nous avons choisi des sites variés tant sur le plan géographique que chronologique. Cela va d'un site chasseur-cueilleur, peu après la mort d'un mammouth, jusqu'aux inventions de l'ère industrielle, en passant par les splendeurs de la période classique.

LES THÈMES ARCHÉOLOGIQUES

Bien que nous ayons privilégié une approche chronologique, les archéologues jugent parfois utile de regrouper les sites présentant des caractéristiques culturelles ou physiques communes. Les sites les plus spectaculaires sont bien sûr ceux qui présentent des constructions, des tombes et des monuments visibles à l'œil nu. Cependant, dans de nombreux cas, rien ne permet de dire à quoi servait exactement tel ou tel monument. Ainsi, à Avebury, en Angleterre, les archéologues avaient besoin, pour donner une signification aux pierres dressées qu'ils avaient sous les yeux, des indices, petits mais cruciaux, enfouis dans le sol.
Parfois, les vestiges de cités et de villages entiers sont de véritables défis pour les archéologues. Les campements temporaires du Paléolithique n'ont pas laissé beaucoup de traces, mais il est possible de retrouver les sédiments des habitations complexes des premières cités grâce aux techniques modernes. Les examens de prospection géophysique se révèlent souvent capitaux pour découvrir les fondations des constructions et peuvent être utilisés conjointement aux techniques plus traditionnelles, comme les fouilles. Vous verrez que pour ces sites complexes, chaque

LA VIE PRÉHISTORIQUE
Les découvertes faites sur certains sites, comme cette dent d'ours trouvée en Angleterre, ont plus de 200 000 ans.

LES MONUMENTS MYSTÉRIEUX
Les étranges pierres dressées de Carnac, en France, et d'Avebury, en Angleterre (à droite), comptent parmi les sites archéologiques les plus connus au monde. Ces monuments servaient aux rites funéraires.

indice est important : un morceau d'ivoire sculpté trouvé à Palaikastro, en Grèce, peut être le signe de l'existence d'un négoce avec le monde extérieur et des restes d'os d'un village néolithique à Çatal Hüyük, en Turquie, peuvent donner des renseignements sur les animaux domestiqués qui vivaient dans les champs entourant la ville.

Ces conclusions nous permettent de nous faire une idée plus précise sur le site et ses habitants. Chaque indice témoigne du degré de sophistication et des caractéristiques culturelles de la société en question. Mais les informations les plus étonnantes sont peut-être celles que nous fournissent les sources écrites. Depuis l'invention de l'écriture, les archéologues peuvent se fonder sur des documents pour compléter ou entreprendre des recherches et se livrer à des interprétations. Les plans de construction ou les inventaires se révèlent parfois essentiels pour les sites industriels, comme l'atteste le site de Soho dans ce livre. Mais les sources documentaires ne suffisent pas à retracer l'histoire complète d'un lieu et les archéologues ont également besoin des preuves révélées par les fouilles. Celles-ci sont très variées. Il peut s'agir de restes d'animaux, d'ustensiles, de poteries, de pierres, de verre, de métal ou de restes humains. Les sépultures sont souvent des mines de renseignements pour les archéologues car ce sont des sites qui s'inscrivent dans une époque précise, riches en preuves culturelles, religieuses et scientifiques. La découverte de squelettes comme ceux de Winterbourne Gunner, en Angleterre, a apporté des éclaircissements et des éléments d'analyse. Les sépultures livrent des corps intacts, des habits et des objets rituels et donnent une idée de la composition du cimetière tout entier. Elles forment un ensemble où les monuments, les

terrassements et les constructions sont tous rattachés aux pratiques funéraires. L'importance des rites dans le développement des sociétés est complexe et souvent difficile à interpréter. A Navan, dans le nord de l'Irlande, la présence d'un tumulus a ainsi révélé l'existence d'un édifice, construit à l'Age du fer, et apparemment dévolu à la célébration d'un rite particulier. Ce genre de site est aussi rare que fascinant et nous amène à nous poser des questions pour l'instant sans réponse.

LES SITES

Chaque chapitre du présent livre est précédé d'une carte illustrée où sont figurés les nombreux sites correspondant aux périodes prises en compte. Les archéologues se réfèrent à de telles cartes pour aborder de nouveaux sites. Elles sont le fruit du travail des générations précédentes de chercheurs et le fondement de tous les travaux archéologiques futurs.

Cette vision d'ensemble est suivie de l'examen détaillé des vestiges d'un site typique. Ces vestiges ont été révélés par des fouilles, mais aussi par d'autres techniques, telles la prospection géophysique et l'utilisation des sonars. Nous montrons comment ils peuvent être assemblés et analysés pour suggérer une interprétation visuelle du site originel. L'interprétation des vestiges, surtout ceux de l'époque préhistorique, ne peut jamais, bien sûr, être parfaitement exacte mais est seulement la plus précise possible compte tenu des techniques et des connaissances qui sont à notre disposition. Le grand nombre des découvertes effectuées exigent de la part des archéologues un grand savoir-faire en matière d'interprétation. Vous verrez comment l'analyse minutieuse, par exemple, de graines et de plantes trouvées sur un site datant du Paléolithique a permis aux archéologues de brosser un tableau du paysage tel qu'il devait être il y a 200 000 ans. Vous apprendrez aussi comment la magnétométrie fournit la position exacte des fondations murales et comment la localisation terrestre par satellite permet de tracer la carte d'un paysage.

COMMENT SITUER LES DÉCOUVERTES

Au fur et à mesure que nous avançons dans l'histoire, la nature des découvertes change et la variété des objets devient d'une extrême complexité. L'ingéniosité de l'homme et les technologies qu'il a su mettre au point obligent les archéologues à effectuer des recoupements au

LES TRACES DE CIVILISATION
Les vestiges laissés par de grandes civilisations, comme la bibliothèque de Celsus, à Ephèse (à gauche), éveillent l'intérêt du public pour l'archéologie. Dans un premier temps, il est préférable d'étudier ces sites au sujet desquels il existe, en général, une importante documentation.

Les archéologues au travail
Les fouilles impliquent nécessairement des destructions, il est donc important de décrire de façon détaillée toutes les découvertes. Les archéologues expérimentés sont méticuleux et extrêmement patients.

Les objets déterrés
La plupart des objets trouvés dans le sol sont en mauvais état. Les objets en métal comme ce poignard se désintègrent très vite.

moyen de typologies compliquées permettant de comparer des objets précis. Vous verrez comment, en comparant des morceaux de poterie grâce à une typologie datée des styles de poterie, il devient possible de dater un site à partir d'un simple tesson. A Winterbourne Gunner, l'étude d'objets personnels comme les bijoux a permis de dater la sépulture grâce à la connaissance des changements de styles intervenus dans ce domaine. Parfois, pour interpréter des découvertes, il faut connaître la technologie utilisée pour fabriquer un objet donné. Il peut être très important de savoir quels sont les signes distinctifs d'un pot confectionné à la main ou d'un bronze obtenu par moulage, d'être en mesure d'expliquer comment un objet en silex a été retouché ou encore de comprendre comment des matériaux bruts ont servi à fabriquer du verre. Après l'étude détaillée d'un site précis dans chaque chapitre, un certain nombre de sites mondiaux seront présentés. Cela vous permettra d'établir une comparaison entre les principaux sites étudiés dans ce livre et les sites correspondant à la même période dans les autres parties du globe. Après vous avoir fait découvrir en détail un site avec toutes ses particularités, vous en avoir présenté d'autres en détail, nous vous proposons un index facile à consulter des sites du monde entier, région par région. Cela vous permettra de localiser ceux qui sont près de chez vous ou qui se trouvent dans des lieux que vous avez l'intention de visiter, et simplifiera vos recherches.

Nous espérons que ce livre vous fera découvrir l'univers fascinant de l'archéologie, vous apprendra comment l'on passe de l'étude géophysique, des fouilles et de l'analyse comparative à la reconstitution d'un tableau détaillé de notre passé commun. Il est possible de recourir aux techniques et aux méthodes présentées pour étudier un lieu archéologique situé près de chez vous et nous souhaitons de tout cœur que ce livre vous amène à considérer le présent dont vous faites partie et le passé dont vous êtes issus avec un intérêt égal.

Mick Aston & Tim Taylor

Les technologies utilisées
L'archéologue doit beaucoup travailler avant et après les fouilles. A Avebury (voir ci-dessus), les découvertes sont faites grâce à des prospections géophysiques sans risque.

Première partie

Les sites archéologiques

Si la plupart des grands sites mondiaux ont livré leurs secrets, c'est bien grâce à l'obstination et aux compétences des générations d'archéologues qui s'y sont succédé. Ceux que vous trouverez décrits dans ce livre reflètent l'incroyable diversité de la vie humaine à travers le globe et vous feront pénétrer dans l'univers excitant de la recherche archéologique. L'archéologie est essentiellement la quête d'une meilleure connaissance de nous-mêmes par la compréhension de notre passé collectif. Et si les fouilles requièrent avant tout des travaux méticuleux et scientifiques, elles n'aboutiraient jamais sans la créativité et l'enthousiasme des chercheurs. C'est cet enthousiasme que nous espérons communiquer aux lecteurs embarqués pour un voyage fascinant à la découverte des moments clés de notre histoire commune.

L'homme de Lindow
Le corps de ce jeune homme fut découvert dans un marécage du Cheshire (Grande-Bretagne) en 1964. On l'avait frappé violemment à la tête, ligoté et on lui avait tranché la gorge. La datation au carbone 14 indique que sa mort remonte au Ier ou au IIe siècle après J.-C. Il s'agissait sans doute d'un sacrifice rituel, comme pour les corps retrouvés à Grauballe et Tollund, au Danemark.

LES CHASSEURS-CUEILLEURS

Depuis qu'il existe, l'homme a passé la majeure partie de son temps à chasser, à pêcher, à récolter les œufs et les coquillages et à cueillir les plantes comestibles disponibles dans la nature, baies, racines, tubercules, noix et fruits. Ces «chasseurs-cueilleurs» étaient nomades et se déplaçaient en groupe au gré des migrations animales et des ressources végétales. Même si nous nous les représentons encore s'abritant dans des grottes, ils fréquentaient le plus souvent des sortes de campements en plein air. Et si les vestiges de cette époque sont peu nombreux, on en trouve dans le monde entier, depuis les haches de pierre d'Afrique jusqu'aux harpons de l'Arctique.
De ces temps reculés, il nous reste également des vestiges artistiques, peintures rupestres et art mobilier qui nous a livré, par exemple, des silhouettes animales en os. Ces découvertes nous éclairent sur les activités quotidiennes et spirituelles d'une humanité vieille de plus d'un million d'années.

① **LAC HEALY**
Les niveaux inférieurs de ce site, vieux de 11 000 ans, ont livré de nombreuses lamelles microlithiques.

② **L'ANSE AMOUR**
Des bois de cervidés comme celui-ci ont été trouvés sur ce site. Les hommes en faisaient des harpons pour la chasse.

③ **DANGER CAVE**
Les outils découverts dans cette grotte très bien conservée nous informent sur les activités des hommes qui vivaient là il y a 11 000 ans.

④ **BLACKWATER DRAW**
Ces outils de pierre taillée prouvent que les hommes étaient présents sur le continent américain il y a environ 12 000 ans.

⑤ **GUILÁ NAQUITZ**
Vers 6400 av. J.-C., cette communauté abandonna la chasse pour l'agriculture.

⑥ **TAIMA-TAIMA**
Une carcasse d'éléphant massacré montre que les hommes chassaient le gros gibier à cet endroit, il y a 15 000 ans.

⑦ **TAPERINHA**
Les restes de coquillages vieux de plus de 7 000 ans prouvent que l'homme préhistorique connaissait les ressources de la mer.

⑧ **MONTE VERDE**
Il y a environ 13 000 ans, les hommes de cette région du Chili s'abritaient dans des huttes de bois et taillaient le bois, l'os et la pierre pour en faire des outils.

LES PEINTURES RUPESTRES DE L'ÂGE DE LA PIERRE
On a découvert ces fresques dans les grottes des gorges de Valltorta, en Espagne. Plusieurs grottes abritent des peintures de l'Age de la pierre. Peintes en blanc à l'origine, elles ont été recouvertes à plusieurs reprises de rouge et de noir, obtenus avec des pigments et des cendres mélangés sans doute à des jus végétaux et à des graisses animales. La *Cueva del Civil* (ci-contre, à gauche) représente des personnages stylisés, les armes à la main. Cette peinture fut probablement exécutée durant la période de transition d'une société de chasseurs à une société de cultivateurs.

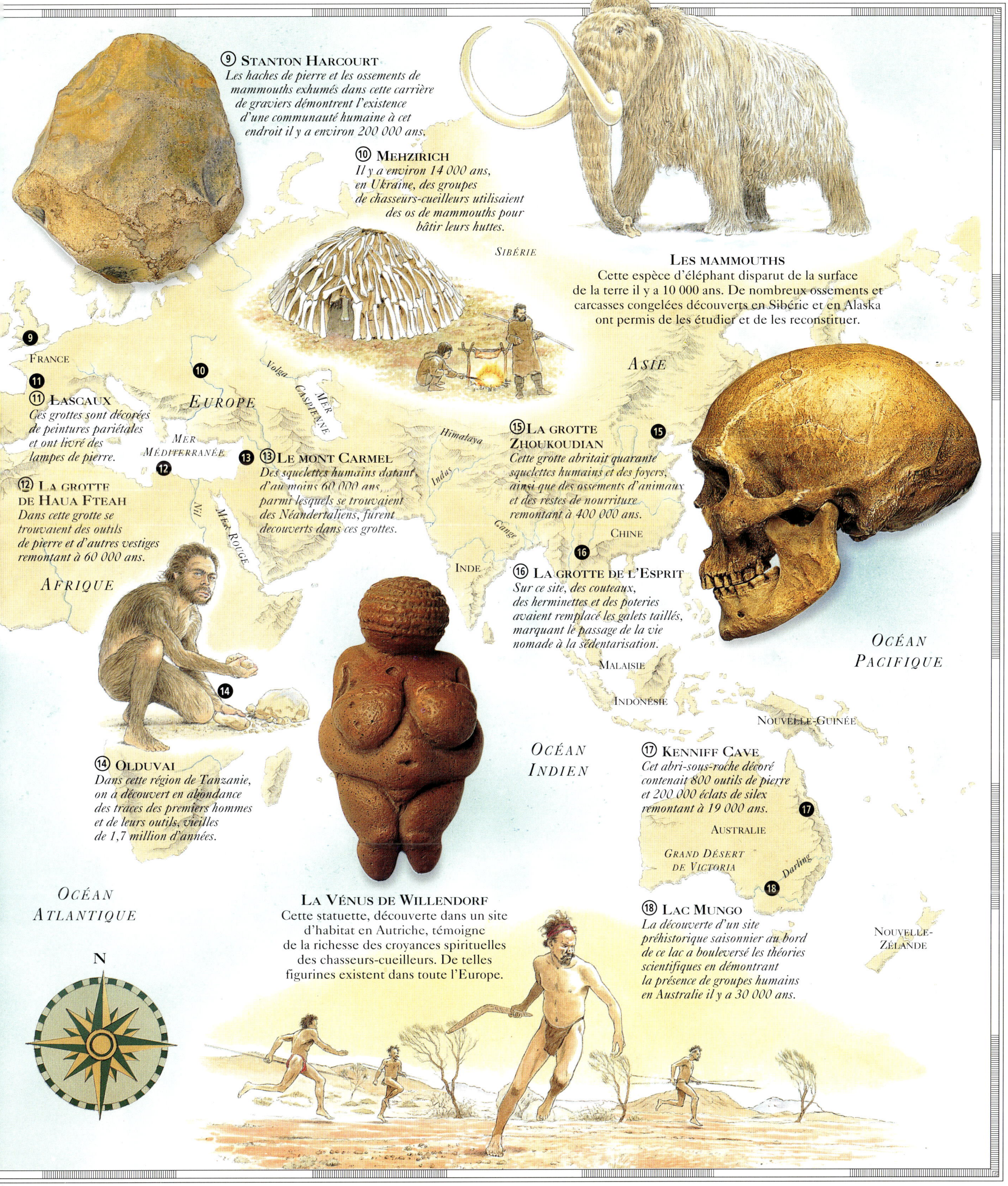

⑨ STANTON HARCOURT
Les haches de pierre et les ossements de mammouths exhumés dans cette carrière de graviers démontrent l'existence d'une communauté humaine à cet endroit il y a environ 200 000 ans.

⑩ MEHZIRICH
Il y a environ 14 000 ans, en Ukraine, des groupes de chasseurs-cueilleurs utilisaient des os de mammouths pour bâtir leurs huttes.

LES MAMMOUTHS
Cette espèce d'éléphant disparut de la surface de la terre il y a 10 000 ans. De nombreux ossements et carcasses congelées découverts en Sibérie et en Alaska ont permis de les étudier et de les reconstituer.

⑪ LASCAUX
Ces grottes sont décorées de peintures pariétales et ont livré des lampes de pierre.

⑫ LA GROTTE DE HAUA FTEAH
Dans cette grotte se trouvaient des outils de pierre et d'autres vestiges remontant à 60 000 ans.

⑬ LE MONT CARMEL
Des squelettes humains datant d'au moins 60 000 ans, parmi lesquels se trouvaient des Néandertaliens, furent découverts dans ces grottes.

⑮ LA GROTTE ZHOUKOUDIAN
Cette grotte abritait quarante squelettes humains et des foyers, ainsi que des ossements d'animaux et des restes de nourriture remontant à 400 000 ans.

⑯ LA GROTTE DE L'ESPRIT
Sur ce site, des couteaux, des herminettes et des poteries avaient remplacé les galets taillés, marquant le passage de la vie nomade à la sédentarisation.

⑭ OLDUVAI
Dans cette région de Tanzanie, on a découvert en abondance des traces des premiers hommes et de leurs outils, vieilles de 1,7 million d'années.

⑰ KENNIFF CAVE
Cet abri-sous-roche décoré contenait 800 outils de pierre et 200 000 éclats de silex remontant à 19 000 ans.

LA VÉNUS DE WILLENDORF
Cette statuette, découverte dans un site d'habitat en Autriche, témoigne de la richesse des croyances spirituelles des chasseurs-cueilleurs. De telles figurines existent dans toute l'Europe.

⑱ LAC MUNGO
La découverte d'un site préhistorique saisonnier au bord de ce lac a bouleversé les théories scientifiques en démontrant la présence de groupes humains en Australie il y a 30 000 ans.

UNE VALLÉE PALÉOLITHIQUE

STANTON HARCOURT, ROYAUME-UNI

CARTE P. 144, G7

PROSPECTION DU SITE

- L'exploitation des graviers dans la vallée a permis la découverte de nombreux restes d'animaux (os, dents et défenses) suggérant une occupation des lieux par des animaux préhistoriques.
- Des restes d'insectes, de mollusques et de plantes ainsi que des pollens retrouvés dans le lit de la rivière ont permis de reconstituer l'environnement préhistorique.
- Les analyses géophysiques et les fouilles ont mis au jour un lit de rivière remontant à la préhistoire.

Durant le Paléolithique, les périodes de glaciation et de réchauffement successives ont dévasté tout l'hémisphère Nord. Pendant certaines phases de réchauffement, appelées «interglaciaires», le climat moins rude permettait la formation d'une couche d'humus sur laquelle se développait une nouvelle végétation. Dans cet environnement luxuriant, plusieurs espèces animales prospéraient et étaient utilisées par les hommes à diverses fins. Les transformations dues aux mouvements glaciaires compliquent la tâche des chercheurs. Les vestiges sont souvent peu nombreux et ne permettent pas toujours de distinguer entre haltes de courte durée et occupations durables, ni d'évaluer l'impact de l'eau et de la glace sur l'état de conservation des sites.
Pour les archéologues, Stanton Harcourt demeure une énigme. Les vestiges découverts sur ce site ont-ils été apportés par la fonte des glaces ou les hommes et les animaux vivaient-ils, tout simplement, là, au bord de la rivière ?

LE SITE
La gravière de Stanton Harcourt était connue des archéologues qui y travaillaient depuis de nombreuses années. Mais il était question de la combler, ce qui laissait aux scientifiques relativement peu de temps pour achever leurs recherches. Ils concentrèrent donc leurs efforts sur la couche de graviers la plus profonde, et donc la plus ancienne, qui recouvrait le lit argileux de la rivière préhistorique.

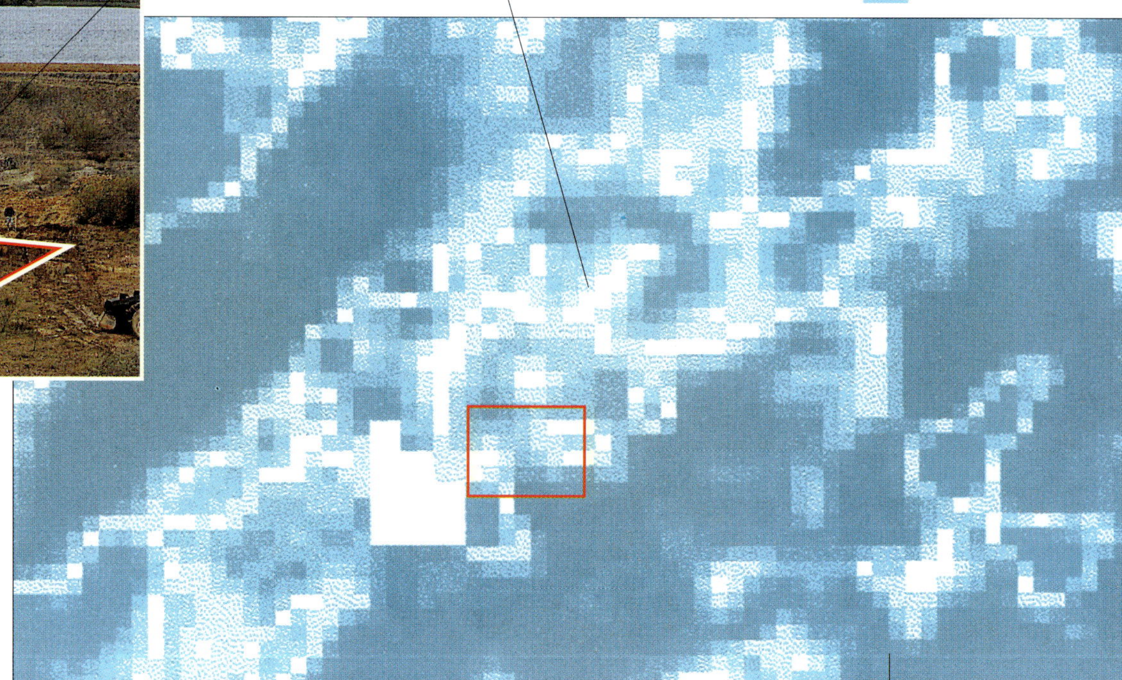

CARTE GÉOPHYSIQUE
Les études géophysiques visaient à localiser les paléochenaux, anciens cours disparus de la rivière, où des matériaux datables pouvaient s'être accumulés. Les berges de l'ancienne rivière ont une résistance électrique plus forte que l'ancien lit, plus humide.

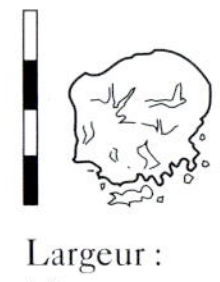

Largeur : 10 cm

ÉCHANTILLON DE TERRAIN
Des échantillons de sol furent prélevés au fond des fossés et des lits pour examiner les restes organiques (végétaux ou animaux) qu'ils contenaient. Grâce à l'identification de certaines espèces, le climat et le paysage purent être reconstitués avec quelque précision.

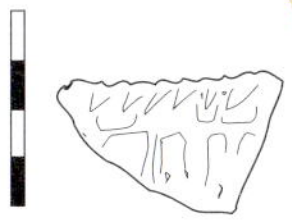

Longueur :
30 cm

Dent de mammouth
La découverte de nombreuses dents de mammouths atteste la présence sur le site des ancêtres de nos éléphants.

Hache taillée
C'était l'outil le plus utilisé par les hommes du Paléolithique. Plusieurs haches, en bon état de conservation, ont été trouvées sur le site.

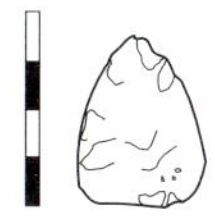

Longueur :
12 cm

Longueur :
10 cm

Bois
De grands tronçons d'arbres ont été retirés de l'ancienne rivière. Dans certains cas, les arbres avaient encore leurs racines, ce qui prouvait qu'ils avaient bien poussé là.

Longueur :
3 cm

Mollusques d'eau douce
Les mollusques retrouvés dans le lit de l'ancienne rivière sont intacts. Ces corbiculas, bien connues des chercheurs, ont fourni des indications précieuses sur l'environnement préhistorique.

Le plan des fouilles
Ce plan localise les découvertes des fouilles anciennes, parmi lesquelles on trouve les défenses et les os de mammouths. Les archéologues purent ainsi identifier les lieux où se concentraient les vestiges et repérer l'ancien tracé de la rivière.

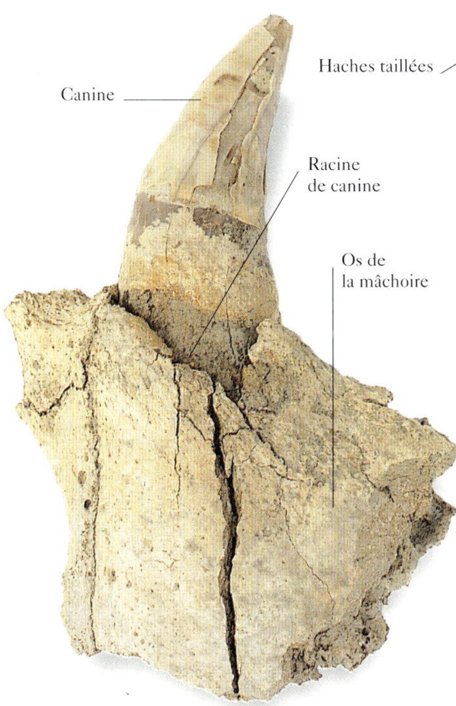

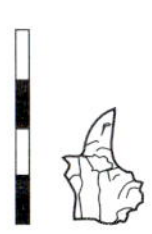

Longueur :
7 cm

Dent d'ours
Ce fragment de mâchoire d'ours, contenant une canine, indique qu'il y avait un environnement partiellement boisé.

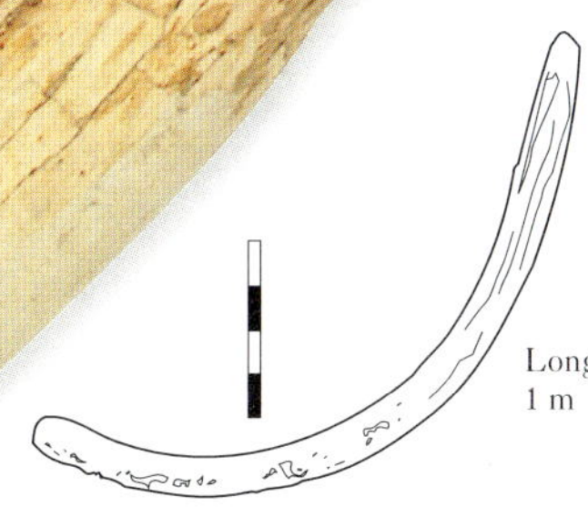

Longueur :
1 m

Défense de mammouth
On a retrouvé de nombreuses défenses de mammouths, certaines mesurant plus de 1,5 m. La plupart se trouvaient le long du lit de l'ancienne rivière en l'absence de tout autre ossement. Certaines étaient très solides, d'autres durent être moulées avant d'être dégagées.

UNE VALLÉE PALÉOLITHIQUE

ANALYSER LES DÉCOUVERTES

Nos ancêtres de l'Age de la pierre taillée nous ont laissé peu d'indices propres à reconstituer leur mode de vie, hormis de nombreux outils de silex et quelques résidus de la flore et de la faune qui les entouraient et assuraient leur subsistance. Les restes des hommes eux-mêmes et de leurs habitations sont très rares. Sur ce site paléolithique, les archéologues se trouvaient face à une énigme. Ces vestiges étaient-ils *in situ* (à leur place d'origine) ou avaient-ils été entraînés là par la fonte des glaces ou par le courant ? Existait-il un campement humain à proximité ?
Les informations livrées par le site ont permis d'établir que les conditions nécessaires au développement animal et végétal étaient alors à peu près analogues à celles d'aujourd'hui.

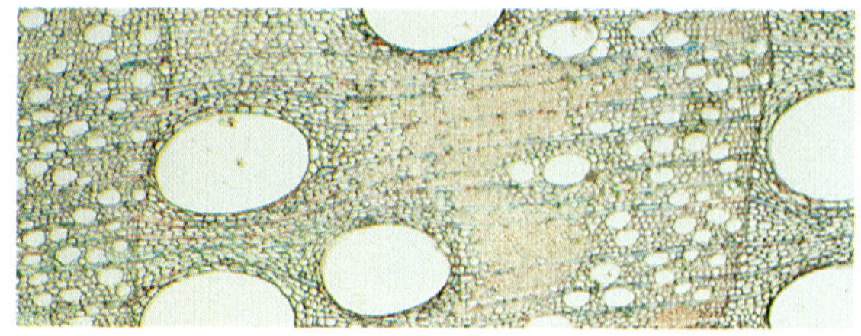

COUPE D'ARBRE
En observant au microscope un prélèvement du bois trouvé sur le site, on a pu identifier l'espèce de l'arbre. Il s'agissait d'un chêne. Chaque espèce a des vaisseaux de taille et de dessin différents.

LE SITE RECONSTITUÉ
A partir des vestiges recueillis, nous pouvons imaginer un paysage : une large rivière bordée de joncs traversant paisiblement des prairies et des bois. Les cadavres d'animaux, mammouths et autres, entraînés jusque-là par le courant, sont restés prisonniers des racines et des arbres tombés, surtout aux méandres de la rivière.

OURS BRUN
Les ours bruns se nourrissent de baies, de fruits, mais aussi de carcasses d'animaux morts qu'ils trouvent dans la nature. Leur présence indique donc un paysage partiellement boisé, possédant une flore et une faune abondantes.

APHODIAS FASCIATUS — *HISTER QUADRINACULATUS* — *DERMESTES MURINUS*

SCARABÉES
*Les restes de scarabées trouvés dans le sol suggèrent un environnement particulier. L'*Hister quadrinaculatus *se nourrit de cadavres d'animaux infestés par les mouches. L'*Aphodias fasciatus *mange les déjections des gros herbivores.*

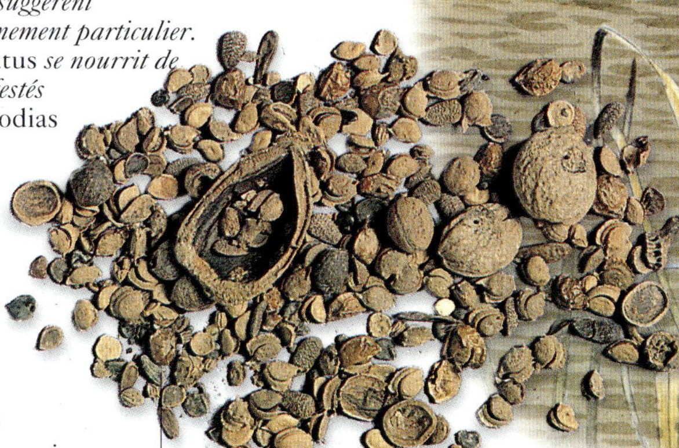

VALÉRIANE
La valériane est une herbe sauvage qui fleurit au printemps. Elle pousse à travers toute l'Europe. Les nombreuses plantes retrouvées sur le site évoquent un paysage de prairie riche d'espèces florales variées.

GRAINES
Les échantillons ont été passés au tamis pour identifier les plantes. La taille et la forme des graines permettent de les reconnaître.

Comparaison des dents

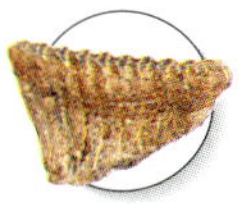

Sur le site de Stanton Harcourt, sont présents aussi bien des éléphants que des mammouths. Certaines différences dans la structure des dents permettent de les identifier avec certitude. Les stries qui parsèment la surface des dents sont plus ou moins creusées selon qu'il s'agit d'un éléphant ou d'un mammouth. Cette évolution est liée à l'adaptation au milieu : les dents de mammouth étaient plus appropriées à la végétation épaisse et dure caractérisant les climats froids, tandis que les dents d'éléphant ont des stries plus espacées, mieux adaptées à la végétation plus tendre des climats tempérés. On en a donc déduit que les mammouths, adaptés et associés à des températures très froides, furent condamnés par le réchauffement des temps glaciaires. C'est ce même réchauffement qui provoqua une montée des eaux, qui fit de la Grande-Bretagne une île.

Haches taillées
Les occupants de Stanton Harcourt étaient des tailleurs de silex. On a retrouvé sur le site plusieurs haches de type «acheuléen» (pp. 18-19). L'absence de déchets de taille et le bon état des outils tendent à prouver qu'ils ont été fabriqués ailleurs et apportés sur place par les hommes. Si les haches avaient été en mauvais état, on en aurait conclu qu'elles avaient été charriées jusque-là par la fonte des glaces.

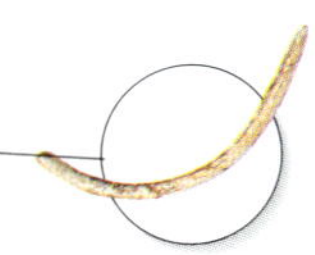

Carcasse de mammouths
Les archéologues pensent que les mammouths morts ou mourants étaient entraînés jusqu'au site par le courant. Ils constituaient ainsi une facile source de nourriture pour les hommes qui vivaient au bord de la rivière. Ils utilisaient leurs outils en pierre taillée pour dépecer les animaux.

Mollusques d'eau douce
*Le bon état de ces petits coquillages (*Corbicula fluminalis*), encore groupés, montre que la zone fouillée n'avait pas été perturbée depuis les temps préhistoriques, ce qui est très rare.*

Conclusions

- L'analyse des vestiges indique les changements de climat dans la vallée au cours du Paléolithique.
- Les espèces végétales permettent de reconstituer un paysage de plaines et de bois bordant la rivière.
- Un grand nombre d'espèces animales vivaient et chassaient dans cette vallée. Elles ont pu être identifiées grâce aux os, aux dents et aux défenses retrouvés sur le site.
- Les haches de pierre suggèrent que les hommes ont fréquenté cet endroit sans y séjourner durablement.

Les outils de pierre

Pour fabriquer les haches
Dans certains cas, on retrouve auprès des haches taillées les percuteurs qui ont servi à les fabriquer. Les percuteurs de pierre se sont mieux conservés que les percuteurs en bois de cervidé, beaucoup plus rares.

En comparant les outils de différentes époques, les archéologues parviennent à suivre l'évolution des capacités techniques des hommes du Paléolithique. Pour les outils de pierre, il n'est pas rare que 100 000 ans s'écoulent entre chaque évolution. Chaque nouveau stade de développement se caractérise par une technique plus sophistiquée, destinée en général à augmenter la longueur de tranchant utile pour un même bloc de silex : plus le temps passe, plus le tranchant utile est long. Une autre méthode d'étude des outils consiste à évaluer la quantité de travail que chacun a nécessité. Pour fabriquer un chopper d'Olduvai, par exemple, il suffisait de frapper deux pierres l'une contre l'autre, tandis qu'une hache taillée nécessitait un travail plus difficile et plus long. Une des évolutions les plus importantes fut le passage de l'utilisation du bloc de pierre, simplement dégrossi par l'enlèvement de quelques éclats, à celle des éclats eux-mêmes aménagés en outils divers.

Chopper d'Olduvai

1,9 million d'années

Les outils les plus anciens (1,9 million d'années) ont été découverts en Afrique, sur le site d'Olduvai, dans le nord de la Tanzanie. Il s'agit de simples galets d'où ont été retirés des éclats afin d'obtenir un côté tranchant. Les plus petits d'entre eux étaient sans doute utilisés pour couper et racler. Ces outils appartenaient à un de nos ancêtres, l'*Homo habilis*. A cause de leur aspect rudimentaire, on peut les confondre avec les galets fendillés que l'on trouve dans la nature. Toutes sortes de roches étaient utilisées pour les fabriquer, le silex bien sûr, mais aussi le quartz et les pierres volcaniques.

1,9 million d'années

Caractéristiques

Des galets sont utilisés comme matière première. La partie non taillée repose dans la main. Le côté tranchant est obtenu par un seul éclat.

Hache paléolithique

1,5 million d'années

A cette époque, un homme plus évolué, l'*Homo erectus*, quitte l'Afrique pour se répandre à travers le monde, à l'exclusion de l'Amérique. Il emporte avec lui un nouveau genre d'outil, connu sous le nom de hache «acheuléenne». Cet outil a la caractéristique d'être taillé des deux côtés, c'est un biface.

Caractéristiques

Un seul côté est tranchant. La pierre a été taillée pour obtenir deux faces. La forme d'ovale allongé est caractéristique de cette époque.

Éclat Levallois

200 000 ans

L'*Homo sapiens* apparaît il y a 200 000 ans environ. Une nouvelle méthode de taille est associée à cette époque, la méthode Levallois, du nom du village français où elle fut découverte. La méthode de débitage Levallois consiste à détacher du nucléus préparé de façon particulière un ou plusieurs éclats. La forme de ces éclats est dite «prédéterminée» car le tailleur la visualise mentalement avant de la créer et prépare son bloc de silex en fonction d'une forme d'éclat précise et voulue. Cette technique permet d'obtenir la forme désirée et d'économiser le silex en utilisant les petits éclats.

Caractéristiques

Le nucléus du silex est taillé en forme de tortue. La hache n'est qu'un gros éclat obtenu à partir de ce nucléus. La partie coupante correspond au pourtour du nucléus.

Fabrication d'une hache paléolithique

Réaliser une hache de pierre demande beaucoup d'habileté et de patience. Il fallait d'abord choisir une pierre adaptée par sa nature, son poids et ses dimensions et la frapper au bon endroit pour obtenir les éclats recherchés. Si l'on a pu reconstituer cette technique des centaines de milliers d'années plus tard, c'est grâce aux traces d'enlèvement d'éclats encore visibles sur les outils et particulièrement sur les haches individuelles. Ce point d'impact, ou point de percussion, se repère assez facilement.

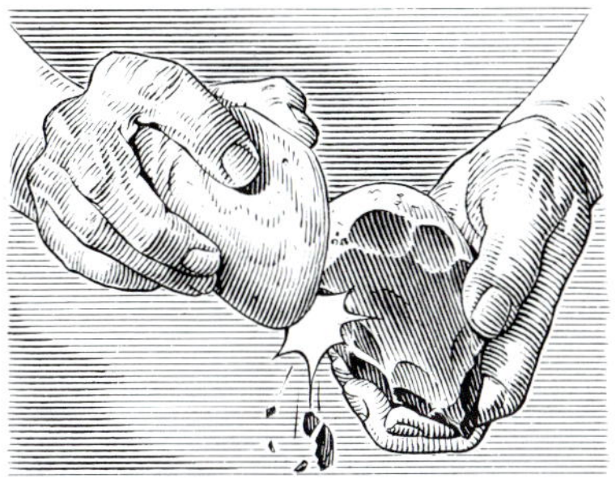

1 La pierre choisie doit être d'une texture fine, sans défaut, qui se cassera facilement. Le bloc est frappé avec une pierre utilisée comme percuteur. L'enlèvement des gros éclats détermine une ébauche de hache.

2 Une fois le bloc dégrossi, un percuteur en bois de cervidé, plus léger, est utilisé pour enlever de petits éclats. Cette étape, appelée «débitage secondaire», demande beaucoup de précision.

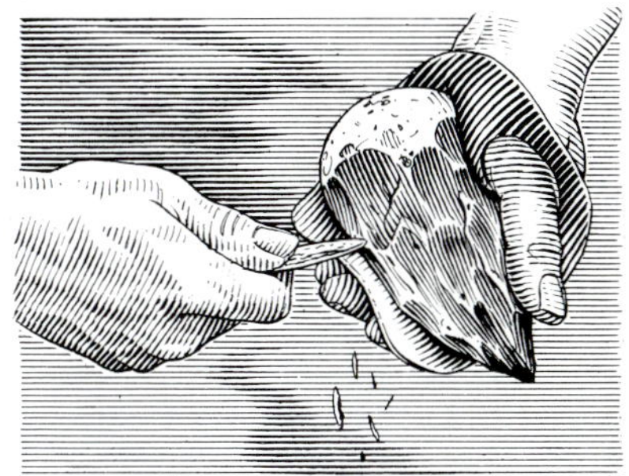

3 Une fois l'ébauche de hache obtenue, le tailleur parfait l'outil, par des retouches «par pression», en appuyant et non plus en tapant sur l'outil en cours de fabrication, pour enlever de tout petits éclats.

Lames paléolithiques

40 000 ANS

Il y a environ 40 000 ans, la taille de la pierre fut perfectionnée. On obtient toute une série de lames à partir d'un même bloc. Une fois retouchées par enlèvement de petits éclats sur les bords, ces lames devenaient des outils, couteaux ou racloirs. Cette méthode permettait d'obtenir des surfaces coupantes plus longues qu'auparavant.

Caractéristiques

Forme allongée, bords parallèles.

Bout pointu ou arrondi.

Un seul bloc produit de nombreuses lames.

Microlithes

10 000 ANS

Les microlithes furent utilisés massivement il y a environ 10 000 ans. Ce sont des lames beaucoup plus petites assemblées à plusieurs. Ils servaient à fabriquer des outils composites comme des harpons, des faucilles ou des lances. Les lames les plus grandes servaient de burins.

Caractéristiques

Outil de petite taille.

Lame fine et longue.

Sert à fabriquer des outils composites.

Hache néolithique

4 000 ANS

Les haches de pierre polie apparaissent au Néolithique (pp. 22-23). Ces grandes haches, affûtées par frottement avec une autre pierre, marquent une étape majeure dans l'évolution humaine. Leur usage était pratique, mais aussi symbolique.

4 000 AV. J.-C.

Caractéristiques

Forme régulière.

Bord aiguisé.

Surface polie et douce.

Autres sites

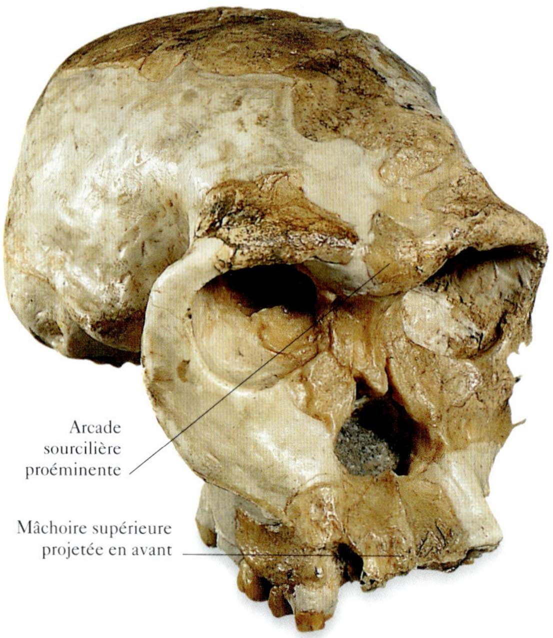

Arcade sourcilière proéminente

Mâchoire supérieure projetée en avant

Crâne d'*Homo habilis*
L'Homo habilis *fut le premier homme capable de fabriquer des outils. Mais son crâne était encore très différent du nôtre : cerveau plus petit, mâchoires larges et projetées en avant, arcades sourcilières très prononcées.*

Gorges d'Olduvai

PLAINE DE SERENGETI, TANZANIE

CARTE P. 142, F5

Le défilé d'Olduvai fut créé il y a environ 500 000 ans, quand une faille géologique permit à la rivière de tracer son chemin à travers la plaine de Serengeti. En creusant les couches de sédiments et de débris volcaniques, elle révéla l'existence d'une occupation humaine aux alentours d'un lac disparu. La datation, par la technique du potassium-argon, de la couche volcanique des gorges prouva que les vestiges préhistoriques remontaient à 1,9 million d'années et que le site était encore habité il y a environ 100 000 ans. Les premiers ossements humains furent trouvés à Olduvai en 1959, et les fouilles ultérieures permirent de découvrir plus de soixante squelettes et des quantités importantes de pierres taillées et d'ossements d'animaux. Les restes humains les plus anciens datés appartiennent à l'australopithèque (*Australopithecus boisei*) et à l'*Homo habilis*, les premiers hominidés à avoir utilisé et fabriqué des outils en pierre, des galets grossièrements taillés. Il y a environ 1,5 million d'années apparut l'*Homo erectus* et ses techniques plus évoluées dont la production de haches et de hachereaux.

Vue de la gorge
Olduvai est une gorge en forme de Y. Cette photo montre l'endroit où la plupart des fouilles ont eu lieu. Le rocher dressé résulte de l'érosion des couches tendres ; c'est là que furent faites les plus grandes découvertes.

Naissance de l'*Homo habilis*

Pour les archéologues, les gorges d'Olduvai ont une valeur inestimable pour l'étude des chasseurs-cueilleurs. Les différentes couches de sédimentation permettent en effet de suivre l'évolution biologique des premiers hommes ainsi que celle de leurs techniques de fabrication d'outils. Après la découverte du premier *Homo habilis*, en 1964, l'archéologue Louis Leakey (1903-1972) et son équipe ne tardèrent pas à mettre au jour des ossements remontant à 1,7 million d'années. Et bientôt, Leakey put attribuer les nombreux outils trouvés sur le site, vieux de 1,9 million d'années, à ce nouvel ancêtre. Certains outils portaient des traces de boucherie, mais il s'agit plus probablement de charognage que de véritable chasse. Les découvertes d'Olduvai donnèrent lieu à des controverses importantes, la répartition au sol des pierres taillées, des ossements animaux et des fossiles humains étant très difficile à interpréter.

Traces d'éclats

Galets taillés
Les outils trouvés sur place sont des galets éclatés pour obtenir une arête coupante.

MEZHIRICH

DNIEPR, UKRAINE

CARTE P. 147, M5

Les huttes en os de mammouths trouvées à Mezhirich, en Ukraine, étaient situées dans un site de plein air, proche des rives du Dniepr. C'est sans doute l'exemple le plus ancien d'architecture. On pense qu'il s'agissait du camp de base d'une petite communauté de chasseurs-cueilleurs, qui sillonnaient la région et utilisaient des sites différents selon les saisons, tout en retournant régulièrement à Mezhirich. La datation au carbone 14 fait remonter ces constructions à plus de 18 000 ans. On a retrouvé sur ce site les restes de cinq huttes, bâties avec des ossements de mammouths et pourvue d'un foyer, de zones de travail et de grands tas de déchets. Les os constituaient une armature solide que l'on recouvrait sans doute de peaux de bêtes. Ces habitations ressemblaient plus à de vastes tentes qu'à des maisons, et l'imbrication savante des ossements ne devait pas être visible de l'extérieur.

LES OSSEMENTS DE MAMMOUTHS
Les fouilles réalisées sur ce site mirent au jour de grands amas d'os (ci-dessus) correspondant chacun à une habitation. Répertoriés un par un, ces os furent numérotés et leur position exacte enregistrée. Cela permit aux archéologues de reconstituer chaque hutte telle qu'elle se présentait avant de s'écrouler.

DES ABRIS SAISONNIERS

Chaque hutte de Mezhirich avait sa structure propre utilisant des agencements d'os différents. Chacune nécessitait un grand nombre d'os et beaucoup de travail. Pour construire une seule hutte, il fallait rassembler 95 mâchoires de mammouths et le travail demandait sans doute dix hommes pendant 5 ou 6 jours. De nombreux objets furent également trouvés sur ce site, attestant l'importance de ce camp de base. Les objets décorés et les statuettes indiquent une riche culture matérielle et sans doute des croyances religieuses ou symboliques. On trouva également des bijoux, dont des coquillages percés d'un trou pour être portés en colliers, qui proviennent de 300 km de là et de l'ambre de la mer Baltique à plus de 100 km de distance. L'étude des outils démontra également que la pierre utilisée pour les fabriquer provenait d'une certaine distance. Grâce à ces constructions et aux objets trouvés sur ce site, on peut se faire une idée plus riche que d'habitude des chasseurs-cueilleurs qui vivaient là. Il s'agissait sans doute de groupes organisés, capables de concevoir une architecture élaborée, tandis que les objets d'art laissent entrevoir des pratiques religieuses ou artistiques. Les matériaux venus de très loin supposent des échanges entre communautés, mais on ne peut formuler que des hypothèses sur leur nature et leur ampleur.

STATUETTE SCULPTÉE
Cette statuette féminine en ivoire a été découverte à Mezhirich. On a trouvé des statuettes semblables et contemporaines dans toute l'Europe.

HUTTE EN OS DE MAMMOUTHS
Cette reconstitution montre l'assemblage soigneux des ossements imbriqués les uns dans les autres. Ces structures étaient probablement recouvertes de peaux de bêtes.

MONT CARMEL

PRÈS DE HAÏFA, ISRAËL

CARTE P. 148, E4

Depuis la mise au jour de restes humains dans les grottes de Skhūl et Tabūn, au mont Carmel, dans les années 1920, de nouvelles découvertes, parfois controversées, alimentent notre connaissance des premiers hominidés et hommes modernes. Jusque-là, les savants qui avaient étudié l'homme de Néandertal pensaient qu'une de ses caractéristiques était sa capacité à résister au climat froid d'Europe et d'Asie occidentale. Ce Néandertal suscitait de plus des polémiques dans la communauté scientifique quant à sa place exacte dans la lignée des premiers hommes modernes, certains le considérant comme notre ancêtre commun, d'autres comme une branche parallèle sans descendant. Les découvertes faites dans les grottes du mont Carmel sont au cœur du débat car certains squelettes et outils appartenant à des hommes de Néandertal et d'autres à l'*Homo sapiens* y furent largement contemporains, démontrant que les deux espèces avaient pu coexister. Les crânes humains trouvés dans la grotte de Tabūn appartenaient tous à des Néandertal, et ceux de Skhūl à des hommes modernes.

UNE SÉPULTURE NATOUFIENNE
A la fin du Paléolithique, la culture natoufienne fleurit en Israël. Les morts étaient enterrés avec des objets, retrouvés dans les tombes, dont un bandeau de tête en coquillages.

LES HABITANTS DES GROTTES

Dans les petites grottes de Skhūl, dix corps au moins reposaient dans la même sépulture. Les fouilles de Tabūn furent plus importantes, mais les vestiges humains et les outils de pierre taillée y étaient moins nombreux et plus éparpillés. Au départ, l'énigme demeura entière : les Néandertal et les *Homo sapiens* avaient-ils coexisté ? Les Néandertal étaient-ils les ancêtres des hommes de Tabūn ?
Cette question fut enfin élucidée grâce aux nouvelles méthodes de datation des dents (résonance de spin électronique) et à la thermoluminescence (silex calciné et roches). On s'aperçut alors que les corps du mont Carmel étaient beaucoup plus anciens qu'on ne le pensait. Ceux de Skhūl étaient vieux de 80 à 100 000 ans, tandis que ceux de Tabūn avaient entre 90 000 et 200 000 ans. Un des squelettes de Tabūn avait vécu 110 000 ans plus tôt. L'homme à qui il appartenait, un Néandertal, avait donc côtoyé les premiers *Homo sapiens*. Les Néandertal disparurent il y a environ 45 000 ans. Les deux espèces humaines ont donc eu la possibilité de se rencontrer pendant 45 000 ans. Ceci montre, s'il en était besoin, le rôle majeur de la datation pour la compréhension des sites archéologiques.

LES DÉCOUVERTES
On a retrouvé de nombreux objets dans les grottes du mont Carmel, dont des œuvres d'art paléolithiques comme cet os taillé en forme d'animal. De telles découvertes sont courantes en Europe et en Asie occidentale.

DANGER CAVE

UTAH, ÉTATS-UNIS D'AMÉRIQUE

CARTE P. 137, 17

Située dans l'Etat de l'Utah aux Etats-Unis, dans l'une des collines surplombant le Grand Lac Salé, la grotte de Danger semble avoir été un lieu d'activité important pour les chasseurs-cueilleurs du Grand Bassin. Elle fait partie d'une série de grottes qui ont permis de reconstituer la vie des chasseurs-cueilleurs de l'Ouest américain. Cette grotte possède de très profonds dépôts et fut occupée de manière intermittente pendant plusieurs milliers d'années, de 9 000 av. J.-C. jusqu'au Ier millénaire de notre ère. Elle permet donc de suivre l'évolution de l'environnement des hommes qui s'y succédèrent. Grâce aux vestiges accumulés au cours des différentes époques, on comprend mieux comment ces hommes se sont adaptés au milieu hostile du désert et aux maigres ressources qu'il leur offrait. La sécheresse régnant dans la grotte explique le bon état de conservation des nombreux vestiges qui y furent découverts, parmi lesquels des restes d'animaux et de végétaux. Des outils en pierre s'y trouvaient également.

LES FOUILLES
Les fouilles à l'intérieur d'une grotte obéissent à une technique particulière, consistant à faire des mesures en trois dimensions. Dans la grotte de Danger, les couches profondes (plus de 3 m) ont une composition très particulière qui alterne des couches de constructions et des couches de déchets. Ici, la hauteur de chaque couche est mesurée avec précision.

LA GROTTE VUE DE L'EXTÉRIEUR
La grotte se trouve sur le flanc d'une des collines situées à l'ouest du Grand Lac Salé. Le paysage alentour est aride et rude, et la grotte devait représenter un abri rassurant.

S'ADAPTER À L'ENVIRONNEMENT

Lors des fouilles de la grotte de Danger, la datation au carbone a totalement bouleversé les théories antérieures sur la vie des hommes préhistoriques dans l'Ouest américain. Grâce à elle, les archéologues ont en effet découvert que cette culture était plus ancienne qu'on ne l'avait cru jusque-là. Ces hommes avaient précédé les communautés installées plus au sud, et non le contraire. On a ainsi pu dater les grands éclats de pierre trouvés sur le site à 9000 av. J.-C. Ces armes suggèrent que les hommes chassaient le gros gibier qu'ils suivaient au gré de ses migrations, et revenaient régulièrement dans la grotte pour s'abriter. Vers 8300 av. J.-C., des foyers apparaissent dans la grotte.
Un autre grand changement intervient dans le mode de vie de ces chasseurs vers 7500 av. J.-C., quand le climat de plus en plus sec et chaud les oblige à s'adapter à un nouvel environnement animal et végétal.
Ils deviennent alors plus mobiles, chassent des animaux plus petits, comme le daim ou l'antilope, et se nourrissent des végétaux poussant dans les marais et les broussailles. Grâce à la sécheresse, beaucoup d'objets façonnés à partir de ces animaux et de ces plantes ont pu être retrouvés. On a aussi découvert des objets en bois et en pierre, des fourrures, de la vannerie, des nattes, des os, des déchets, y compris des matières fécales humaines qui ont permis d'étudier l'alimentation et l'état de santé des occupants de la grotte.
De petits groupes familiaux utilisèrent la grotte durant cette période sèche mais aussi quand le climat devint plus humide. Ils apprirent à fabriquer de nouveaux outils et commencèrent à ramasser des graines qu'ils n'allaient pas tarder à faire pousser…

MOCASSIN
L'atmosphère sèche de la grotte a permis la bonne conservation de cette chaussure datée de 6000 av. J.-C. Elle est constituée d'un assemblage de peaux cousues avec des tendons d'animaux.

LE NÉOLITHIQUE

Il y a environ 10 000 ans, des communautés humaines commencèrent à cultiver la terre et à élever des animaux tout en maintenant leurs activités de chasseurs-cueilleurs et en continuant à tailler des outils et des armes en pierre. Cette évolution se fit sur des milliers d'années. Comme aujourd'hui, les graines qu'ils plantèrent et les animaux qu'ils domestiquèrent variaient selon les régions où ils demeuraient. L'étude de l'évolution biologique des différentes espèces dessine une carte des premiers agriculteurs à travers le monde. Une fois qu'elles eurent assuré leurs ressources alimentaires, nombre de ces communautés néolithiques construisirent des habitations en dur. Cette sédentarisation s'accompagna de nouveaux besoins et l'artisanat se développa, en particulier la poterie, pour le stockage et la cuisson des aliments. Une première forme de commerce s'ébaucha alors entre les groupes humains. Les vestiges de leurs habitations, conçues pour durer, et les objets fabriqués nous sont parvenus dans un meilleur état de conservation et en plus grand nombre que ceux de leurs ancêtres nomades. Ces premiers cultivateurs ont également laissé des traces, encore visibles aujourd'hui, dans les paysages et dans les villes.

LE MAÏS
Le maïs fut d'abord cultivé en Amérique centrale où il devint la nourriture de base. Les premiers épis de maïs étaient beaucoup plus petits que ceux que nous consommons aujourd'hui.

① TAMAULIPAS
Des traces de domestication de plantes ont été trouvées dans cette grotte aride, ainsi que des outils en pierre. Une grande variété de plantes a également été découverte, dont des maïs, des citrouilles, des haricots, mais aussi des calebasses.

② VALLÉE DU TEHUACÁN
Des traces de la culture du maïs parmi les plus anciennes et remontant à 7000 av. J.-C., furent trouvées dans cette vallée d'Amérique centrale.

③ VALDIVIA
Ce site a donné son nom à la première forme de céramique du continent américain (vers 3200 av. J.-C.).

LES LAMAS
Les lamas furent domestiqués en Amérique du Sud dès 3000 av. J.-C. On les utilisait comme bêtes de somme, mais aussi pour leur laine et leur viande.

LES POMMES DE TERRE
Les Andins cultivaient de nombreuses plantes, dont la pomme de terre qui devint leur nourriture de base.

CRÂNE DE JÉRICHO
Parmi les vestiges découverts dans le site néolithique de Jéricho, près de la mer Morte (Israël), les plus spectaculaires sont les nombreux crânes recouverts de plâtre retrouvés sous le sol des maisons. On suppose que ces étranges figures peintes, dont les orbites contiennent des coquillages, s'intégraient dans un culte rendu aux ancêtres.

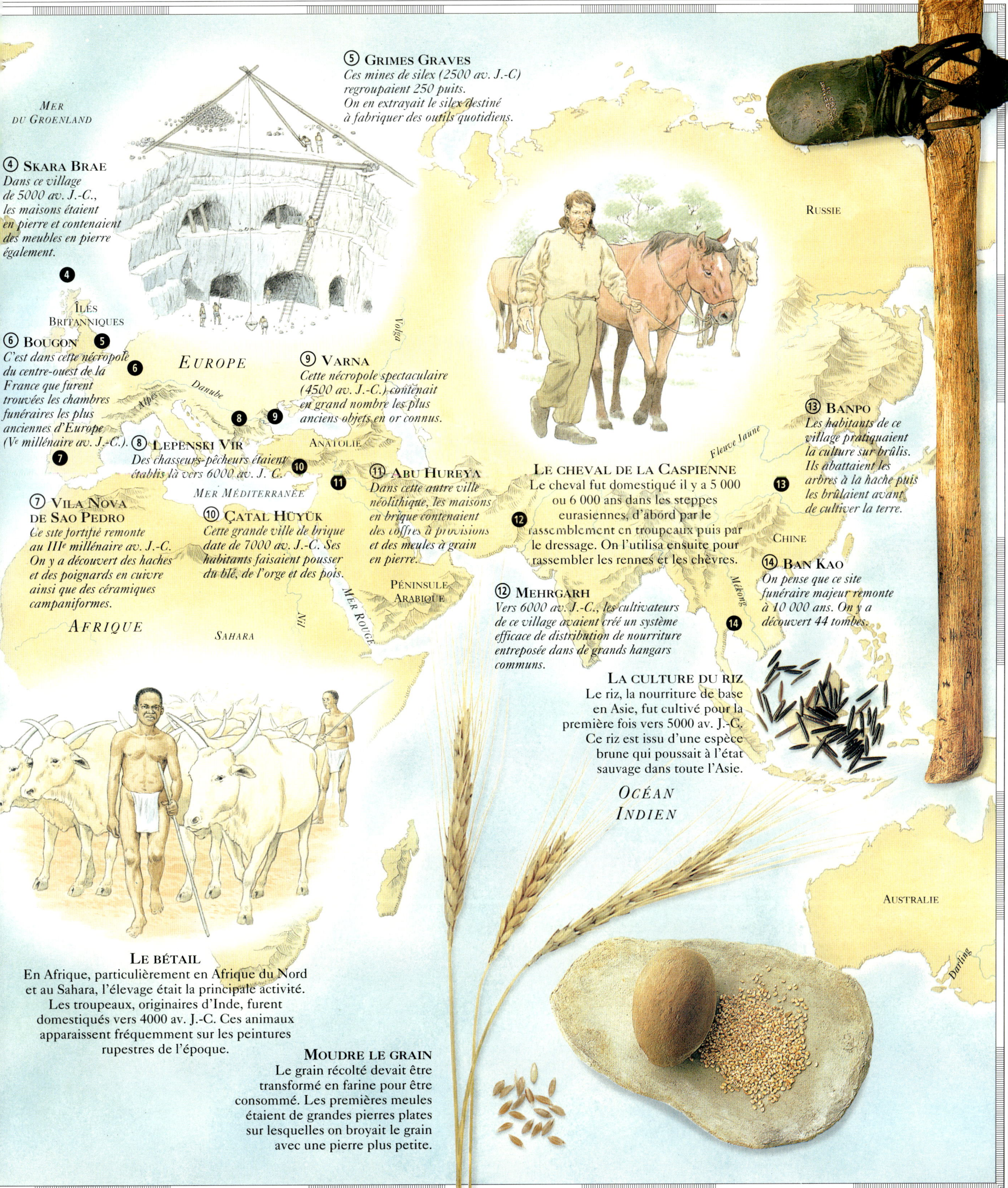

⑤ Grimes Graves
Ces mines de silex (2500 av. J.-C) regroupaient 250 puits. On en extrayait le silex destiné à fabriquer des outils quotidiens.

④ Skara Brae
Dans ce village de 5000 av. J.-C., les maisons étaient en pierre et contenaient des meubles en pierre également.

⑥ Bougon
C'est dans cette nécropole du centre-ouest de la France que furent trouvées les chambres funéraires les plus anciennes d'Europe (Ve millénaire av. J.-C.).

⑦ Vila Nova de Sao Pedro
Ce site fortifié remonte au IIIe millénaire av. J.-C. On y a découvert des haches et des poignards en cuivre ainsi que des céramiques campaniformes.

⑧ Lepenski Vir
Des chasseurs-pêcheurs étaient établis là vers 6000 av. J. C.

⑨ Varna
Cette nécropole spectaculaire (4500 av. J.-C.) contenait en grand nombre les plus anciens objets en or connus.

⑩ Çatal Hüyük
Cette grande ville de brique date de 7000 av. J.-C. Ses habitants faisaient pousser du blé, de l'orge et des pois.

⑪ Abu Hureya
Dans cette autre ville néolithique, les maisons en brique contenaient des coffres à provisions et des meules à grain en pierre.

Le cheval de la Caspienne
Le cheval fut domestiqué il y a 5 000 ou 6 000 ans dans les steppes eurasiennes, d'abord par le rassemblement en troupeaux puis par le dressage. On l'utilisa ensuite pour rassembler les rennes et les chèvres.

⑫ Mehrgarh
Vers 6000 av. J.-C., les cultivateurs de ce village avaient créé un système efficace de distribution de nourriture entreposée dans de grands hangars communs.

⑬ Banpo
Les habitants de ce village pratiquaient la culture sur brûlis. Ils abattaient les arbres à la hache puis les brûlaient avant de cultiver la terre.

⑭ Ban Kao
On pense que ce site funéraire majeur remonte à 10 000 ans. On y a découvert 44 tombes.

La culture du riz
Le riz, la nourriture de base en Asie, fut cultivé pour la première fois vers 5000 av. J.-C. Ce riz est issu d'une espèce brune qui poussait à l'état sauvage dans toute l'Asie.

Le bétail
En Afrique, particulièrement en Afrique du Nord et au Sahara, l'élevage était la principale activité. Les troupeaux, originaires d'Inde, furent domestiqués vers 4000 av. J.-C. Ces animaux apparaissent fréquemment sur les peintures rupestres de l'époque.

Moudre le grain
Le grain récolté devait être transformé en farine pour être consommé. Les premières meules étaient de grandes pierres plates sur lesquelles on broyait le grain avec une pierre plus petite.

UNE VILLE NÉOLITHIQUE

ÇATAL HÜYÜK, TURQUIE

CARTE P. 148, D3

PROSPECTION DU SITE

- Les fouilles ont mis au jour une ville constituée d'un enchevêtrement de constructions, avec leurs murs de brique crue recouverts de plâtre et décorés de motifs religieux uniques.
- Le grand nombre d'objets façonnés et d'éléments de décoration présents dans les maisons atteste un mode de vie évolué et sophistiqué.
- Les nombreux vestiges de vie quotidienne permettent une bonne compréhension des premières communautés de cultivateurs.

Dans les plaines fertiles du centre de la Turquie, une communauté de cultivateurs s'établit vers 7000 av. J.-C. Une véritable ville naquit, avec ses maisons bâties autour de petites cours et accolées les unes aux autres. Alentour, les hommes cultivaient du blé, de l'orge, des lentilles et des pois et ramassaient les fruits et les baies sauvages. Ils élevaient également du bétail qui permettait d'améliorer l'ordinaire fourni par la chasse. La ville s'agrandit au cours des siècles jusqu'à former un tertre artificiel constitué des couches successives de maisons de briques crues écroulées et reconstruites au fur et à mesure. Jusqu'à présent, seulement 3% de la surface totale ont été explorés, mais ce tell a déjà livré de passionnants indices sur cette communauté agricole, son alimentation, son économie, mais aussi sur la vie spirituelle intense de ses habitants. Çatal Hüyük est située dans une des plus anciennes zones de naissance de l'agriculture, c'est pourquoi ces vestiges ont une importance cruciale pour la compréhension de notre évolution.

LE SITE
Le site de Çatal Hüyük est situé dans la plaine de Konya, dans le sud de l'Anatolie en Turquie. Cette photo montre les fouilles en cours et la plaine à l'arrière-plan. Le grand amas à côté des ruines est constitué de la terre retirée du site. Au premier plan, on aperçoit quelques pièces disposées en terrasse. Cette vue ne représente qu'une toute petite partie du tell.

PLAN D'UNE PARTIE DE LA VILLE
Ce plan, qui ne correspond qu'à une petite partie du site, montre bien l'agencement des maisons. Etant donné l'ordonnancement de l'ensemble, on pense que cette ville a été construite à partir d'un plan initial en grille. L'absence de rues ou de chemins implique que l'on entrait dans les maisons par le toit, en utilisant sans doute une échelle. Les maisons ont environ 25 m² de superficie et comportent chacune une grande pièce principale entourée de petits espaces auxiliaires.

LE SANCTUAIRE AUX TAUREAUX
Plus de 40 pièces sont décorées de têtes de taureaux en plâtre et munies de vraies cornes. De riches peintures murales représentant des léopards, des béliers et des déesses ornent aussi ces pièces ainsi que d'autres à travers le site.

PLAN D'UNE MAISON
Chaque habitation est divisée en espaces dévolus à des fonctions différentes. Ce plan est celui d'une des maisons aux têtes de taureaux. Elle contient un foyer, un four pour cuisiner et des espaces séparés de vie et de stockage. La ville était composée d'une centaine de ces unités familiales.

LES RESTES HUMAINS
Les habitants de Çatal Hüyük n'enterraient pas leurs morts dans une nécropole. Les corps étaient exposés à l'air libre et décharnés par les vautours. Les squelettes étaient ensuite enterrés sous les plates-formes de couchage dans les maisons. On pratiquait probablement le culte des ancêtres, car les morts d'une famille étaient enterrés au même endroit.

SCEAUX DE TERRE CUITE
De nombreux sceaux de terre cuite, gravés de motifs variés, ont été trouvés. On les utilisait apparemment pour imprimer des motifs sur les tissus et sur les murs. Chaque dessin est unique : il correspondait peut-être à un groupe d'invidus, famille ou autre.

DÉESSE MÈRE
Une cinquantaine de ces statuettes de femmes enceintes ont été découvertes. Elles sont en terre cuite, en albâtre, en marbre, en calcaire ou en roche volcanique, et se rapportent sans doute à un culte de la fertilité.

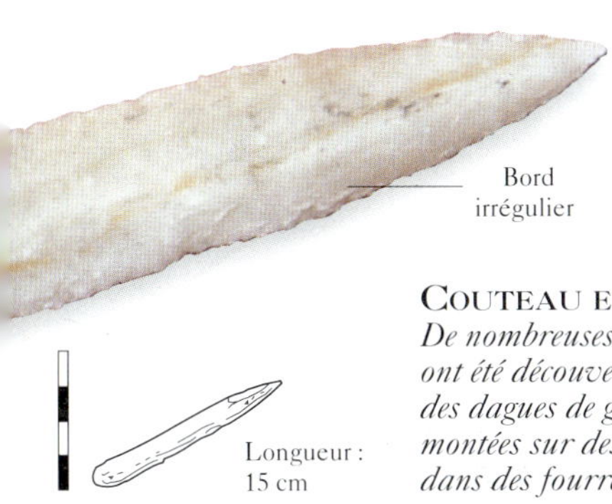

COUTEAU EN SILEX
De nombreuses armes en silex et en obsidienne ont été découvertes lors des fouilles, dont des dagues de grande qualité. Les lames étaient montées sur des manches en bois et glissées dans des fourreaux de cuir.

PLANTES CARBONISÉES
Des graines carbonisées se sont conservées, apportant des informations passionnantes sur l'alimentation des habitants. Ces graines peuvent également être utilisées pour la datation au carbone 14 (p. 126).

TISSU CARBONISÉ
La plupart des squelettes étaient enveloppés dans un tissu. Les suaires des corps qui avaient été brûlés se sont conservés sous forme de matière carbonisée. On y a décelé des traces de laine et de lin.

UNE VILLE NÉOLITHIQUE

ANALYSER LES DÉCOUVERTES

Les fouilles ont montré que la colline de Çatal Hüyük était artificielle et résultait de l'empilement de constructions s'échelonnant sur plus de 1 000 ans à partir de 7000 av. J.-C. La grande quantité de vestiges et le bon état de conservation des bâtiments permettent de se faire une idée assez précise de la vie quotidienne de ses habitants. L'abondance des matériaux organiques carbonisés nous rappelle que ces premiers agriculteurs avaient un équipement plus varié et plus riche que ce que l'on trouve généralement. La conservation miraculeuse des peintures murales et des sculptures suggère une vie spirituelle complexe. Les nombreux squelettes retrouvés donnent quant à eux des indications intéressantes sur la santé et les pratiques d'une communauté centrée sur la famille. Toutes ces recherches font surgir l'image d'une ville évoluée peuplée de cultivateurs et de commerçants au mode de vie sophistiqué et aux rituels élaborés.

LES SCEAUX D'ARGILE
Les motifs géométriques représentés sur les sceaux sont d'une infinie variété, alternant les lignes verticales, horizontales, courbes, etc. On suppose qu'on les enduisait de couleurs vives pour décorer les murs des maisons.

LES PEINTURES MURALES

Les peintures murales de la période néolithique qui subsistent sont très rares. La peinture était obtenue en mélangeant des pigments minéraux et de la suie à du blanc d'œuf ou de l'huile, puis on l'appliquait sur le mur à l'aide de brosses et de chiffons. Les couleurs étaient celles des terres naturelles : rouge, marron, jaune et noir. Ces fresques semblent avoir eu une fonction rituelle et symbolique plutôt que purement décorative.

PEINTURES MURALES
Les peintures murales sont très endommagées, mais des pans entiers, bien conservés, permettent de se faire une idée de l'ensemble.

LES DESSINS
On distingue nettement des corps sans tête et des oiseaux de proie. Il pourrait donc s'agir d'une scène représentant l'exposition des morts aux vautours.

LE SITE RECONSTITUÉ
Les pans de murs restants sont assez hauts, et de nombreux détails architecturaux sont encore en place. Dans nombre de maisons, seuls l'étage supérieur et le toit doivent être reconstitués. A gauche, l'espace de vie comporte des plates-formes de couchage et des emplacements destinés à entreposer les provisions. A droite, se situe le sanctuaire, avec ses rangées de têtes de taureaux sculptées, ses cornes de taureaux et la sépulture sous le sol. Le toit, reconstitué grâce aux débris tombés au sol, était en bois recouvert de boue et de roseaux. On accédait sans doute à la maison par une échelle.

LES CÉRÉALES
L'analyse des graines carbonisées montre que ce peuple cultivait du blé et de l'orge. Des lentilles et des vesces ont été également cultivées. Des noisettes, des pommes, des amandes et des glands ont été cueillis. Les céréales représentées à gauche sont deux variétés primitives de blé.

Les tissus

Les habitants de Çatal Hüyük étaient d'habiles tisserands, et on les imagine vêtus de belles étoffes teintes de couleurs vives. Cependant les seuls tissus retrouvés sont les suaires carbonisés qui enveloppaient les morts. Il s'agit de tissus très simples, sans aucune couleur ni décoration, ce qui s'explique sans doute par leur destination.

La déesse-mère

Ces statuettes de déesses-mères aux formes généreuses sont souvent entourées d'animaux. Elles ont été découvertes dans les pièces où l'on stockait les provisions. On en a donc déduit qu'elles étaient dédiées à un culte de la fertilité et qu'elles étaient associées sans doute à la chasse, à l'élevage et à l'agriculture.

Femme accouchant sur un trône décoré de léopards.

Les pratiques funéraires

Les squelettes entièrement décharnés, nettoyés et desséchés étaient conservés dans une sorte de chambre funéraire où on les enveloppait dans des tissus, des peaux et des paniers ou des nattes, retenus par des cordes ou des lanières de cuir.

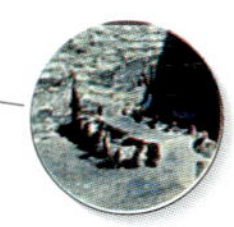

Les sanctuaires aux taureaux

Chaque sanctuaire était orné de têtes de taureaux sculptées émergeant des murs et de sortes de banquettes bordées de cornes (voir le dessin ci-contre). Des piliers décorés de cornes, baptisés bucrania, *étaient également placés à même le sol. Les têtes de taureaux comportent plusieurs couches de peintures, suggérant de fréquents changements de décoration et un entretien régulier de ces sanctuaires.*

Les armes et les outils

Certains couteaux, en particulier ceux réalisés avec un silex importé, étaient sans doute réservés aux cérémonies. L'obsidienne, présente dans la région, était utilisée pour fabriquer les objets d'un usage plus quotidien : grattoirs, outils coupants, lances et pointes de flèches.

Conclusions

- La ville était peuplée par une communauté de cultivateurs exploitant un territoire aux ressources naturelles abondantes et variées. On a découvert de nombreux vestiges organiques.
- Le très bon état de conservation des habitations offre des informations précieuses et nombreuses sur leur construction, leur décoration et leur fonction.
- Un grand nombre d'indices (notamment des sculptures, des peintures et des sépultures) témoigne d'une vie spirituelle intense.

AUTRES SITES

SKARA BRAE

ORCADES, ROYAUME-UNI

CARTE P. 144, F1

Sur les îles Orcades, où se trouve le village néolithique de Skara Brae, règne un climat froid et venteux. Toutefois, vers 3000 av. J.-C., il faisait plus doux et on y cultivait le blé. Les cultivateurs vivaient alors en petites communautés et élevaient des bœufs et des moutons tout en se consacrant à la pêche et à la cueillette.
Enterrées pendant des milliers d'années sous une épaisse couche de sable, les maisons de Skara Brae furent découvertes en 1850 grâce à une tempête particulièrement violente. Après plusieurs tentatives avortées, Gordon Childe (1892-1957), l'un des plus grands archéologues du XXe siècle, fouilla l'intégralité du site à partir de 1928. Il y fit des découvertes extraordinaires mais ne put le dater avec certitude. Skara Brae était un site néolithique unique et très isolé, et Childe, ne disposant pas des techniques actuelles, ne parvint pas à établir de comparaisons sérieuses avec d'autres gisements mieux connus. Il était cependant persuadé d'avoir affaire à un habitat néolithique.
Les recherches ultérieures lui donnèrent raison.

Murs en pierre sèche faits de dalles locales

L'INTÉRIEUR D'UNE MAISON
On voit très bien ici les murs de pierre sèche et les restes de mobilier. Les maisons possédaient sans doute un toit de chaume ou de paille qui devait commencer là où l'herbe a poussé.

LE SITE

Six maisons complètes ont été préservées à Skara Brae, mais on pense que d'autres ont pu disparaître à cause de l'érosion marine. Elles sont toutes bâties sur le même modèle et dans les mêmes proportions, avec leurs pièces séparées par des murs de pierre sèche. Les arbres étant rares sous ce climat froid et venteux, les habitants avaient recours à la pierre locale plutôt qu'au bois.

Cette pierre, qui se délite facilement en grandes plaques minces, était bien pratique pour monter les murs. On appliquait ensuite un enduit argileux, encore apparent à de rares endroits, pour l'isolation. Les pièces aujourd'hui à ciel ouvert étaient sans doute recouvertes d'un toit de chaume ou d'herbe reposant sur des chevrons en os de baleines. Chaque maison comprenait une seule pièce carrée aux angles arrondis communiquant avec d'autres cellules de pierre par des sortes de couloirs.
Les chemins qui quadrillaient le village furent, à une certaine époque, recouverts de toits de pierre les faisant ressembler à des tunnels. Le mobilier était en pierre également. Le foyer se trouvait au milieu de la pièce et le mobilier était composé d'un buffet ou d'étagères pour ranger les provisions et de lits, sortes de baquets que l'on garnissait sans doute de matière végétale. S'y trouvaient également des récipients, toujours en pierre, dont le fond était recouvert d'argile (deux ou trois dans chaque maison) où l'on mettait de l'eau ou les coquillages conservés comme appâts pour la pêche. Des placards étaient aménagés dans l'épaisseur des murs, dont certains ont encore 3 m de haut. Les lits étaient pourvus de colonnes destinées à accueillir un baldaquin – pour améliorer le confort ou pour éviter tout simplement de recevoir les gouttes de pluie tombant du toit. Comme combustible, les habitants de Skara Brae utilisaient probablement des fientes et des déchets de phoque et de baleine aussi bien que du bois. Les petites cellules de pierre servaient de celliers pour entreposer les denrées, mais certaines ont un système de drainage central qui aboutit à l'extérieur : il pourrait donc s'agir de lieux d'aisance. L'une de ces cellules contenait des centaines de perles et d'autres objets décoratifs ou utilitaires.
Les villages néolithiques des îles Nordiques abritent tous un bâtiment très différent des autres maisons. A Skara Brae, il est situé dans la partie occidentale du village : il est de forme ovale et possède

UN HABITAT CÔTIER
Comme on le voit ici, le village était tout proche de la côte. Les maisons reliées les unes aux autres par un réseau de passages laisse imaginer une communauté très unie.

Tous ces vestiges témoignent de ressources abondantes exploitées de manière variée et astucieuse. L'île disposait de riches pâturages, d'un sol sableux facile à cultiver et de ressources marines assez abondantes pour compenser l'absence de gibier terrestre.
De petits bateaux permettaient probablement la pêche côtière, tandis que les gros animaux marins venaient s'échouer sur le rivage où on les achevait avant de les dépecer. On trouvait quantité de petits poissons et de mollusques tels patelles (sans doute utilisées comme appâts), huîtres, crabes, etc., mais aussi des orques et des morses.
Trois matériaux étaient principalement utilisés pour fabriquer les objets : le bois, la terre cuite et l'os. Le silex, très rare, servait uniquement pour fabriquer des outils et des objets en os ou en bois. Les habitants de Skara Bae portaient des colliers et des perles réalisés en os de moutons, en dents de vaches et d'épaulards. Avec les petits os, ils jouaient apparemment aux… osselets ! Les objets de pierre les plus étonnants sont des sortes de balles sculptées, retrouvées aussi en Ecosse, dont la fonction est totalement inconnue. Il y avait également des épingles, des objets de bois sculpté et des pots en os ou en pierre.

Le mobilier de pierre
L'espèce de grosse structure rectangulaire adossée au mur du fond est un buffet. Le lit se trouve à gauche, et le foyer au centre. La fonction des sortes d'enclos de pierre devant le buffet est inconnue.

un porche d'entrée. Il contient un foyer, des placards et des cellules, mais pas de buffet ni de lit ; ses murs sont en retrait et des espaces sont délimités par des dalles. Les objets et les éclats de silex trouvés sur place ont d'abord fait penser qu'il s'agissait d'un atelier d'outils, mais leur faible quantité et l'absence de déchets domestiques évoquent plutôt un lieu sacré, la fabrication des outils étant associée à une pratique religieuse ou magique.
Les maisons de Skara Brae sont reliées les unes aux autres par un réseau d'allées et de passages et enfouies dans une véritable colline de terre et de débris divers (fientes, argile, cendres et déchets). De nombreux objets proviennent de ces amas de déchets et de terre et la majorité est associée à l'élevage. Des os de phoques et de baleines y côtoient des os de moutons et de gros bétail.
On y a trouvé également des céréales carbonisées, des outils en silex et des objets en bois dont certains fabriqués dans des essences originaires d'Amérique du Nord.

UNE COMMUNAUTÉ AUTONOME

Le moindre espace de Skara Brae fut exploré par Gordon Childe, puis par les archéologues qui lui succédèrent. On sait donc qu'il fut habité pendant environ 600 ans par des communautés peu nombreuses mais stables qui vivaient dans cet entrelacs de maisons et de passages. Ces hommes subsistaient grâce aux ressources variées de leur environnement sans les épuiser. Cependant, Skara Brae fut abandonné vers 2500 av. J.-C. et vite recouvert par le sable. Les tempêtes violentes qui poussèrent sans doute les habitants à quitter les lieux, ont, ironie de l'histoire, veillé jalousement sur l'un des sites néolithiques les plus complets d'Europe du Nord et permis de le découvrir.

Les outils en os
L'os est le matériau le plus fréquent à Skara Brae. On s'en servait pour fabriquer toutes sortes d'objets, dont les épingles et aiguilles ci-contre. Les ossements provenaient aussi bien d'oiseaux que du troupeau ou de gros animaux marins et étaient sans doute travaillés avec des outils de silex.

BOUGON

DEUX-SÈVRES, FRANCE

CARTE P. 146, G6

La nécropole de Bougon, un des sites mégalithiques de l'ouest de la France, fut découverte en 1840 par des amateurs d'antiquités de la région qui commencèrent aussitôt les fouilles. Ce fut donc l'un des premiers sites néolithiques de la région à être étudié. Depuis 1972, il a fait l'objet d'une exploration systématique. Cette nécropole regroupe cinq tertres, abritant huit sépultures, qui furent utilisés durant toute la période néolithique. Lors de fouilles récentes, des analyses du sol et des pollens ont permis de reconstituer le paysage à l'époque de leur construction. Deux des tumulus de Bougon ont été datés, au carbone 14, des environs de 4500 av. J.-C. L'étude des poteries et des matériaux lithiques montre que la nécropole était encore utilisée au IIIe millénaire av. J.-C. Les ensembles mégalithiques, en raison de leurs imposantes constructions en pierre, permettent aux archéologues de mieux comprendre la culture néolithique de l'Europe de l'Ouest.

LA CHAMBRE FUNÉRAIRE
Voici l'une des chambres funéraires de Bougon. On remarque l'entrée menant à la chambre du couloir. Les murs de pierre sèche sont surmontés d'un toit en encorbellement. Cette architecture est typique des mégalithes de l'ouest de la France. La plupart des tombes de Bougon furent réutilisées à la fin du Néolithique (3200-1950 av. J.-C.).

LA SÉPULTURE DES MORTS

Les six tumulus de Bougon sont situés approximativement sur un alignement est-ouest. Ils sont tous différents et la plupart ont connu plusieurs phases de construction. Certains sont de type «atlantique» : un grand tertre de forme arrondie construit en pierre sèche contenant une ou plusieurs chambres funéraires auxquelles on accède depuis l'entrée par des couloirs étroits. Bougon possède également des tombes de type mégalithique, dont le cairn rectangulaire est fait de pierres gigantesques.
Les vestiges découverts à Bougon se retrouvent dans de nombreux sites du Néolithique, particulièrement les poteries, bien utiles pour dater et comprendre les sites. Des tessons de bols à fond rond ne portant aucune décoration appartiennent à l'époque la plus ancienne. Des objets baptisés «vases-supports», très décorés et gravés de motifs géométriques (lignes, points et triangles), ont également été trouvés. On suppose qu'il s'agit de socles mais on ignore leur usage. Des objets semblables ont été exhumés dans de nombreuses chambres funéraires en France, et on leur attribue un rôle rituel. On a découvert également des récipients à bord droit d'un style différent, plus tardifs, ainsi que de petites perles et des pendentifs, des outils de silex, des pointes de flèches et de petites haches de pierre.
Bougon a livré aussi une grande quantité de restes humains de la fin du Néolithique. Dans l'une des tombes, 200 individus avaient été enterrés au cours de deux époques séparées de 1 000 ans. Dans une autre reposaient 38 squelettes. Deux crânes portaient des traces de trépanation, mais on ignore s'il s'agissait d'une pratique médicale ou religieuse. Malheureusement, une grande partie de ces ossements a disparu et ne peut donc bénéficier des nouvelles méthodes d'étude.
L'ouest de la France possède de nombreuses chambres funéraires similaires à celles de Bougon, mais aucun village n'a été retrouvé dans leurs environs. Les archéologues qui étudient ces régions connaissent donc beaucoup mieux les pratiques funéraires de ces premiers agriculteurs que la façon dont ils cultivaient leurs champs ou dont ils bâtissaient leurs maisons. On suppose que leurs habitations en bois ont laissé peu de traces dans le sol, tandis que les tombes et les cairns ont survécu grâce à leur édification en grosses pierres et à leur position en hauteur dans le paysage. Cette situation de promontoire, qui permettait de les repérer de très loin, jouait sans doute un rôle aussi important que leur fonction funéraire. La diversité des sites mégalithiques est fort intéressante pour les archéologues, car elle apporte la preuve de l'émergence de cultures régionales dès le Néolithique.

TRÉPANATION
L'homme à qui appartenait ce crâne avait été trépané, c'est-à-dire que des morceaux de sa boîte cranienne avaient été retirés. Cette pratique a été constatée dans plusieurs communautés primitives, mais on ignore si elle remplissait une fonction médicale ou rituelle. Plus surprenant encore, quelques individus avaient survécu à ces opérations répétées.

BOL
Ce bol rond en forme d'écuelle, de 15 cm de haut, a été découvert par les premières fouilles de Bougon.

VARNA

MER NOIRE, BULGARIE

CARTE P. 147, L7

A la fin du Néolithique, les premiers métaux utilisés furent le cuivre et l'or, disponibles à l'état naturel et faciles à travailler sans recourir à de hautes températures. La première forme de métallurgie connue en Europe, découverte dans les Balkans, date de 5000 av. J.-C. Les archéologues nomment cette période de transition «Age du cuivre» (ou Chalcolithique) plutôt que Age du bronze, car la matière première la plus utilisée était encore la pierre, le métal ne servant qu'en petite quantité et uniquement à des fins honorifiques ou symboliques. La découverte de Varna, un des sites funéraires les plus grandioses d'Europe orientale du milieu du Ve millénaire av. J.-C., a reculé la date d'apparition de la métallurgie en Europe et surtout bouleversé notre conception sur l'organisation sociale au Néolithique. Plus de 2 000 objets en or ont été retirés du site depuis le début des fouilles en 1972.

LES BRACELETS EN OR
Des bracelets en or et en coquillages ont été retrouvés au niveau du coude des défunts, ce qui laisse supposer qu'ils se portaient assez haut sur le bras. Pour arriver à cette simplicité et à cette régularité dans les formes, il fallait beaucoup d'habileté.

LA PÉRIODE DE TRANSITION

Le grand site funéraire de Varna fut découvert par hasard en 1972, près des rives de la mer Noire. Depuis, 204 tombes ont livré un nombre incroyable de vestiges, des squelettes humains aux bijoux en or en passant par des poteries, des outils de cuivre et de pierre, des figurines et des masques d'argile. La découverte d'objets en métal remontant à une période aussi reculée bouleversa toutes les théories antérieures concernant les communautés néolithiques. L'utilisation de métaux marque en effet l'instauration de classes sociales différenciées que l'on associait précédemment à l'Age du bronze. Grâce à ces trésors, les archéologues ont pu reconstituer le mode de vie de cette communauté humaine à partir de son site funéraire, ce qui n'est pas courant. Plusieurs types de tombes ont ainsi été identifiées selon la position des corps (reposant sur le dos ou sur le côté), et le style des décorations et des objets en métal trouvés près d'eux. Seules quelques tombes contenaient un sceptre d'or, symbole d'un haut statut social, tandis que d'autres n'avaient aucun objet précieux. L'analyse des os des squelettes apporte également des informations intéressantes sur les pratiques funéraires et la santé des individus. Les morts étendus sur le dos étaient généralement des hommes tandis que les femmes étaient couchées sur le côté. Les personnes souffrant d'épilepsie ou ayant des membres fracturés étaient enterrées différemment des autres. Les conclusions des archéologues décrivent Varna comme une société évoluée et très structurée, dotée d'une vie sociale riche en rituels et en pratiques funéraires sophistiquées.

LE MOBILIER FUNÉRAIRE
La photo ci-contre montre comment les objets étaient disposés sur le corps du défunt : haches de pierre au-dessus de l'épaule droite, bracelets autour du coude, perles et ornements sur la poitrine.

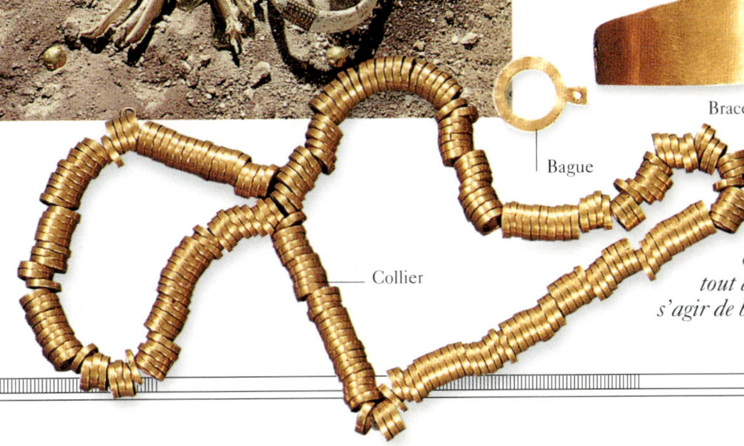

LES ORNEMENTS EN OR
On a trouvé des centaines de fines plaques d'or martelé. D'autres étaient découpées en forme de disques ou d'animaux. Les petits trous percés tout autour laissent penser qu'il pouvait s'agir de bijoux que l'on cousait sur les vêtements.

L'ÈRE MONUMENTALE

Des mégalithes européens aux pyramides de l'Egypte ancienne, les ensembles monumentaux sont les traces les plus impressionnantes des premières grandes civilisations. Construits à partir du Ve millénaire avant notre ère, ces ensembles architecturaux avaient des fonctions diverses (religieuse, funéraire, politique, etc.), mais ils correspondent tous au même stade de développement de l'humanité. Leur gigantisme, par exemple, implique une capacité à mobiliser des moyens importants, aussi bien économiques qu'humains. Ces peuples étaient donc gouvernés par des souverains puissants et leur vie culturelle était intense. Certains monuments, reliés aux premières grandes cités, appartiennent à des civilisations connues, tandis que d'autres gardent une part de mystère et nous renseignent peu sur la vie des hommes qui les bâtirent.
L'étude des édifices et des objets trouvés sur place apporte une foule d'informations aux scientifiques sur les matériaux et les techniques de construction utilisés. Mais leur fonction précise reste souvent une énigme.

① **CAHOKIA**
Le tumulus du Moine, le plus grand de Cahokia, date de 900 : il s'élève à 35 m de hauteur. Ce site comprend une centaine de tertres dont certains servaient de sépultures.

② **TEOTIHUACÁN**
Situé au Mexique, cet important centre politique et culturel, dominé par deux grands temples en forme de pyramide, se développa entre le Ier et le VIIIe siècle. De magnifiques masques sculptés y ont été trouvés.

③ **CHAVÍN DE HUANTAR**
Situé au Pérou, cet ensemble (IXe-IIIe siècle av. J.-C.) fut à son apogée un des plus grands centres religieux du monde.

④ **TIAHUANACO**
La civilisation Tiahuanaco, au Pérou, a laissé des vestiges du VIIe siècle, dont la célèbre porte du Soleil et le complexe de Kalasasaya.

LE TUMULUS DU SERPENT
Ce grand tumulus, long de 382 m, fut construit par les Hopewell entre 200 av. J.-C. et 400 apr. J.-C. Ce monument funéraire de forme sinueuse se termine par un tertre de forme ovoïde. La vallée de l'Ohio renferme de nombreux tumulus dont la construction a dû demander une somme de travail considérable (jusqu'à 200 000 heures pour certains). Beaucoup d'objets y ont été trouvés, parmi lesquels des dents de requin et des ornements en argent.

Les divinités égyptiennes
Dans l'Egypte ancienne, il existait des dieux ou des déesses pour chaque étape de la vie ou de la mort. Beaucoup revêtaient la forme d'animaux, comme cet Anubis à tête de chacal, qui veillait sur le domaine des morts.

Les représentations symboliques
Beaucoup des monuments dont il est question dans ce chapitre renfermaient des statuettes. Trouvée à Mohenjo-Daro, au Pakistan, cette figurine de terre cuite avait-elle une signification religieuse ou était-elle tout simplement un jouet ?

LE HENGE D'AVEBURY

AVEBURY, ROYAUME-UNI

CARTE P. 134, F 8

PROSPECTION DU SITE

- La quantité énorme d'énergie humaine déployée pour construire le site et acheminer les pierres démontre la capacité de cette communauté à conduire de grands travaux.
- Les premières fouilles du site ont permis de découvrir de nombreux objets associés à la construction du henge.
- Les nouvelles techniques archéologiques comme l'analyse géophysique et la photographie aérienne ont apporté de nouvelles informations sur l'enclos.

Les collines calcaires du sud de l'Angleterre abritent un certain nombre de sites monumentaux témoignant des talents de bâtisseurs de ces peuples du Néolithique et de l'Age du bronze. A Avebury, dans le Wiltshire, se trouve un monumental «henge», un grand fossé entouré d'un talus et renfermant un cercle de pierre. Les premières fouilles, qui eurent lieu en 1910, datèrent le site autour de 2600 av. J.-C. Dans les années 1930, les recherches reprirent et l'on redressa des pierres tombées ou enterrées.
Les archéologues d'aujourd'hui espèrent faire de nouvelles découvertes à Avebury. Ils ont récemment appliqué les nouvelles techniques de datation. Ils ont ainsi procédé à l'analyse géophysique du fossé, partagé en quadrants (chaque quadrant représente le quart de la circonférence du cercle). Des photos aériennes du site ont également été réalisées en été, quand l'herbe est sèche. Les découvertes des premiers temps, enrichies de ces dernières données, ont permis de mieux connaître le henge.

LE SITE
Les fouilles du début du siècle et les récentes analyses, menées par quadrant, ont permis de reconstituer la position originale des 247 pierres dressées, la forme du fossé et l'emplacement du talus.

Zone des fouilles du fossé

L'ANALYSE GÉOPHYSIQUE
Les analyses géophysiques ont permis de localiser avec certitude les pierres disparues ou déplacées. Appliquée aux quadrants nord, elle a révélé la position du cercle intérieur nord.

LES PIERRES
Les analyses ont montré que les pierres trouvées sur le site sont en sarsen, un quartz local. Elles étaient extraites de la carrière, puis dressées en place, sans être taillées ni sculptées. On trouve deux sortes de pierre : longues, plus ou moins en forme de colonne, et larges, en forme de losange ou de triangle.

FOUILLE DU FOSSÉ
Le fossé qui entourait le cercle de pierre fut découvert dans les années 1910. En creusant de l'autre côté de la chaussée sud, les archéologues découvrirent que le fossé, entièrement comblé, avait à l'origine une profondeur de 7 à 8 m. Ils y trouvèrent de nombreux vestiges : des bois de cervidé, des ossements de bœufs, un vase campaniforme et même les restes d'un nain sans doute victime d'un sacrifice rituel. Au moment de l'occupation romaine (de 43 à 400 apr. J.-C.), le fossé était déjà comblé.

TESSONS CAMPANIFORMES
Le fossé contenait plusieurs sortes de poteries, dont des bols du début de l'Age du bronze. Ce style de poterie fut trouvé dans la seconde couche, ce qui laisse supposer que le fossé fut creusé avant l'apparition de la culture campaniforme (vers 2500 av. J.-C.).

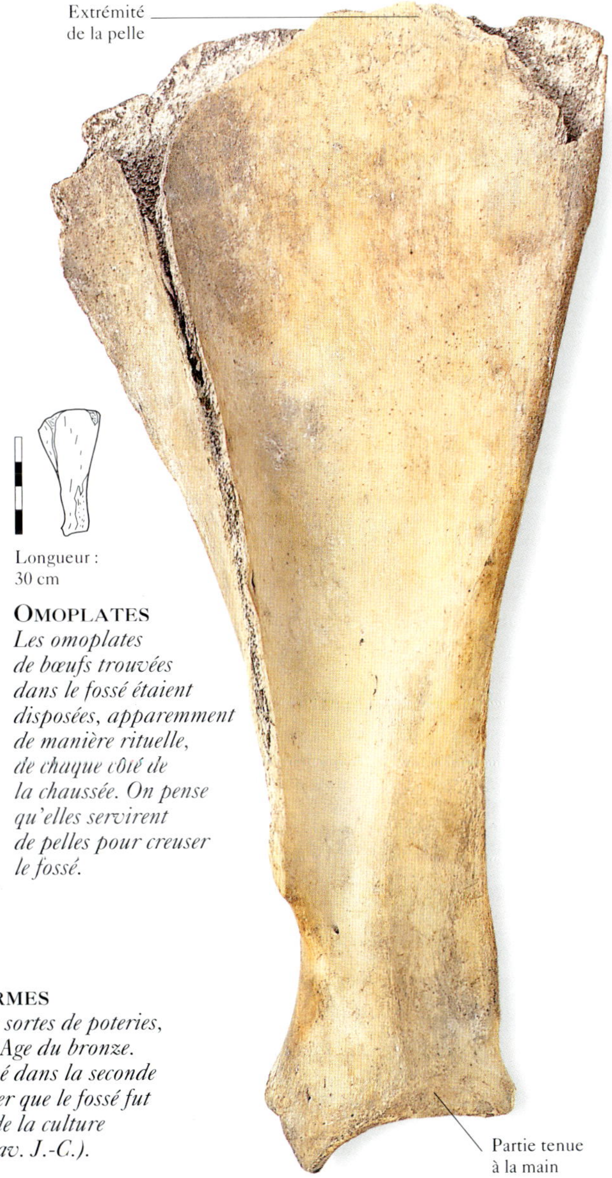

OMOPLATES
Les omoplates de bœufs trouvées dans le fossé étaient disposées, apparemment de manière rituelle, de chaque côté de la chaussée. On pense qu'elles servirent de pelles pour creuser le fossé.

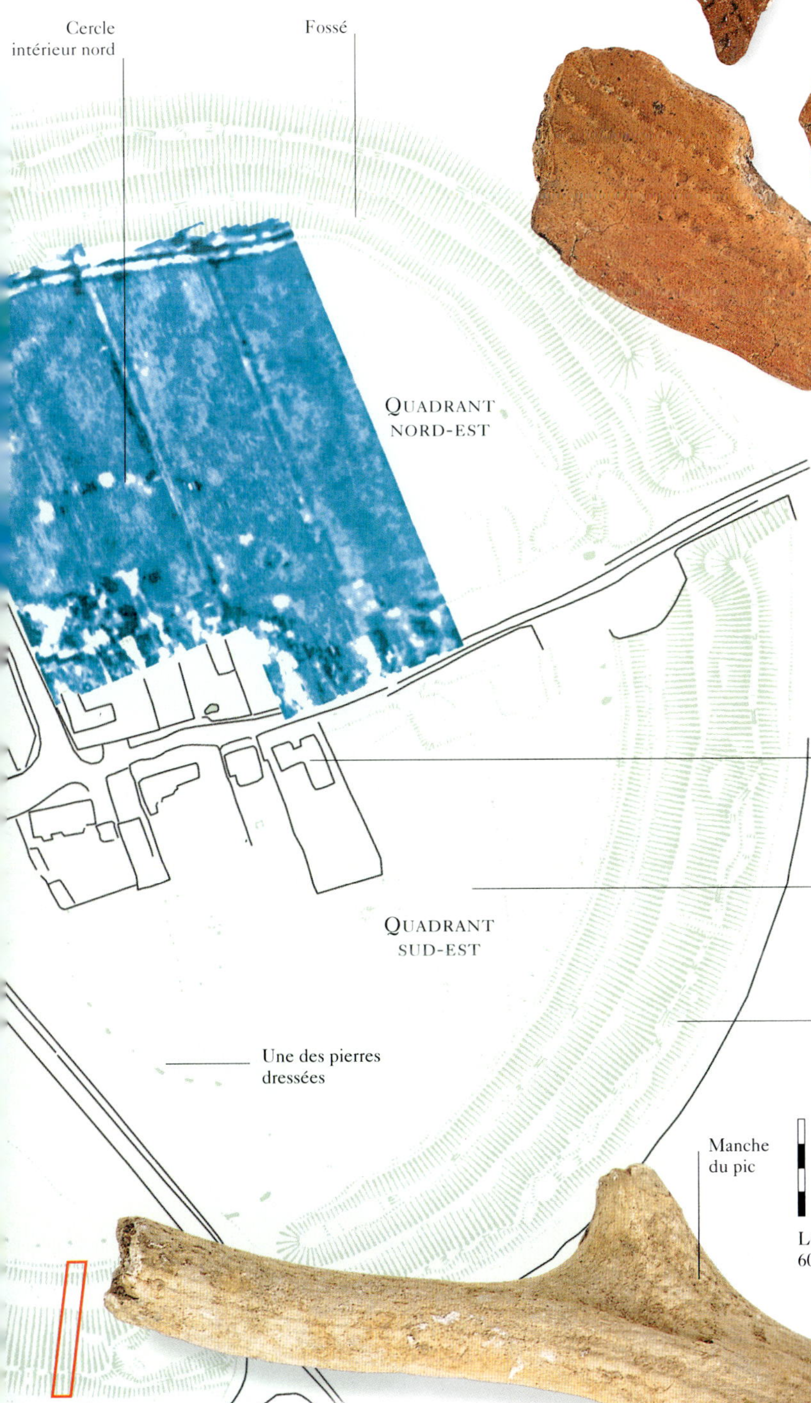

LAME DE HACHE
Le site d'Avebury contenait de nombreuses haches polies, mais une seule fut retrouvée à l'intérieur de l'enclos. Ce type de hache était fabriqué dans le nord de l'Angleterre, au pays de Galles et en France.

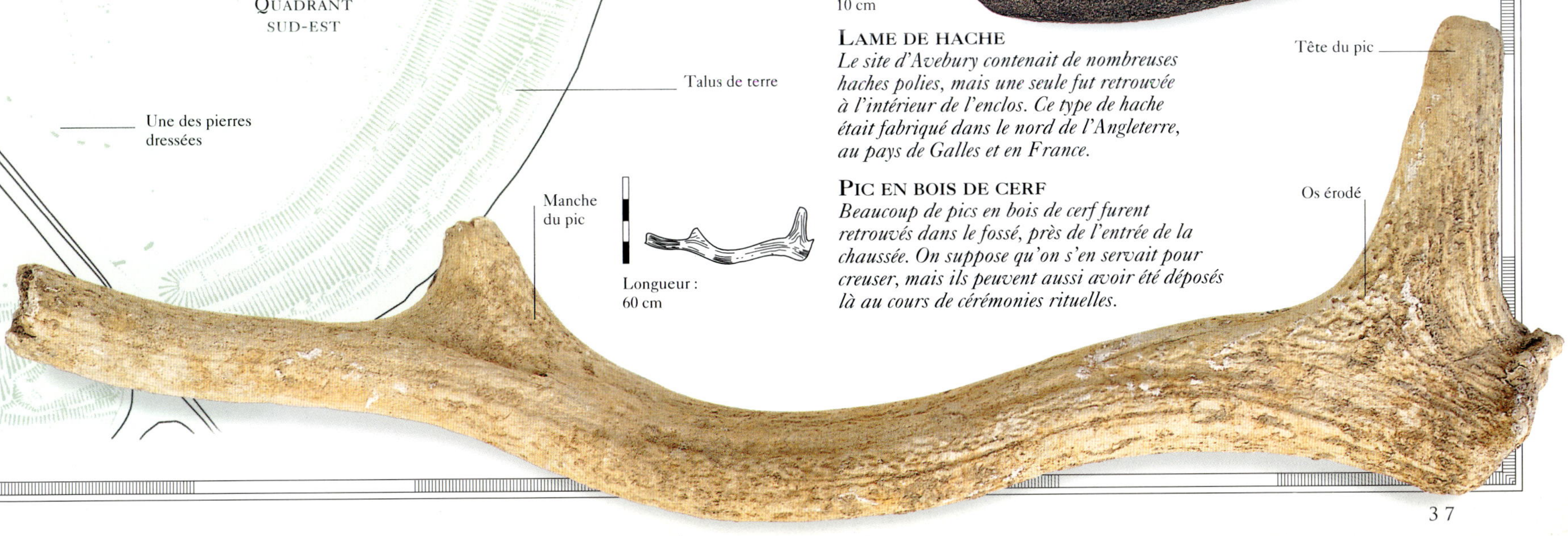

PIC EN BOIS DE CERF
Beaucoup de pics en bois de cerf furent retrouvés dans le fossé, près de l'entrée de la chaussée. On suppose qu'on s'en servait pour creuser, mais ils peuvent aussi avoir été déposés là au cours de cérémonies rituelles.

Le henge d'Avebury

Analyser les découvertes

Les travaux menés par les archéologues nous éclairent sur la manière dont le henge fut construit, depuis le creusement du fossé jusqu'au transport des pierres et à leur érection. L'analyse du terrain et les diverses techniques permettent de mesurer les énormes moyens mis en œuvre et l'organisation exemplaire du chantier. On comprend mieux les liens du monument avec son environnement. Cependant, personne ne peut répondre avec certitude à la question : à quoi servait-il ? Le site a fourni peu d'objets, à part ceux utilisés pour la construction, et les archéologues doivent chercher d'autres méthodes pour déterminer sa fonction. Ce qui est certain, c'est qu'Avebury se voyait de loin et joua certainement un rôle important pour les communautés avoisinantes, et ce pendant de nombreuses générations.

Gobelet campaniforme
Une fois les tessons assemblés apparut une sorte de bol à la forme légèrement évasée, décoré de motifs géométriques et recouvert d'un engobe minéral (hématite). On pense que ce récipient était utilisé pour boire de la bière ou de l'eau.

Conclusions géophysiques

L'analyse géophysique fut très utile, car elle confirma la plupart des hypothèses et apporta des informations nouvelles. Elle permit en effet de repérer l'emplacement des pierres manquantes, qui avaient laissé des traces dans le sol, et de compléter ainsi le cercle de pierre. Ces analyses ont également mis au jour la silhouette d'un autre cercle de pierre, invisible à l'œil nu, au nord-est. Cet ensemble tout à fait inhabituel serait antérieur à la construction du henge, mais on ignore sa fonction.

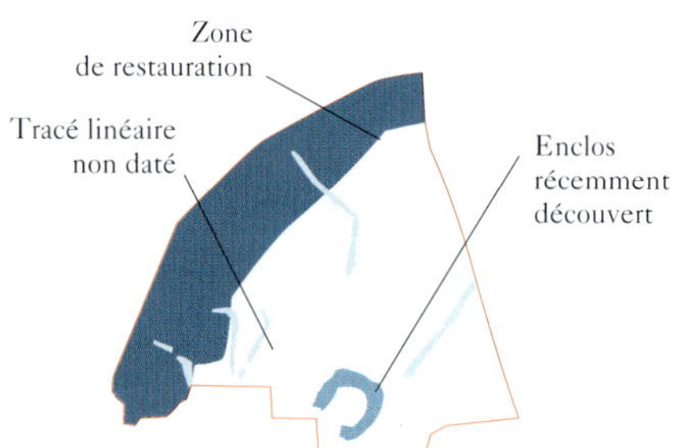

Quadrant nord-ouest

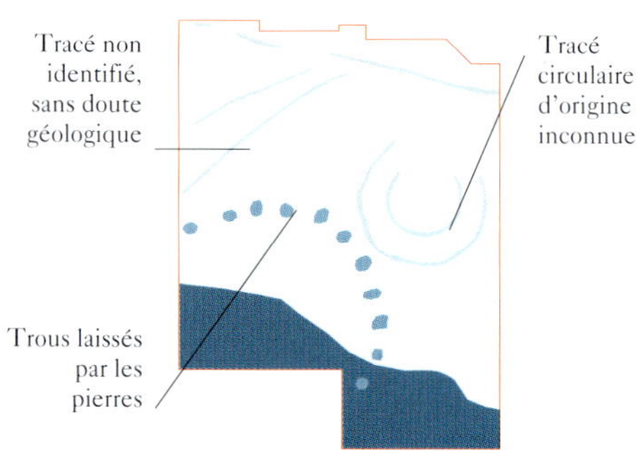

Quadrant nord-est

Le site reconstitué
L'étude des vestiges et les recoupements historiques permettent aux archéologues de formuler des hypothèses sur la construction d'un monument. A Avebury, ils découvrirent ainsi que le creusement du fossé et la constitution du talus étaient antérieurs à l'érection des pierres. Pour transporter les pierres, on utilisait sans doute des rondins de bois sur lesquels on les faisait rouler, puis des poutres et des cordes pour les hisser à la verticale.

Le fossé et le talus
Les fouilles de 1910 montrèrent que le talus s'élevait à l'origine à 16,7 m au-dessus du fossé. On estime que 100 personnes ont travaillé pendant trois ans pour creuser le fossé et édifier le talus.

Un environnement rituel

En observant les alentours d'Avebury, on voit bien que ce site appartient à un ensemble beaucoup plus vaste de cercles de pierre, de mégalithes et d'enclos reliés par des chaussées de pierre. Du sud part une allée menant, à quelques kilomètres de là, au Sanctuaire, un second cercle de pierre. On pense qu'il existait une autre route à l'ouest. Silbury Hill, le plus grand tertre artificiel d'Europe, se situe non loin de là. Autour d'Avebury, on trouve de longs tumulus néolithiques comme West Kennet, ainsi que de nombreux sites de l'Age du bronze. Le gigantisme d'Avesbury et les énormes moyens déployés pour sa construction indiquent qu'il s'agissait d'un lieu majeur, peut-être une sorte de temple où l'on pratiquait des cérémonies rituelles.

Le cercle de pierre

A l'origine, le cercle extérieur comprenait 98 pierres, disposées à 11 m d'intervalle. Les cercles nord et sud avaient respectivement 27 et 29 pierres. Au centre du cercle sud se trouvait un obélisque, et au centre du cercle sud, trois grandes pierres de forme rectangulaire.

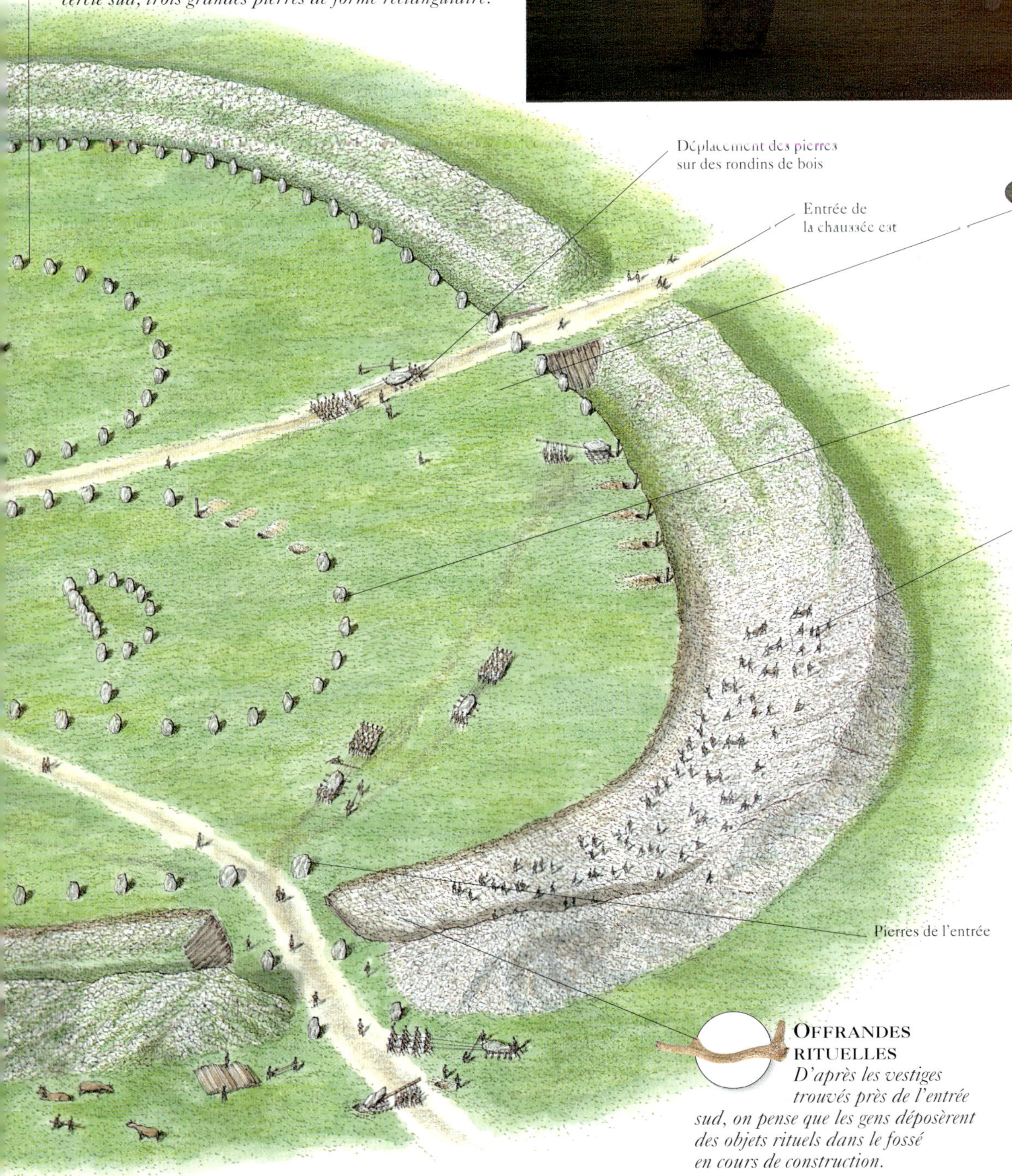

Des objets de prix

Une seule hache a été retrouvée dans le cercle. On suppose que les hommes qui ont construit le henge ne les laissaient pas dans l'enclos. Les lames de haches venaient de très loin (peut-être étaient-elles le produit d'un troc ?). Elles avaient donc une grande valeur et faisaient l'objet de soins attentifs.

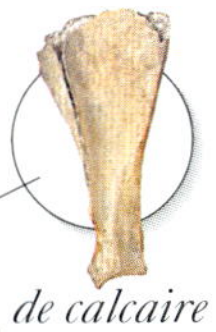

Les outils

Lors des fouilles, la plupart des outils ont été trouvés aux différentes entrées de l'enclos. On pense que les blocs de calcaire étaient débités avec les pioches en bois de cerf, puis ramassés avec les omoplates de bœufs, transportés dans des paniers et versés sur le talus en formation.

Offrandes rituelles

D'après les vestiges trouvés près de l'entrée sud, on pense que les gens déposèrent des objets rituels dans le fossé en cours de construction.

Conclusions

- Les objets trouvés sur le site nous aident à comprendre comment il fut construit, mais nous disposons de très peu d'informations sur sa fonction.
- Les nombreux monuments des alentours et la taille du henge attestent qu'il s'agissait d'un site important appartenant à un ensemble beaucoup plus vaste.
- Les nouvelles techniques archéologiques ont laissé beaucoup de questions sans réponse, et il reste encore beaucoup à découvrir sur le henge d'Avebury.

La céramique

La cuisson
Pour améliorer la cuisson des pots, on se mit à ajouter divers dégraissants à l'argile, allant de matières végétales (paille ou herbes) à la pierre broyée (quartz ou silex). Les débris présentent parfois des traces de ces composants.

Le matériau le plus abondant sur les sites archéologiques est, de loin, la céramique. Encombrante et fragile, on l'associe aux populations sédentaires qui, en s'installant dans des habitations permanentes, eurent pour la première fois la possibilité de stocker leurs produits dans des récipients. La fabrication de la céramique comprend trois stades : le façonnage, la décoration (en relief, à l'engobe ou par émaillage) et la cuisson. Les techniques liées à chacune de ces étapes ont beaucoup évolué à travers le temps, mais les progrès les plus importants concernent la température de cuisson. L'utilisation de glaçures et une cuisson mieux maîtrisées améliorèrent la solidité et permirent de nombreux usages, dont la cuisson et le stockage. Les techniques et les styles évoluant différemment selon les régions, les archéologues ont donc établi un classement des différents types de céramique qui aide souvent à dater un site.

Bol néolithique

3700-3000 AV. J.-C.

Selon les régions, la céramique apparaît à des dates différentes. La plus ancienne connue à ce jour fut fabriquée au Japon il y a 12 000 ans. Les premières poteries obéissaient à une technique très rudimentaire, comme ce bol ukrainien de 5 700 ans. On formait une motte d'argile que l'on creusait avec la main. On obtenait ainsi des sortes de bols de forme plus ou moins régulière. La cuisson se faisait à une température assez basse, sans doute à même le sol, et les pots n'étaient pas très solides.

3700 AV. J.-C.

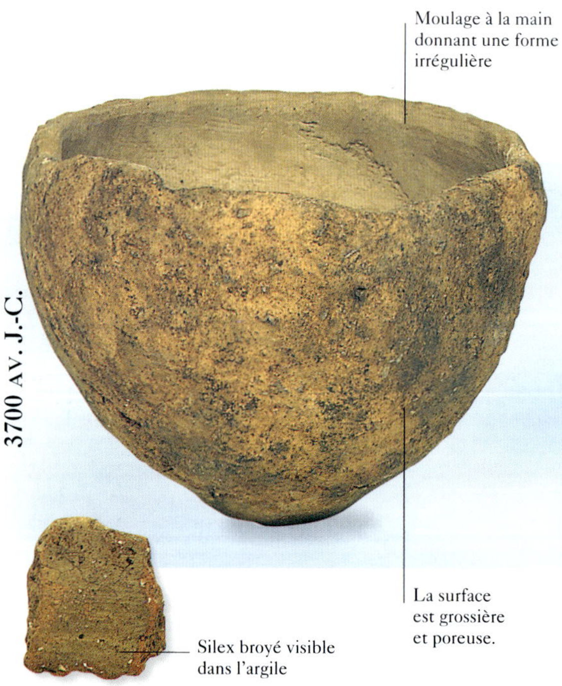

Caractéristiques

Forme irrégulière due au façonnage à la main.
Pot fabriqué à partir d'une motte d'argile.
Ni vernis ni décoration.

Gobelet campaniforme

2500-1800 AV. J.-C.

La pratique des colombins donna des récipients dont la forme était plus régulière et plus élégante. Ce pot anglais du début de l'Age du bronze (Campaniforme) fut fabriqué de cette manière. La décoration a été obtenue à l'aide d'une ficelle appliquée sur le pourtour pendant le séchage. La surface a été lissée à la barbotine (mélange de terre et d'eau), ce qui lui donne un aspect poli et lisse.

Caractéristiques

Les formes sont plus régulières.
Les styles décoratifs sont nombreux. Des irrégularités laissées par les colombins apparaissent parfois.

Céramique grecque

900-700 AV. J.-C.

La céramique grecque était faite au tour, d'où son aspect plus régulier et ses formes plus élaborées. Les grosses pièces étaient réalisées en plusieurs morceaux que l'on assemblait. Les dessins géométriques étaient peints à l'engobe, une très fine couche d'argile qui donne au pot ses couleurs très particulières.

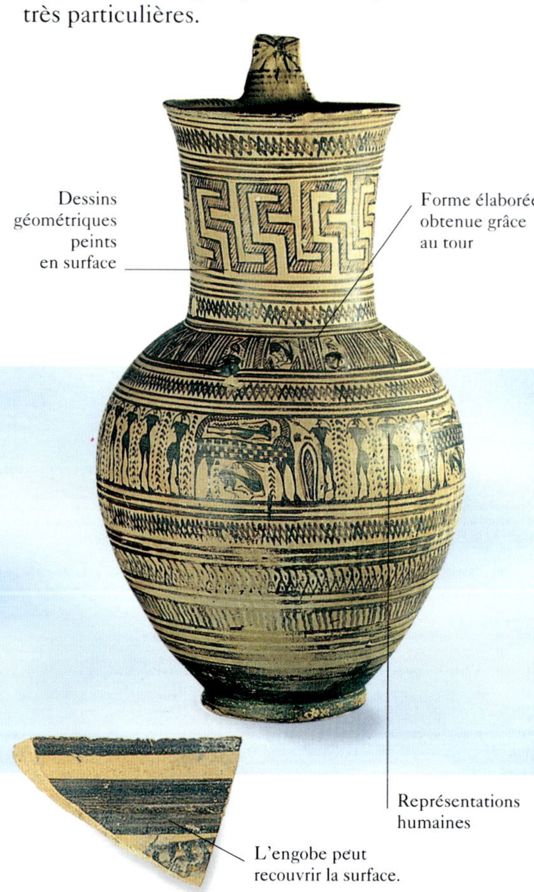

Caractéristiques

Les dessins géométriques sont peints sur la surface du pot.
Les couleurs sont en général le rouge, l'ivoire et le noir.
La surface n'est pas vernie, mais elle est polie.

La technique du colombin

Avant l'invention du tour de potier, la technique utilisée était celle du colombin. Le potier n'avait pas besoin d'un matériel compliqué pour réaliser des objets de bonne qualité aux formes régulières et variées, comme des cruches et des gobelets. Quand l'usage du tour se généralisa, on continua à utiliser cette technique pour donner sa forme au pot qui était ensuite terminé au tour. C'était particulièrement intéressant pour les grandes pièces, trop lourdes pour être montées à la motte sur le tour.

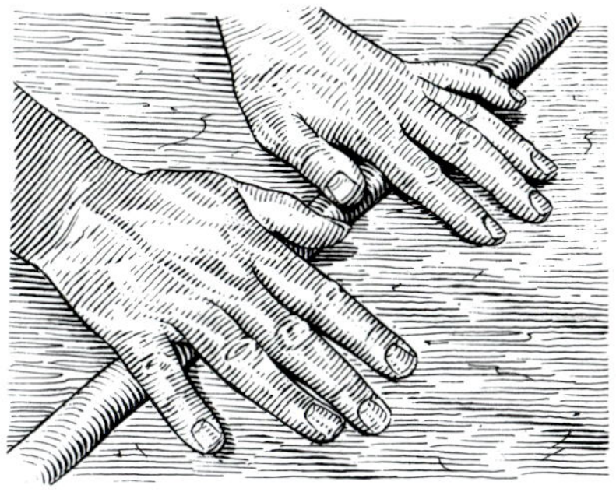

1 La terre est malaxée avec de l'eau et finit par donner une sorte de pâte fine qui séchera facilement et que l'on travaille jusqu'à l'obtention d'une motte homogène. Le potier prend cette pâte et la roule sous la main jusqu'à former un long boudin de terre, appelé colombin.

2 Les colombins sont disposés en cercles, que l'on empile les uns sur les autres en fonction de la forme désirée. Pendant qu'ils sont encore mouillés, ils sont délicatement lissés pour donner un aspect uni à l'ensemble et empêcher le craquèlement à la cuisson. On laisse sécher.

3 Quand le pot est bien sec, on le frotte doucement avec un chiffon de cuir pour le polir. On obtient ainsi une surface lisse que l'on peut décorer de motifs imprimés, gravés ou émaillés. Il ne reste plus alors qu'à cuire le pot.

Céramique sigillée

Ier siècle av. J.-C.

Durant la période romaine, l'Italie et l'Europe du Nord produisaient de la vaisselle rouge, de très bonne qualité, qui était vendue à travers tout l'empire. Cette céramique était fabriquée en grande quantité à partir de moules. Une fine pellicule d'enduit transparent était appliquée à la fin, donnant aux pots un aspect luisant et une couleur très particulière. On retrouve cette céramique dans toutes les régions occupées par les Romains. Quand la production cessa, au IIIe siècle après J.-C., de nombreuses fabriques se lancèrent dans la copie en série.

Caractéristiques

La couleur rouge de la terre et l'aspect verni sont typiques de ce style. Formes et modèles standardisés obtenus par moulage. Le sceau du fabricant apparaît parfois.

Faïence verte médiévale

XIIIe siècle

L'introduction des émaux, éléments minéraux que l'on ajoute à un certain stade de la cuisson, permit l'utilisation de la couleur et améliora l'étanchéité. Les émaux utilisés au Moyen Age étaient en général à base de plomb, mais on y ajoutait du cuivre pour obtenir cette couleur verte.

Caractéristiques

Couleur verte, souvent mouchetée et irrégulière. Beaucoup de pichets et de cruches. Vaisselle simple et de facture assez grossière.

Wedgwood

XIXe siècle

A partir de la fin du XVIIIe siècle, de nouveaux styles apparurent, influencés par les importations de Chine. Les motifs bleus sur fond blanc, obtenus souvent par transfert, comme ceux du pichet ci-dessous, sont typiques du style Wedgwood. Les nouvelles techniques de cuisson permirent de fabriquer une vaisselle de plus en plus fine et résistante, et la porcelaine fit bientôt son apparition.

Caractéristiques

Dessins bleus sur fond blanc d'inspiration chinoise ou anglaise. Décoration peinte à la main puis appliquée par transfert. Vaisselle fine et résistante.

1900

AUTRES SITES

CARNAC

BRETAGNE, FRANCE

CARTE P. 146, F6

Le nord-ouest de l'Europe abonde en ensembles mégalithiques dont les plus célèbres sont Stonehenge, en Angleterre, et les alignements de Carnac, en France. La construction des nombreux monuments de Carnac s'est étalée sur plusieurs centaines d'années, ce qui explique leur variété, aussi bien dans leur forme que dans leur fonction. Situé dans le golfe du Morbihan, en Bretagne, une région particulièrement riche en mégalithes, le site couvre plusieurs kilomètres carrés. On y trouve toutes sortes de vestiges : des pierres dressées (menhirs) isolées, les célèbres alignements constitués de milliers de pierres, des tumulus allongés contenant des chambres funéraires, des tombes ornées de motifs propres aux monuments mégalithiques. Toutes sortes de théories plus ou moins sérieuses ont été avancées quant à sa signification, mais aucune n'est scientifiquement prouvée.

Les pierres dressées
Les menhirs étaient utilisés tels qu'on les trouvait dans la nature : ils ne sont ni taillés ni sculptés. Ils ont manifestement été choisis pour leur taille et leur forme. Le site de Carnac en contient environ 3 000.

Les alignements du Ménec
A Carnac, les pierres sont souvent disposées en rangs, appelés alignements. Ceux du Ménec s'étendent sur 1 km et comprennent onze rangées de pierres de plus en plus petites convergeant vers une sorte d'hémicycle ovale.

MENHIRS ET TUMULUS

Les mégalithes sont soit des menhirs, isolés ou groupés (en lignes ou en cercles), soit des monuments funéraires construits (tombes à couloir, tumulus). Les gigantesques tumulus ovalaires abritent des sépultures d'une très grande richesse. Parmi ces tertres funéraires, on trouve le tumulus de Saint-Michel (10 m de haut sur 125 m de long), dont les fouilles commencèrent au début du XXe siècle. On y a découvert un certain nombre de petits coffres enchâssés sous un amas de pierres, lui-même enseveli sous une épaisse couche d'argile recouverte à nouveau par des pierres.
En dehors des alignements, on trouve aussi des pierres isolées, comme le Grand Menhir Brisé qui pèse plus de 300 t. On pense que cette pierre géante se cassa durant son transport et n'arriva jamais à destination. Sa fonction reste mystérieuse : peut-être était-elle associée à un système d'observation astronomique ou à un culte lunaire…

Haches en jadéite
Un certain nombre de haches polies, dont ces haches en jadéite, ont été trouvées dans une des chambres du tumulus de Saint-Michel. Sans doute leur usage était-il exclusivement religieux, car elles ne semblent pas avoir été utilisées.

TEOTIHUACÁN

VALLÉE DE MEXICO, MEXIQUE

CARTE P. 138, D5

Teotihuacán, qui atteignit son apogée entre 200 et 650, resta pendant très longtemps la plus grande ville d'Amérique centrale : elle compta jusqu'à 250 000 habitants. Elle fut abandonnée vers 750, mais continua à être vénérée par les Aztèques, qui considéraient qu'elle était à l'origine du monde. Fondée dans la vallée fertile de Mexico, où l'on pratiquait une agriculture intensive, la ville était la capitale d'un Etat puissant. Sa situation géographique en faisait un centre commercial florissant, en particulier pour l'obsidienne, et l'artisanat de Teotihuacán a été retrouvé dans toute la Méso-Amérique. Le pouvoir, qui était entre les mains de souverains redoutables, associait un contrôle militaire étroit, efficace et impitoyable à des rituels religieux contraignants et parfois même violents, puisqu'on a découvert des traces de sacrifices humains. Les vestiges les plus spectaculaires de cette civilisation sont des monuments et des objets d'art en rapport avec la religion.

L'AVENUE DES MORTS
Cette photo, prise du haut de la pyramide de la Lune, montre l'avenue des Morts, principal axe de la ville. On aperçoit la gigantesque pyramide du Soleil, à gauche. Cette avenue est orientée nord-sud et les photographies aériennes ont permis de repérer une autre route est-ouest qui la coupait.

LA VILLE DES MONUMENTS

Des chercheurs de l'université américaine de Rochester (Etat de New York) eurent l'idée de combiner les techniques aériennes de reconnaissance en basse altitude et les analyses de surface pour réaliser un relevé topographique détaillé de l'ancienne cité.
C'est ainsi qu'a été localisé, à côté du centre religieux, un ensemble administratif et résidentiel.
Le plan des rues forme une sorte de grille établie sur des bases astronomiques. La longue allée des Morts (5 km), qui traverse la ville de part en part, est bordée d'édifices religieux. Parmi eux, des constructions impressionnantes comme la pyramide du Soleil (le plus grand édifice de l'Amérique précoloniale avec ses 75 m de haut) et la pyramide de la Lune. Les sommets de ces pyramides tronquées supportaient des temples où se déroulaient les grandes cérémonies religieuses. Leur taille souligne la puissance des souverains de Teotihuacán et les moyens humains dont ils disposaient pour les construire.
Ces souverains vivaient dans de vastes palais d'un seul étage couverts de fresques. Les commerçants, très nombreux, possédaient leurs quartiers ; en effet, Teotihuacán avait le monopole de l'extraction et de la manufacture de l'obsidienne, et la ville abritait plus de 300 ateliers. La ville contenait encore bien d'autres quartiers, dont un espace où les étrangers se rassemblaient pour rendre un culte à leurs dieux.

On ne sait pas exactement comment Teotihuacán fut détruite, mais on pense qu'elle subit une invasion ou une guerre civile. Plus tard, la cité fut découverte par les Aztèques qui l'associèrent à leur mythologie et, depuis plus d'un siècle, elle ne cesse de fasciner les archéologues.

LA PYRAMIDE DU SOLEIL
Sa construction nécessita le travail de milliers d'hommes, qui durent porter des millions de paniers de terre. Son sous-sol renferme une cave naturelle aménagée pour les cérémonies rituelles.

RÉCIPIENT EN ONYX
La forme géométrique de ce récipient en forme d'ocelot rappelle les masques de pierre qui décorent de nombreux édifices de la ville.

Thèbes

HAUTE-ÉGYPTE, ÉGYPTE

CARTE P. 143, E 7

L'ancienne cité de Ouaset, baptisée Thèbes par les Grecs, est située au bord du Nil, à environ 650 km du Caire. Le modeste comptoir commercial de l'Ancien Empire devint la grande capitale égyptienne du Nouvel Empire (1580-1085 av. J.-C.). La ville se développa en deux parties : un quartier résidentiel, à Louxor, sur la rive orientale du Nil, et un énorme ensemble monumental et religieux appartenant aux pharaons sur la rive occidentale. La plus grande partie de la ville ancienne a été recouverte par des constructions plus modernes, et les nombreux temples et édifices restants sont dispersés sur un territoire très étendu. Napoléon fut l'un des premiers à s'intéresser à ces ruines lors de ses campagnes égyptiennes et, depuis, des chercheurs du monde entier ont entrepris un long et minutieux travail sur place. Aujourd'hui, les fouilles archéologiques se poursuivent en même temps que les travaux de conservation et de préservation d'un des sites les plus visités du monde, et donc sujet aux dégradations et à la pollution.

Les temples funéraires
Thèbes posséda au Nouvel Empire les temples funéraires les plus importants et les plus riches de toute l'Egypte. Ils ne se différenciaient pas des temples divins, mais permettaient de perpétuer au cours de cérémonies religieuses les hommages rendus au souverain défunt. Celui-ci était alors associé aux divinités du pays.

La cité religieuse des pharaons

Thèbes était célèbre pour la magnificence de ses monuments religieux. La cité commença son extraordinaire expansion avec les pharaons de la XVIIIe dynastie (vers 1580 av. J.-C.), qui dépensèrent sans compter pour la construction et la décoration de ces temples, tombeaux et palais. La nécropole (ensemble gigantesque de temples et de tombes) s'étend sur la rive occidentale du Nil. Dans les vallées des Rois et des Reines, les sépultures royales furent creusées à même les collines rocheuses et les temples funéraires élevés dans la vallée.
La tombe la plus célèbre est celle de Toutankhamon, un roi mineur. Inviolée quand elle fut découverte, dans les années 1920, par Howard Carter, elle recelait des trésors fabuleux. Il faut dire que toutes les tombes contenaient à l'origine des vestiges artistiques, car la tradition voulait que le mort soit entouré de toutes sortes d'objets dont il pouvait avoir besoin dans l'autre monde. Malheureusement, beaucoup furent pillées au cours des siècles et les premiers archéologues arrivés sur les lieux, plus intéressés par les vestiges que par les sites eux-mêmes, ont parfois fait disparaître de précieuses informations.
Aujourd'hui, les chercheurs s'intéressent aux tombes les plus éloignées. La préservation des sites, et particulièrement des délicates peintures murales présentes dans beaucoup de tombes, est leur souci majeur, autant que la découverte de nouveaux vestiges.

Le temple funéraire d'Hatshepsout
Ce temple qui s'étage en terrasses desservies par une rampe fut bâti à Deir-el-Bahari pour la reine Hatshepsout. A la mort de son époux et demi-frère, Thoutmosis II, Hatshepsout s'empara du pouvoir au détriment de son beau-fils et neveu (le futur Thoutmosis III) et préféra le titre de pharaon à celui de reine, acceptant les attributs masculins de cette fonction.

Les colosses de Memnon
Les deux statues colossales d'Amenhotep III, représenté assis, marquaient l'entrée du temple funéraire consacré à ce souverain de la XVIIIe dynastie. Elles mesurent 21 m de haut et dominent le paysage. Une légende raconte qu'aux premières lueurs de l'aube, une musique s'échappait de l'une d'elles, celle qui fut endommagée par un tremblement de terre.

LES PREMIÈRES VILLES

En Europe, en Asie et Afrique, puis en Amérique, les hommes de l'Age du bronze construisirent des villes dans les vallées fertiles de grands fleuves comme le Nil, l'Indus, le Tigre et l'Euphrate. Des techniques agricoles évoluées, liées à la maîtrise de l'irrigation, permirent alors à des populations importantes de se rassembler et de devenir des cultivateurs compétents et des artisans raffinés. Ces premières villes ont bien des points communs. La plupart étaient fortifiées et dotées de rues tracées au cordeau, de structures administratives et de grands ensembles religieux (pp. 34-45) qui attiraient les foules. Les premières traces d'écriture, découvertes sur ces lieux, découlent sans doute du développement d'un commerce lointain suscitant des besoins de communiquer sophistiqués. Le pouvoir politique et administratif se concentra peu à peu et les villes se transformèrent en Etats. Les classes sociales se différencièrent, et ces peuples soumirent leurs voisins jusqu'à contrôler de gigantesques empires.

ÉCRITURE CUNÉIFORME
Cette première forme d'écriture vient de Mésopotamie où elle était utilisée vers 3000 av. J.-C. pour compter, pour enregistrer les récoltes et pour marquer la propriété. Les signes étaient gravés avec des baguettes de roseau sur des tablettes d'argile crue.

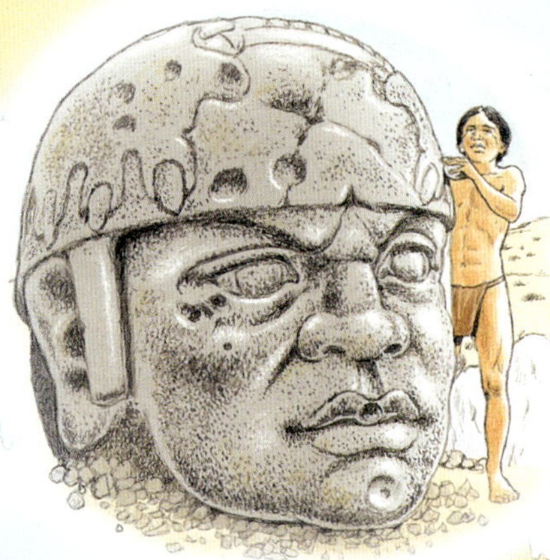

① LA VENTA
Les Olmèques furent un des premiers peuples d'Amérique à s'établir dans des villes au début du Ier siècle av. J.-C. Leur civilisation donna naissance à une architecture monumentale (ici tête de roi colossale en basalte).

LA FRESQUE DES DAUPHINS
La culture minoenne, qui s'établit dans les vallées fertiles de Crète, fut la première civilisation urbaine d'Europe. On construisit des palais royaux, composés de centaines de pièces disposées autour de grandes cours. Ces palais étaient également le centre de la vie industrielle, religieuse et administrative. Leurs murs étaient entièrement recouverts de fresques colorées, comme ces célèbres dauphins.

② CAHUACHI
Célèbres pour leur étrange céramique, les Nazca s'installèrent près des côtes où ils élevèrent des temples de taille imposante.

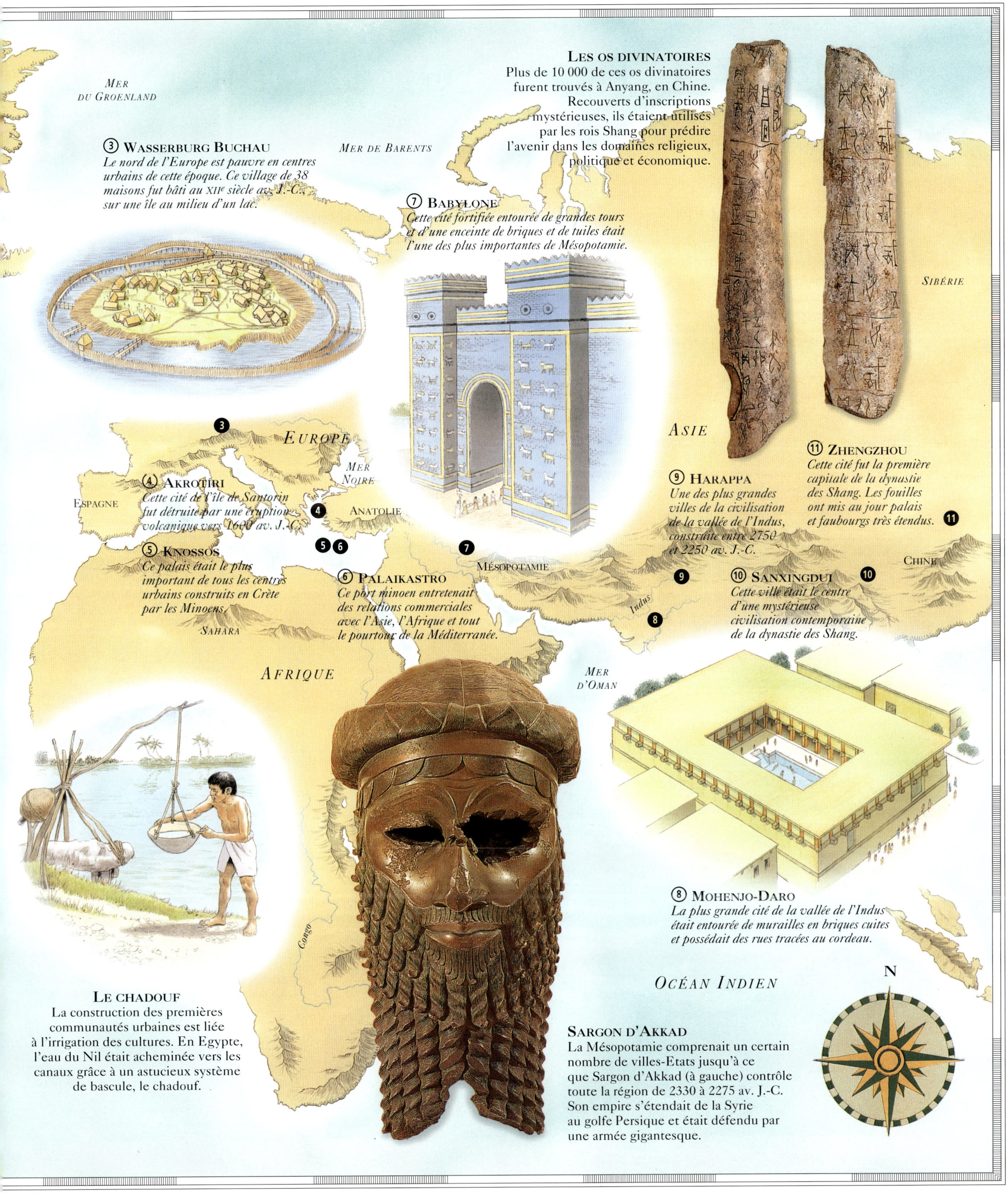

LES OS DIVINATOIRES

Plus de 10 000 de ces os divinatoires furent trouvés à Anyang, en Chine. Recouverts d'inscriptions mystérieuses, ils étaient utilisés par les rois Shang pour prédire l'avenir dans les domaines religieux, politique et économique.

③ WASSERBURG BUCHAU
Le nord de l'Europe est pauvre en centres urbains de cette époque. Ce village de 38 maisons fut bâti au XIIe siècle av. J.-C., sur une île au milieu d'un lac.

⑦ BABYLONE
Cette cité fortifiée entourée de grandes tours et d'une enceinte de briques et de tuiles était l'une des plus importantes de Mésopotamie.

④ AKROTIRI
Cette cité de l'île de Santorin fut détruite par une éruption volcanique vers 1600 av. J.-C.

⑤ KNOSSOS
Ce palais était le plus important de tous les centres urbains construits en Crète par les Minoens.

⑥ PALAIKASTRO
Ce port minoen entretenait des relations commerciales avec l'Asie, l'Afrique et tout le pourtour de la Méditerranée.

⑨ HARAPPA
Une des plus grandes villes de la civilisation de la vallée de l'Indus, construite entre 2750 et 2250 av. J.-C.

⑪ ZHENGZHOU
Cette cité fut la première capitale de la dynastie des Shang. Les fouilles ont mis au jour palais et faubourgs très étendus.

⑩ SANXINGDUI
Cette ville était le centre d'une mystérieuse civilisation contemporaine de la dynastie des Shang.

⑧ MOHENJO-DARO
La plus grande cité de la vallée de l'Indus était entourée de murailles en briques cuites et possédait des rues tracées au cordeau.

LE CHADOUF

La construction des premières communautés urbaines est liée à l'irrigation des cultures. En Egypte, l'eau du Nil était acheminée vers les canaux grâce à un astucieux système de bascule, le chadouf.

SARGON D'AKKAD

La Mésopotamie comprenait un certain nombre de villes-Etats jusqu'à ce que Sargon d'Akkad (à gauche) contrôle toute la région de 2330 à 2275 av. J.-C. Son empire s'étendait de la Syrie au golfe Persique et était défendu par une armée gigantesque.

UNE CITÉ DE L'ÂGE DU BRONZE

PALAIKASTRO, GRÈCE

CARTE P. 137, L9

PROSPECTION DU SITE

- Les vestiges ont permis de déterminer la taille de la ville antique.
- Le tracé des rues et des maisons a été reconstitué grâce aux fouilles.
- Les nombreux vestiges donnent beaucoup d'informations sur la vie quotidienne.
- Les objets d'origine lointaine, comme l'ivoire, apportent la preuve que cette ville entretenait des relations commerciales avec d'autres régions du monde.

Sur la côte orientale de la Crète, dans une baie en forme de croissant environnée de montagnes, au milieu des fermes, des vignes et des oliveraies, se développa Palaikastro, cité de l'Age du bronze. De la ville partaient des routes qui la reliaient aux autres centres crétois, dont le palais de Cnossos. Des chemins menaient au port, où des bateaux chargés de marchandises faisaient voile vers la Méditerranée.
Les archéologues ont commencé leurs recherches sur ce site dès 1901, mais des fouilles récentes, plus particulièrement centrées sur les bâtiments, ont permis de déterrer une foule d'objets. Grâce à ces découvertes, les archéologues ont pu dater le site de Palaikastro, vieux de 4 000 ans. En même temps que la civilisation minoenne, la ville déclina et, vers 1200 av. J.-C., elle fut totalement désertée par ses habitants. Seul subsista un sanctuaire isolé consacré à Zeus.

LE SITE
L'existence de l'ancienne ville de Palaikastro, baptisée par les Grecs *Roussolakkos* (champ rouge) en raison de ses constructions en briques, était connue depuis longtemps. Les premières fouilles eurent lieu en 1901 et ont été intensifiées depuis 1986. Les études faites sur les environs ont permis de trouver des fortifications et des fermes contemporaines de la ville.

Zone des fouilles

Vestiges visibles en surface

LE PLAN DE LA VILLE
Seule une petite partie de la ville a été reconstituée, mais ses limites sont dessinées par les nombreux tessons de poterie et les pierres trouvés en surface. La différence de densité de ces vestiges a permis de déterminer précisément le centre de la cité. La plus grande concentration se trouve à environ 500 m de la côte. La ville couvrait au moins 1 km².

LES RUINES
De nombreux murs sont encore debout, certains ayant 1 m de haut, ce qui permet de les remonter avec exactitude. Beaucoup étaient en briques sur des fondations de pierres, mais d'autres, comme ceux de gauche, étaient bâtis avec de gros blocs taillés de grès.

RÉCIPIENTS DE STOCKAGE
*Certaines pièces, baptisées entrepôts, contenaient des jarres (*pithoi*) immenses. Ces récipients étaient sans doute utilisés pour stocker la nourriture ainsi que le vin et l'huile. Certaines pièces en contenaient pas moins de 500.*

Largeur : 7 cm

LINÉAIRE A
Cet éclat de céramique porte des inscriptions en linéaire A, l'écriture des Minoens. On gravait ces signes sur des tablettes d'argile qui, pense-t-on, servaient à compter, à dresser des listes, à enregistrer les stocks.

Hauteur : 6 cm

TÊTE DE TERRE CUITE
Cette tête en argile reposait près de deux grandes jarres, dans un vaste bâtiment qui semble être un tombeau. Elle est peinte en blanc, les traits étant soulignés de rouge. Il s'agissait sans doute d'un objet rituel.

PLAN DES FOUILLES
Ce plan représente la zone des fouilles archéologiques. La majeure partie du site a été fouillée en 1901, mais le quartier nord-est a été étudié récemment. La ville était constituée de blocs d'habitations, reliés par des rues spacieuses et des chemins étroits. Ces fouilles ne concernent qu'une petite partie de la ville.

LÉGENDE + Tombeaux
○ Puits

Longueur : 4 cm

TESSONS DE CÉRAMIQUE
La vaisselle reconstituée à partir de ces tessons était fine et décorée dans le style minoen. Elle fut réalisée au tour et peinte de motifs noirs, ce qui dénote une bonne maîtrise de la céramique.

Largeur : 5 cm

IVOIRE SCULPTÉ
Ce morceau d'ivoire faisait sans doute partie d'une plaque gravée de volutes marines et fabriquée dans une défense d'éléphant importée d'Asie ou d'Afrique.

Longueur : 9 cm

POIDS
Beaucoup de poids comme celui-ci furent retrouvés sur le site. Ces sortes de boules d'argile percées d'un trou servaient de contrepoids sur les métiers à tisser.

Hauteur : 50 cm

STATUETTE
*Cette statuette d'ivoire (*kouros*, en grec) représente un jeune homme. Elle fut retrouvée en deux morceaux lors des fouilles.*

UNE CITÉ DE L'ÂGE DU BRONZE

ANALYSER LES DÉCOUVERTES

Au cours des fouilles de Palaikastro, les chercheurs ont rassemblé beaucoup d'informations sur cette cité de l'Age du bronze. Les ruines permettent de reconstruire le plan, les rues et les bâtiments de la ville, tandis que les vestiges découverts à l'intérieur des maisons (sols et murs enduits, vaisselle, foyers) donnent un aperçu du cadre de vie de ses habitants. On peut également se faire une idée de la vie spirituelle de ces citadins, de leurs techniques de production et de stockage de la nourriture et imaginer leurs activités commerciales, axées sur les articles de luxe et les objets en bronze. La quantité de ces objets, ajoutée à la présence du port et au réseau routier, prouve que Palaikastro jouait un rôle essentiel dans la société crétoise, qui rayonnait alors sur toute la Méditerranée. Cette ville appartenait, à n'en pas douter, à une société évoluée, hiérarchisée, animée de sentiments religieux et disposant de débouchés commerciaux importants.

LIEUX DE CULTE
Quelques bâtiments semblent appartenir à un ensemble réservé au culte. Ce kouros *fut trouvé dans une cour, près d'un bâtiment en pierre au balcon décoré de cornes en grès. On pense qu'il était associé à des cérémonies religieuses.*

LE SITE RECONSTITUÉ
Ce dessin du site permet d'imaginer la vision qu'avait un voyageur découvrant la baie de Palaikastro à partir de la colline de Petsofa en 1500 av. J.-C. Il a pu être réalisé grâce aux relevés topographiques, aux vestiges et aux connaissances que nous avons d'autres sites minoens, comme Cnossos. Les quartiers résidentiels sont au centre et les zones plus anciennes, surpeuplées, se trouvent près du port. Les rues, qui traversent la ville de part en part, mènent d'un côté dans la campagne vers les fermes isolées, et de l'autre à la mer.

LES ENTREPÔTS
Les denrées que contenaient encore certains entrepôts indiquent que les habitants ont dû quitter les lieux de manière soudaine. Les débris amoncelés autour des jarres signalent une lente décomposition des murs suivie de l'effondrement du toit.

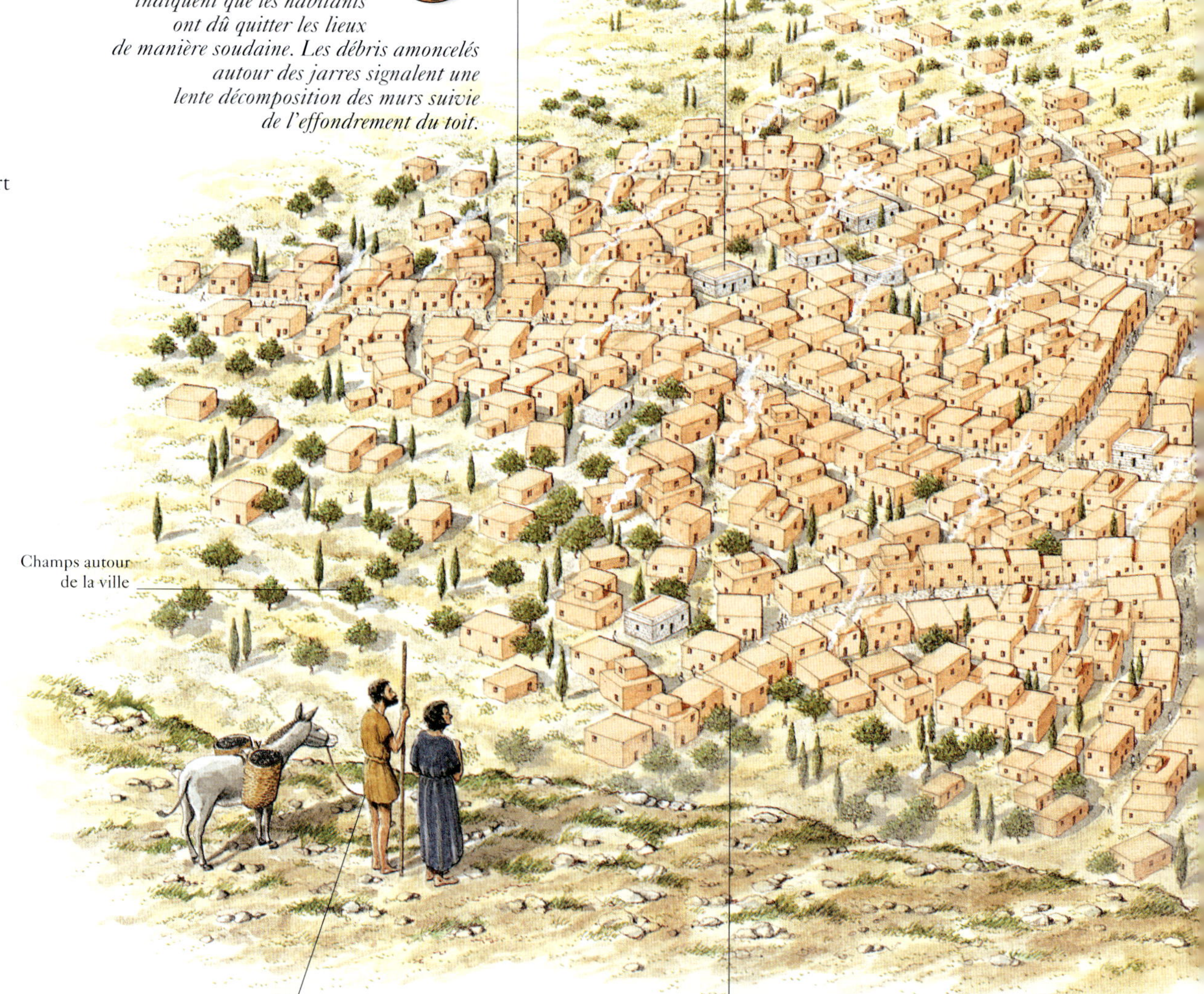

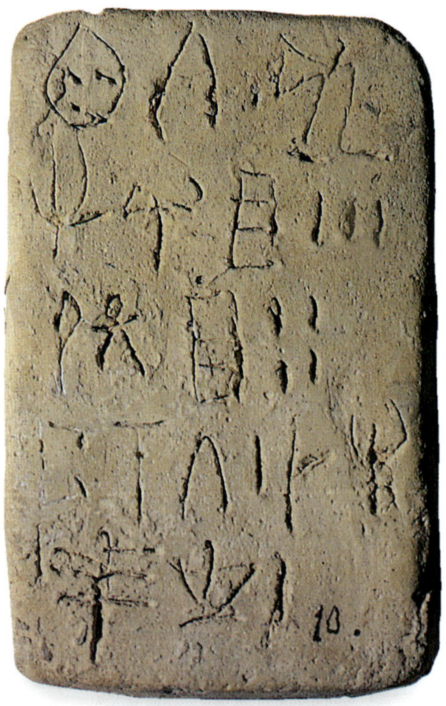

TABLETTE LINÉAIRE A
Le linéaire A est une des premières écritures, antérieure au linéaire B et au grec classique. Il est constitué de pictogrammes et de signes syllabiques qui n'ont pu être déchiffrés jusqu'à présent. Les signes étaient gravés sur des tablettes d'argile humide, ensuite séchées au soleil. Ne se sont conservées que celles qui furent brûlées ultérieurement pour une raison inconnue.

MATÉRIEL DE TISSAGE
On pense que les Minoens fabriquaient des tissus à base de laine et de lin. Les boules d'argile percées découvertes sur le site servaient de contrepoids à des métiers à tisser artisanaux destinés à un usage domestique.

LES MAISONS
La construction des maisons d'habitation montre des différences sociales importantes. Au centre de la ville, on trouve des villas spacieuses, bâties autour d'une cour. Plus près de la mer, dans les quartiers les plus anciens et les plus peuplés, les maisons sont petites et collées les unes aux autres.

LES BATEAUX DE COMMERCE
Si la ville s'est développée à cet endroit, c'est en raison de sa baie naturelle. Les bateaux de l'Age du bronze sillonnaient la Méditerranée, aussi bien pour exporter les produits crétois (denrées alimentaires, vin et huile) que pour rapporter des métaux et des produits lointains comme l'ivoire, originaire d'Asie ou d'Afrique. Cette forme aboutie de commerce permit à Palaikastro de devenir une cité riche et vivante.

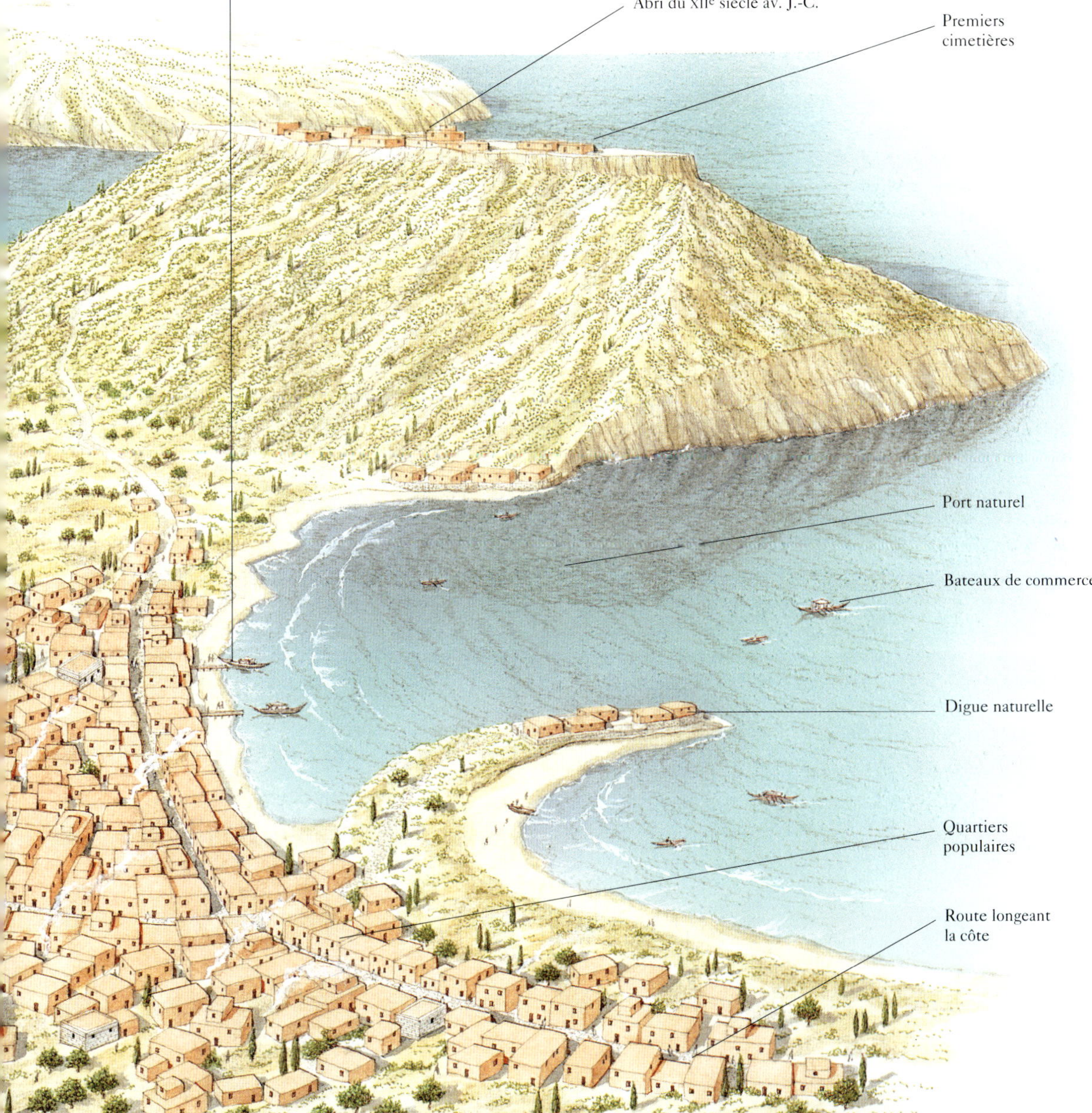

LE «KOUROS»

Le *kouros* a été reconstitué grâce aux éléments de décoration qu'il portait et par comparaison avec d'autres statues de la même époque. Sa coiffure et ses vêtements étaient apprêtés. Il portait des chaussures dorées et un poignard serré dans un fourreau à la taille.

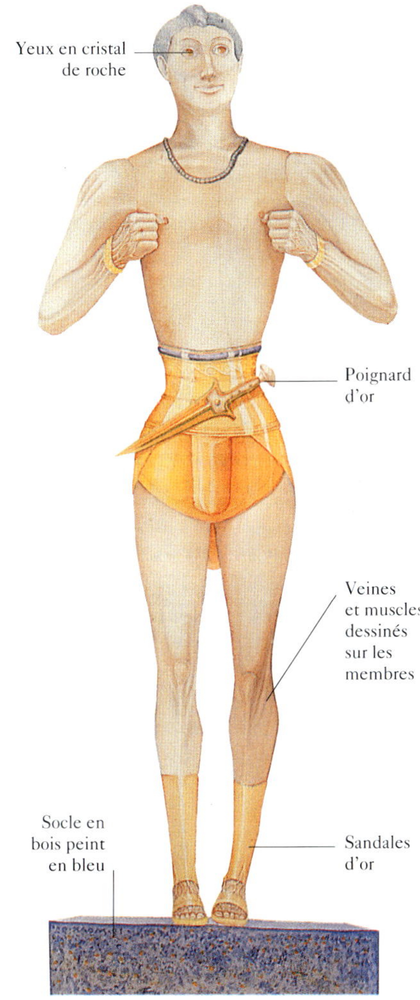

VAISSELLE EN CÉRAMIQUE
*En plus des tessons, on a découvert de nombreux pots, certains encore rangés dans les armoires ou les entrepôts. La céramique crétoise de l'Age du bronze était produite en série par des artisans compétents, organisés et équipés de tours. Parmi les récipients destinés aux boissons, on a retrouvé des jarres de forme conique (*pithoi*) et un* rhyton, *sorte de gobelet sculpté.*

CONCLUSIONS

- D'après les fouilles, la ville était importante et très peuplée.
- Les objets montrent que le niveau de vie des habitants était élevé.
- Les vestiges exotiques révèlent des contacts avec l'Afrique et l'Asie.
- La céramique et les statuettes attestent l'existence d'un artisanat de haut niveau.
- Les bâtiments en pierre n'avaient pas tous la même fonction : certains étaient des lieux de culte et d'autres des habitations.

LES BRONZES

LA MATIÈRE PREMIÈRE
Le cuivre et l'étain ne se trouvent que dans certaines régions du monde, aussi leur commerce se développa-t-il à l'Age du bronze. Cette difficulté d'approvisionnement faisait que l'on recyclait le moindre morceau de métal en le refondant, parfois à plusieurs reprises.

Les hommes commencèrent par travailler les métaux qu'ils trouvaient à l'état natif, comme l'or ou le cuivre qu'ils se contentaient de marteler à froid. Durant la période appelée l'Age du bronze, on se mit à chauffer les métaux et à les mélanger. L'alliage du cuivre avec de petites quantités de sulfure ou d'étain donna le bronze, beaucoup plus solide et durable que le cuivre et donc adapté à de nombreux usages. L'extraction des minerais et la production du charbon de bois pour la fusion des métaux exigeaient des efforts gigantesques. Mais sa rareté et ses qualités esthétiques donnaient une valeur inestimable au bronze, utilisé aussi bien pour l'art que pour les objets de la vie courante. Certaines régions du monde, comme l'Afrique, l'Amérique du Sud et l'Australie, ne produisirent pas de bronze. Elles continuèrent à travailler la pierre ou passèrent directement au fer.

BRACELET ET BURIN

1000-500 AV. J.-C.

Ce bracelet de l'Age du bronze fut découvert à Ebbesbourne, dans le Wiltshire, en Angleterre. Il se trouvait parmi d'autres objets de métal enterrés pour être mis à l'abri. Le burin de l'Age du bronze tardif fut découvert à Oldfield, dans le Wiltshire également. Durant cette période, les lieux de production du bronze étaient donc limités dans l'espace. La technique utilisée donnait des objets aux formes très simples. Les bijoux de métal (épingles, colliers, bracelets) représentaient avant tout des signes extérieurs de richesse.

2000 AV. J.-C.

CARACTÉRISTIQUES

Formes très simples.

Possessions individuelles de valeur, issues des premières techniques de moulage.

LAME DE HACHE MOULÉE

2000 AV. J.-C.

La forme aplatie de cette hache est caractéristique des premières haches de métal fabriquées avec des moules d'une seule pièce. On pense que le métal en fusion était versé dans un moule de pierre ou d'argile sculpté en creux. Une fois le métal refroidi, la surface et les bords de l'objet étaient polis, et le bord coupant aiguisé. Puis on l'emmanchait sur une poignée de bois. La finesse de ces haches représentait un progrès certain par rapport à la pierre, mais elles exigeaient un entretien et un affûtage constants.

CARACTÉRISTIQUES

Forme simple. Bord coupant aiguisé.

Section aplatie.

Fabriquée dans un moule d'un seul tenant.

HACHE À DOUILLE

VERS 1000 AV. J.-C.

La technique de fabrication des haches se sophistiqua durant tout l'Age du bronze, au moyen de moules en deux parties qui permettaient de diversifier les formes et d'améliorer l'emmanchement. A la fin de l'Age du bronze, les haches à douille comportaient une partie creuse dans laquelle on insérait le manche. Un anneau fut ensuite ajouté sur le côté pour nouer un lien, ce qui améliorait encore le confort et la sécurité.

CARACTÉRISTIQUES

Le manche était enfoncé dans la douille.

Le col plus épais assurait une plus grande résistance.

Haches fabriquées selon la méthode de la cire perdue.

Fonte à cire perdue

Les premiers moules à bronze étaient rudimentaires : plats, en un ou deux morceaux, on se contentait de verser le métal fondu à l'intérieur. On ne pouvait fabriquer que des formes très simples, obtenues en creusant l'intérieur du moule. La technique de la cire perdue permit de diversifier les formes. Elle consistait à sculpter un objet dans la cire. La forme obtenue était recouverte d'une fine couche d'argile qui épousait exactement les contours de la cire. Verser le métal sans créer de bulles d'air était une opération délicate qui demandait une grande expérience.

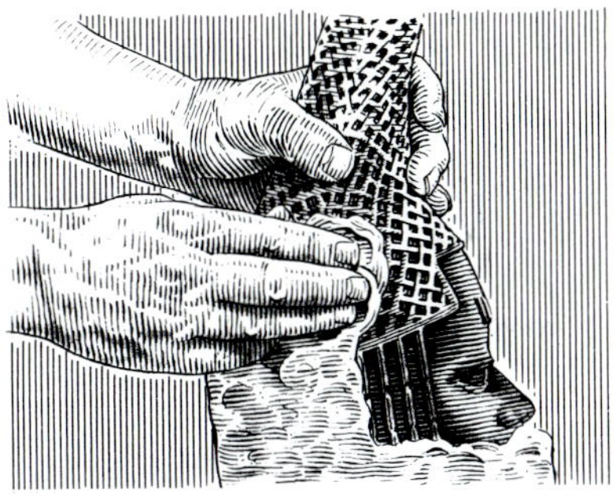

1 L'objet est sculpté dans la cire, puis recouvert délicatement d'une fine couche d'argile jusqu'à former un bloc compact. Un petit trou est ménagé dans l'argile par lequel s'écoulera la cire ultérieurement.

2 Pendant que l'argile cuit, la cire fond et s'écoule vers l'extérieur, laissant l'empreinte de l'objet à l'intérieur du moule de céramique. Une fois cuit, le moule est stabilisé sur une couche de sable. Il reste à verser le métal fondu à l'intérieur du moule.

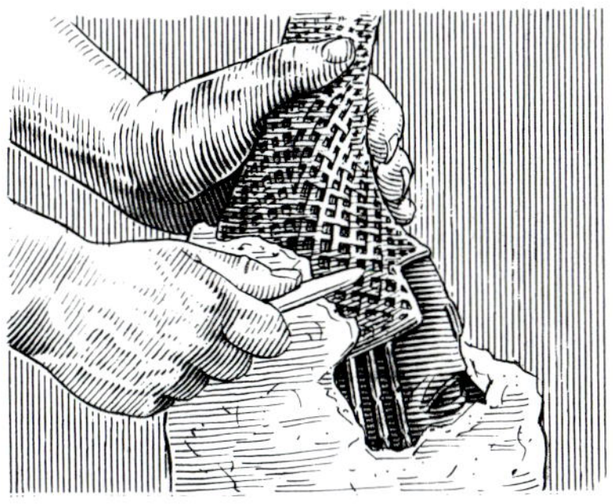

3 En refroidissant, le métal durcit. On casse alors le moule d'argile avec un marteau ou un burin. Les bourrelets de métal accumulés autour du trou et les bords rugueux sont limés et l'objet de bronze est poli.

Bouclier décoré

Ier SIÈCLE AV. J.-C.

Le bouclier de Battersea fut trouvé à Londres, dans la Tamise. On pense qu'il s'agissait d'une offrande rituelle de l'Age du fer. Sa décoration est obtenue par la technique du repoussé – les motifs sont réalisés en martelant le métal – et comporte des incrustations de verre coloré.

Caractéristiques

Incrustations de pierres et de verre.

Décoré selon la technique du repoussage.

Il s'agit sans doute d'une offrande rituelle.

Statue chinoise

VIe SIÈCLE AV. J.-C.

Les artisans du bronze chinois étaient très habiles. Dès le IIe millénaire av. J.-C., les ornements rituels et la vaisselle furent fabriqués en grande quantité. Des objets raffinés, comme cette créature étrange de la province sud du Henan, purent être fabriqués grâce à la technique de la cire perdue et à l'utilisation de plusieurs moules. Cette statue possède une réplique. On pense qu'il s'agissait de supports de tambour, mais on ne connaît ni le nom ni la fonction exacte de ce genre de figures mythiques.

Caractéristiques

Eléments de décoration en pierre.

Formes ouvragées.

Dénote un haut niveau de technicité.

Tête moulée

XVe SIÈCLE APR. J.-C.

Cette tête originaire du Nigeria appartient à la célèbre série des bronzes du Bénin, du nom de leurs commanditaires royaux. Il ne s'agit pas exactement de bronzes, car ils sont fabriqués en laiton (alliage de cuivre et de zinc). Ils ont été réalisés selon la technique de la fonte à cire perdue.

Caractéristiques

Fabriquée grâce à la technique de la cire perdue.

Considérée généralement comme une figure royale.

Cette série fut sans doute réalisée en fondant de la monnaie.

1500 APR. J.-C.

AUTRES SITES

MOHENJO-DARO

VALLÉE DE L'INDUS, PAKISTAN

CARTE P. 151, I4

Mohenjo-Daro, une des grandes cités de la civilisation de l'Indus, fut édifiée durant les IIIe et IIe millénaires av. J.-C. A cette époque, la vallée de l'Indus connut un épanouissement rapide, et les communautés de cultivateurs donnèrent naissance à des centres urbains bénéficiant de techniques d'irrigation sophistiquées. La ville de Mohenjo-Daro fut construite en briques de terre crue et tracée selon un plan rigoureux, fait de rues rectilignes et d'allées reliant les bâtiments entre eux. Les habitants, dont le nombre est estimé à 40 000, disposaient d'infrastructures évoluées, telles que des puits, des canalisations évacuant les eaux usées et des lieux d'aisances. Les habitations vont des maisons de marchands agencées autour de cours spacieuses aux bicoques d'une seule pièce. Tous ces éléments montrent que la civilisation de l'Indus est comparable à celles de la Mésopotamie et de l'ancienne Egypte, qui lui sont contemporaines.

LA STATUE DU PRÊTRE-ROI
Quelques sculptures ont été découvertes sur le site. Cette statue en stéatite de 7,6 cm de haut représente l'un des prêtres-rois de la cité. Elle fut trouvée dans une demeure de la ville basse. Elle était sans doute recouverte de peinture rouge.

VUE AÉRIENNE DES RUINES
Cette vue montre la densité des habitations et la bonne conservation des vestiges.

LA CIVILISATION HARAPPÉENNE

Mohenjo-Daro fut découverte en 1922 par des archéologues venus étudier un temple bouddhique situé à 640 km au sud de Harappa (explorée en 1856). Comme les autres sites de la civilisation de l'Indus, Mohenjo-Daro possédait une citadelle construite sur une butte culminant à 15 m au-dessus des terres environnantes. Les maisons et les ateliers se trouvaient à l'est, et les rues, très larges, étaient tracées à angle droit. Les études menées sur les cités de la vallée de l'Indus ont montré qu'elles appartenaient toutes à un monde soigneusement administré. Elles entretenaient des relations commerciales avec des pays très éloignés de l'Inde, comme la Perse, l'Asie centrale et la Mésopotamie où des sceaux harappéens ont été retrouvés. Des articles de valeur, comme l'or, les pierres précieuses, l'ivoire et les épices, étaient échangés contre de l'huile, des figues, des tissus, de la céramique et des perles. Le système de poids et mesures dénote une forme aboutie d'organisation économique. Les briques crues

utilisées pour construire la cité, identiques à celles de la vallée de l'Indus, montrent l'unité de cette civilisation.
L'un des bâtiments les plus surprenants de cette cité est le Grand Bain, un vaste bassin en briques recouvertes d'asphalte pour assurer l'étanchéité, de 12 m sur 7 m, dont la position centrale dans la cité souligne l'importance. Cette immense réserve d'eau était sans doute un lieu rituel. Le Grand Bain indique aussi, tout comme le système de canalisation élaboré (chaque maison possédait un puits et une salle de bains), que les ablutions jouaient un rôle majeur. Les fouilles ont mis en évidence un haut niveau d'organisation collective que l'on ne retrouvera que 2 000 ans plus tard, avec l'Empire romain.

LA CITADELLE

Le grand archéologue britannique Sir Mortimer Wheeler (1890-1976) et ses assistants entreprirent les fouilles de Mohenjo-Daro en 1950. Leur objet d'étude était le grand mont de briques, qu'ils prenaient pour une simple citadelle. Mais la quantité incroyable de vestiges révéla un site beaucoup plus important. A peine un mois après le début des travaux, douze wagons remplis de céramique purent être acheminés vers les laboratoires. Quand les murs et les nombreux couloirs du bâtiment apparurent, il devint clair qu'il s'agissait d'une sorte de gigantesque entrepôt municipal. Un réseau de conduits d'aération fut découvert sous le sol de ce qui avait dû être une immense grange en bois. Il permettait sans doute d'assurer la ventilation et donc la conservation des denrées que l'on y stockait. Des quais de chargement et des traces de rampes d'accès de chariots furent également identifiés. La citadelle était donc le centre économique de la cité, une sorte de bien municipal.
Le haut niveau de la nappe phréatique interdisait des fouilles trop profondes, mais la richesse des vestiges permit d'avoir une idée assez précise de l'alimentation des habitants. On cultivait sur place du blé, de l'orge et l'on faisait pousser des pois, des dattes, des melons et du coton. On élevait le bétail pour le lait, la viande, mais aussi pour les travaux des champs, et leurs déjections étaient utilisées comme fumier pour fertiliser la terre, ou comme combustible. Il y avait des buffles, des moutons, des chiens, des cochons et même des éléphants.
Mohenjo-Daro déclina vers 1900 av. J.-C., peut-être à cause de la sécheresse. Jusqu'à aujourd'hui on ignore pourquoi les habitants abandonnèrent la ville. Malgré la grande quantité de vestiges, la civilisation harappéenne reste une énigme pour les chercheurs. Et même si nous possédons beaucoup d'indices sur la vie quotidienne, l'alimentation et les échanges commerciaux, tant que les pictogrammes harappéens n'auront pas été déchiffrés ou d'autres vestiges mis au jour, nous ignorerons presque tout de la vie culturelle, politique et religieuse de cette civilisation.

VUE SUR LE SITE
On voit bien ici que les maisons possédaient d'épais murs de briques et étaient séparées par des chemins. Les murs donnant sur la rue étaient aveugles, les pièces s'ouvrant sur des cours intérieures.

LA CITADELLE
La citadelle était le centre administratif et religieux de la ville. Elle contient le Grand Bain. On pense que le bâtiment situé au premier plan était utilisé pour loger les prêtres de la cité.

LES SCEAUX HARAPPÉENS
Plus de 2 000 de ces sceaux ont été trouvés sur le site. Ils étaient apparemment utilisés pour sceller les documents officiels. L'écriture, qui comprend environ 400 pictogrammes, n'a toujours pas été déchiffrée.

SANXINGDUI

SICHUAN, CHINE

CARTE P. 152, F6

Depuis longtemps, on sait que la province du Sichuan recèle des trésors archéologiques. Les récentes fouilles réalisées à Sanxingdui ont révélé une grande ville dont la construction s'est étalée, selon la datation au carbone 14, entre 2800 et 1000 av. J.-C. Les archéologues chinois pensent qu'il s'agit de la capitale du royaume de Shu, qui s'étendait vraisemblablement bien au-delà des frontières du Sichuan. On connaît très mal cette civilisation dont il n'est pas fait mention dans les écrits de la dynastie des Shang ni dans ceux des dynasties postérieures. Il semble que Sanxingdui appartenait à un Etat autonome et possédait sa propre culture. C'est donc uniquement sur les découvertes archéologiques que l'on se base pour la considérer comme un important centre urbain.

TÊTE DE BRONZE

OBJETS EN BRONZE DE LA FOSSE 2
Beaucoup d'objets ont été découverts dans de vastes fosses, entre autres des masques aux figures étranges et des statues anthropomorphes, dont l'une pesait 180 kg. Cette photo montre le grand nombre d'objets déposés dans la fosse 2, dont certains avaient été volontairement brisés par leurs auteurs.

MASQUE RITUEL
Cette pièce fait partie d'une série de trois masques trouvés dans la fosse 2. Les trous disposés de chaque côté permettaient de l'accrocher à un mur ou à un autre objet. Les traits déformés, comme le nez allongé et les yeux protubérants, laissent penser qu'il s'agit d'une représentation mythique.

LES FOSSES SACRIFICATOIRES

Sanxingdui, cité fortifiée de l'Age du bronze, couvrait environ 12 km² et s'étendait le long d'un axe nord-sud. En 1929, les premières fouilles avaient mis au jour des bronzes et des objets en pierre qui donnaient une idée des richesses enfouies, mais les fouilles archéologiques n'ont vraiment débuté qu'en 1980.
Les vestiges, comme les études menées sur le terrain, ont montré que la ville était entourée de hauts murs de bois et de terre damée, prouvant qu'il s'agissait d'une cité fortifiée. L'axe central fut localisé, et c'est à cet endroit que les découvertes furent les plus riches. La ville contenait de nombreuses constructions de tailles et de formes variées, détruites puis reconstruites au cours de centaines d'années. La difficulté était donc, pour les archéologues, de se repérer dans les différentes couches de fondations. Les maisons, en bois et en argile, étaient accolées les unes aux autres, indiquant que la ville était très peuplée. On repéra une construction très vaste (200 m²) et singulière, sans doute un bâtiment public ou une espèce de forum.
Les quartiers des artisans, qui mettent en évidence une production spécialisée à grande échelle, ainsi que la quantité et la qualité des vestiges, laissent penser que cette agglomération importante était aussi un foyer religieux, peut-être même un lieu de pèlerinage. L'abondance de sculptures et d'objets mystérieux réalisés dans des matériaux précieux (or, jade, bronze) renforce cette hypothèse.
Quatre fosses sacrificatoires, soumises à des fouilles scientifiques (une en 1929, les trois autres dans les années 1980), ont livré une grande quantité d'objets façonnés qui y avaient été déposés après avoir été brisés ou brûlés. On y a trouvé des masques rituels en bronze, des animaux et des oiseaux sculptés, ainsi qu'une statue humaine en taille réelle. La fosse 2 (en haut, à droite) contenait une énorme quantité de bronzes. Les fosses renfermaient également des objets en jade : de petits disques, des sceptres, des armes. Les os carbonisés d'animaux, et en particulier d'éléphants, sont probablement des restes de sacrifices. La fosse 2 contenait aussi plus de 60 défenses d'éléphants, ce qui laisse imaginer le nombre et l'importance de ces animaux. Dans les fosses, on trouva même des coquillages, des objets en or et de la céramique, mais ni os humains ni objets de la vie quotidienne. La ville avait donc apparemment une fonction essentiellement rituelle.

PERSONNAGE MYSTÉRIEUX
Ce bronze de taille humaine fut retrouvé, volontairement brisé, dans l'une des fosses. On pense que ses grandes mains évidées étaient destinées à recevoir un grand objet incurvé, une défense d'éléphant par exemple. Qui représentait-il ? A quoi servait-il ? Ce personnage garde son mystère.

UN ANCIEN CENTRE RELIGIEUX

On suppose que Sanxingdui était un centre religieux très important. Le savoir-faire qu'il a fallu aux artisans pour fabriquer les grandes quantités de sculptures ouvragées en bronze et en jade ainsi que le nombre et la qualité des objets rituels sont le signe d'une société extrêmement riche.
Si l'on compare les objets de Sanxingdui avec ceux de la dynastie des Shang, que l'on connaît mieux, on peut établir certaines similitudes, mais le caractère unique de cette civilisation ressort clairement.
Nous ne pouvons malheureusement pas décrire avec certitude le déroulement des cérémonies au cours desquelles les habitants offraient ces sacrifices à leurs divinités. Cependant, on peut espérer que le site livrera d'autres vestiges qui permettront un jour de percer son secret.

AKROTÍRI

SANTORIN, GRÈCE

CARTE P. 147, L9

Au milieu du IIe millénaire av. J.-C., l'éruption du volcan de Thera (aujourd'hui Santorin), une île de la mer Egée, enfouit la cité minoenne d'Akrotíri sous quatre mètres de pierres ponces et de cendres. La ville entière fut détruite, et les fouilles ont déjà mis à nu des hectares de rues bordées de maisons à deux ou trois étages. On pense que cette zone représente moins de la moitié de la surface réelle de la ville, et les travaux ultérieurs des archéologues démontreront la fonction de ces constructions : modestes demeures ou villas luxueuses. Aucun reste humain n'a été retrouvé ; on suppose donc que les habitants, prévenus par un premier tremblement de terre, réussirent à fuir juste avant la catastrophe, emportant avec eux leurs biens vers une autre île des Cyclades ou vers la Crète. Les ruelles étroites et pavées d'Akrotíri évoquent celles, toutes proches, de la ville moderne de Fira. Les bâtiments, séparés les uns des autres, étaient équipés de systèmes perfectionnés d'évacuation et d'égouts. Les divers vestiges, les magnifiques fresques et les ruines encore debout permettent aux archéologues de se faire une idée assez précise de la vie à Akrotíri.

LA FRESQUE DU PETIT PÊCHEUR
Cette fresque et sa réplique ont été découvertes à l'étage supérieur de la maison de l'Ouest. La coiffure très particulière du jeune homme et ses cheveux bouclés soulignent sa jeunesse.

HYPOTHÈSES HISTORIQUES

Akrotíri est célèbre pour l'excellent état de conservation de ses nombreux immeubles. On pense que la maison de l'Ouest (ci-contre), dont l'étage supérieur contient un reliquaire, était un bâtiment public. Elle surplombe la *plateia*, une sorte de place de forme triangulaire où se tenaient les rassemblements religieux. Lors de ces événements, une partie de la foule assistait sans doute aux cérémonies installée aux vastes fenêtres de cette maison. Les poutres encadrant les ouvertures, fenêtres et portes, devaient certainement renforcer les bâtiments contre les risques de tremblements de terre. Les matériaux organiques comme le bois n'ont bien entendu pas survécu au temps, mais les cavités qu'ils ont laissées dans la pierre ponce ont permis de les localiser. Peu d'effets personnels ont été retrouvés, mais les magnifiques fresques qui recouvraient les murs valent beaucoup de découvertes, car elles nous racontent la vie quotidienne et religieuse des habitants. Pendant longtemps l'intérêt des chercheurs pour ce site s'est focalisé sur la datation exacte de l'éruption volcanique de Thera. Les dendrochronologistes la font remonter à 1628 av. J.-C., en raison du climat instable qui sévit cette année-là à travers le monde et de la cendre retrouvée dans les glaces du Groenland. Les poteries minoennes suggèrent une date beaucoup plus tardive. La dernière hypothèse, liée à la découverte de débris de pierre ponce originaires de Thera lors de fouilles récentes en Egypte, penche pour 1550 av. J.-C. Quelle que soit la date exacte, elle annule l'autre thèse expliquant la disparition de Cnossos par l'éruption de Thera.

LES POTERIES
De grandes quantités de poteries ont été extraites des fouilles. Si les habitants ne les ont pas emportées en fuyant, c'est qu'elles étaient considérées comme des objets sans valeur.

MAISONS CONSERVÉES
Les fouilles ont mis au jour des maisons très bien conservées, certaines comportant trois étages et des ouvertures intactes. Ces maisons, qui ressemblent aux bâtiments crétois, ont sans doute appartenu à de riches marchands.

L'ÂGE DU FER

Nous pouvons désormais nous faire une idée précise de la vie quotidienne des hommes, paysans, guerriers, artisans ou chefs, qui vivaient à l'Age du fer. En effet, on a découvert de nombreux objets en fer en Europe et en Extrême-Orient, ainsi que maints vestiges de fermes, monuments et sites d'habitat. D'importants centres fortifiés demeurent, en particulier ceux des empires florissants du Proche-Orient ancien et de Chine. On y trouve des constructions monumentales, des objets artisanaux ainsi que des témoignages de rites et d'une activité commerciale et artisanale en plein essor. En Occident, cette période est dominée par les Celtes, peuples qui vivaient en Europe et qui sont à l'origine d'un style artistique original. Les vestiges archéologiques les mieux conservés sont principalement des structures défensives : enceintes fortifiées d'Europe, citadelles fortifiées du Proche-Orient ou monuments de Chine et d'Afrique.

① NAVAN
Ce sanctuaire comprenait un bâtiment central rond, des terrassements circulaires et des étangs sacrés.

② TARA
C'était, à l'Age du fer, le centre politique et spirituel de l'Irlande celtique.

③ MONT LASSOIS
Enceite fortifiées d'un «prince» celte au VIe siècle av. J.-C., non loin de la sépulture de Vix.

④ HOMME DE GRAUBALLE
Cet homme dont le corps fut découvert dans un marais aurait été sacrifié vers 310 av. J.-C.

⑤ MANCHING
Ce grand oppidum du IIe siècle av. J.-C. a fourni de nombreuses vestiges d'une activité commerciale et artisanale.

SCANDINAVIE · MER DU NORD · ÎLES BRITANNIQUES · GAULE · Danube

⑥ HALLSTATT
Nécropole et mine de sel exploitée à partir de 1000 av. J.-C. qui a donné son nom à une importante civilisation, à l'Age du fer.

BATEAU CELTIQUE EN OR
Ce modèle en or du Ier siècle av. J.-C. provient d'un trésor découvert en 1896 à Broighter, en Irlande du Nord. Les rames, le mât, les bancs et la vergue sont bien visibles. Cette maquette semble être la copie fidèle d'un vaisseau de l'époque.

OCÉAN ATLANTIQUE · *SAHARA* · *AFRIQUE* · Niger · LAC TCHAD · *SAHEL* · *GOLFE DE GUINÉE* · Congo

LE CHAUDRON DE GUNDESTRUP
Datant du Ier ou du IIe siècle av. J.-C., ce grand chaudron en argent doré fut retrouvé en 1891 dans une tourbière danoise. Les motifs des panneaux ornés au repoussé qui entourent le chaudron représentent des dieux, des déesses, des animaux et des sacrifices humains.
Ce chaudron est une offrande typique de l'Age du fer : on immergeait un objet de valeur dans un étang ou une rivière. Il témoigne également du nombre important de divinités et de rites propres aux religions préromaines.

9 Pazyryk
Dans la steppe gelée, ces tombes de chef datant du Ve siècle av. J.-C. renfermaient des corps, des textiles bien conservés et des objets en bois comme cet ornement sculpté de bride.

Cavaliers Scythes
Durant l'Age du fer, les steppes de la Russie centrale étaient peuplées de nomades éleveurs et guerriers. Archers et cavaliers habiles, ils participaient au commerce de la soie. De nombreuses tombes bien conservées nous renseignent sur leurs vêtements et le harnachement de leurs chevaux.

7 Babylone
Cette stèle en grès commémore la reconstruction de cette grande ville sous l'empire assyrien en 672 av. J.-C.

8 Tillia-Tepe
Ancien site bactrien célèbre pour ses tombes royales qui renfermaient des récipients et des bijoux en or.

10 Kausambi
Ville fortifiée, typique de cette période, où l'on découvrit plusieurs outils en fer.

Grande Muraille de Chine
Longue de plus de 1 600 km, avec des forts à intervalles réguliers, sa construction fut ordonnée par le premier empereur de Chine de 221 à 220 av. J.-C. pour protéger le nouvel empire des invasions nomades.

11 Buhaya
Ce site de Tanzanie présente de nombreux fourneaux en argile, aux attributs symboliques féminins, qui témoignent du travail du fer par des communautés locales.

Poignard en fer
La plupart des sociétés de l'Age du fer étaient de nature belliqueuse et attachaient un soin particulier à l'armement et à la défense. Trouvé en Angleterre, ce poignard en fer gainé de bronze date de 550 av. J.-C. Il appartenait probablement à un chef de tribu. Les raisons de cette montée de violence ne sont pas claires mais tiennent probablement à l'accroissement démographique qui a entraîné une compétition pour les ressources, ainsi qu'à l'évolution des armes et des aspirations sociales.

12 Grand Zimbabwe
Bâti pour un chef local et sa famille, cet enclos en pierre abritait probablement des constructions en bois. On a trouvé de nombreux objets de valeur, preuve d'un commerce de métaux, coquillages et céramiques avec des pays lointains.

UNE ENCEINTE FORTIFIÉE

NAVAN, ROYAUME-UNI

CARTE P. 144, D5

PROSPECTION DU SITE

Des écrits de moines irlandais, datant du VIIe et VIIIe siècle, mentionnent une capitale au nord de l'Irlande appelée Emain Macha. Diverses preuves, géographiques, entre autres, l'associent à Navan, la capitale des Uiti, qui donnèrent leur nom à cette région, aujourd'hui appelée Ulster.

Les tertres de Navan sont sans conteste artificiels. Ils voisinent avec d'autres sites de l'Age du bronze et du fer.

Au VIIe et au VIIIe siècle, des moines irlandais écrivirent des épopées tirées de la tradition orale des Celtes d'Ulster. La principale, «Le cycle d'Ulster», parle d'une communauté de l'Age du fer gouvernée par le grand roi Conchobor. Sa capitale se trouvait à Navan. Deux monticules sont visibles sur une aire surélevée, probablement entourée par un grand fossé. Les archéologues ont découvert des vestiges d'une occupation de Navan en 300 av. J.-C. et de récentes fouilles ont mis au jour les traces d'une imposante construction de l'Age du fer. En 94 av. J.-C., un très grand bâtiment rond, en bois, aurait été élevé. Il aurait été rempli de pierres et presque immédiatement brûlé puis recouvert de terre. Les fouilles continuent car les chercheurs espèrent comprendre les raisons de ces pratiques.

Zone des fouilles

LE SITE
Le tertre de Navan a d'abord été fouillé par l'archéologue Dudley Waterman entre 1963 et 1971. Un noyau initial de pierre, haut de 2,8 m, était recouvert par 2,5 m de terre. Les fouilles effectuées au sommet du plus grand tertre ont mis au jour les vestiges d'une unique construction circulaire en bois.

PLAN DES FOUILLES
Les vestiges découverts par les archéologues s'étendent sur plus de 40 m. De nombreux trous de poteaux disposés dans un cairn de pierres semblent rayonner autour d'un poteau central.

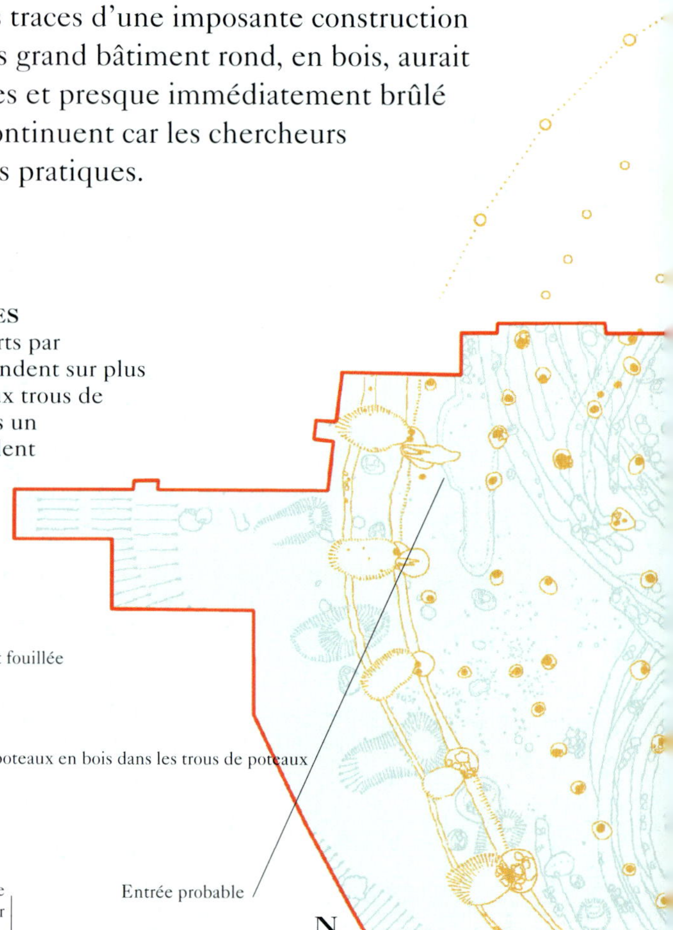

TROUS DES POTEAUX
La découverte la plus intéressante concerne les nombreux trous de poteaux qui indiquent nettement la forme d'un bâtiment. Ces trous résultent de la décomposition de poteaux en bois. Comme ces derniers avaient tous la même taille, les chercheurs pensent qu'il s'agissait d'une construction où des poteaux identiques soutenaient un toit légèrement incliné. Cela suggère un édifice à usage rituel plutôt que pratique.

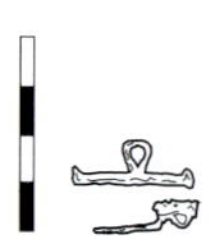

Longueur : 20 cm

FERMOIR ET ÉPINGLE
A la fin de l'Age du fer, on fabriquait encore de petits objets décoratifs en bronze : fermoirs, épingles, etc. Sur un site comme Navan, des artisans habiles savaient probablement réaliser ces objets que portaient la plupart des habitants.

FAUCILLE EN BRONZE
Cette faucille trouvée sur le site indique que l'utilisation du bronze fut poursuivie après le début de l'Age du fer.

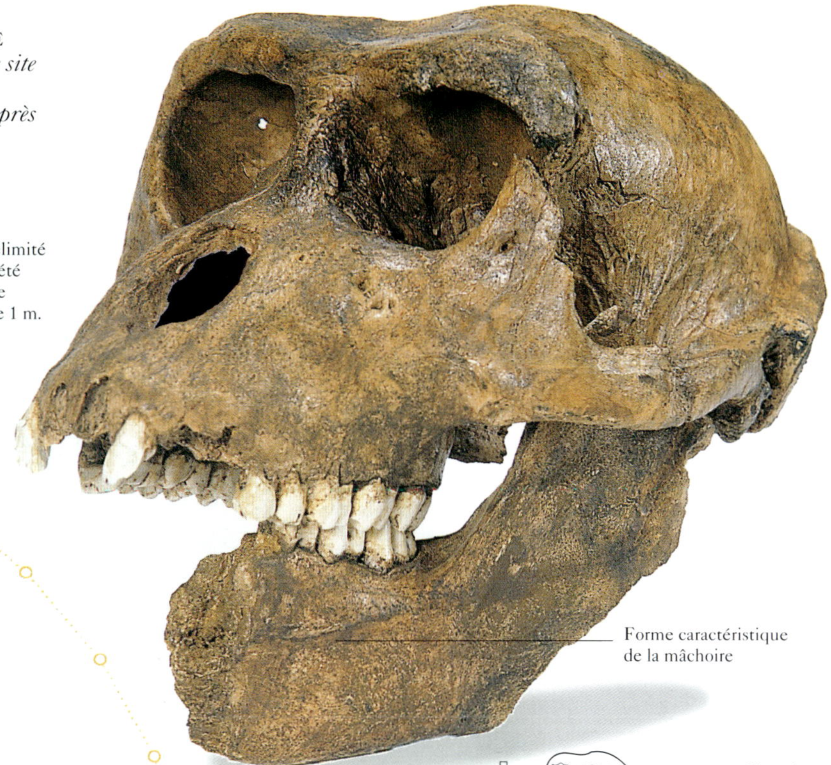

CRÂNE D'UN SINGE DE BARBARIE
Découvert à Navan avec d'autres ossements d'animaux, ce crâne implique la présence d'un chef de tribu puissant. Un tel animal constituait un cadeau prestigieux.

TESSONS DE POTERIE
Trouvés à l'est et juste à l'extérieur de l'enclos de Navan, ces tessons d'un vase à bord aplati, d'une pâte grossière, datent de la fin de l'Age du bronze ou du début de l'Age du fer. Ils indiquent un habitat situé à l'est de enclos.

ÉPÉE OU POIGNARD
Cette arme, intermédiaire entre l'épée et le poignard, est l'un des nombreux objets en métal trouvés à Navan. Les épées en fer sont apparues vers 100 apr. J.-C. Leur forme reprenait souvent celle de modèles de l'Age du bronze.

UNE ENCEINTE FORTIFIÉE

ANALYSER LES DÉCOUVERTES

La taille de l'édifice associée au caractère inhabituel du mobilier archéologique indiquerait une construction à fonction rituelle. Etant donné la taille identique des trous des poteaux, l'aspect massif du bâtiment et le crâne de singe, des cérémonies s'y déroulaient probablement. Les archéologues de la région ont d'ailleurs établi des rapprochements avec la coutume celtique décrite dans «La guerre des Gaules» de Jules César : de grands édifices en bois étaient bâtis puis brûlés en offrande aux dieux. Les terrassements encore en place suggèrent eux aussi une fonction rituelle du site, et non défensive, car la levée est située à l'extérieur du fossé. D'autres mares et édifices rituels furent découverts dans les alentours.

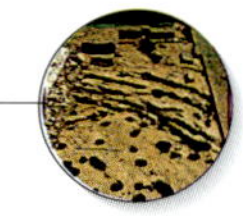

TROUS DES POTEAUX
A l'Age du fer, les poteaux de soutien étaient de grosseur croissante vers le centre des bâtiments. Toutefois, à Navan, les trous laissés par les poteaux avaient tous la même taille, ce qui indique une fonction rituelle probable.

MOTIF DE BROCHE

Les broches et les fibules (broche de la forme d'une épingle de sûreté) sont les objets artisanaux les plus fréquents sur les sites des îles Britanniques. En raison des changements de goût et de style pour ces objets décoratifs, ces fibules sont précieuses pour la datation des sites. La fibule de Navan (ci-dessous) comporte deux éléments qui s'emboîtent l'un dans l'autre, témoignant du haut niveau d'habileté requis pour réaliser une telle pièce. Les artisans locaux auraient fabriqué des variantes régionales, faciles à identifier et à dater.

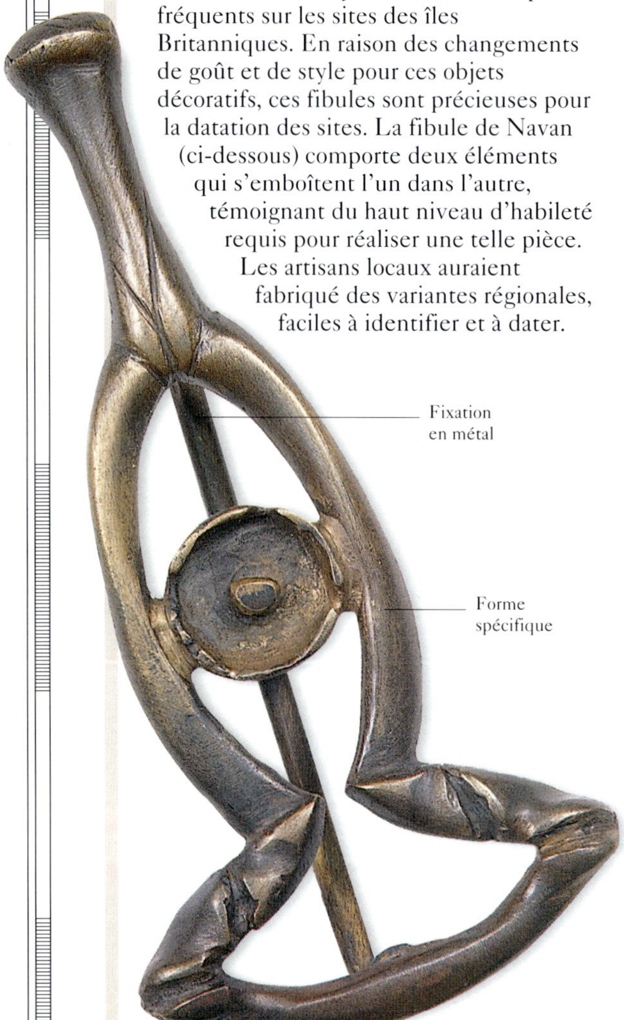

FIBULE

LE SITE RECONSTITUÉ
Cet édifice fut probablement le lieu central de la communauté : les chefs de tribus s'y réunissaient et l'on célébrait des rites celtiques pour marquer le passage des saisons et fêter des victoires. Autres hypothèses, ce lieu de cérémonie permettait de renforcer les liens entre tribus locales, par exemple lors de l'enterrement d'un roi, ou aurait été associé à un puissant personnage. Sur cette reconstitution, l'édifice est couvert d'un toit mais, selon d'autres chercheurs, ce type de construction était à ciel ouvert.

SINGE DE BARBARIE
Ce singe d'Afrique constituait vraisemblablement un cadeau prestigieux.

VASE À BORD PLAT
Les vases à rebord plat, que possédait probablement chaque famille, sont représentatifs de cette période. L'argile a été souvent enrichie de sable ou de débris de coquillages pour empêcher l'éclatement du pot lors de sa cuisson.

LA TÈNE

Chez les Celtes, l'immersion d'objets de valeur dans des étangs représentait un rite important. La Tène est un site, sur un lac suisse, où furent découverts des centaines d'objets en bronze et en fer. Elle a donné son nom à une période et à la civilisation qui lui est associée. Le style curviligne propre à la période de La Tène est beaucoup plus libre que le style précédent de Hallstatt (p. 59). Il permet de distinguer les périodes du premier et du second Age de fer. En Irlande du Nord, à Loughnashade près de Navan, on a découvert dans un lac quatre longues trompes. L'une d'elles (ci-contre à droite) se trouve désormais au Musée national de Dublin. Datant du Ier siècle apr. J.-C., ces longues trompes sont décorées dans un style typiquement celtique : des feuilles de bronze ont été travaillées au repoussé avant d'être assemblées. Cette trompe est typique du style de la fin de La Tène.

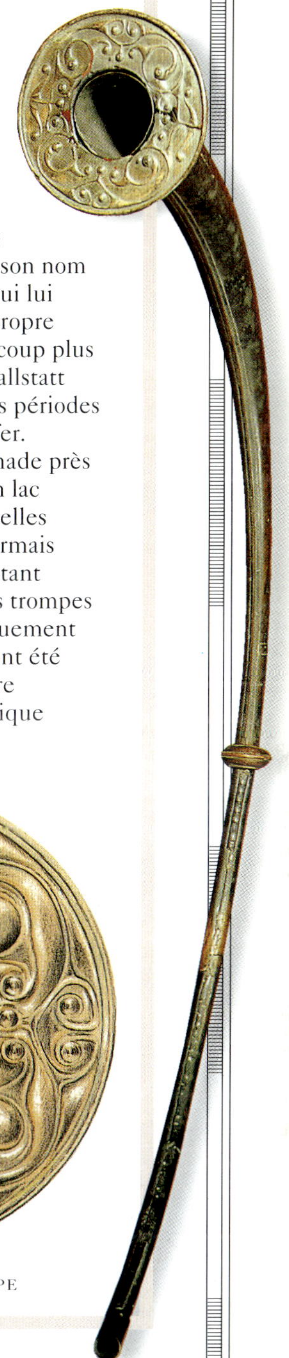

BORD ÉVASÉ DE LA TROMPE

FOURREAU
Les nouvelles armes étaient tranchantes et solides. Un fourreau richement décoré prouvait l'opulence de son propriétaire et lui conférait beaucoup de prestige.

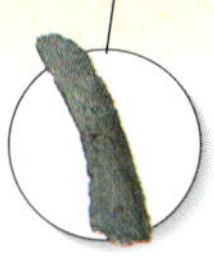

FAUCILLE EN BRONZE
La richesse du groupe dépendait de l'importance de son bétail et du fourrage. Certaines communautés agricoles auraient continué à utiliser des outils en bronze comme cette faucille qui était munie d'une courroie en cuir.

ÉPINGLE DE LA TÈNE
Cette épingle indiquait la richesse de son possesseur. Probablement réalisée par des artisans locaux, elle témoigne de l'influence de l'Europe continentale.

CONCLUSIONS

- Ce site témoigne, à partir de preuves archéologiques, du contexte de la littérature ancienne héroïque.
- Les fouilles du tertre principal prouvent que ce site date de l'Age du fer. Toutefois, l'environnement du site fut occupé durant une période bien plus longue.
- La disposition des poteaux, les structures en pierre et le poteau central ainsi que le mobilier archéologique indiquent une utilisation rituelle de Navan.

AUTRES SITES

LES ENSEMBLES SUR LA COLLINE
Les affleurements de granit qui dominent le paysage ont constitué un site idéal pour la première phase de construction. Les murs en pierres sèches ont suivi les contours des rochers. Par conséquent, la plupart des murs sont incurvés. Des linteaux monolithiques surmontaient parfois les entrées.

LE GRAND ZIMBABWE

PRÈS DE FORT-VICTORIA, ZIMBABWE

CARTE P. 142, F7

Aux XVe et XVIe siècles, les nations européennes établirent des colonies dans le monde entier. Il s'ensuivit des échanges commerciaux à l'échelle mondiale. Quant aux Africains, ils commerçaient avec des pays lointains bien avant l'arrivée des Européens. A l'Age du fer, des peuples d'Afrique australe exploitaient des minerais locaux et le commerce était florissant tout le long de la côte Est. La citadelle du Grand Zimbabwe, à son apogée entre le XIIIe et le XVe siècle, dominait une vaste région de l'est de l'Afrique. L'ampleur de ses vestiges témoigne de son importance passée. Malheureusement, il reste peu de traces historiques autour du site. L'étude de ce dernier en est d'autant plus importante. De nouvelles recherches permettront peut-être de mieux connaître cette civilisation et son rôle dans l'histoire de l'est et du sud de l'Afrique.

LES RUINES

Les monuments irréguliers en pierres du Grand Zimbabwe (*dzimba dza babwe* signifie «maisons de pierre» en langue shona) sont au cœur de l'Afrique australe, sur un plateau situé entre les fleuves Zambèze au nord et Limpopo au sud. Il s'agit probablement du site africain le plus important de l'Age du fer. D'après les fouilles et les datations au carbone radioactif, ce site aurait connu quatre phases. La première occupation irait de 100 à 300. La deuxième, plus longue (de 350 à 1050), aurait fourni de nombreuses figurines de bovins en argile. Les constructions en pierres apparurent avec l'arrivée des Shona, vers 900 apr. J.-C. La plupart des monuments furent bâtis entre 1270 et 1450. La dernière période se situe entre 1450 et 1850. Selon l'archéologue Peter Garlake, le Grand Zimbabwe aurait été définitivement abandonné à la fin du XVIe siècle. Ces ruines comprennent trois parties : des enceintes en pierre autour d'une colline en granit abritant la résidence royale, une partie centrale dans la vallée comprenant les demeures des épouses du roi, des silos à grains et le Grand Enclos, et enfin la cité où vivaient les autres habitants. Avec le temps, les constructions fonctionnelles, sommairement bâties, furent remplacées par de vastes édifices en blocs de pierre rectangulaires, entourés de hauts murs jointifs. Le Grand Enclos est particulièrement imposant. Cette enceinte elliptique longue de 240 m et haute de 10 m aurait abrité les cases du roi ou du chef. Le sommet du mur est décoré d'un motif en zigzag. A l'intérieur, une tour conique massive semble avoir été le lieu de convergence de ce site. La plupart des objets artisanaux retrouvés (des sculptures en stéatite, des bols, des phallus et des ornements en or, cuivre et fer) sont attribués aux Rozwi, les derniers occupants du Grand Zimbabwe. Il existait quelques moulins mais la richesse des habitants de ce site a reposé sur la production du cuivre, du fer et du bronze.

FIGURINE RITUELLE
Cette figurine en stéatite représenterait un aigle mythique messager des dieux. C'est l'un des nombreux objets votifs découverts.

UNE ÉCONOMIE FLORISSANTE

La situation du Grand Zimbabwe, entre les mines d'or du Matabele à l'ouest et la côte est de l'Afrique, lui donnait le contrôle du commerce entre l'intérieur et la mer. Les échanges d'objets en or ou en cuivre et de produits importés, comme les céramiques chinoises ou les perles de verre, prouvent qu'il existait des liens économiques entre pays lointains. Le Grand Zimbabwe devint la capitale du vaste empire shona. Celui-ci s'étendait sur presque toute l'Afrique australe car des enceintes de pierre sont présentes sur une vaste région. Les céramiques importées et les découvertes dans les comptoirs portugais permettent de situer l'apogée du Grand Zimbabwe aux XIVe et XVe siècles. A cette époque, le commerce de la côte est était contrôlé par les Arabes. Le déclin s'amorça vers 1450. Des Portugais mentionnèrent une pénurie sévère de sel. Toutefois, ce fait peut résulter de siècles d'exploitation intensive du pays et de ses ressources ou témoigner de l'interruption des échanges commerciaux. Un groupe shona migra vers le nord et s'établit dans la région du Zambèze. Cela mit un terme au monopole économique du Grand Zimbabwe. Le bétail demeura dans le Grand Enclos jusqu'à l'abandon du site, au XIXe siècle. Peu après, des chercheurs d'or européens créèrent une entreprise de prospection. Son activité fut brève mais ses employés eurent le temps de piller de nombreux objets de valeur et de détruire des preuves archéologiques.

Tour conique
Une tour conique massive, d'une hauteur de 10,5 m et d'un diamètre de 5,5 m, se trouve dans le Grand Enclos. Une frise dentelée décorait son sommet. L'usage de cette tour est inconnu.

Le mur du Grand Enclos
Tous les murs ont été montés sans mortier avec des moellons de granit. Le mur extérieur du Grand Enclos avait une hauteur de 10 m. Un couloir étroit le séparait du mur intérieur.

CONTEXTE POLITIQUE

Le Grand Zimbabwe fut l'objet d'une vive controverse au début du XXe siècle. Les Blancs, forts de leurs préjugés, mettaient en doute la possibilité que des Africains aient construit des bâtiments en pierre. Selon eux, c'était l'œuvre d'envahisseurs blancs, des Phéniciens par exemple, d'autant que cet ensemble était unique en son genre. Une seule chose était sûre, il avait fallu un travail, des ressources, un sens de l'organisation et un savoir-faire considérables. La communauté blanche finit par reconnaître que les enceintes et les constructions étaient bien le fruit d'une culture locale typiquement indigène. Le Grand Zimbabwe et ses poteries s'inscrivent nettement dans une tradition qui se perpétue chez les Shona aujourd'hui.

Autres vestiges de ce vaste empire
De nombreux pans de murs ou de bâtiments sont probablement les ruines de grandes enceintes ou d'éléments de constructions en bois. Ces vestiges sont dispersés dans toute la région. La plupart des habitants de cette communauté vivaient dans des daga (huttes en terre).

MONT LASSOIS ET VIX

BOURGOGNE, FRANCE

CARTE P. 146, G6

L'expansion de l'influence grecque a atteint l'Ouest de la Méditerranée au VIIe siècle av. J.-C., entraînant la fondation de comptoirs tels que Marseille. L'Europe, au nord et à l'ouest des Alpes, entra en contact avec ces colonies grecques au VIe siècle. Le couloir du Rhône et de la Saône rejoignait la vallée de la Seine près de sa source et devint un axe commercial majeur. Le monde méditerranéen avait besoin d'esclaves, de denrées alimentaires et de matières premières. Le nord-ouest de l'Europe recherchait des produits de luxe : vin et vaisselles pour le servir et l'accompagner. Le mont Lassois fut l'un de ces centres d'échange et la sépulture de Vix montre bien la variété des biens de prestige disponibles à l'époque.

VUE AÉRIENNE DU MONT LASSOIS
L'enceinte fortifiée du mont Lassois, au sommet d'une colline boisée, domine la vallée de la haute Seine et la région fertile avoisinante. Le célèbre cratère de Vix fut découvert au pied de cette enceinte dans une tombe près du village.

LE SITE FORTIFIÉ

L'enceinte du mont Lassois était le site fortifié et la résidence d'un puissant aristocrate celte qui développa le commerce entre les vallées du Rhône et de la Seine. On y découvrit des centaines de fibules, des poteries décorées, des céramiques attiques à figures noires et des tessons d'amphore de vin de Méditerranée. Cela prouve le haut rang des ses occupants et l'existence d'échanges commerciaux avec des pays lointains. Dans la seconde moitié du VIe siècle av. J.-C., un riche chef aristocratique dirigeait probablement le mont Lassois.

LA SÉPULTURE DE VIX

Le mont Lassois n'a pas été fouillé dans sa totalité mais plusieurs tombes celtiques ont été étudiées aux alentours. La plus spectaculaire trouvaille eut lieu au pied de l'oppidum, en 1953, près du village de Vix. Une riche dame de 30 à 35 ans, baptisée la «princesse de Vix», avait été enterrée peu avant 500 av. J.-C. sous un grand tumulus de 42 m de diamètre et 6 m de hauteur. Les habitants de cette région croyaient dans une vie après la mort car elle avait été inhumée avec tout le nécessaire pour son voyage dans l'au-delà. Son corps reposait au centre d'une chambre funéraire, sur un char en bois. Le mobilier funéraire comprenait, entre autres, des accessoires du char, en bronze, des bracelets, des fibules, un collier et un torque en or de 480 g avec des chevaux ailés aux extrémités. Un bassin de bronze de Tarquinia, de 520 av. J.-C., et deux coupes grecques, de 530 à 520 av. J.-C., indiquèrent que la sépulture remontait à environ 520 av. J.-C. Cette tombe somptueuse montre le rang élevé et le rôle important de la défunte.

LE CRATÈRE DE VIX

Un grand cratère (vase pour mélanger le vin et l'eau) en bronze se trouvait dans un angle de la chambre funéraire. Haut de 1,64 m et pesant 208 kg, son col est décoré d'une frise ornée au repoussé de fantassins et de chars de guerre. Il était entouré de cruches à vins, de bols et de coupes. Ce cratère est l'objet le plus somptueux parmi ceux qui ont été importés de Méditerranée. Il témoigne des bonnes relations qui existaient entre marchands et chefs locaux. Il proviendrait de Tarente ou de Sparte et serait probablement arrivé en plusieurs parties, assemblées ensuite par un artisan grec. En effet, des signes grecs sont cachés sous l'assemblage de la frise.

DÉGAGEMENT DU CRATÈRE
La photographie de gauche montre le cratère avant qu'il ne soit dégagé en 1953. Une des anses est visible à droite.

CRATÈRE DE VIX
Ce magnifique vaisseau en bronze est exposé au musée de Châtillon-sur-Seine. Les anses qui entourent une frise de guerriers sont en forme de Gorgones.

TARA

COMTÉ DE MEATH, IRLANDE

CARTE P. 144, D6

VUE AÉRIENNE DE TARA
Un grand fossé ovale entoure la colline de «Tara des rois» qui comprend deux tertres fortifiés : le palais de Cormac et l'Enclos royal. Un menhir appelé Lia Fail (pierre du Destin) se dresse au centre du palais de Cormac. Le petit mont des Otages se trouve à côté avec, en dehors du fossé, le Rath na Seanaid (enclos du Synode).

Tara, ou Teamhair na Riogh, est l'un des plus anciens et des plus illustres sites de l'histoire irlandaise. Il s'agit d'un ensemble complexe de monuments et d'ouvrages en terre centralisés sur une imposante colline haute de 154 m. Les fouilles commencèrent au XIXe siècle (en 1899, des archéologues espéraient y trouver les tables de la Loi). Des monuments d'époques très diverses, érigés à partir du Néolithique ancien jusqu'à l'époque chrétienne en passant par l'Age du fer, témoignent de l'importance durable de ce lieu. Tara prouve que pour comprendre l'histoire intégrale de certains sites, il ne faut pas se cantonner à la recherche de vestiges d'époques déterminées, mais explorer toute leur complexité.

L'ENCLOS ROYAL

D'après des indications archéologiques et historiques, cette colline serait le site majeur de la culture irlandaise depuis son origine. D'anciens textes chrétiens la qualifient de résidence des rois d'Irlande et de foyer des premières dynasties. Pendant l'Age du fer et jusqu'à la période de l'occupation romaine, ce fut un centre de pouvoir. La présence d'objets rituels et funéraires datant pour certains du Néolithique suggère que Tara a eu également une importante signification rituelle pendant des milliers d'années. Le premier monument, datant du Néolithique, le mont des Otages, est une tombe à couloir remontant à 2130 av. J.-C. Plus de cent personnes y seraient inhumées avec des poteries et des objets en pierre. Plus tard, à l'Age du bronze, d'autres sépultures individuelles furent creusées dans ce monticule. On trouva des urnes en céramique, des bols aux motifs géométriques imprimés et, dans une fosse, un collier complet en perles de jais, ambre et cuivre.

Une dépression, appelée salle des Banquets en raison de sa forme allongée, servait probablement de voie d'accès pour les cérémonies. Datant semble-t-il du Néolithique, elle fut utilisée pendant de nombreux siècles. A l'Age du fer, deux fortifications circulaires entourées de fossés furent bâties sur la colline. Le talus de clôture fut probablement construit à la même époque. Au centre d'un de ces monticules est érigée la pierre du Destin, monument énigmatique qui corrobore le rôle rituel de Tara. Il existe d'autres sites fortifiés autour de l'enclos comme le Rath na Seanaid (enclos du Synode), fouillé en 1899.

LA PIERRE DU DESTIN (LIA FAIL)
Ce menhir en forme de phallus, au centre du palais de Cormac, fut probablement érigé à l'Age du fer. Il aurait inauguré la dynastie des O'Neils, les rois de Tara. Sa fonction véritable est inconnue.

LE MONT DES OTAGES
Dumha na nGiall, le premier monument du site, est une tombe à couloir. Il serait à l'origine de l'activité ultérieure de Tara. La photographie en montre l'entrée. On y a découvert de nombreuses sépultures.

L'ÉPOQUE CLASSIQUE

Les sociétés grecque et romaine étaient des sociétés urbaines, commerçantes et multiethniques. Tout citoyen romain vivant à Ephèse, en Turquie, aurait trouvé dans n'importe quelle ville frontalière de Gaule de nombreux éléments familiers mais aussi maintes différences. Lorsque l'Empire romain s'est effondré, au Ve siècle apr. J.-C., un gigantesque réseau administratif sous-tendu par toute une infrastructure de routes, d'aqueducs et de voies marchandes était en place depuis plusieurs siècles sur une vaste superficie du globe. L'époque classique nous a légué un grand nombre d'édifices, de monuments et d'œuvres d'art. La littérature grecque et romaine constitue également une partie importante de notre patrimoine culturel. Malgré l'abondance et la richesse de ces témoignages du passé, il est nécessaire de poursuivre les recherches archéologiques sur les sites classiques car elles permettent de restituer dans leur contexte toutes ces œuvres majeures et de mieux connaître l'économie et la vie quotidienne des gens d'alors.

SCANDINAVIE

MER DU NORD

ÎLES BRITANNIQUES

GAULE

Seine

Loire

DALMATIE

IBÉRIE

OCÉAN ATLANTIQUE

Massif de l'Atlas

AFRIQUE

SAHARA

① **LE MUR D'HADRIEN**
Cette frontière fortifiée fut construite vers l'an 122 par l'empereur Hadrien, afin de marquer la limite nord de son empire.

② **TOCKENHAM**
Villa romaine de grand luxe, avec mosaïques, bassins ornementaux et peintures murales.

LES ROUTES ROMAINES
L'Empire romain s'imposa à l'Europe grâce à son excellent réseau routier; les chaussées étaient construites avec des matériaux de première qualité et bombées afin de permettre à l'eau de s'écouler.

③ **GRAND**
Ville gallo-romaine pourvue d'un réseau d'égouts perfectionné et d'un amphithéâtre renommé.

④ **LE PONT DU GARD**
Edifié au Ier siècle de notre ère, cet aqueduc en pierre de 40 km de long approvisionnait en eau la ville romaine de Nîmes.

⑤ **ROME**
Fondé, selon la tradition, en 753 av. J.-C., le petit village de Rome a fini par devenir la capitale de l'Empire romain.

⑥ **HERCULANUM**
La ville a été ensevelie sous la boue lors de l'éruption du Vésuve en l'an 79 de notre ère.

⑦ **POMPÉI**
Détruite en même temps qu'Herculanum, mais ensevelie sous la cendre.

⑧ **CARTHAGE**
Grâce à sa puissance maritime, Carthage a dominé la Méditerranée jusqu'en 146 av. J.-C., date à laquelle elle tomba dans les mains de Rome.

ALEXANDRE LE GRAND
Alexandre le Grand (356-323 av. J.-C.) est célèbre pour avoir unifié le monde grec. Grâce à son exceptionnel génie militaire, il a conquis l'Empire perse, annexant à la Grèce un vaste ensemble de territoires, qui s'étendaient de l'Asie méridionale et de l'Egypte jusqu'en Inde et au Pakistan.

⑨ **SABRATHA**
A l'origine colonie carthaginoise, cette cité romaine contrôlait le commerce des caravanes traversant le Sahara et possédait un port maritime. On y trouve d'importants vestiges d'édifices romains, civils et religieux, notamment ce théâtre.

Soldats romains
L'armée romaine, très efficace, était composée de soldats de métier, qui se déplaçaient à travers tout l'empire. Une légion était constituée d'une infanterie soutenue par une cavalerie, et regroupait entre 3 000 et 6 000 hommes.

Jules César
Caius Julius Caesar (100-44 av. J.-C.) était un homme politique avisé, un orateur de talent et un grand général. La conquête de la Gaule allait lui donner le pouvoir nécessaire pour s'assurer le contrôle absolu de l'empire.

⑩ Athènes
La cité-État la plus puissante du monde grec, tant sur le plan culturel que militaire.

⑪ Éphèse
Cette cité grecque et romaine d'un grand raffinement a survécu sous la forme d'imposantes ruines, parmi lesquelles le temple d'Artémis et la bibliothèque de Celsus.

L'argent romain
Ces pièces découvertes en Inde témoignent de l'étendue des échanges commerciaux de Rome et de son influence. Les Romains échangeaient aussi leurs monnaies contre des épices d'Extrême-Orient.

⑫ Alexandrie
Le phare qui se dressait dans le port d'Alexandrie était l'une des sept merveilles du monde. De récentes recherches archéologiques ont permis de reconstituer la disposition du port à l'époque classique.

Mythologie gréco-romaine
La Grèce antique possédait une mythologie fort riche, et les Romains, lorsqu'ils annexèrent la majeure partie du pays, assimilèrent et adaptèrent à leur propre culture nombre de dieux grecs. Cette image d'un sphinx figurait sur un vase grec.

UNE VILLA ROMAINE

TOCKENHAM, ROYAUME-UNI

CARTE P.144, F8

PROSPECTION DU SITE

- Une importante quantité de poteries, de tesselles et de tuiles romaines a été découverte au fil des ans dans les champs de Tockenham.
- Une étude géophysique a révélé les contours des murs d'une villa romaine ainsi que ceux d'autres bâtiments.
- Les vestiges éparpillés sur le site, s'ajoutant à la disposition de l'édifice, laissent penser qu'il s'agissait d'une villa de grand luxe, habitée par des personnes fortunées.

A l'époque romaine, dans toute l'Europe, la campagne était divisée en vastes propriétés agricoles regroupées autour de résidences spacieuses et luxueuses appelées villas. Ces habitations aux murs et aux toits de pierre étaient chauffées par des réseaux de canalisations complexes. Les sols, au décor raffiné, étaient en mosaïque, les murs enduits de plâtre et ornés de peintures. A l'intérieur se trouvaient une infinité de poteries et de meubles. A l'extérieur, les ateliers et dépendances étaient réservés aux activités liées à l'agriculture et à l'administration du domaine.
Tockenham est un bon exemple de la façon dont les archéologues découvrent et fouillent les villas. On trouve rarement des sols et des murs intacts ; il est beaucoup plus fréquent de mettre au jour des assemblages de moellons et des objets provenant de la villa. Tockenham permet de voir comment, en rattachant les uns aux autres toutes sortes de documents différents, les archéologues arrivent à réunir une mine de renseignements sur le style de vie des Romains.

Zone des fouilles

LE SITE
Le fermier, qui labourait depuis plusieurs années les champs de Tockenham, avait déjà découvert une importante collection d'objets romains ; ne voulant pas risquer d'endommager davantage ce qui se trouvait sous la terre, il fit appel à une équipe d'archéologues pour fouiller le site. Dans un premier temps, on parcourut les champs et on en fit un relevé topographique afin d'évaluer l'étendue des vestiges et des constructions datant de l'époque romaine, puis on creusa de petites tranchées. On dressa ensuite un plan des ouvrages enfouis sous terre, puis on fit des études géophysiques pour localiser les édifices enterrés.

PLAN EN TROIS DIMENSIONS
Un relevé utilisant la magnétométrie a révélé très tôt où se trouvaient les bâtiments et les murs. Ensuite, on a étudié la résistivité du sol pour obtenir une image plus détaillée des éléments enfouis. A partir de ces renseignements on a tracé un diagramme en trois dimensions montrant la villa et sa cour (à gauche).

PLAN DES DÉCOUVERTES ARCHÉOLOGIQUES
Le champ ci-dessus (jouxtant la villa) avait été labouré récemment, si bien qu'on a pu le parcourir pour récupérer les matériaux archéologiques mis à nu en retournant la terre. Des équipes de volontaires ont arpenté l'endroit en ramassant notamment des tessons de poterie et des fragments de pierre et de métal. Le plan indique une concentration particulièrement élevée de vestiges romains, surtout de céramiques, à proximité du site de la villa, alors qu'ils sont beaucoup plus clairsemés au-delà. On a aussi découvert des silex préhistoriques.

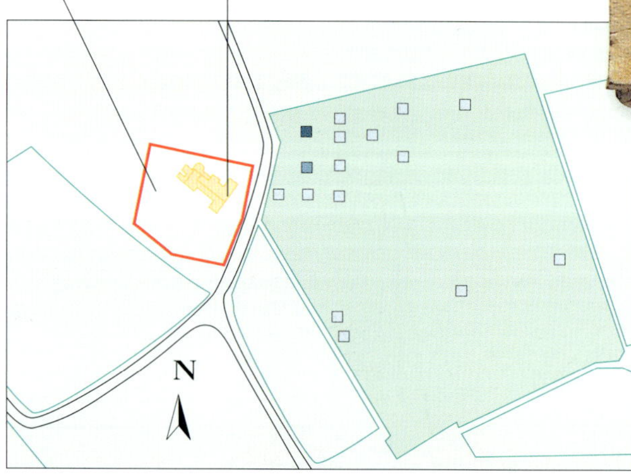

1-5 tessons de poterie
6-10 tessons de poterie
11+ tessons de poterie
100 m

LES TESSELLES
On a retrouvé un peu partout sur le site plusieurs fragments de tuiles et de pierres de différentes couleurs, utilisées pour les mosaïques ; c'est ce qu'on appelle des tesselles.

Longueur : 4 cm

MORCEAU DE VERRE
On a trouvé le coin d'une petite vitre carrée, sans doute fixée dans un cadre. Le verre des vitrages romains, épais et vert, ne ressemblait pas au nôtre.

Largeur : 8 cm

MORCEAU DE MOULE POUR CÉRAMIQUE SIGILLÉE
Souvent présente sur les sites des grandes villas, la poterie de luxe appelée céramique sigillée était fabriquée dans des moules comme celui-ci. Cela permettait de produire beaucoup d'objets de même forme dont les dessins en relief étaient faits en série. On trouvait les mêmes modèles dans tout l'Empire romain.

Diamètre : 5 cm

PIÈCE
On a découvert beaucoup de monnaies romaines à la surface du sol labouré. Cette pièce très usée date du règne de l'empereur Dioclétien (IIIe siècle).

Largeur : 7 cm

COQUILLE D'HUITRE
On consommait de grandes quantités d'huîtres dans l'Antiquité, ce qui explique que l'on trouve souvent des coquilles sur les sites romains. Elles se sont particulièrement bien conservées dans les sols où dominent la craie et le calcaire.

PLAN GÉOPHYSIQUE
L'étude géophysique a révélé la forme de la villa. Le plan que voici en détaille les contours ; les murs y forment des zones de haute résistance (en noir). En le comparant à d'autres sites où des fouilles avaient déjà eu lieu, les archéologues ont pu établir qu'il s'agissait sans doute d'un type de villa en forme de U, avec une salle à manger carrée (triclinium) à l'arrière et, au nord-ouest, un édifice absidal arrondi, qui abritait peut-être les bains.

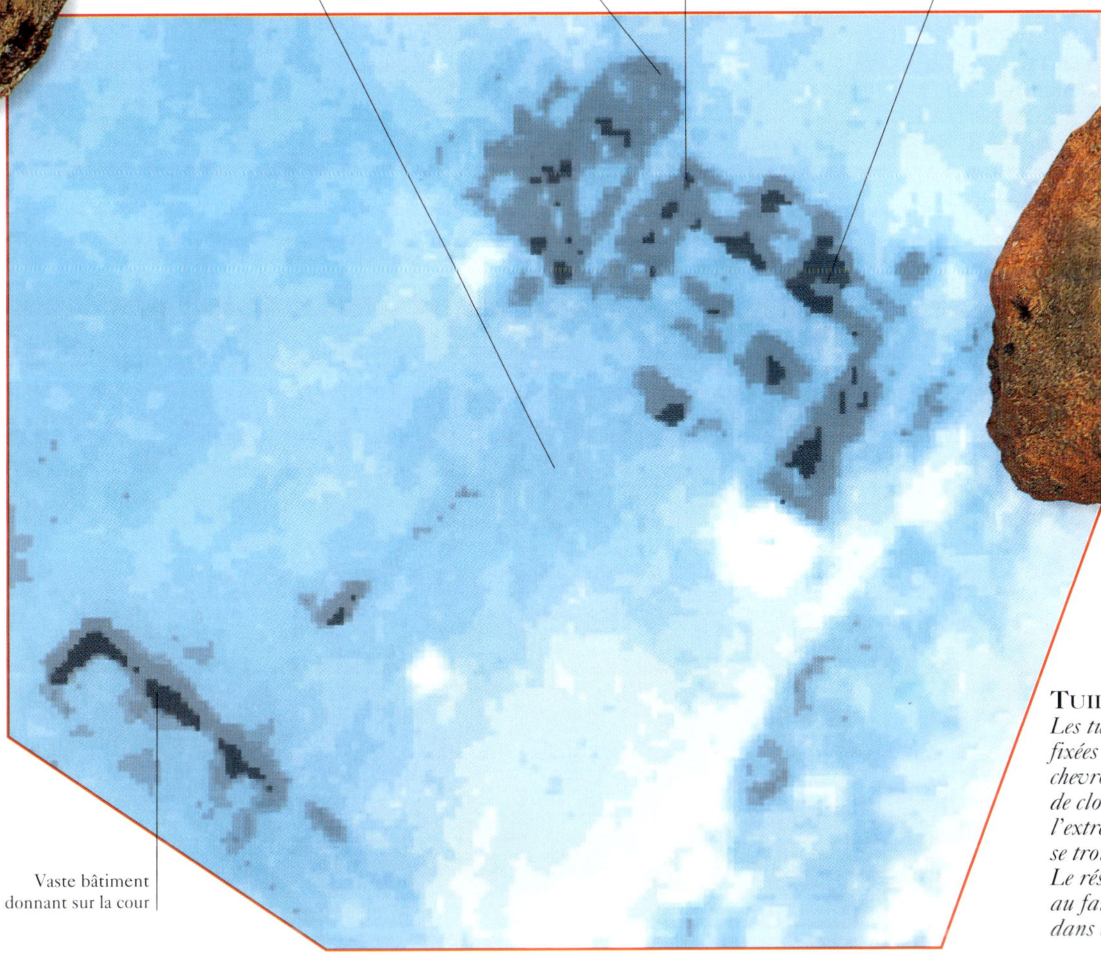

Longueur : 30 cm

TUILE
Les tuiles en pierre étaient fixées la pointe en bas aux chevrons du toit, au moyen de clous en fer. Ici, l'extrémité de la tuile où se trouvait le trou manque. Le résidu orange est dû au fait qu'elle a été enfouie dans de l'argile.

Largeur : 20 cm

TUBULI DE CANALISATION
Ce tube, qui provient d'une canalisation souterraine, faisait partie d'un système de chauffage appelé hypocauste. L'engravure peignée aidait la céramique à mieux adhérer à la paroi de béton, et permet aux archéologues de l'identifier au premier coup d'œil.

Longueur : 1 m

JET D'EAU EN FORME DE TÊTE DE POISSON
Ce jet d'eau en pierre a été retrouvé près du site. On l'a cru moderne jusqu'au moment où la villa est apparue et où l'on y a reconnu un élément décoratif appartenant à un bassin romain.

UNE VILLA ROMAINE

ANALYSER LES DÉCOUVERTES

L'analyse des vestiges découverts à Tockenham et des résultats du relevé topographique fournit un tableau détaillé de l'aspect de la villa et donne un aperçu de la vie que devaient mener ses habitants. On peut étudier les matériaux de construction, les techniques employées, et se faire une idée de la décoration intérieure en la comparant à d'autres sites analogues. Les divers documents – le jet d'eau décoratif, les tesselles et les tuiles de canalisation – témoignent du goût des Romains pour les demeures et les jardins confortables et beaux. Les vestiges archéologiques nous montrent aussi que ceux qui ont construit et habité la villa ont fait appel aux méthodes de construction habituelles et même à des matériaux fabriqués en série, et que cette petite communauté, quoique établie à la périphérie du vaste Empire romain, subissait néanmoins l'influence des modes et traditions romaines.

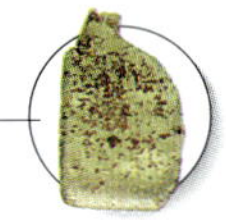

FENÊTRES VITRÉES
On ne sait pas si les vitrages étaient d'un usage courant à l'époque, mais il est probable que seules la salle de bains et les pièces chauffées en possédaient. Dans les autres pièces, les fenêtres étaient vraisemblablement grillagées et munies de volets en bois. Ces détails laissent penser qu'il s'agissait d'une villa de grand luxe.

LE SITE RECONSTITUTÉ
A partir de sites analogues, où les bâtiments sont bien conservés, et à partir aussi de descriptions et de documents iconographiques de l'époque, on peut reconstituer la villa telle qu'elle était, même s'il n'en reste aujourd'hui que les fondations. Sise dans un paysage de jardins, champs, vergers et bois, la villa était l'équivalent romain d'un manoir ou d'un petit château situé au centre d'un domaine agricole, et servait d'habitation à une famille fortunée. Elle comportait probablement des salles à manger, salles de séjour et chambres à coucher (dont certaines chauffées). Les sols étaient en mosaïque, les murs tantôt stuqués, tantôt peints. A l'extérieur, il y avait peut-être un parc, avec différents jardins, et des bassins.

COUPE EN CÉRAMIQUE SIGILLÉE
Les coupes comme celle-ci étaient importées de Gaule et d'Allemagne pour être utilisées à table. Les riches propriétaires de la villa s'en servaient peut-être pour présenter des fruits.

BASSIN ORNEMENTAL
Au centre de la cour de devant se trouvait sans doute un bassin peu profond, équipé, à chaque extrémité, de jets d'eau en forme de tête de poisson. On a découvert des tuyaux proches de celui-ci à Pompéi.

FINANCES
Le maître de maison et sa famille devaient être très riches. La plupart des monnaies romaines étaient en bronze et presque toujours à l'effigie de l'empereur régnant. Les pièces d'or et d'argent étaient beaucoup plus rares.

L'HYPOCAUSTE

Ce système de chauffage était fondé sur la circulation d'air chaud sous le sol. Un fourneau situé à l'extérieur de la villa, alimenté au bois, chauffait l'air introduit dans les canalisations. Cet air chaud circulait sous le sol de la villa, lequel reposait sur des pilettes en pierre ou en céramique, et il se diffusait à travers les murs grâce à des canalisations en tuiles encastrées à l'intérieur. Puis l'air chaud et la fumée s'échappaient par une série de cheminées ou d'ouvertures. Certaines pièces seulement étaient chauffées, car l'hypocauste consommait sûrement autant de bois que de main-d'œuvre. Le système d'hypocauste que l'on voit ici a été découvert sur le site romain de Chedworth en Angleterre.

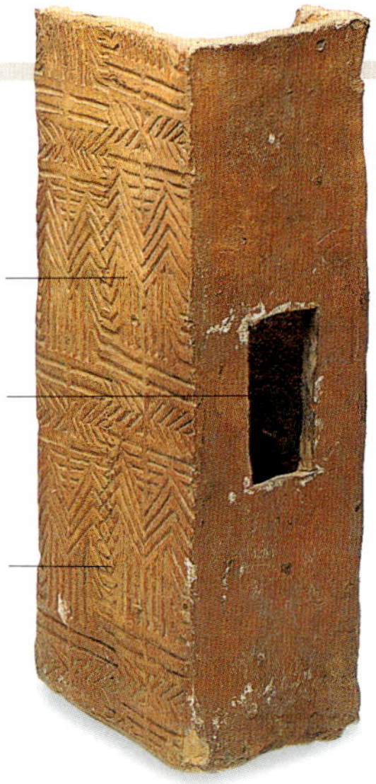

TUBE DE CANALISATION INTACTE

SYSTÈME DE CHAUFFAGE PAR HYPOCAUSTE

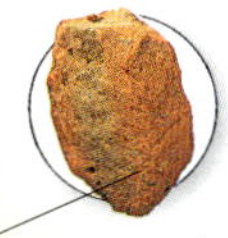

TUILES
En se chevauchant, les tuiles empêchaient toute infiltration d'eau. On utilisait parfois des tuiles de différentes couleurs pour créer des effets décoratifs. Elles étaient sans doute produites en série dans une carrière voisine et taillées pour obtenir des formes standards.

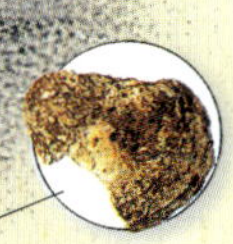

HUÎTRES FRAÎCHES
On consommait beaucoup d'huîtres à l'époque romaine et l'ostréiculture était très répandue. Il y avait de multiples façons de les accommoder et l'on connaît plusieurs recettes datant de cette époque.

SOLS EN MOSAÏQUE
Pour composer des mosaïques, on assemblait d'ordinaire les tesselles selon des modèles inspirés de la géométrie ou de la mythologie, comme cette image du «Printemps» provenant de Chedworth, en Angleterre. À Tockenham, les sols de mosaïque ont pu être achetés avec des motifs standards ou avec des décors commandés spécialement.

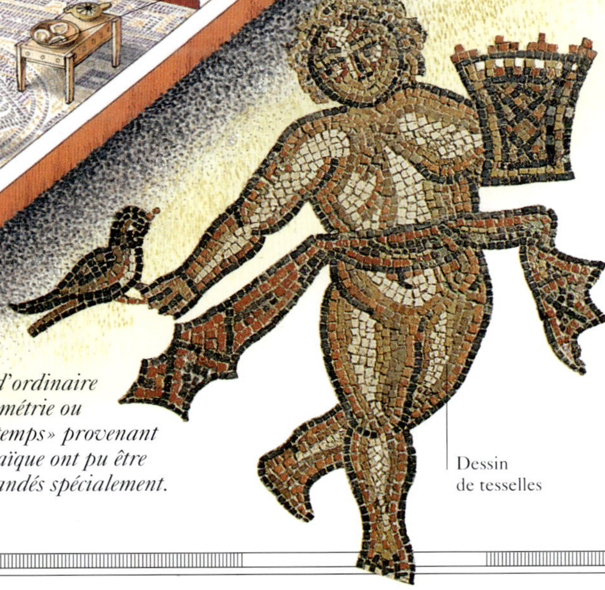

CONCLUSIONS

- L'étude géophysique a révélé le plan d'une grande villa comportant trois corps de bâtiment disposés autour d'une cour.
- Bien que les fouilles n'aient porté que sur une zone peu étendue, les documents découverts nous en disent long sur la construction de cette villa.
- Le jet d'eau en forme de tête de poisson est une trouvaille importante, car l'archéologie romaine en Grande-Bretagne n'offre pas d'autre exemple d'un travail d'une telle qualité.
- Les documents nous donnent un aperçu de la vie confortable que menaient les habitants de la villa.

LE VERRE

LES COMPOSANTS DU VERRE
Pour fabriquer le verre, on amalgame du silice, obtenu en broyant du quartz, du silex ou du sable avec des oxydants chimiques tels que la potasse (cendre de bois ou de plantes), afin de le renforcer. On peut ajouter des débris de verre pour aider à fondre tous les composants ensemble. D'autres substances peuvent être utilisées pour modifier la couleur ou la consistance du verre.

La fabrication du verre est un processus compliqué, qui s'est développé sur plusieurs milliers d'années. On utilise le verre dans l'est du bassin méditerranéen depuis environ 3000 av. J.-C. A travers l'histoire, le verre a connu toutes sortes d'usages : tasses, bouteilles, coupes, lampes, vitres et bijoux. Parce qu'on pouvait les décorer et qu'ils étaient souvent coûteux à fabriquer, les objets en verre étaient généralement considérés comme des objets de luxe et des œuvres d'art. Aussi certaines villes excellaient-elles dans la production de verre de grande qualité, par exemple Venise au Moyen Age et Londres au XVIIIe siècle. L'art du verrier a atteint son zénith à l'époque romaine, et, en dehors de l'émaillage et du cristal au plomb, les techniques utilisées n'ont guère changé depuis. Avec la mécanisation, le verre est devenu un matériau pratique et utilitaire, et sur les sites archéologiques l'on trouve souvent des bouteilles et des récipients datant des XIXe et XXe siècles.

1250 AV. J.-C.

TASSE AU LOTUS

1250 AV. J.-C.

Avant l'invention d'objets ouvragés en verre, à l'époque Hyksos, les Egyptiens fabriquaient des objets en faïence, un mélange de sable et de soude recouvert d'une couche de verre bleu et cuit à une température juste au-dessous du point de fusion. On a commencé à en faire en Egypte à l'époque prédynastique (v. 3000 av. J.-C.) pour réaliser des perles et des pendentifs. On a produit ensuite des objets plus ouvragés. Ce gobelet égyptien, avec son décor de fleur de lotus, devait être très précieux.

Décor de pétales gravés

Fleur de lotus

CARACTÉRISTIQUES

Le décor est gravé sur la tasse.

Le récipient a la forme d'une fleur de lotus.

Les oxydes métalliques donnent une couleur bleue.

VERRE PHÉNICIEN

V. 950 AV. J.-C.

Ce n'est que vers 1500 av. J.-C. que l'art du verrier a été assez avancé pour fabriquer des récipients, et, dès le IXe siècle avant notre ère, les Phéniciens faisaient commerce du verre dans l'est du bassin méditerranéen. On fabriquait les récipients en trempant un sac rempli de sable dans une cuve de verre en fusion qui prenait alors la forme du sac. Quand le verre avait durci, on le vidait de son sable. C'est ainsi qu'on a fabriqué le récipient que voici, appelé aryballe, lequel comporte en outre des décorations obtenues en faisant couler à sa surface du verre coloré à l'aide de pigments, avant de le rouler sur une surface plane. Ces petits récipients servaient à conserver parfums et onguents.

Décor aux couleurs vives

Petite base

CARACTÉRISTIQUES

Fabriqué autour d'un support d'argile et de sable.

Les petits flacons et bouteilles étaient courants. On utilisait beaucoup de couleurs vives, surtout le bleu et le jaune.

VERRE À PIED ROMAIN

Ier SIÈCLE

Le verre soufflé a sans doute été inventé dans l'est du bassin méditerranéen au Ier siècle av. J.-C. Une gigantesque industrie du verre s'est développée à Rome, et les objets en verre étaient des articles ménagers tout à fait courants. Les Romains, artisans verriers extraordinairement habiles, ont mis au point de nombreuses techniques complexes, notamment la fabrication du verre incolore, la peinture sur verre et la gravure sur verre. A la chute de l'Empire romain, beaucoup de ces techniques ont été perdues et le verre est devenu nettement plus simple et moins ornementé.

Décor en relief

Forme délicate

CARACTÉRISTIQUES

Le verre était soufflé et non moulé autour d'un support.

On produisait du verre beaucoup plus fin et incolore, avec des formes complexes et une grande variété dans les modèles.

Le soufflage du verre

Ce sont les Romains qui ont mis au point la technique du verre soufflé et qui les premiers ont fabriqué des récipients à col fin. On travaillait beaucoup plus vite en soufflant le verre qu'en recouvrant un noyau, et l'on pouvait obtenir une variété beaucoup plus grande de formes et de modèles. Pour souffler le verre, il faut d'excellents poumons et beaucoup d'habileté, afin de veiller à ce que l'objet soit façonné et refroidi à la vitesse adéquate. Ce savoir-faire est primordial, car toute erreur dans ce domaine entraînera des pailles ou des défauts qui risquent d'affecter la solidité du verre.

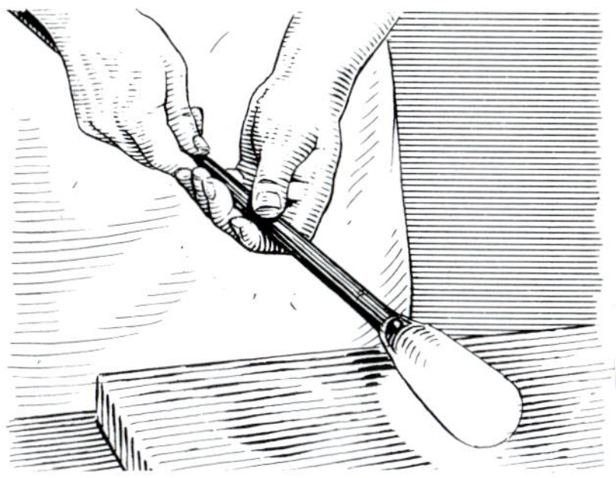

1 Une tige de métal creuse, mesurant d'ordinaire plus de 1 m de long, est plongée dans du verre en fusion et manipulée jusqu'à ce qu'une masse de verre mou et brûlant se soit agglomérée au bout. On la roule ensuite sur un bloc de métal ou de bois avant de la souffler.

2 Une fois que le verre a atteint la consistance voulue, le verrier souffle dans la tige pour former une bulle qui deviendra l'intérieur du récipient. Il peut façonner le verre à mesure qu'il durcit, en le roulant ou en le soufflant dans un moule.

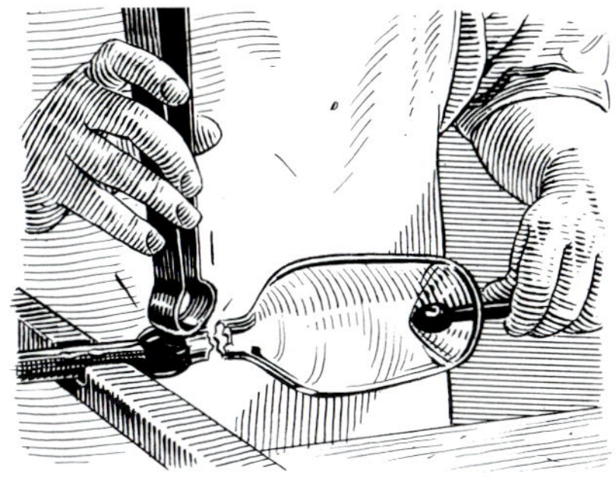

3 Quand le récipient a pris forme, on peut le décorer pendant que le verre est encore chaud et malléable. Une fois terminé, le récipient est séparé de l'extrémité de la tige à l'aide de cisailles. On peut aussi le faire tomber en donnant un coup sec.

VERRE ISLAMIQUE

XIVe SIÈCLE

Après la chute de l'Empire romain, le travail du verre s'est perpétué en Europe orientale, bénéficiant du savoir-faire des artisans musulmans, qui a eu pour résultat la mise au point de nouvelles techniques de décor. Dès le XIIe siècle, dorure et émail – pigments fixés lors d'une deuxième cuisson – ont créé des motifs chatoyants.

Modèle de verre émaillé

Caractéristiques

Motifs tapissant et complexes.
Application ponctuelle de feuilles d'or.
Décor peint sur la surface du verre.

CRISTAL AU PLOMB

XVIIe SIÈCLE

Le cristal au plomb a été inventé au XVIIe siècle. En ajoutant de l'oxyde de plomb au verre, on faisait suffisamment baisser la température pour obtenir un matériau d'une clarté «cristalline» et d'une qualité permettant la gravure. Cette opération avait lieu une fois que le verre avait refroidi, souvent dans un autre atelier ; les récipients anglais étaient même quelquefois envoyés chez des graveurs étrangers, un peu partout en Europe. Le cristal au plomb est plus lourd que les autres types de verre.

Le décor est gravé sur le verre.

Pied fin et délicat

Caractéristiques

Couleur transparente et texture uniforme.
Dessins gravés et décor délicat.
Dessins et formes simples et élégants.

BOUTEILLE DE COCA-COLA

1957

Les techniques de la verrerie ont été révolutionnées au XIXe siècle, par l'introduction d'opérations mécaniques permettant la production en série. La fabrication devenant plus scientifique, on a produit des récipients plus transparents et de meilleure qualité. Au début du XXe siècle, les bouteilles et récipients en verre étaient banals et certains, comme cette bouteille de Coca-Cola de 1957, sont devenus des modèles classiques.

Logo de la marque

Forme moulée

Caractéristiques

La forme et le dessin du logo sont moulés. Galbe régulier et uniforme dû à la production mécanique. Jointures souvent visibles en raison du processus de fabrication.

1957

AUTRES SITES

ÉPHÈSE

SELÇUK, TURQUIE

CARTE P.138, C2

Les grandes cités du monde classique étaient des centres urbains raffinés, extrêmement développés, possédant une bureaucratie complexe et rigide, une administration hiérarchisée et une vie culturelle et religieuse intense. L'abondance des objets et les impressionnantes constructions qui ont survécu nous apportent une connaissance sans précédent des cités de l'Age classique, tandis que la préservation de sources écrites nous permet d'avoir un aperçu de leur culture. Ephèse est un bon exemple de cité gréco-romaine qui, après d'humbles débuts, a pris assez d'ampleur pour devenir un centre économique et un lieu de culte et de loisirs. Située en Asie Mineure, comme on disait alors, Ephèse a uni sa propre tradition religieuse et culturelle à celles des colons grecs et romains pour donner naissance à une société riche et diverse.

LATRINES PUBLIQUES
Un des aspects les plus intéressants de la période classique est l'importance accordée aux édifices publics. Beaucoup de riches maisons romaines possédaient, certes, leurs propres installations sanitaires, mais on a construit aussi des latrines publiques. Des canalisations creusées sous ces latrines emportaient les eaux usées jusqu'à un égout. Les villes romaines étaient souvent équipées de vastes systèmes hydrauliques qui approvisionnaient l'endroit en eau potable.

L'ÉTOILE DE L'ASIE

Ephèse, jadis appelée l'«étoile de l'Asie», était une cité gréco-romaine florissante et décadente, dont la prospérité reposait sur les routes du commerce de la Méditerranée et le culte populaire de la déesse Artémis. Les premiers habitants s'y sont sans doute installés à l'Age du bronze, si bien que le site était déjà peuplé lorsque les Grecs y ont établi un comptoir commercial à l'époque où ils colonisaient l'Asie occidentale. Tout au long de son histoire, la ville a conservé sa grande renommée et son importance, en raison de ses puissants cultes religieux et de sa prospérité économique. Chaque fois que de nouveaux dirigeants prenaient le pouvoir, ils ajoutaient à la diversité architecturale, religieuse et culturelle de la cité, plutôt que de la détruire. Les édifices découverts à Ephèse sont d'une extrême variété : thermes publics, gymnases, théâtre, toute une série de temples et de sanctuaires, fontaines, portes monumentales, lupanar et toilettes publiques. En 296 av. J.-C., pendant la période hellénistique, Lysimaque, successeur d'Alexandre le Grand, a reconstruit la ville pour en faire un port de commerce, et il en a agrandi la superficie en l'entourant d'un mur d'enceinte de 9 km de long. Toutefois, la plupart des édifices qui subsistent aujourd'hui datent de la période romaine, au cours de laquelle les empereurs ont continué à bâtir et à moderniser la ville. Le théâtre, par exemple, construit pendant la période hellénistique, a été ensuite agrandi par les empereurs Claude, Néron et Trajan. Plusieurs dieux du monde classique ont été adaptés et assimilés à ceux d'autres religions, afin de désamorcer les conflits politiques et de fondre ensemble des sociétés différentes. Ephèse était traditionnellement consacrée à la déesse-mère de l'Asie occidentale, Cybèle, et lors de la colonisation de la région par les Grecs, ce culte a été transféré à la déesse grecque Artémis.

Le gigantesque temple d'Artémis était l'une des sept merveilles du monde, et des milliers de visiteurs venaient à Ephèse adorer la déesse. La tradition s'est perpétuée plus tard, après l'avènement du christianisme, à travers le culte rendu à la Vierge Marie.

Sa position stratégique et son port bien protégé faisaient d'Ephèse un comptoir commercial idéal. Elle se trouvait en outre au départ de la route royale menant, vers l'est, à Ninive, ancienne capitale de l'Empire assyrien. Toutefois, vers l'an 150 av. J.-C., le port a commencé à s'ensabler, en partie à cause de certaines erreurs de conception des ingénieurs. Privée de cette ressource primordiale, la cité a lentement sombré dans le déclin. Les ruines d'Ephèse se trouvent de nos jours à plusieurs kilomètres de la mer.

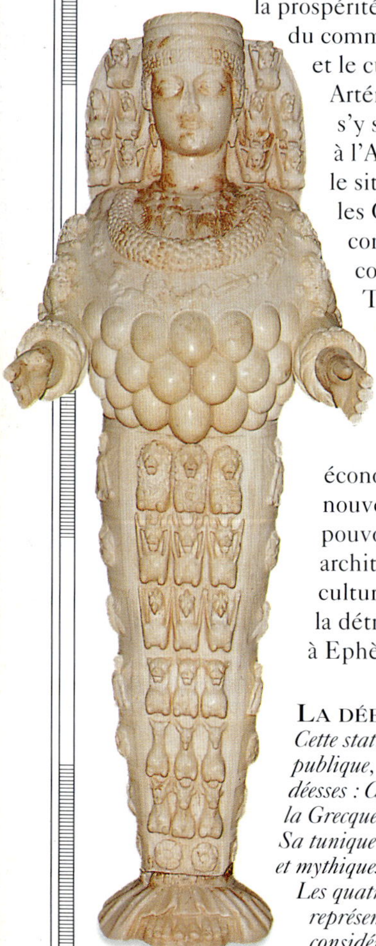

LA DÉESSE-MÈRE
Cette statue, découverte dans la basilique publique, est la combinaison de trois déesses : Cyrène l'Egyptienne, Aphrodite la Grecque et Artémis l'Hellénistique. Sa tunique est ornée d'animaux, réels et mythiques, et de signes du zodiaque. Les quatre rangées d'ornements ovoïdes représentent sans doute des seins, considérés comme des symboles de fertilité.

VUE AÉRIENNE D'UNE PARTIE D'EPHÈSE
Les vestiges que l'on peut voir aujourd'hui datent de la rénovation de la ville par les Romains. On distingue la voie Arcadienne, où passaient les processions, qui mène du théâtre au port.

LA BIBLIOTHÈQUE DE CELSUS
Comptant 12 000 rouleaux de papyrus rangés dans des niches des murs, la bibliothèque de Celsus a été construite par le proconsul Tiberius Julius Celsus vers 120 apr. J.-C. Elle est très rapidement devenue le centre intellectuel de la cité.

ΣΟΦΙΑ
ΚΕΛΣΟΥ
ΑΡΕΤ
ΚΕΛ

MOULAGE D'UNE VICTIME
Dans les années 1860, Giuseppe Fiorelli a découvert que les cadavres enfouis sous la cendre et tombés en poussière depuis bien longtemps avaient laissé dans la cendre durcie des cavités que l'on pouvait remplir de plâtre afin de reconstituer la posture de la victime au moment de sa mort.

POMPÉI

GOLFE DE NAPLES, ITALIE

CARTE P.147, 17

Le 24 août 79, le Vésuve, volcan proche du golfe de Naples, est entré en éruption, ensevelissant les villes romaines de Pompéi, Herculanum, Stabies et Oplontis sous un déluge de cendre et de boue. L'événement a été rapporté par l'historien Pline le Jeune (62-113), qui en a tracé un tableau aussi vivant et détaillé que ceux qu'on peut avoir de catastrophes récentes. Comme toujours en pareil cas, les survivants ont fouillé les décombres pour tenter de sauver gens et biens. Après ces premières fouilles quasi instantanées, le site est demeuré inviolé pendant près de 1 700 ans. Les édifices et leur contenu, ainsi qu'une véritable mine de documents de première importance, ont donc été préservés, de même que des milliers de cadavres d'hommes et d'animaux. Cet ensemble archéologique, parmi les plus riches au monde, est unique par l'excellente conservation des matériaux et offre un aperçu exceptionnel de la vie quotidienne à l'époque romaine.

LA VILLE ENSEVELIE

La ville de Pompéi (dont la fondation remonte au VIe siècle av. J.-C.) avait déjà été pillée par les chercheurs de trésors avant que ne commencent les premières véritables fouilles, dans les années 1740. Les fouilles ont continué tout au long du XIXe siècle, mais dès 1860, des critères scientifiques ont été introduits par l'archéologue italien Giuseppe Fiorelli (1823-1896) pour l'enregistrement des données. Il a également mis au point la technique permettant de faire des moulages de corps humains (voir ci-dessus). La ville couvrait 64 ha et était divisée en pâtés de maisons, chaque maison étant numérotée, si bien que l'on pouvait situer avec exactitude les vestiges découverts. On n'a dégagé jusqu'à présent que 75 % de la ville, mais on peut néanmoins voir tous les types de constructions propres aux cités de l'époque. Le forum, ou place du marché, au centre, était flanqué d'une basilique et de thermes ; l'amphithéâtre, le théâtre et les immeubles d'habitation étaient tous bâtis à l'intérieur du mur d'enceinte dont les portes et les tours ont survécu. La majeure partie de la superficie intra-muros est occupée par des maisons particulières conservées dans un état remarquable, avec leurs meubles, leurs peintures murales, leurs colonnades, leurs atriums (ou cours centrales) et leurs jardins, tous intacts. Dans les rues pavées, on a retrouvé des allées piétonnes, des abreuvoirs, et sur les murs des graffitis et des réclames.

L'ARC DE CALIGULA
Situé près du forum et du macellum (marché), cet arc n'est qu'un des nombreux arcs de triomphe de la ville. Il est en briques, probablement recouvertes à l'époque de plâtre ou de ciment imitant le marbre.

HERCULANUM

GOLFE DE NAPLES, ITALIE

CARTE P.147, I8

Herculanum a été découverte en 1709 par des puisatiers, et dès 1735, on pouvait visiter l'amphithéâtre, si bien que l'endroit attira rapidement les touristes. Les fouilles systématiques ont commencé en 1738. On a construit des tunnels et fait sauter certains obstacles avec de la poudre à canon.

CONSTRUCTIONS CONSERVÉES
Cette vue aérienne des édifices, rues et cours montre que ce quartier de la ville avait un habitat très dense. Avant le tremblement de terre, le rivage se trouvait à proximité immédiate et ces maisons devaient donner sur la mer.

De nouvelles fouilles ont été entreprises récemment, mais il n'existe toujours pas de plan complet de la ville, les cartes n'indiquent que quelques rues et édifices. On pense qu'Herculanum couvrait une superficie d'environ 20 ha, soit un tiers de celle de Pompéi, mais il ne s'agit que d'une estimation en attendant que tous les murs de la ville aient été dégagés. Les fouilles ont fourni aux archéologues des renseignements concernant les matériaux organiques utilisés par les Romains, matériaux qui se conservent rarement. On a en effet retrouvé des volets, des cloisons intérieures, des piliers, des meubles et même un berceau, tous en bois, carbonisés par la chaleur intense. L'une des découvertes les plus spectaculaires faites à Herculanum est la maison des Papyri, qui contenait une énorme bibliothèque de 1 800 volumes.

MOSAÏQUE DE NEPTUNE ET SALACIA
Cette mosaïque est composée de tesselles de toute petite taille, si bien que son dessin très détaillé est particulièrement net. Elle a été retrouvée dans la cour de la maison d'un riche marchand de vin, et représente Neptune et son épouse Salacia dans leur salle à manger d'été. On a découvert dans toute la ville d'autres mosaïques à thème maritime, notamment une grotte tapissée de mosaïques consacrées aux nymphes.

GRAND

VOSGES, FRANCE

CARTE P.146, H5

Sculpture en pierre

STATUE DE MARSYAS
Ce fragment d'une sculpture représentant le satyre Marsyas témoigne de la nature cosmopolite du site de Grand. Ce satyre était lié au culte d'Athéna, déesse de la sagesse, dans le grand panthéon des dieux grecs et romains.

Plutôt que de suivre le plan caractéristique des petites cités romaines, cette ville de province gallo-romaine s'est développée dans une clairière isolée, autour d'un endroit où avaient eu lieu des guérisons. Le cas n'était pas rare, et les thermes devenaient alors le point central de l'agglomération. Ici le sanctuaire était consacré à Grannus, dieu celte (auquel on attribuait le pouvoir de guérir, proche de l'Apollon grec) dont les principaux sanctuaires se trouvaient dans les Vosges. Grand est le nom moderne d'une cité que les Romains, pense-t-on, appelaient Grannum. Des documents en latin font allusion à des cultes rendus à Mercure, Jupiter et Grannus, et des temples dédiés à Grannus, ainsi probablement qu'à Mars et Jupiter, ont été dégagés. Les fouilles ont révélé de nombreux détails concernant la disposition des lieux, le réseau routier et divers édifices. Il y a notamment une vaste basilique dans le style grec (avec une superbe mosaïque représentant un masque comique et des motifs géométriques), plusieurs boutiques, une fontaine monumentale, et un grand bâtiment, près du cimetière, qui était peut-être une prison. Il subsiste de nombreuses traces de cette bourgade, notamment des sols en mosaïque et des systèmes de chauffage par hypocauste, aussi bien à l'intérieur qu'à l'extérieur des murs d'enceinte. Les archéologues ont découvert, à plus de 15 m de profondeur, un réseau d'égouts souterrains fort complexe, qui desservait toute la ville, avec des canalisations et des puits très profonds. Le célèbre amphithéâtre était situé en dehors des murs d'enceinte, adossé à une éminence.

L'AMPHITHÉÂTRE
Edifié au Ier siècle de notre ère, l'amphithéâtre était de forme ovale, avec une largeur maximale de 137,5 m et un mur d'arène haut de 2 m. C'était l'un des plus monumentaux de toute la Gaule.

LE HAUT MOYEN ÂGE

Après la chute de l'Empire romain au Ve siècle de notre ère a commencé une longue période de démembrement et de bouleversements à travers toute l'Europe et le Bassin méditerranéen. Cette instabilité a donné naissance aux premiers Etats et royaumes médiévaux, sous des chefs tels que Charlemagne et Alfred le Grand, tandis que les empires musulmans dominaient la Méditerranée. En Europe, la puissance du christianisme s'est affirmée, malgré les constantes attaques des Arabes au sud et des Vikings au nord. Ces derniers, originaires de Scandinavie, étaient avant tout des marins et des commerçants qui ont établi de nouvelles routes maritimes et ont été les premiers Européens à débarquer en Amérique. Bien que cette période de transition soit souvent taxée d'obscurantisme, de récentes découvertes ont fait un peu de lumière sur ces cultures très variées.

① POINTES DE FLÈCHE EN BOIS DE RENNE
Ces têtes de flèche, taillées dans des bois de renne, prouvent clairement que les Vikings faisaient des voyages maritimes au long cours. Découvertes au Groenland, elles laissent penser que les Vikings ne chassaient pas le renne uniquement pour s'en nourrir.

② L'ANSE AUX MEADOWS
L'Anse aux Meadows, sur la côte nord de Terre-Neuve, a été l'une des rares régions où les Vikings se sont établis en Amérique. Les maisons étaient construites entièrement en mottes de terre ou de pisé, recouvrant une ossature en bois.

LES WISIGOTHS D'ESPAGNE
La puissance des Wisigoths s'est imposée en Espagne au Ve siècle apr. J.-C., jusqu'à l'invasion arabe de 711. Pendant cette période, la vie intellectuelle était florissante, et Isidore de Séville (560-636), prélat et érudit (à gauche, donnant un livre à sa sœur), a rédigé ses *Etymologies*.

DRAKKAR VIKING
Les Vikings partaient attaquer les côtes voisines à bord de navires longs et larges et pouvus d'une quille, ce qui les rendait rapides et faciles à manœuvrer. Leur faible tirant d'eau leur permettait de naviguer tout près des côteset de remonter les fleuves. Ils étaient propulsés par des voiles carrées et des rameurs.

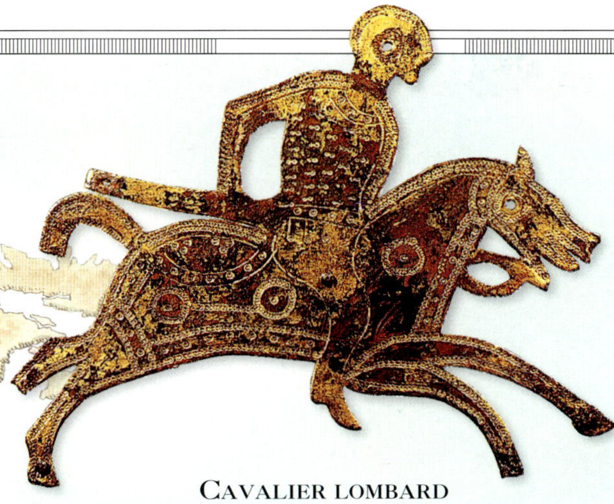

CAVALIER LOMBARD
Les Lombards ont commencé à dominer le nord de l'Italie à partir du VIe siècle de notre ère. C'était un peuple mal organisé, réputé pour sa férocité et sa sauvagerie. Les nombreux ducs lombards gouvernaient de petits fiefs depuis Milan et Turin. Ils se sont emparés de Ravenne en 751. Ce cavalier est gravé sur une plaque en bronze et date du VIIe siècle.

MER DE WANDEL — SWALBARD — OCÉAN ARCTIQUE — MER DE BARENTS — MER DE NORVÈGE — NORVÈGE — LAPONIE — Monts Kolen — ISLANDE — Mezen — Dvina

③ HOFSTADIR
Dès 860, des colons vikings avaient atteint l'Islande. Les vestiges de cette ferme sont typiques de ceux que l'on trouve sur l'île.

⑤ WINTERBOURNE GUNNER
Un certain nombre d'objets anglo-saxons en bronze, tels que cet umbo de bouclier, ont été découverts dans ce lieu de sépulture datant du Ve siècle.

④ IONA
Cette île a été donnée à saint Colomban en 563 pour y fonder l'un des premiers monastères chrétiens.

⑦ OSEBERG
Ce navire datant du IXe siècle a été découvert sous un tertre funéraire et contenait la dépouille d'une femme de famille royale. C'est la plus riche sépulture de ce genre que l'on connaisse.

SUÈDE — MER DU NORD — DANEMARK — ÎLES BRITANNIQUES — RUSSIE — Dniepr — MANCHE — Rhin — FRANCE — ALLEMAGNE — Danube — ITALIE — GRÈCE — MER MÉDITERRANÉE

⑧ TRELLEBORG
Trelleborg, au Danemark, l'un des forts circulaires bâtis par les Vikings, a été occupé au Xe siècle. A l'intérieur de ses remparts circulaires se trouvaient de longues maisons et des ateliers en bois.

⑨ FEDDERSEN WIERDE
Ce très ancien village est composé de maisons construites selon un plan radial caractéristique, sur un îlot d'argile artificiel. L'endroit a été abandonné vers le milieu du Ve siècle.

⑫ KIEV
Fondée au Xe siècle par les Suédois, cette ville fortifiée est très vite devenue un grand centre commercial d'Europe de l'Est.

⑩ POUAN
On a découvert quelques redoutables épées et leurs fourreaux dans ce cimetière mérovingien.

⑪ RAVENNE
On a trouvé dans cette ville quelques-unes des plus belles œuvres d'art chrétiennes et byzantines.

⑥ WEST STOW
Des fermes existaient à cet endroit entre 400 et 650. On a découvert dans des salles en bois et des excavations toute une collection d'objets de tous les jours.

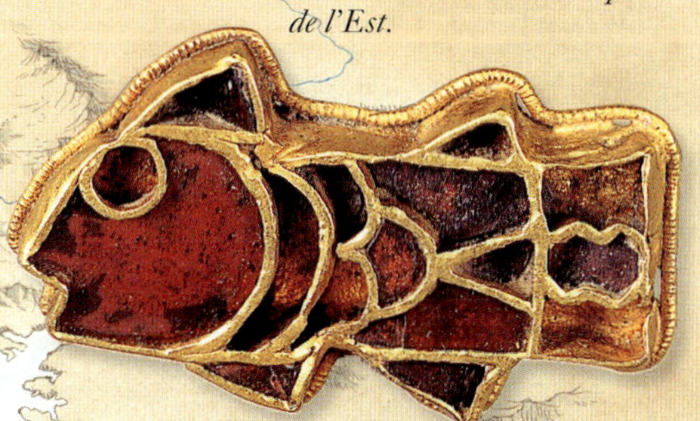

LES MÉROVINGIENS
La dynastie mérovingienne est apparue en France après l'effondrement de l'Empire romain au Ve siècle de notre ère. Les nécropoles et les tombeaux contenaient parfois de nombreux objets, par exemple cette fibule en forme de poisson.

UNE NÉCROPOLE SAXONNE

WINTERBOURNE GUNNER, ROYAUME-UNI

CARTE P. 144, G8

PROSPECTION DU SITE

- Des travaux de construction ont révélé la présence de sépultures saxonnes dispersées sur une vaste superficie.
- Des fouilles préalables sur les lieux avaient permis de découvrir des tessons de poteries saxonnes.
- D'autres sites locaux permettent de situer cette nécropole dans un contexte régional.
- Des photographies aériennes ont révélé dans les environs immédiats un certain nombre de tertres funéraires entourés de fossés circulaires.

Lorsque la période romaine a pris fin, au Ve siècle de notre ère, le sud et l'est de l'Angleterre ont subi l'influence de peuples venus d'Allemagne, du Danemark et des Pays-Bas. Il n'y a eu d'abord que de brèves incursions, mais ensuite, les envahisseurs ont commencé à établir des agglomérations permanentes. Peu à peu, les nouveaux venus se sont intégrés à la société et ont imposé leur aristocratie à la population autochtone. Les Saxons, venus de ce qui est aujourd'hui l'ouest de l'Allemagne, se distinguent, dans l'archéologie de cette période, par leurs édifices en bois et leurs sépultures. Presque tout ce que nous savons de leur culture provient des fouilles de celles-ci. La découverte dans le sud de l'Angleterre, à Winterbourne Gunner, d'un site regroupant plusieurs tombes a fourni aux archéologues une excellente occasion d'étudier ces individus et leur communauté. On espérait que les fouilles permettraient de déterminer la nature et l'étendue de la nécropole, ainsi que l'emplacement du village saxon.

LE SITE

En explorant des terrains proches de la ville de Salisbury dans le cadre de la construction d'un nouveau lotissement, on a découvert un certain nombre de sépultures saxonnes. Des fouilles importantes ont alors été entreprises sur le terrain central car on pensait y découvrir une véritable nécropole. On n'a trouvé, en fait, que deux tombes. En revanche, le reste du site était occupé par un tumulus et des urnes funéraires datant de l'Age du bronze, que l'on ne s'attendait pas du tout à mettre au jour. Il est vite devenu évident que les sépultures saxonnes avait été disposées en respectant le tertre funéraire préhistorique déjà existant.

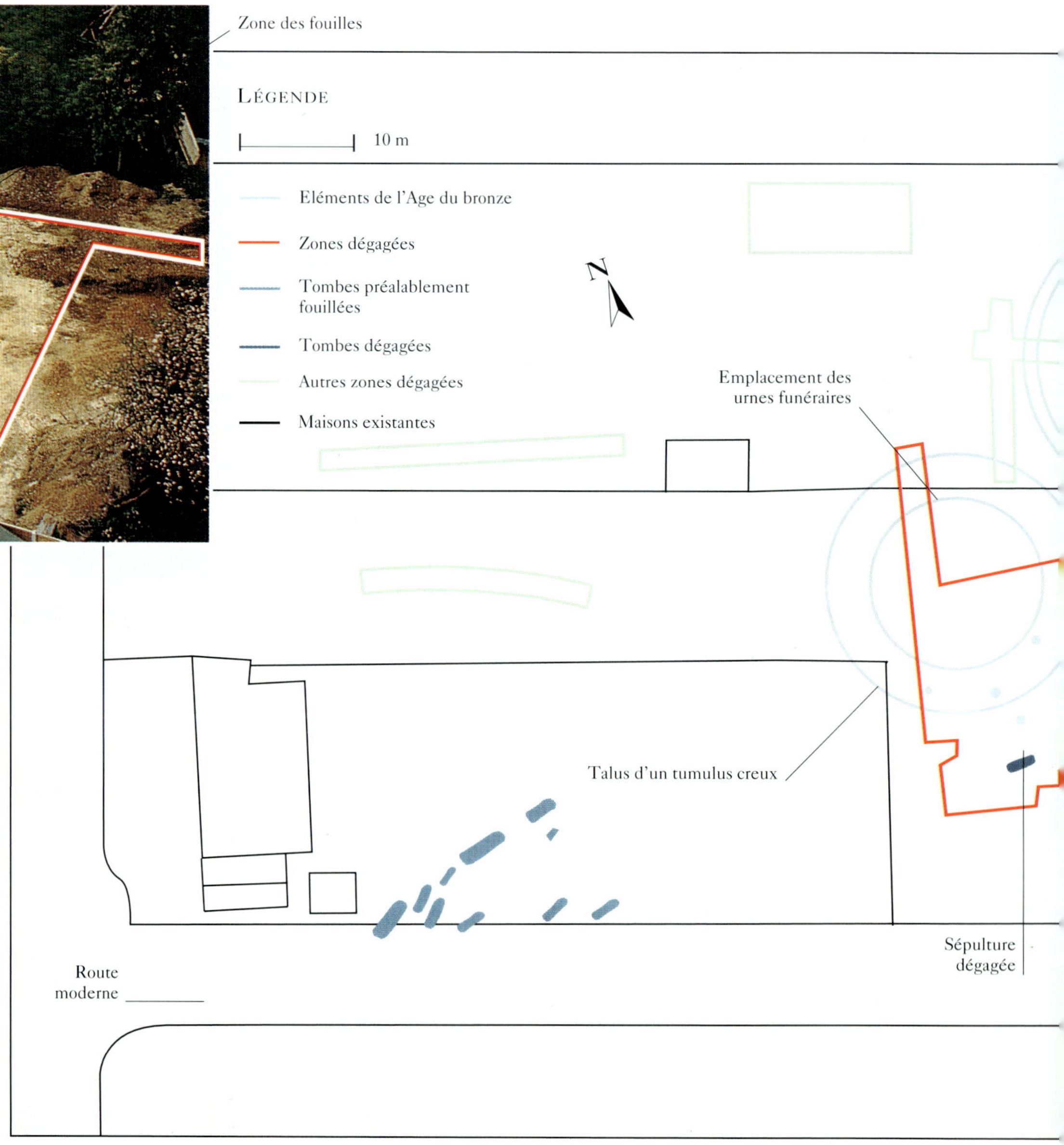

PLAN DE LA NÉCROPOLE

Ce plan indique les zones dégagées et l'emplacement des sépultures découvertes sous chaque terrain à bâtir. Il montre aussi des sépultures indépendantes exhumées lors de fouilles ponctuelles, en creusant des tranchées, et aussi des éléments plus anciens datant de l'Age du bronze, notamment un tumulus creux.

SÉPULTURE EXHUMÉE
Les squelettes étaient en bon état parce que les corps avaient été inhumés dans un sol crayeux. Les os ont été soigneusement exhumés et nettoyés, et les articles enfermés dans la tombe laissés en place assez longtemps pour prendre des notes et faire des croquis.

Longueur : 3-6 cm

ÉPINGLE
On a retrouvé une épingle en fer informe et considérablement rongée par la rouille. Il a été impossible de déterminer sur le terrain de quoi il s'agissait, et l'objet n'a été identifié qu'après conservation.

DÉTAIL DU SQUELETTE
Ce gros plan de la tête et du torse du squelette montre le crâne bien conservé d'une femme adulte et la position d'une broche, d'une épingle et d'une perle. La femme était à plat dos, les mains sur le ventre, face à l'ouest, selon la coutume. La deuxième tombe contenait elle aussi un squelette féminin dans la même posture.

Longueur : 4 cm

BROCHE
Quand cette broche circulaire, typiquement saxonne, a été découverte, c'était une forme incrustée et verdâtre, dont on ne distinguait aucune caractéristique, ce qui laissait simplement penser qu'il s'agissait d'un objet fait d'un alliage de cuivre. Elle a été trouvée dans les dernières couches de terre de la sépulture, avec les autres articles funéraires.

Longueur : 3 cm

PERLE D'AMBRE
Il s'agissait à l'évidence d'une perle, légèrement corrodée, mais pendant les fouilles on n'a pas réussi à identifier le matériau. Une fois l'objet nettoyé, on a reconnu une perle d'ambre perforée. Bien qu'on n'ait pas retrouvé d'autres perles dans la tombe, on peut penser qu'elle faisait partie d'un collier.

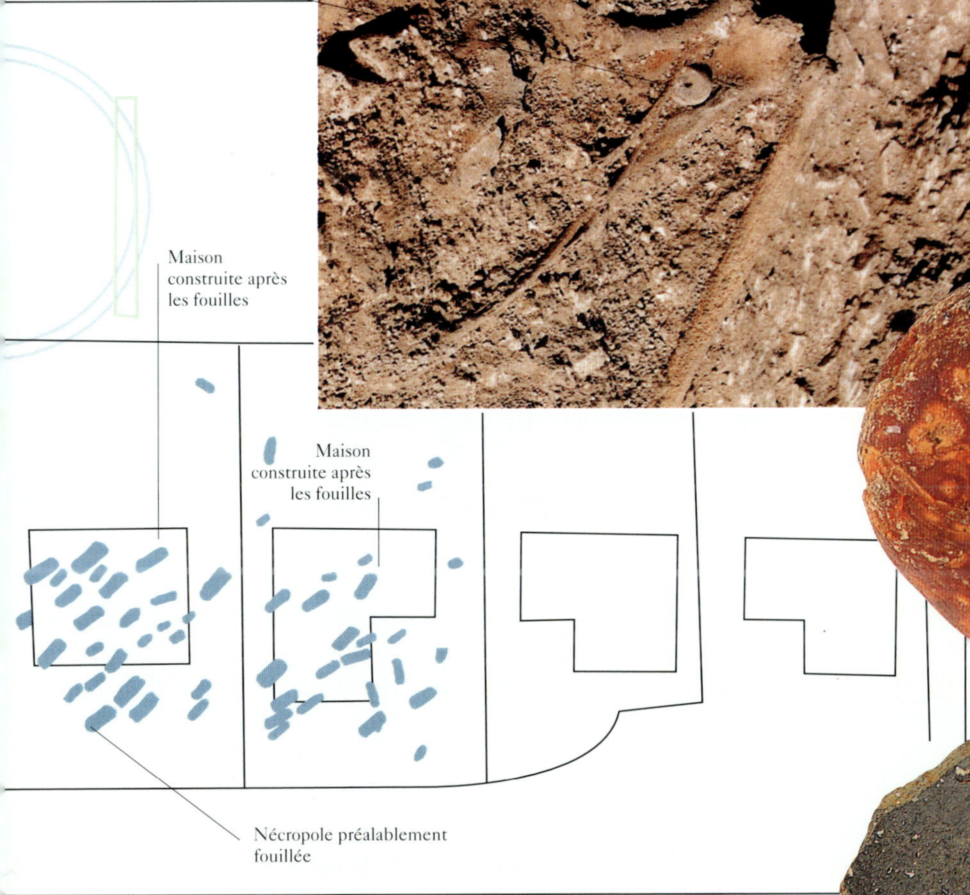

Longueur : 4,5 cm

TESSONS DE POTERIE
On a découvert à proximité du site de nombreux tessons de poteries saxonnes contemporaines de la nécropole. Il est probable qu'ils proviennent du village associé à celle-ci.

UNE NÉCROPOLE SAXONNE

ANALYSER LES DÉCOUVERTES

D'après les vestiges mis au jour, on peut reconstituer un certain nombre de détails concernant la personne inhumée, y compris son aspect physique. Le corps était à l'évidence celui d'une femme adulte, enterrée avec certaines de ses parures. L'emplacement du village est indiqué par la présence des fragments de poterie, suggérant la proximité du village et de sa nécropole, situation très inhabituelle sur les sites archéologiques. Seuls des matériaux inorganiques, comme la broche et l'épingle, se sont conservés dans le sol. Les vêtements que portait sans doute la femme sont tombés en poussière il y a bien longtemps. Peut-être la tombe contenait-elle d'autres articles aujourd'hui entièrement disparus : fleurs, cuir, paniers et aliments. Ces objets de tous les jours étaient destinés à soutenir la défunte, lors de son voyage dans l'autre monde. La perle, la broche et l'épingle étaient probablement des objets précieux, que l'on jugeait indispensables pour ce genre de voyage. Malgré la diversité des objets découverts autour du squelette, les archéologues en sont réduits aux hypothèses en ce qui concerne les rites funéraires qui ont accompagné l'inhumation.

COLLIER DE PERLES
Il n'est pas rare de trouver des perles dans les sépultures saxonnes. Elles sont souvent bariolées et fabriquées dans des matériaux tels que l'ambre, le cristal et toutes sortes de verres. Les fils résistent rarement à l'usure du temps, mais la position des perles dans les tombes permet de deviner qu'elles étaient enfilées et portées autour du cou.

LE SITE RECONSTITUÉ
D'après les tombes et les vestiges retrouvés sur le site, on peut imaginer comment s'est passée l'inhumation à Winterbourne Gunner. Une femme adulte, entièrement vêtue, a été déposée sur le dos dans la fosse, entourée d'aliments, d'habits et d'objets nécessaires pour l'autre monde. Les proches et les voisins assistent à l'enterrement, chacun plaçant des offrandes dans la tombe. Au loin, on aperçoit le village et les vestiges du tumulus creux datant de l'Age du bronze. On présume que d'autres sépultures saxonnes existent dans les environs et qu'elles sont signalées d'une façon quelconque. Les reliefs beaucoup plus importants des tumulus remontant à l'Age du bronze jalonnent les terres surplombant le village.

RÉCIPIENT SAXON
Les récipients saxons étaient grossièrement façonnés, mal cuits et rarement décorés ou vernissés. Ce pot a été reconstitué à l'aide de nombreux tessons. La forme irrégulière et mal définie, le bord très simple sont caractéristiques. Le matériau comportait du grès, du sable ou des coquillages broyés. Les pots de ce genre servaient surtout à faire la cuisine.

Broches saxonnes

Divers types de broches saxonnes ont été identifiées et nous donnent quelques indices quant aux styles vestimentaires des différents groupes ethniques. En général, elles étaient faites d'un alliage de cuivre, d'ordinaire doré, ce qui leur aurait donné l'aspect de l'or. Mais après être restées enfouies dans le sol, elles nous parviennent sous forme d'objets verdâtres, rongés par la corrosion, auxquels adhèrent encore quelques fragments de feuille d'or. La plupart sont décorées, les dessins allant de simples points à des formes abstraites taillées au burin. Les broches rondes étaient souvent portées par paire, une sur chaque épaule, pour attacher les robes droites très simples, et elles étaient reliées par des perles. On pouvait aussi en accrocher une au milieu de la poitrine. On aurait fixé une broche en forme de croix au-dessous de la taille pour maintenir une tunique. En analysant les broches et leur position sur les squelettes, les archéologues ont quelquefois pu distinguer entre divers groupes d'Angles, de Saxons et de Frisons.

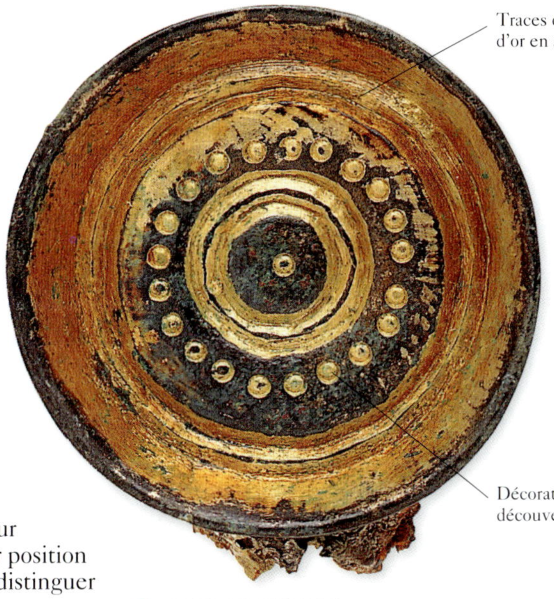

BROCHE CIRCULAIRE

BROCHE À TÊTE CARRÉE

LE SQUELETTE
L'examen des os, notamment du crâne et du bassin, laisse penser qu'il s'agit d'une femme adulte. Le corps a été enterré à plat dos, la tête vers l'ouest, les mains croisées sur le ventre. Les os étaient bien conservés dans le sol crayeux, mais les plus petits, notamment ceux des mains, manquaient pour la plupart. En mesurant les os, les archéologues ont pu déduire que la femme était de taille moyenne.

BROCHE ORNEMENTALE
Passée aux rayons X, cette broche a révélé un dessin complexe doré à la feuille, ce qui laisse penser que sa propriétaire était riche et occupait un rang élevé dans sa communauté.

ÉPINGLE
On a découvert que cette épingle possédait une grosse tête ronde. Elle était sans doute fichée dans une cape ou un autre vêtement pour en maintenir ensemble les deux parties. Les archéologues pensent que les épingles de ce genre remplaçaient parfois la fibule.

Conclusions

- Les os et les articles funéraires nous renseignent sur cette nécropole saxonne, révélée par bribes lors du lotissement de ces terrains.
- Les tessons de poterie fournissent une indication inhabituelle sur la position du village par rapport à la nécropole.
- La proximité du village par rapport à la nécropole préhistorique indique que les Saxons respectaient l'ancien site et ont utilisé les grands tumulus de l'Age du bronze pour déterminer la position de leur propre nécropole.

AUTRES SITES

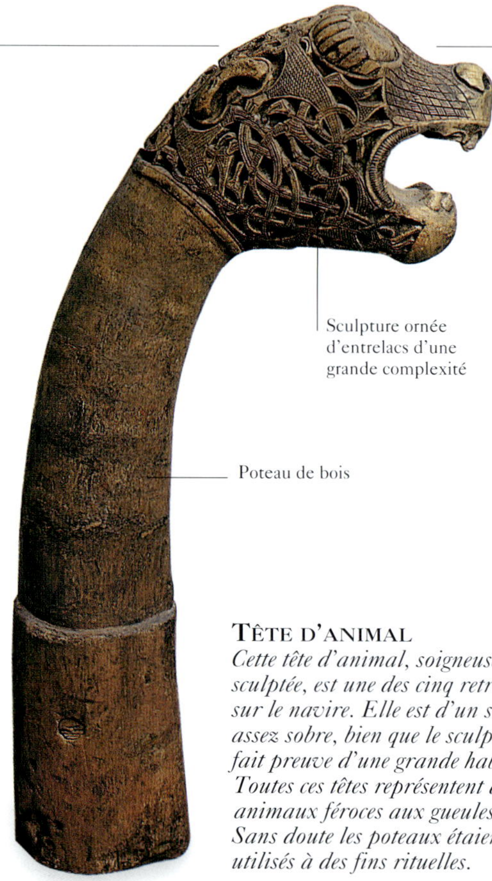

TÊTE D'ANIMAL
Cette tête d'animal, soigneusement sculptée, est une des cinq retrouvées sur le navire. Elle est d'un style assez sobre, bien que le sculpteur ait fait preuve d'une grande habileté. Toutes ces têtes représentent des animaux féroces aux gueules béantes. Sans doute les poteaux étaient-ils utilisés à des fins rituelles.

OSEBERG

FJORD D'OSLO, NORVÈGE

CARTE P.145, B7

En 1904, un superbe navire datant du début du IXe siècle a été découvert à l'intérieur d'un tumulus construit par les Vikings, sur la côte ouest du fjord d'Oslo, en Norvège. On lui a donné le nom de sépulture d'Oseberg. Le terrain étant gorgé d'eau, le contenu du navire, y compris les tissus et les meubles, était bien conservé. La sépulture renfermait deux dépouilles, celle d'un femme de haut rang, peut-être la reine Asa, puissante souveraine mentionnée dans les sagas historiques des Vikings, et celle d'une autre femme qui était sans doute sa servante. Les vestiges ont livré toutes sortes d'informations concernant la construction du navire. Il était assemblé à clin, chaque planche chevauchant celle d'en dessous, avec des taquets, ou boucles de bois, attachés ensemble et utilisés à la place de chevilles ou de clous. Il mesurait 22 m de long et 5 m de large, et c'était sans doute une embarcation royale, plutôt qu'un navire de guerre ou un navire marchand. Il contenait une importante collection d'objets, notamment un chariot, quatre traîneaux, et plusieurs lits. Ce navire a été reconstitué et il est aujourd'hui exposé dans un musée proche d'Oslo.

DANS LE NAVIRE FUNÉRAIRE

Le corps, que l'on pense être celui de la reine Asa, a été découvert entouré d'un chariot, de quatre traîneaux, d'une selle, de plusieurs lits et tentes, et d'un coffre sculpté. On a aussi retrouvé dans la sépulture les squelettes de dix chevaux et de deux bœufs. Les tapisseries rouges, noires et jaunes enfermées dans le coffre représentent des chariots et des chevaux, témoignant encore une fois de la tradition nomade des Vikings. Tous les objets en bois étaient superbement sculptés, avec des têtes d'animaux et des dessins géométriques, notamment cinq poteaux (ci-dessus). On ne connaît pas leur fonction, mais peut-être étaient-ils destinés à écarter les esprits malfaisants. Oseberg est le plus riche navire funéraire que l'on ait jamais découvert. L'importante quantité d'objets de bois d'excellente qualité témoigne de la variété et de l'habileté des artisans scandinaves.

PENDANT LES FOUILLES
Ce cliché du navire, pris pendant les fouilles, en 1904, permet de constater son excellent état. Le pont et la proue superbement sculptée sont clairement visibles.

COFFRE
Ce coffre en chêne taillé dans un tronc et décoré de rivets d'argent et de bandes de fer a été découvert à bord du navire. Il était muni de serrures compliquées et contenait une panoplie d'outils.

Le site du débarquement
Quand les Vikings sont arrivés devant ce qu'ils appelaient «Vinland», ils ont décrit une île avec un cap faisant saillie et une côte très boisée. Cette illustration montre le site du débarquement, près des maisons de pisé, à l'extrême nord du cap.

L'Anse aux Meadows

TERRE-NEUVE, CANADA

CARTE P. 137, P5

Ce site à l'extrême nord de Terre-Neuve est la seule preuve archéologique attestant que les Vikings avaient atteint le continent américain. Les sagas des Vikings scandinaves nous content les voyages de Leif le Chanceux, fils d'Erik le Rouge, vers l'an 1001. D'après ces descriptions, on pense qu'il est parti du Groenland et qu'il a fait voile jusqu'à la Terre de Baffin et au Labrador, atteignant finalement Terre-Neuve qu'il a baptisée «Vinland». Aucune donnée archéologique ne venait étayer ces sources historiques, jusqu'à l'exploration du site de l'Anse aux Meadows. Helge et Anne Ingstad ont découvert ce village viking dans les années 1950, en se fondant sur les renseignements locaux et les anciennes sagas. Ils ont mis à nu plusieurs structures en terre de caractère incontestablement scandinave, qui dominaient la baie des Epaves. La datation au carbone 14 des objets exhumés (il n'y en avait que 150 environ) et la présence de métaux que n'utilisaient pas les peuplades indigènes permettent de penser qu'il s'agissait d'un village viking. Les édifices avaient des murs et des toits en pisé, les chambranles des portes étaient en bois. A l'intérieur, il y avait des atres et des bancs. On a trouvé en différents lieux d'Amérique des articles d'origine scandinave, notamment des pièces de monnaie, mais ils indiquaient plutôt des échanges commerciaux ou des installations temporaires. Il faudra un surcroît de fouilles pour localiser d'autres sites ou mettre au jour d'autres objets importés de Scandinavie, afin de pouvoir se faire une meilleure idée de la nature des contacts entre Vikings et indigènes d'Amérique.

Maisons vikings reconstituées
Certaines des huit constructions de l'Anse aux Meadows ont été reconstituées par les archéologues, en se fondant sur les vestiges qu'ils avaient mis à nu. Les maisons étaient disposées par deux, faites de mottes de terre carrées, avec des linteaux et des portes en bois, sans doute du bois flotté.

Pouan

AUBE, FRANCE

CARTE P.146, G5

Après l'effondrement de l'Empire romain sur tout le continent européen, vers l'an 476, plusieurs groupes puissants ont affirmé leur autorité dans ses anciennes provinces. Ces communautés existaient déjà sous le gouvernement romain et s'étaient installées à l'intérieur de l'empire ou à sa périphérie. Désormais libérées de la tutelle impériale, elles ont établi des royaumes indépendants. Des peuples tels que les Francs ou les Burgondes en Gaule, les Vandales en Afrique du Nord et les Wisigoths en Espagne sont venus combler le vide politique laissé par la chute de Rome et se sont livré des luttes sanglantes pour s'assurer le contrôle de vastes territoires.

Pouan est une nécropole mérovingienne, près de Troyes, que l'on peut situer entre 450 et 500 de notre ère. Les Mérovingiens régnaient sur un peuple barbare, dont la culture particulière s'est répandue dans toute la France pendant le Ve siècle apr. J.-C. Pouan est un site qui remonte au début de l'époque mérovingienne, sous les premiers souverains de la dynastie, Childéric (mort en 481) et son fils Clovis (465-511), que l'on connaît grâce aux documents historiques.

Epée mérovingienne

Les sépultures de Pouan contenaient des épées et fourreaux ornementés, ainsi que de nombreux bijoux, notamment des broches et des épingles en or. Ces articles sont très importants pour les archéologues, parce qu'ils illustrent le passage des idées et traditions romaines aux idées et traditions médiévales. Ainsi, les bijoux tels que la fibule (à droite) ont une forme romaine, mais une décoration et un style francs. Ils témoignent aussi de la richesse et des contacts commerciaux de leurs propriétaires. Vers l'an 500, Clovis, imité par son peuple, s'est converti au christianisme. A cette époque, le royaume mérovingien était l'une des grandes puissances d'Europe, rivale du royaume ostrogoth de Théodoric à Ravenne (pp. 88-89). Cette fusion des croyances chrétiennes avec certains éléments des culture romaine et postromaine a posé les fondations de l'Europe du haut Moyen Age, où l'on voyait s'affirmer de nouvelles nations.

Incrustation en émail de couleur

Bijoux
La nécropole contenait de nombreux bijoux richement décorés, notamment cette fibule avec ses incrustations d'émail aux couleurs vives. Elle devait servir à attacher un vêtement, sans doute sur l'épaule, afin de maintenir ensemble plusieurs épaisseurs. La culture mérovingienne est célèbre pour l'excellente qualité de son artisanat et la richesse de ses bijoux et de ses armes.

Fibule

IVSTINIAN

RAVENNE

ÉMILIE-ROMAGNE, ITALIE

CARTE P. 147, 16

CROIX EN OR
Cette croix en or, dans laquelle sont serties 56 pierres précieuses, a été faite par le roi Bérenger (mort en 924). Elle la figuré, avec la couronne de fer de Lombardie (qui date de 493), dans tous les couronnements.

Ville antique du nord de l'Italie, Ravenne illustre les luttes politiques et culturelles très complexes qui déchirèrent l'Europe entière tout de suite après la chute de l'Empire romain. Ravenne avait été un important port romain, siège de la flotte impériale. Après l'invasion de l'Italie par les Wisigoths, en 402, la ville est devenue la capitale de l'empire d'Occident. Bientôt, le centre de l'Empire romain s'est transporté à Constantinople, et c'est à cette époque que Théodoric (493-526), roi des Ostrogoths, a assis sa puissance. Général de l'empire, il a brigué le pouvoir central en Italie et son armée le considérait comme un roi. Ravenne est tombée sous l'autorité de l'empereur byzantin Justinien (482-565) en l'an 540, et de nombreux et superbes édifices ont été construits à cette époque.

CENTRE CULTUREL

Bien que de récentes fouilles aient révélé les vestiges d'un ancien village et des fondations datant de l'époque où la ville était un port romain, les monuments les plus durables appartiennent à la période la plus turbulente de son histoire. Théodoric, ayant choisi Ravenne comme centre militaire, a fait édifier et modeler de nombreux bâtiments sur le style romain, tout en conservant les traditions germaniques. Ainsi, son mausolée, en dehors de Ravenne, est de style romain, mais le dôme, taillé dans un bloc de calcaire pesant 300 t, couvre le chef défunt à la façon germanique. Théodoric a fait construire Saint-Apollinaire-le-Neuf en l'an 490. L'église porte le nom du premier évêque de Ravenne. Les deux rangées de mosaïques que l'on trouve à l'intérieur, représentant les offrandes faites au Christ et à la Sainte Vierge, l'ont rendue célèbre. Le baptistère des Orthodoxes, bâti à proximité des vestiges de thermes romains, est le plus ancien monument de la ville et abrite lui aussi une splendide mosaïque représentant le baptême de Jésus.
En 540, Ravenne a été reprise par les armées de l'empereur Justinien, et elle est devenue un des postes coloniaux de la cour impériale et un centre politique, culturel et intellectuel. On y trouve de nombreuses églises renfermant de très belles mosaïques richement colorées. Toutefois, l'édifice le plus majestueux, dans le style byzantin, est l'église Saint-Vital (547), où l'on peut admirer plusieurs magnifiques mosaïques de Justinien, de son épouse Théodora et de leur garde personnelle. Une des plus célèbres représente Théodora et ses suivantes offrant des dons à l'église. Les plus anciennes églises chrétiennes de Ravenne permettent de constater qu'en dépit de leurs origines culturelles hétéroclites, l'architecture et les idées de la société romaine exerçaient encore une puissante influence.

MOSAÏQUE DE L'EMPEREUR
Cette mosaïque de l'empereur Justinien se trouve dans l'église Saint-Apollinaire-le-Neuf (490). Justinien régna sur l'Empire romain d'Orient de 527 à 565.

SAINT-APOLLINAIRE-IN-CLASSE
Bâtie sur le site d'un ancien temple d'Apollon, cette basilique a été commencée par les Ostrogoths vers 535 et terminée sous le règne de l'empereur Justinien.

L'ÉPOQUE MÉDIÉVALE

Succédant aux royaumes et aux empires du haut Moyen Age, la période médiévale a assis les fondations de nombreux Etats européens modernes. Dans le même temps, le bassin méditerranéen et l'Asie occidentale étaient dominés par les Empires byzantin et islamique, qui ont laissé eux aussi des vestiges. En Europe occidentale, beaucoup de nations étaient organisées selon le système féodal, avec le roi et ses seigneurs au sommet et les paysans à la base, hiérarchie coexistant avec celle de l'Eglise dont le pape était le chef suprême. Ainsi, la société médiévale était divisée dans l'idéal en trois groupes distincts : ceux qui se battaient (les classes supérieures), ceux qui priaient (le clergé) et ceux qui travaillaient (les paysans). Ces trois classes se reflètent dans les châteaux, églises, monastères et villages qui subsistent. Le commerce et les croisades avaient, certes, entraîné de nombreuses transformations, mais c'est à partir du XVIe siècle que les mutations survenues dans la pensée religieuse et scientifique, ainsi que la croissance du commerce mondial, marquèrent la fin du Moyen Age.

① HYLTON
Exemple type du château de la fin du Moyen Age, orné de décorations héraldiques très complexes.

② OXFORD
Au XIIe siècle, l'université d'Oxford s'est affirmée comme l'un des centres les plus prestigieux de l'érudition mondiale, attirant de nombreux étudiants venus de toute l'Europe.

③ CANTERBURY
Cette ville est devenue un lieu de pèlerinage, après la mort de l'archevêque Becket en 1170. Ce reliquaire contenait ses os.

④ PARIS
Cité médiévale et centre culturel, dominé par ses monastères, son université et son palais royal.

⑤ SAUMUR
Dominant la ville, le château de Saumur a été construit au XIVe siècle par le roi Louis Ier d'Anjou.

⑥ SAINT-JACQUES-DE-COMPOSTELLE
Les ossements de saint Jacques le Majeur (mort en l'an 44) y ont été découverts en 813, et dès le XIe siècle l'endroit était devenu un important centre de pèlerinage.

⑦ ÁVILA
Cité médiévale particulièrement bien conservée, avec un mur d'enceinte encore entier, une cathédrale et des maisons particulières, tous construits entre les XIe et XIIIe siècles.

⑧ GRENADE
Bâti sur le site de fortifications plus anciennes, l'Alhambra était au XIVe siècle le palais du roi musulman Mohammed Ier. Une succession de jardins et de cours est incorporée aux splendides édifices.

⑨ CARCASSONNE
La place forte de Carcassonne a été édifiée pour des raisons stratégiques par les Trencavel. Prise lors de la croisade des Albigeois, elle passa aux mains du roi de France.

⑩ CLUNY
Le monastère le plus riche et le plus influent de tout le monde médiéval, fondé en 909.

PAYSANS DU MOYEN ÂGE
Le monde médiéval était d'abord un monde de paysans vivant en dehors des villes et travaillant la terre pour se nourrir et alimenter le reste de la société. L'agriculture médiévale exigeait beaucoup de main-d'œuvre, avec de nombreuses tâches réparties tout au long de l'année.

⑫ **NOVGOROD**

Ce centre commercial russe du IXe siècle a été découvert dans un excellent état de conservation, parce qu'il était construit principalement en bois et que le sol gorgé d'eau a favorisé sa préservation.

RUSSIE

POLOGNE

⑪ **ROTHENBURG**

La ville a été reconstruite après un tremblement de terre en 1356, si bien qu'elle nous offre aujourd'hui un parfait exemple d'une cité médiévale fortifiée.

ALLEMAGNE

⑬ **VARSOVIE**

Apparue seulement au XIIe siècle, Varsovie est la ville des ducs de Mazovie. La capitale du royaume de Pologne est et restera longtemps Cracovie.

Carpates

⑭ **BUCAREST**

Bucarest n'est encore au XVe siècle qu'un gros bourg qui se développera surtout au XVIIe siècle.

Danube

«MAPPA MUNDI»

Cette mappemonde a été dessinée en 1290 par Richard de Haldingham et mesure 1,65 m sur 1,35 m, le nord se trouvant sur la gauche. C'est une représentation symbolique du monde médiéval, avec en son centre Jérusalem, principal foyer religieux des royaumes chrétiens. On y voit de nombreuses créatures mythiques habitant les zones périphériques, où, croyait-on, finissait le monde.

⑮ **VENISE**

Venise était un comptoir commercial construit sur des centaines d'îlots. La quatrième croisade lui a donné un empire et elle a rapidement été renommée pour la puissance de sa flotte et la qualité exceptionnelle de ses verreries, par exemple ce verre du début du XIVe siècle.

MER NOIRE

⑯ **CONSTANTINOPLE**

En 1453, l'Empire byzantin s'est effondré et Constantinople est devenue Istanbul, la capitale de l'Empire ottoman, où la mosquée Bleue et le palais Topkapi ont été édifiés sur des vestiges antiques.

TURQUIE

Chaînes du Taurus

ITALIE

SYRIE

LA PRESSE GUTENBERG

La première presse à imprimer a été conçue par Johannes Gutenberg en Allemagne, dans les années 1450, en s'inspirant de plusieurs inventions antérieures. On a d'abord imprimé des bibles, puis les grandes œuvres de la culture classique et des ouvrages scientifiques. L'imprimerie a mis la littérature à la portée d'un vaste public, préludant ainsi à la Renaissance, véritable révolution culturelle qui a marqué la fin de la période médiévale.

⑰ **LE KRAK DES CHEVALIERS**

Château fort des croisés, utilisant les techniques de pointe de l'époque, commencé en 1144 par l'ordre militaire des Chevaliers hospitaliers, il occupait une position permettant de défendre la route menant d'Antioche à Jérusalem, afin d'assurer la sécurité des pèlerins. Il a été abandonné dès 1271.

MER MÉDITERRANÉE

UN CHÂTEAU DU MOYEN ÂGE

HYLTON, ROYAUME-UNI

CARTE P. 144, G5

PROSPECTION DU SITE

- Une étude géophysique et des tranchées d'exploration permit de localiser divers bâtiments annexes qui avaient disparu.
- Grâce à une étude des travaux de terrassement effectués tout autour du château, on retrouva les jardins, les étangs et les parcs aménagés sous le règne des Tudors.
- Les vestiges héraldiques visibles sur le bâtiment existant ont fourni un surcroît de renseignements sur les propriétaires du château.

Les châteaux, ou résidences fortifiées, des grands propriétaires terriens, qui dominaient les paysages d'une grande partie de l'Europe, ont été une des principales caractéristiques de l'époque médiévale. Beaucoup de ces châteaux étaient au départ des habitations de bois et de pisé, matériaux peu à peu remplacés par de la pierre. A mesure que l'art de la guerre gagnait en complexité et que les assaillants commençaient à utiliser des catapultes et des canons, de nouvelles transformations devinrent nécessaires. Les forteresses n'en restaient pas moins avant tout des résidences, et vers la fin du Moyen Age, beaucoup étaient bien plus de vastes demeures ostentatoires que de véritables bases militaires.
A cette époque, on accordait plus d'importance aux appartements privés et aux jardins tirés au cordeau qu'aux défenses proprement dites.
Edifié par Sir William Hylton entre 1390 et 1430, le château de Hylton était la demeure ancestrale de la famille du même nom. Il n'en reste aujourd'hui que le corps de garde très ouvragé, où se trouvaient les appartements de la famille Hylton.

LE SITE
On a analysé la maçonnerie du bâtiment existant et étudié aussi des gravures et des dessins anciens. Le corps de garde avait, semble-t-il, été conçu comme une vaste tour résidentielle, complexe et autonome, transformée ultérieurement en demeure de style Tudor. On a effectué une étude géophysique et creusé des tranchées d'exploration pour tenter de repérer les bâtiments annexes. Puis on a fait une étude poussée des travaux de terrassement pour découvrir si les éléments retrouvés avaient un rapport avec le château.

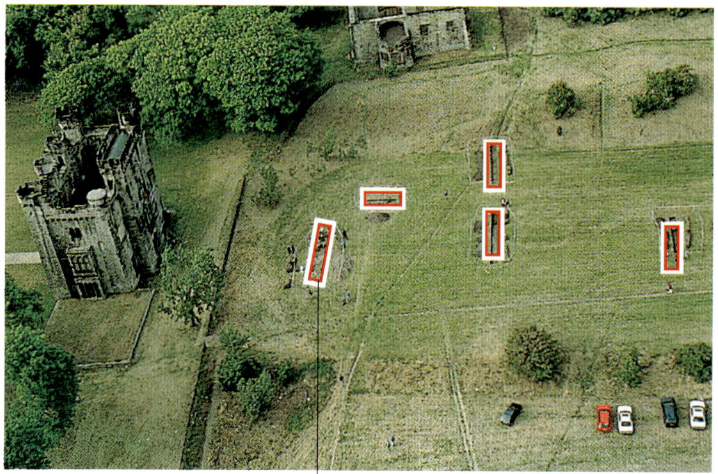

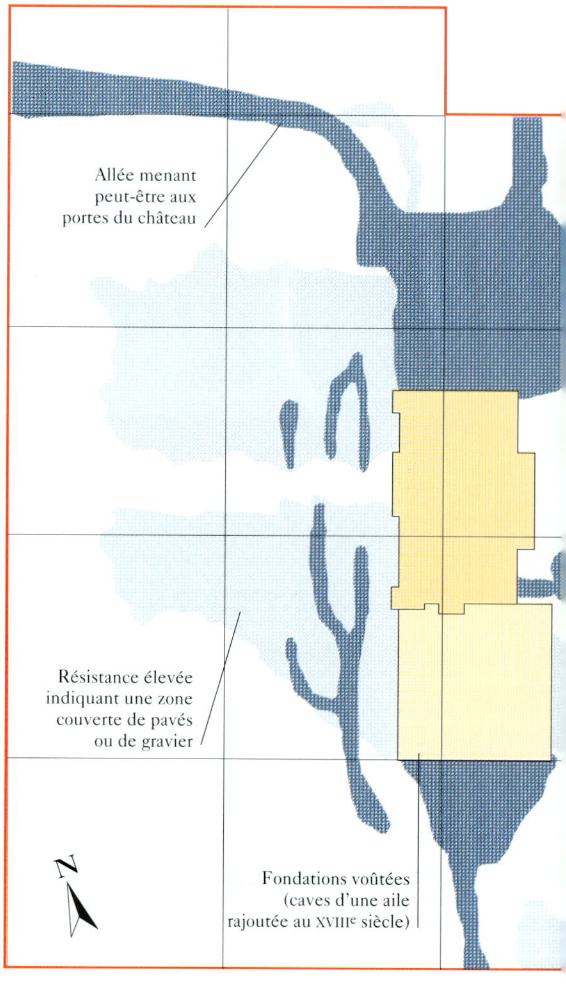

DONNÉES GÉOPHYSIQUES
On a d'abord étudié la zone située à l'ouest du corps de garde, parce qu'on pensait qu'elle avait hébergé les jardins. Néanmoins, les données géophysiques ont révélé une étendue de gravier qui semble plutôt correspondre à une cour de château qu'à un jardin. On a ensuite élargi les fouilles vers l'est, mettant au jour un certain nombre de murs, des zones probablement pavées, et d'autres traces plus importantes d'anciens jardins.

LÉGENDE

- Résistance élevée : gravats ou éléments naturels
- Résistance élevée : murs ou jardins
- Bâtiments existants

10 m

LE CHÂTEAU
On voit ici, depuis le nord-ouest, la tour qui a survécu et qui était anciennement le corps de garde. On remarquera les remparts ouvragés avec leurs créneaux complexes et les restes de statues en pierre.

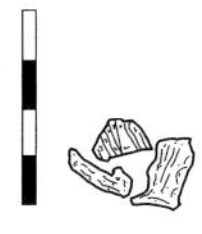

Largeur : 7,5 cm

Tessons de pichet
D'importantes quantités de poterie grossière ont été trouvées à Hylton. On utilisait à l'époque une grande variété de récipients, coupes, pichets, flacons et ustensiles de cuisine. Ces fragments proviennent d'un grand pichet vert vernissé.

Sculpture en forme de casque
Cet emblème héraldique, représentant un casque et une couronne, sculpté en hauteur sur la tour, a été noirci et érodé par la pollution industrielle. On s'est livré à un travail de conservation fort délicat, en utilisant de l'air comprimé pour enlever les débris et les couches de pierre endommagées, afin de pouvoir dessiner et étudier les détails de la sculpture. Au Moyen Age, les armoiries servaient à distinguer les chevaliers et leur famille.

Le Cerf blanc
Cette sculpture du «Cerf blanc enchaîné» nous renseigne sur le rang social de William Hylton. Cet animal est le symbole de Richard II d'Angleterre ; on peut donc en déduire que Hylton s'était élevé au rang de courtisan et faisait partie de la suite du souverain.

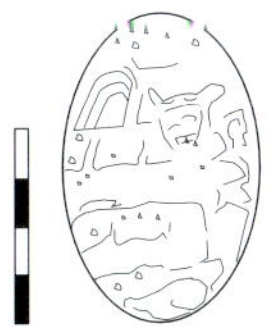

Hauteur : 1,5 m

Lauzes de toiture
Les lauzes trouvées lors des fouilles étaient faites en pierre locale, et sans doute taillées à la dimension et à l'épaisseur voulues avant d'être fixées à des voliges horizontales à l'aide de chevilles en bois. La toiture d'un vaste bâtiment devait être très coûteuse.

Longueur : 15 cm

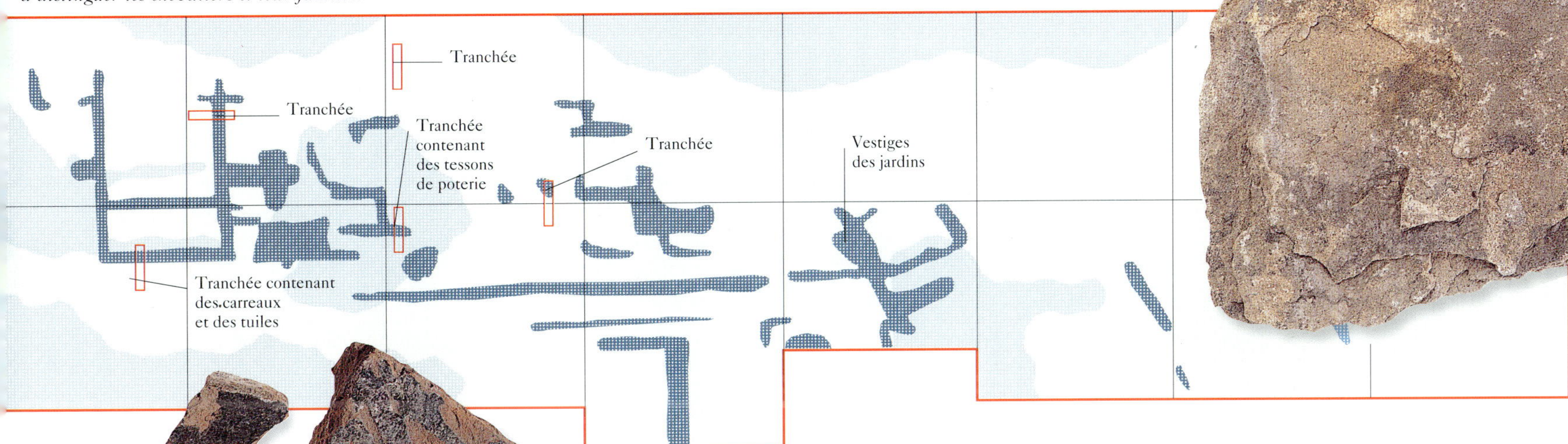

Largeur : 5 cm

Morceaux de carreaux
Des fragments de carreaux de pavage unis, dans deux tons contrastés – brun et crème –, ont été découverts. Ils furent sans doute importés des Pays-Bas.

Fondations de pierre
Lors des fouilles, on a mis au jour les fondations d'un épais mur médiéval. Ses faces intérieure et extérieure consistaient en pierres soigneusement taillées, les interstices étant remplis de pierraille. Le mur entier était jointoyé avec un mortier à la chaux. La face intérieure du mur portait encore les traces d'une épaisse couche de plâtre à la chaux, ce qui indique que les murs de la pièce étaient enduits.

UN CHÂTEAU DU MOYEN ÂGE

ANALYSER LES DÉCOUVERTES

En se fondant sur les études, les documents et les fouilles entreprises, ainsi que sur les bâtiments existants, on peut tenter de reconstituer l'aspect du château vers la fin du Moyen Age. Le parc est plus difficile à analyser, le jardin qu'on connaît n'existait peut-être pas encore, ou bien y avait-il simplement de quoi fournir un point de départ aux jardins créés ensuite sous les Tudors. Bien que les recherches effectuées à Hylton n'aient pas été très étendues, on peut établir des parallèles avec d'autres sites du même genre, si bien que les archéologues sont en mesure de formuler de nombreuses hypothèses quant à l'aspect des lieux et au mode de vie du seigneur et de sa suite. Hylton est le type même du petit château, mais il a une grande importance archéologique. En effet, peu de sites ont donné lieu à des études géophysiques et à des reconstitutions des travaux de terrassement afin de compléter le travail mené à bien sur les bâtiments eux-mêmes. S'ajoutant à ce que l'on sait déjà de la période médiévale, les résultats ont fourni assez de renseignements pour permettre d'imaginer la vie quotidienne des habitants du château. Hylton est unique par la qualité et la complexité de ses détails architecturaux et héraldiques, et après avoir examiné et nettoyé la pierre, on a pu pleinement apprécier la volonté qu'avaient les propriétaires de faire étalage de leur richesse.

PICHET
A partir des tessons de poterie découverts sur place, on a pu reconstituer le type et le volume du récipient, ainsi que sa décoration et sa taille. On utilisait les pichets de ce genre pour servir à table du vin, de la bière ou de l'eau.

LE SITE RECONSTITUÉ
A partir des fouilles et de l'étude géophysique, et en comparant Hylton à d'autres sites analogues, on peut imaginer la disposition de l'ancien château. Au-delà du corps de garde devait s'étendre une cour entourée de bâtiments à usage domestique. Le corps de garde était sans doute la résidence privée du seigneur et de sa famille, avec en face, de l'autre côté de la cour, une vaste salle utilisée pour les banquets et les divertissements. Les autres bâtiments devaient abriter des chambres, des cuisines et des resserres.

LE CASQUE DES HYLTON
Après nettoyage, on a vu apparaître les détails de cette sculpture en pierre. Ils représentent un casque au cimier représentant une tête de Moïse portant des cornes. Cette image incongrue vient d'une traduction erronée de la Bible. Dans le livre de l'Exode, il est écrit que Moïse est descendu du Sinaï dans un rayon de lumière. Or, le mot hébreu signifiant «rayon de lumière» est très proche du mot latin signifiant «cornes». A l'origine, la sculpture devait être peinte avec des couleurs vives et se voir de très loin.

LAUZES DE TOIT
Des tuiles en pierre ont été utilisées pour le toit de la salle principale. Elles devaient être disposées par assises qui se chevauchaient, les plus grosses près des gouttières, les plus petites près du faîtage, afin d'assurer l'étanchéité. Le poids de ces pierres laisse penser que le toit reposait sur une épaisse charpente.

CARREAUX DE PAVAGE
En Angleterre, les carreaux de ce genre étaient utilisés surtout dans les églises, les châteaux et les palais. Ceux que l'on voit ici, importés des Pays-Bas, sont beaucoup plus grands et plus épais que les carreaux anglais ; ils sont unis, vernis et monochromes.

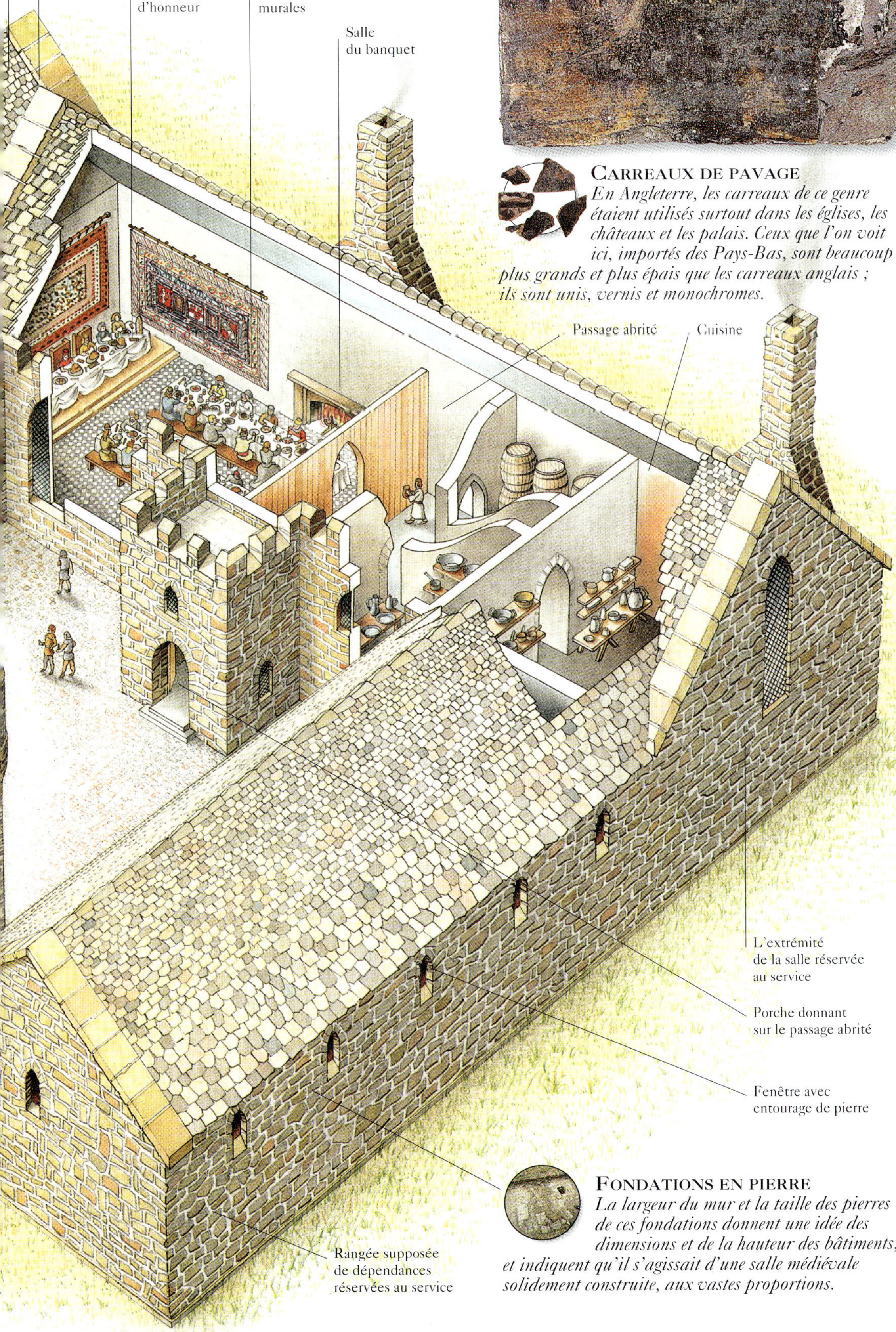

FONDATIONS EN PIERRE
La largeur du mur et la taille des pierres de ces fondations donnent une idée des dimensions et de la hauteur des bâtiments, et indiquent qu'il s'agissait d'une salle médiévale solidement construite, aux vastes proportions.

LIVRÉE ROYALE

William Hylton est sans doute parvenu à se faire admettre à la cour pendant la guerre de Cent Ans (1284-1415). Il devait posséder lui-même une suite de vassaux engagés envers lui en échange de certains privilèges et portant une livrée indiquant leur allégeance. Hylton lui-même faisait partie de la suite de Richard II (comme l'indique la sculpture du Cerf blanc) et portait sans doute la livrée du roi. Ce détail du diptyque de Wilton montre Richard II agenouillé devant la Sainte Vierge, portant un insigne et un manteau brodé de l'emblème du Cerf blanc. A côté de lui se tient saint Jean Baptiste avec un agneau.

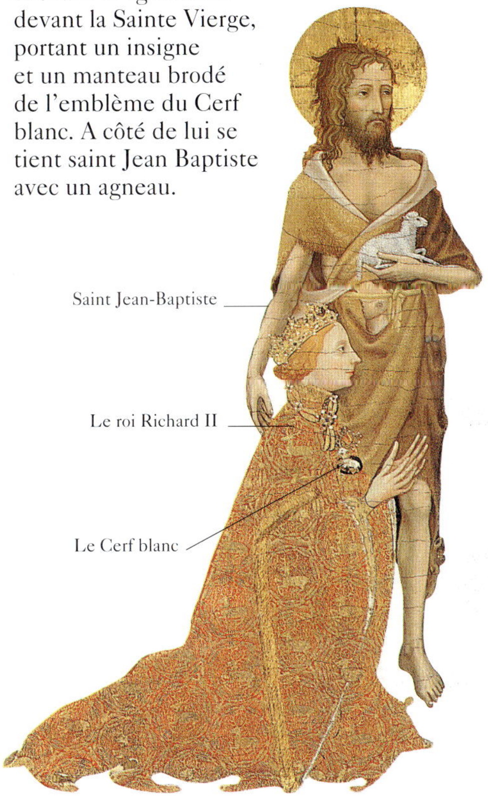

LE DIPTYQUE DE WILTON (DÉTAIL)

CONCLUSIONS

- La prospection géophysique et les tranchées d'exploration ont révélé les traces d'importants bâtiments près de la tour du corps de garde encore en existence.
- Les résultats des fouilles indiquent que certaines pièces avaient des sols carrelés et des murs enduits de plâtre, sous des toits solides recouverts de tuiles.
- Les armoiries fournissent la preuve de l'ancienneté des seigneurs de Hylton Castle et des liens qui les unissaient aux puissants.
- Les fouilles ont aussi révélé l'existence de jardins aménagés ultérieurement sous les Tudors.

AUTRES SITES

CLUNY

SAÔNE-ET-LOIRE, FRANCE

CARTE P. 146, G6

Cluny a été fondée par Guillaume d'Aquitaine en l'an 909, en Bourgogne. Quoique placée sous le contrôle direct du pape, l'abbaye était de fait une institution autonome, et elle devint la maison mère de quelque deux mille monastères disséminés à travers l'Europe. Toutes sortes de gens lui faisant don de leurs biens ou de privilèges, l'abbaye a fini par se trouver à la tête d'immenses richesses et de vastes domaines qu'il fallait gérer et administrer avec beaucoup de rigueur pour pouvoir subvenir aux besoins des nombreux moines et serviteurs. Cluny est très vite devenue l'un des monastères les plus étendus, les plus riches et les plus puissants de l'Europe médiévale.

LES RUINES DE L'ABBAYE
Il n'est presque rien resté de l'abbaye originale après sa destruction sous la Révolution. Toutefois, la splendide tour du transept roman de la façade sud existe encore et domine de toute sa hauteur les autres bâtiments.

L'ABBAYE MÉDIÉVALE

L'étude archéologique de monastères tels que Cluny fournit des éléments précieux sur le mode de vie de leurs habitants. Elle renseigne aussi sur le fonctionnement domestique de ces grandes institutions économiques, ainsi que sur les ressources nécessaires pour subvenir à leurs besoins. Toutefois, il ne reste pas grand-chose du vaste complexe de bâtiments médiévaux qui existait à l'époque. Certaines parties de la tour et du grand portail situés à l'ouest ont survécu, mais l'élément qui frappe le plus et qui donne la meilleure idée de l'aspect que présentait l'abbaye au Moyen Age est le transept situé au sud. Le professeur Kenneth Conant a minutieusement reconstitué, sous forme de dessins et de maquettes, l'aménagement intérieur original de l'abbaye, en tenant compte des fragments architecturaux existants, des archives et des fouilles sélectives. Ainsi, il a pu démontrer que la seconde église monastique de Cluny, qui a existé entre 1010 et 1050, fut en partie conservée dans le cloître plus tardif, lorsqu'on a construit la nouvelle abbaye plus au nord, après 1088.

CHAPITEAU SCULPTÉ
Ce chapiteau d'un pilier de l'église de Cluny date du XIIe siècle. L'architecture de l'abbaye était renommée pour sa somptuosité. La décoration retraçait souvent des scènes bibliques ou quotidiennes. Le chapiteau était sans doute peint dans des couleurs vives.

LA VIE MONASTIQUE

L'architecture du monastère reflète sa richesse et la vie luxueuse que menaient ses habitants. Dès le XIe siècle l'église avait subi pour la troisième fois d'importantes reconstructions. En plus des édifices religieux, le monastère comprenait aussi des bâtiments à usage domestique, notamment des resserres, des ateliers, des écuries, des basses-cours, des cuisines et des hôtelleries, de sorte que Cluny ressemblait sans doute bien plus à un petit bourg débordant d'activités qu'à un lieu de culte. Son train de vie dispendieux était réputé dans toute l'Europe et ne suscitait pas toujours l'approbation. D'ailleurs, certains monastères fondés ultérieurement ont mis un point d'honneur à ne pas imiter son architecture ornementée et ses folles dépenses. En dépit du succès de ces ordres plus austères, notamment celui des cisterciens, Cluny a conservé une grande influence tout au long du Moyen Age, et à son apogée, sa liturgie, son architecture et ses vastes domaines étaient connus dans l'Europe entière. L'important ensemble de bâtiments a survécu jusqu'à la Révolution de 1789, date à laquelle il a été presque entièrement détruit.

LE KRAK DES CHEVALIERS

QALAT AL-HISN, SYRIE

CARTE P. 148, E3

A partir de la fin du XIe siècle, les chevaliers et soldats d'Europe occidentale se sont rendus en Terre sainte pour tenter de reprendre la région aux musulmans et d'y établir un royaume chrétien. Un certain nombre d'ordres militaires, composés de moines-guerriers, ont donc été fondés pour lutter contre les Infidèles et aussi pour protéger les pèlerins se rendant à Jérusalem. A l'origine, les Chevaliers hospitaliers, ou chevaliers de l'ordre de Saint-Jean, s'occupaient des pèlerins à Jérusalem même, mais ils n'ont pas tardé à se mêler aux combats, construisant des châteaux ou s'emparant de ceux qui existaient déjà, par exemple le krak des Chevaliers, en Syrie. Il s'agissait au départ d'une forteresse musulmane, mais elle a été cédée à l'ordre de Saint-Jean par Raymond II de Tripoli en 1144. L'édifice a été fortifié par les chevaliers et a soutenu de nombreux sièges.

LES CROISÉS AU COMBAT
Ce manuscrit représente des croisés lourdement armés, portant des armoiries distinctives, occupés à combattre des musulmans. Au Moyen Age, on pouvait sans aucun problème être à la fois guerrier et chrétien, et les chefs religieux encourageaient même cette tendance. Il y a eu en tout huit croisades, réparties sur trois siècles.

CROIX SCULPTÉES
La plupart des châteaux médiévaux renfermaient des chapelles, lesquelles avaient beaucoup d'importance dans une forteresse religieuse comme le krak des Chevaliers. Ces croix sont gravées dans le mur de l'escalier menant à la chapelle Sainte-Hélène, à l'intérieur du château.

LE CHÂTEAU

Les murs massifs et les tours concentriques du krak des Chevaliers ont été pour la plupart reconstruits et fortifiés au XIIIe siècle, peut-être à la suite d'un tremblement de terre. C'était un des plus grands châteaux du monde et un chef-d'œuvre de l'architecture militaire médiévale. A l'intérieur des remparts se trouvaient neuf citernes, ce qui permettait de soutenir des sièges, ainsi que de vastes installations pour la nombreuse garnison, constituée de chevaliers, de moines, de serviteurs et autres employés. Appartenant à un ordre religieux, le château comprenait aussi des chapelles et un cloître, comme les autres monastères. Il a survécu à des attaques de Saladin (1137-1193), le plus célèbre souverain musulman, mais il est tombé en 1271, ses défenses ayant été sapées par de nombreux tunnels et ses récoltes ayant sans doute été brûlées par les attaquants. Les forces chrétiennes se sont finalement retirées de Terre sainte en 1291.

VUE DU KRAK DES CHEVALIERS
Le château se dresse au sommet d'une colline isolée et regroupe un vaste ensemble de bâtiments. On ne peut l'approcher en terrain plat que par un seul côté. Les gigantesques murailles intérieures, bâties tout près du mur d'enceinte, soumettaient les assaillants à deux lignes de contre-attaque.

CARCASSONNE

LANGUEDOC-ROUSSILLON, FRANCE

CARTE P. 146, G7

LA VILLE FORTIFIÉE
La restauration controversée de Carcassonne au XIXe siècle a donné à la ville l'aspect du neuf, alors qu'elle était en grande partie en ruine. On voit ici la citadelle qui domine majestueusement le paysage, comme elle devait le faire au Moyen Age.

Au premier regard, la ville de Carcassonne, avec son château, sa cathédrale, ses nombreux bâtiments et ses splendides fortifications, paraît être une des cités médiévales les mieux conservées d'Europe. En réalité, une grande partie de la ville a été restaurée au milieu du XIXe siècle par l'architecte et historien Viollet-le-Duc (1814-79), mais elle garde encore le plan, la forme et l'atmosphère d'une cité médiévale en plein essor. Il s'agissait à l'origine d'un site gallo-romain, et certaines des fortifications de cette période ont servi de base à celles qui ont suivi et qui datent pour la plupart du XIIIe siècle. La ville était un centre important au Moyen Age, car elle commandait la principale voie marchande entre la Méditerranée et l'Atlantique et dominait l'économie de la région environnante.

PORTE NARBONNAISE
Construites en 1280, ces énormes tours de grès signalent l'entrée principale de la citadelle. Les remparts sont percés de herses et de portes de fer, et entourés de douves avec un pont-levis.

UNE FORTERESSE MÉDIÉVALE

Le site à peu près ovale de Carcassonne, d'abord occupé par les Ibères dès le Ve siècle av. J.-C., a été choisi par les Romains au Ier siècle de notre ère, avant d'être capturé par les Wisigoths au Ve siècle. Après une brève occupation musulmane au VIIIe siècle, il est passé sous le contrôle des Francs, puis il a été gouverné par des vicomtes jusqu'à la croisade des Albigeois. La ville a subi deux sièges, en 1209 et 1240. Le premier a duré deux semaines et la ville n'avait à cette époque, semble-t-il, qu'une seule ligne de défenses. Pendant le deuxième siège, les murs ont été endommagés, mais la ville n'a pas été prise. Après ces attaques, les fortifications ont été restaurées et consolidées au milieu du XIIIe siècle, rendant l'endroit imprenable.

LA PIERRE DU SIÈGE
La basilique Saint-Nazaire contient une «pierre du siège», qui représente le siège de Carcassonne par les croisés en 1209. Ces derniers avait été envoyés par le pape désireux d'arracher la ville aux cathares, qu'il jugeait hérétiques.

LES FORTIFICATIONS

Les fortifications qui ont protégé la ville jusqu'à ce qu'elle cesse de servir de forteresse frontalière, en 1659, ont permis à de nombreuses structures médiévales de survivre. Les remparts extérieurs à tourelles ont été bâtis par le roi Louis IX et son fils Philippe le Hardi qui a ajouté aux remparts intérieurs la Porte narbonnaise, puissamment fortifiée. A l'intérieur des murs, le château comtal, à l'origine simple palais, a été transformé en château fort, avec cinq tours et des chemins de ronde en bois ; il a été coupé du reste de la ville par des douves et des barbacanes. Les édifices n'étaient pas tous fortifiés ; la basilique Saint-Nazaire, cathédrale de Carcassonne, commencée au XIe siècle par le pape Urbain II (1035-1099), a été en grande partie reconstruite dans le style gothique à la fin du XIVe siècle, même si l'on a conservé la nef romane. Des vestiges de la période médiévale sont exposés dans un musée, notamment des fenêtres gothiques, des projectiles en pierre et des fresques romanes.

L'INSIGNE DU PÈLERIN
Pour montrer qu'ils avaient accompli leur saint périple, les pèlerins arboraient un insigne distinctif. On en a découvert dans toute l'Europe. Ceux de Saint-Jacques-de-Compostelle représentent le saint avec la coquille qui porte son nom. Il apparaît le plus souvent comme un homme âgé, vêtu en pèlerin, le bâton à la main.

SAINT-JACQUES-DE-COMPOSTELLE

GALICE, ESPAGNE

CARTE P.146, E7

L'une des constantes de l'époque médiévale est l'importance que l'on attachait aux pèlerinages. Saint-Jacques-de-Compostelle était, par ordre d'importance, le troisième lieu de pèlerinage, après Rome et Jérusalem, et les pèlerins y affluaient de l'Europe entière, au prix d'un voyage souvent long et périlleux. Une église-sanctuaire a été construite à la fin du IXe siècle afin de marquer le site de la tombe du saint, l'apôtre du Christ venu en Espagne selon la tradition. Ce n'est qu'au début du Xe siècle que le culte a été fermement établi, lorsque Guillaume Fierebrace (979-1029), comte d'Aquitaine, y eut fait un célèbre pèlerinage. Un monastère et un sanctuaire ont été installés en ce lieu par l'ordre de Cluny. Le culte s'est vite étendu au-delà des frontières espagnoles et l'on a commencé une nouvelle église en 1076. Elle a été achevée en 1122, mais on l'a agrandie aux siècles suivants, en y incorporant les styles et les concepts architecturaux qu'apportaient les pèlerins.

UN SANCTUAIRE DE LA CHRÉTIENTÉ

Dès le XIIe siècle, des foules de pèlerins affluaient vers le sanctuaire de Compostelle. Il y avait quatre grandes voies d'accès à travers la France jusqu'en Espagne : la première venait d'au-delà de Saint-Gilles, la deuxième du Puy, de Vézelay et de Tours, la troisième des Pays-Bas et de Normandie, la dernière venait du nord par la mer. Les trois premières convergeaient vers les Pyrénées et traversaient la Galice jusqu'à Compostelle. A mesure que les pèlerins se faisaient plus nombreux, on a vu proliférer églises et monastères romans le long de la route, beaucoup se trouvant sous l'influence de Cluny (p. 96).

La cathédrale de Compostelle est un des monuments les plus majestueux et les mieux conservés de la chrétienté médiévale. L'église romane que l'on voit aujourd'hui date en majeure partie des XIe et XIIe siècles, mais la façade occidentale baroque, avec ses riches sculptures, a été ajoutée au XVIIIe siècle. Ses tours jumelles culminent à 74 m et dominent le Pórtico de la Gloria, par où les pèlerins du Moyen Age pénétraient dans la cathédrale. La crypte qui fait partie des fondations de la basilique d'origine contiendrait, dit-on, les reliques du saint. Parmi les autres édifices importants de Compostelle, citons le Hotel de los Reyes Católicos, érigé pour servir d'auberge et d'hôpital aux pèlerins malades, et le Convento de San Paio d'Antealtares, où se trouvait le sanctuaire de saint Jacques le Majeur, avant d'être transféré dans la cathédrale.

LE CENTRE SPIRITUEL
L'immense cathédrale domine la cité médiévale et se trouve encore aujourd'hui au centre de la ville. Les riches et nombreuses sculptures de la façade occidentale, qui date du XVIIIe siècle, traduisent l'ampleur et la popularité du culte.

LE PÓRTICO DE LA GLORIA
L'éblouissant Pórtico de la Gloria (porte de la Gloire), avec ses statues d'apôtres et de prophètes, accueillait les pèlerins à leur entrée dans la cathédrale. Cette sculpture de saint Jacques le Majeur se dresse sous une image du Christ.

LES NOUVELLES COLONIES

Aux XVe et XVIe siècles, de nouvelles terres furent découvertes par les Européens dans les Amériques, en Afrique et en Asie. Elles offraient de très intéressantes opportunités commerciales, et la plupart des pays européens en firent un terrain d'expansion pour leurs intérêts économiques. Les Espagnols et les Portugais furent les premiers à en importer de l'or, des épices, des esclaves… Ils ne tardèrent pas à être suivis par les Français, les Anglais et les Hollandais. Mais on s'aperçut rapidement que ces territoires ne représentaient pas seulement un potentiel commercial. En effet, l'expansion démographique en Europe se traduisit par un besoin accru en espaces et en ressources : les autres continents constituaient la solution à ces problèmes. Dans les tout premiers temps, les colonies naissantes furent confrontées à un impératif de survie ; les maladies et la faim firent de nombreuses victimes parmi les colons, d'autant que les travaux qu'impliquait la colonisation étaient physiquement très pénibles. En outre, les colons devaient passer par les populations locales pour obtenir des conseils sur les ressources végétales et animales disponibles et pour accéder aux terres. En échange, ils fournissaient les marchandises que réclamaient les indigènes : des perles de pacotille, des outils en métal, et aussi des armes à feu destinées à remplacer flèches et lances. En fait, le choc entre les sociétés européennes de l'époque, qui disposaient d'une technologie supérieure, et les cultures locales, qui en étaient encore la plupart du temps à l'Age de la pierre, fut souvent brutal. Les droits des indigènes furent le plus souvent ignorés.

① QUÉBEC
C'était à l'origine le premier fort et poste français sur le Saint-Laurent. Il faisait aussi office de colonie de peuplement et d'entrepôt.

② NEW YORK
Un comptoir commercial qui, établissement hollandais à l'origine, fut enlevé par les Anglais en 1664.

③ ST. MARY'S CITY
Cette ville fut fondée en 1634 par des colons catholiques anglais. Sa principale ressource était constituée par le tabac.

④ ST. AUGUSTINE
Colonie fondée par les Espagnols en 1565, après le massacre des protestants français qui s'étaient précédemment installés sur le site.

⑤ ST. KITTS
Ce fut la première île caraïbe à être colonisée par les Anglais, en 1623. Récolté par des esclaves, le sucre était acheminé vers l'Europe.

⑥ POTOSÍ
En 1545, les Espagnols découvrirent en Bolivie une mine d'argent qui fut le point de départ d'une importante colonie.

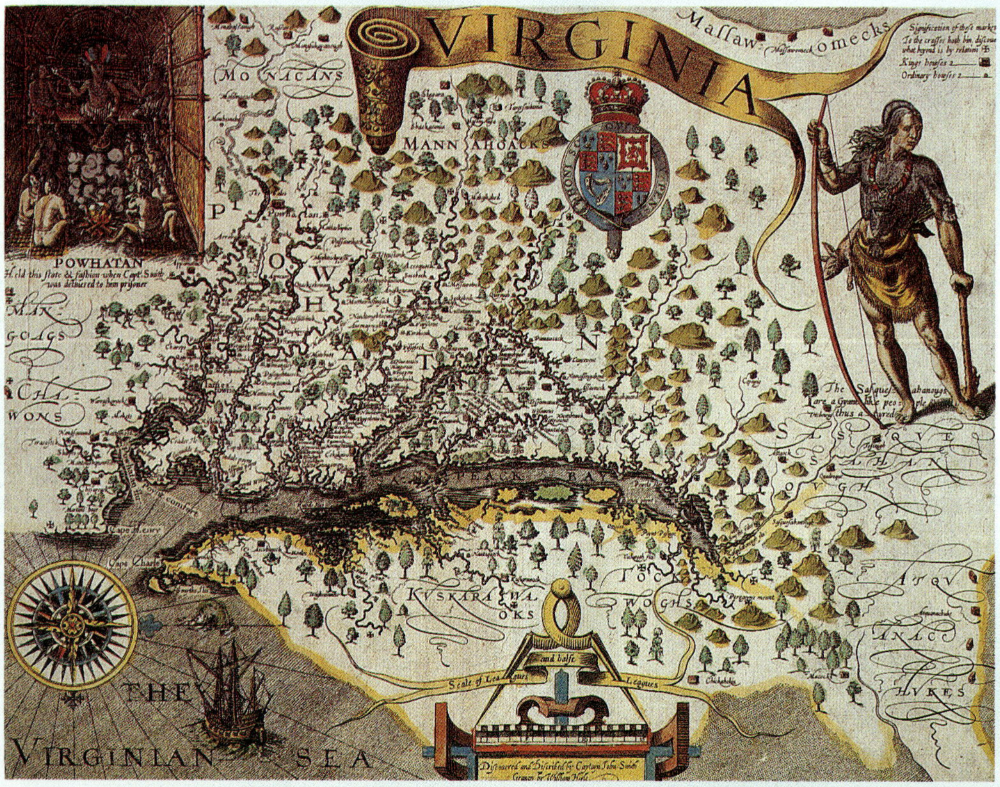

CARTE DE LA VIRGINIE
Jamestown devint, en 1607, la première colonie permanente anglaise en Amérique du Nord. Au début, les colons furent décimés par les maladies et les accrochages avec les Amérindiens. Cette carte, établie par John Smith (1580-1631), représente la Virginie en 1634, époque à laquelle s'était instaurée une certaine stabilité.

LE CONTRÔLE DES MESURES
L'extraordinaire expansion de la colonisation en Australie conduisit à mettre au point des systèmes officiels d'allocation des terres. Les parcelles accordées aux nouveaux colons se mesuraient en chaînées, une chaînée correspondant environ à 20 m. La chaîne illustrée ci-contre remonte à l'an 1800.

⑦ **BRISTOL**
Cette ville dut à l'origine sa prospérité au trafic des esclaves, et poursuivit son expansion grâce aux profits occasionnés par le commerce du sucre et du cacao.

⑧ **AMSTERDAM**
Ville très importante au XVIIe siècle, d'où partirent navires et colons vers l'Asie et l'Afrique.

LES COMPTOIRS
Pendant tout le XVIIIe siècle, les Anglais, les Français et les Hollandais cherchèrent à contrôler le commerce avec l'Asie de l'Est en établissant des comptoirs (résidences et bureaux).

⑨ **LISBONNE**
Au milieu du XVIe siècle, la moitié de la population du Portugal s'était expatriée vers ses vastes colonies.

⑮ **CANTON**
Premier port de Chine au cours du XVIIIe siècle, Canton abrita les comptoirs des plus grandes puissances européennes.

⑭ **MADRAS**
Très important port de commerce anglais à partir de 1640, qui devint colonie de peuplement.

⑯ **MACAO**
Colonie portugaise spécialisée dans le commerce du bois de santal et d'autres marchandises en provenance d'Indonésie.

⑬ **COCHIN**
C'est là qu'en 1502 fut édifié par les Portugais le premier fort en Inde.

⑩ **ELMINA**
Par ce fort portugais édifié en 1482 transitaient les esclaves avant leur embarquement pour les Caraïbes.

⑰ **MALACCA**
Plate-forme marchande internationale, réputée dans le monde entier pour le commerce de la noix de muscade et de la soie.

⑫ **FORT JESUS**
Le fort fut construit par les Portugais à la fin du XVIe siècle, afin de protéger les routes maritimes commerciales contre les invasions.

⑪ **JOHANNESBURG**
Cette ville dut son expansion à la découverte de mines d'or dans le Transvaal.

⑱ **SYDNEY COVE**
Centre pénitentiaire pour les condamnés britanniques entre 1788 et 1840, cette colonie devint rapidement une grande ville.

LES COMPAGNIES DES INDES ORIENTALES
Ces compagnies furent fondées pour développer le commerce entre l'Europe et l'Orient. La compagnie anglaise le fut en 1600, la hollandaise en 1602. Leurs navires étaient souvent attaqués, car ils transportaient des cargaisons de valeur.

Un site colonial

ST. MARY'S CITY, ÉTATS-UNIS D'AMÉRIQUE

CARTE P. 137, N7

Prospection du site

- Des documents, attestant que St. Mary's City fut la première ville du Maryland, indiquent où se trouvait l'implantation.
- Grâce à des documents anciens et à des fouilles partielles dirigées par Henry Chandlee Forman en 1938, on acquit la preuve de l'existence d'un grand bâtiment de briques.
- Une exploration méthodique de la zone de la maison des Marchands a permis de dégager, en surface, des coquilles d'huîtres, des briques et des poteries.

Le 27 mars 1634, à l'issue d'un voyage en mer de quatre mois, un groupe de cent quarante colons catholiques anglais accosta dans la baie de Chesapeake, sur la côte atlantique américaine. Après avoir exploré le fleuve Potomac, les Européens conclurent un pacte avec les Yaocomino, le peuple amérindien. Ils commencèrent alors l'édification d'un entrepôt et d'un corps de garde fortifié. Cette nouvelle implantation fut appelée St. Mary's. Pendant soixante et un ans, elle fut la capitale du Maryland, ce qui entraîna la construction de maisons, de temples, d'une chapelle avec un cimetière. La zone du peuplement d'origine a été préservée grâce à l'ouverture d'un musée colonial, et les archéologues ont déjà exhumé des objets, des sépultures et diverses fondations de bâtiments. Ils attendaient de l'exploitation d'une ancienne excavation dans la zone dénommée St. Peter's d'en apprendre davantage sur la demeure du gouverneur et de pouvoir la replacer dans son contexte par rapport aux autres sites, tels que le cimetière et le fort.

Le site
Du fait d'un développement relativement limité, le site était resté en grande partie intact. La plupart des champs ont fait l'objet d'études géophysiques ; des explorations de terrain précédentes avaient déjà abouti à la découverte de plusieurs objets. L'étude des cartes et des vues d'ensemble de l'époque a d'autre part permis de réduire le périmètre des fouilles. Les découvertes en surface furent relativement peu nombreuses, et s'effectuèrent la plupart du temps dans la couche superficielle du sol. De ce fait, tout le volume de terre dégagé des tranchées dut être passé au crible.

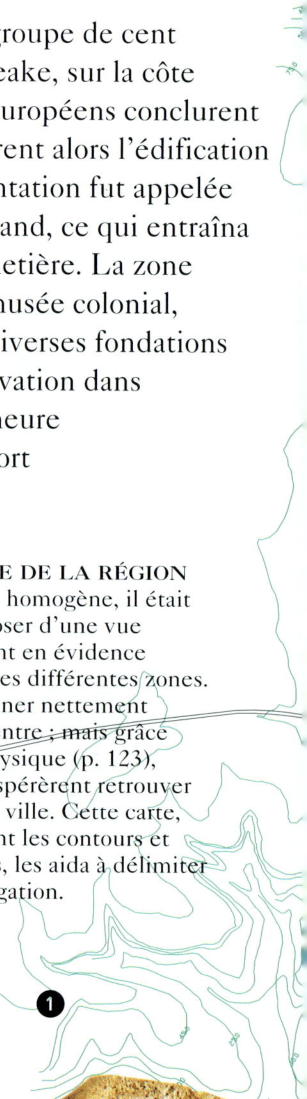

Carte digitale de la région
Le site n'étant pas homogène, il était important de disposer d'une vue d'ensemble mettant en évidence les rapports entre les différentes zones. On ne put déterminer nettement l'existence d'un centre ; mais grâce à une étude géophysique (p. 123), les archéologues espérèrent retrouver la disposition de la ville. Cette carte, sur laquelle figurent les contours et les routes actuelles, les aida à délimiter les zones d'investigation.

L'arrivée des colons
Les peintures et gravures de l'époque permettent de mieux connaître la vie des colons, notamment en ce qui concerne les vêtements portés par ces derniers et l'aspect des Amérindiens. Cette peinture illustre l'accostage des colons du Maryland sous l'égide de Leonard Calvert, fils de Lord Baltimore, qui fut l'organisateur de l'émigration.

① St. John's
Ce site, qui avait déjà fait l'objet de fouilles de la part d'archéologues américains, révéla l'un des plus importants bâtiments du XVIIe siècle de la zone, et permit aux archéologues de mieux connaître l'architecture de cette époque. On put également mesurer à quel point on s'était inspiré des styles européens, sans tenir compte des conditions de vie des pionniers. Cette maison fut construite en 1638 par John Lewgar, qui fut le premier secrétaire d'Etat de la colonie. Elle fut par la suite occupée par Charles Calvert, troisième comte de Baltimore.

Longueur : 15 cm

Fragment de cuivre
Le cuivre étant rare en Amérique du Nord, les objets fabriqués dans ce métal et apportés par les colons constituèrent un matériau intéressant pour les Amérindiens. En général, les indigènes recyclaient le cuivre pour en faire des objets nouveaux : témoin ce grattoir découvert sur le site de St. John's.

SQUELETTE
À la faveur des fouilles conduites dans le cimetière contigu à la chapelle, un certain nombre de squelettes furent exhumés, ainsi que plus de 500 tombes. On remarque dans la mâchoire un creux provoqué par la succion régulière d'un tuyau de pipe.

MÉTAL FONDU
En 1694, une explosion se produisit à St. Peter's, dans la cave où les colons entreposaient les fusils, la poudre et les plombs. Cette pièce de plomb fondu fut trouvée pendant les fouilles.

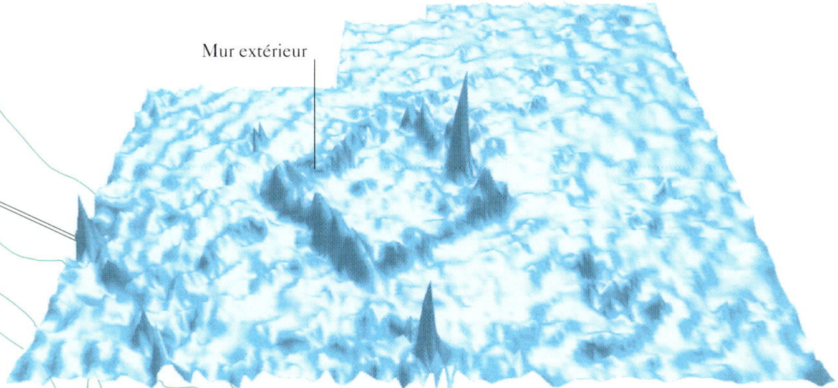

IMPRESSION GÉOPHYSIQUE DE ST. PETER'S
L'étude géophysique mit en évidence un carré bien net . De puissants signaux indiquaient une explosion qui avait effacé le champ magnétique irrégulier, remplacé par un champ uniforme.

② LE SITE DE ST. PETER'S
Les fouilles permirent de dégager d'importantes fondations de briques qui laissaient supposer l'existence d'une demeure raffinée. Le positionnement des briques donna des indications sur l'orientation de l'édifice.

③ LE CIMETIÈRE
Cette zone avait déjà été partiellement excavée précédemment. Elle fut ensuite étudiée par les moyens géophysiques, qui donnèrent à penser qu'il s'agissait d'un des plus grands cimetières coloniaux d'Amérique.

④ LA MAISON DE LEONARD CALVERT
Occupé par le premier chancelier et gouverneur de la colonie, cet édifice fut le premier bâtiment d'État et constitua le cœur du développement de l'implantation.

⑤ MERCHANT'S HOUSE
Ce bâtiment, dit «maison du Marchand», fut localisé par les géophysiciens alors qu'ils cherchaient les preuves de l'existence d'un fort. La maison comportait encore la base d'une cheminée en briques ; on y trouva aussi un certain nombre d'objets, notamment une poterie anglaise, une sculpture hollandaise et une pipe indienne.

RÉCIPIENT À PIPE
On trouva sur le site plusieurs vases à pipes amérindiens, et notamment celui-ci, à motif de visage humain, qui fut trouvé à Merchant's House. On pense qu'il fut échangé contre des objets détenus par les colons, comme des houes ou des haches.

PROJECTILES EN POINTE
Ces armes réalisées en quartz de la région furent trouvées à St. Peter's. Elle montrent la technologie en cours chez les Amérindiens.

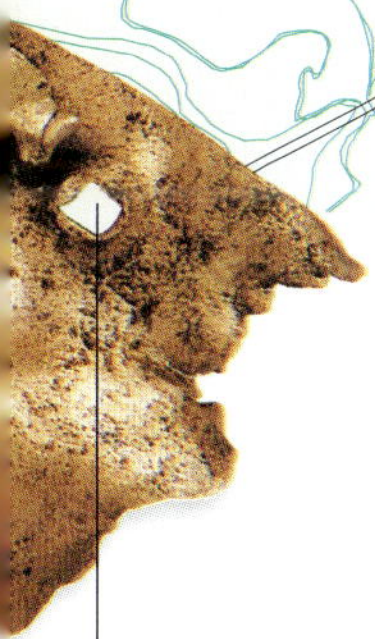

GRELOT
Ce grelot fut découvert lors des fouilles de St. John's. Ces objets étaient importés en grandes quantités en vue d'être troqués.

SCULPTURE RELIGIEUSE
Cette tête de Vierge fut découverte dans Merchant's House. Elle appartenait vraisemblablement à un Hollandais nommé Van Sweringen. Des sculptures similaires d'inspiration religieuse ont également été trouvées à Amsterdam (Pays-Bas).

UN SITE COLONIAL

ANALYSER LES DÉCOUVERTES

L'analyse des fondations et des objets découverts sur les sites de fouilles permit aux archéologues d'approfondir leurs connaissances sur les conditions et le style de vie des colons. Le moment fort de ces recherches fut la localisation de ce qui fut sans doute l'un des premiers et des plus beaux édifices de briques du Nouveau Monde. Les détails de sa structure, obtenus par analyse des fondations et par recherches dans les archives, ont permis de reconstituer l'image d'une construction de briques locales et de tuiles rouges. Ce bâtiment, dont l'édification s'étala probablement de 1670 à 1680, prouve que les colons étaient confortablement établis dans leur ville et avaient commencé à instaurer une forme de gouvernement local. Ce sentiment de confiance était dû en grande partie aux bonnes relations que les colons entretenaient avec les populations indigènes, qui leur avaient appris la culture du tabac et indiqué où se trouvaient les sources de nourriture. Le tabac joua un rôle vital dans l'économie de la colonie. Rapidement, il en devint le principal produit. Cette dépendance excessive à l'égard d'une monoculture, conjuguée au choix, en 1695, d'une nouvelle capitale, Annapolis, entraîna le déclin de St. Mary's City.

Feuilles de tabac

LA PRINCIPALE EXPLOITATION
En 1637, le tabac était devenu la principale culture de la colonie, au point qu'on l'utilisait comme monnaie : les colons l'échangeaient entre eux contre des marchandises.

LE SITE RECONSTITUÉ
Le rêve de Lord Baltimore était de reconstituer dans le Nouveau Monde un manoir anglais et un statut seigneurial, et d'établir une communauté obéissant à un ordre social propre. Le symbole suprême de ce rêve fut la demeure de St. Peter's. Des recherches effectuées en Grande-Bretagne sur des édifices similaires datant de la même époque fournirent des renseignements sur un certain nombre de détails architecturaux. D'autre part, des photographies aériennes suggèrent l'existence d'un jardin clos de murs. L'étude du maçonnage des briques et la découverte d'objets, d'origine tant anglaise qu'autochtone, imposent la conclusion qu'il s'agissait d'une vaste demeure très raffinée.

LE CHRISTIANISME
Les principaux fondateurs de la colonie étaient des catholiques qui fuyaient les persécutions dont ils étaient victimes en Angleterre. Catholiques et jésuites apportèrent avec eux des représentations religieuses, et la chapelle fut l'un des premiers édifices à être construit. À la fin du XVIe siècle, les colons avaient converti un certain nombre d'autochtones.

Champ de tabac

LE MAÇONNAGE

Les fouilles conduites sur le site de cette demeure permirent de mettre au jour d'importants vestiges de fondations de briques. Les colons avaient érigé l'ensemble de façon très particulière, en utilisant deux appareils différents : l'un hollandais, plus élégant, pour l'avant, l'autre anglais, plus banal, pour l'arrière. Il fut ainsi possible de déterminer comment la demeure se positionnait par rapport au reste de la ville.

APPAREIL ANGLAIS
Les briques sont disposées en couches alternées présentant tantôt l'extrémité de la brique tantôt le grand côté.

APPAREIL FLAMAND
Chaque couche de briques est composée d'une alternance de petits et de grands côtés : l'effet obtenu est plus esthétique.

Empennes en plumes de canard, d'oie ou d'aigle

Carquois réalisé en peau de cerf

LES POINTES DE FLÈCHES
C'est avec de la pierre ou du bois que les Amérindiens fabriquaient la plupart de leurs outils. Ces pointes de flèches en quartz étaient fixées à des tiges comportant des empennes en plumes d'oiseaux.

LES MUNITIONS
Les plombs trouvés sur le site étaient utilisés aussi bien pour des fusils à mèche qu'à pierre ; ils provenaient sans aucun doute de l'arsenal de St. Peter's. Il s'agit de petites sphères de plomb de la taille d'une bille, obtenus par coulage et moulage.

L'USAGE DU TABAC

Utilisé lors de cérémonies et à des fins médicinales, le tabac représentait une composante importante de la culture des Amérindiens. Les colons britanniques ne tardèrent pas à l'adopter eux aussi. Le tabac local, amer, ne se consommait qu'en petites quantités. Les immigrants préférèrent cultiver la variété oranoco, plus douce, qui avait déjà été introduite dans la région par les Espagnols. A l'origine, le tabac fut planté uniquement entre des souches d'arbres. Mais, devenu rapidement la principale culture, il occupa ensuite de vastes superficies. Dans les années 1670, la colonie était florissante grâce à l'exportations du tabac, à concurrence de plus de 600 t par an.

UN INDIGÈNE EN TRAIN DE FUMER DU TABAC

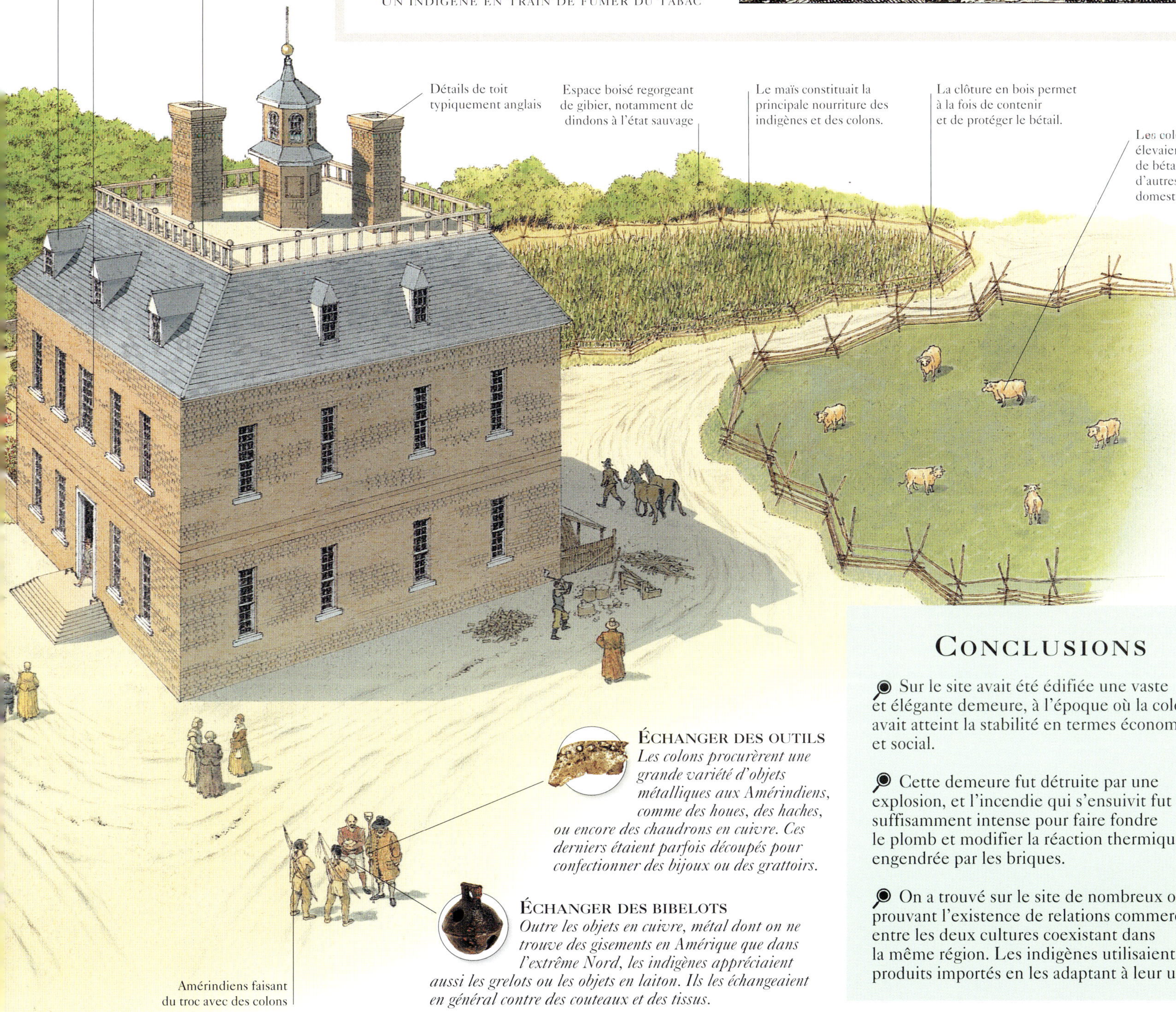

ÉCHANGER DES OUTILS
Les colons procurèrent une grande variété d'objets métalliques aux Amérindiens, comme des houes, des haches, ou encore des chaudrons en cuivre. Ces derniers étaient parfois découpés pour confectionner des bijoux ou des grattoirs.

ÉCHANGER DES BIBELOTS
Outre les objets en cuivre, métal dont on ne trouve des gisements en Amérique que dans l'extrême Nord, les indigènes appréciaient aussi les grelots ou les objets en laiton. Ils les échangeaient en général contre des couteaux et des tissus.

CONCLUSIONS

- Sur le site avait été édifiée une vaste et élégante demeure, à l'époque où la colonie avait atteint la stabilité en termes économique et social.

- Cette demeure fut détruite par une explosion, et l'incendie qui s'ensuivit fut suffisamment intense pour faire fondre le plomb et modifier la réaction thermique engendrée par les briques.

- On a trouvé sur le site de nombreux objets prouvant l'existence de relations commerciales entre les deux cultures coexistant dans la même région. Les indigènes utilisaient les produits importés en les adaptant à leur usage.

AUTRES SITES

NEW YORK

ÉTAT DE NEW YORK, ÉTATS-UNIS D'AMÉRIQUE

CARTE P. 137, N7

Fondée en 1624 par des colons hollandais, New York est l'une des villes les plus anciennes des Etats-Unis d'Amérique. Elle est riche d'une tradition variée dans les activités manufacturières et commerciales. Du fait d'une situation idéale, favorisant l'implantation de colons et le trafic maritime, elle a poursuivi son expansion jusqu'à nos jours ; en conséquence, la plus grande partie des témoignages d'un peuplement autochtone ont disparu, victimes du développement urbain. Les archéologues sont donc contraints de se référer à des cartes et documents d'époque pour comprendre le contexte de l'essor de la ville à ses débuts. Le plan de la ville en damier remonte à 1811, mais la pointe sud de l'île de Manhattan a conservé le tracé irrégulier des rues qui existaient à l'époque du fort d'origine. Les plus anciens bâtiments de cette cité remontent au milieu du XVIIIe siècle.

WALL STREET
*Excellente à l'origine, la qualité des relations avec les Amérindiens se dégrada rapidement. Les colons furent donc amenés à édifier un mur (*wall *en anglais) destiné à protéger leur implantation. Wall Street, située en plein cœur du quartier de la finance dans le bas de Manhattan, doit son nom à la palissade défensive qui y fut construite en 1653.*

LES PREMIERS HABITANTS

A l'origine, la côte atlantique des futurs Etats-Unis était peuplée d'Amérindiens dont la langue était l'algonquin. Ils vivaient dans des cavernes situées au nord de l'actuelle New York. En 1609, le navigateur anglais Henry Hudson, au service des Hollandais, découvrit un fleuve navigable (appelé depuis l'Hudson River) ainsi qu'un port de première qualité, alors qu'il cherchait une route maritime nord vers les Moluques et la Chine.
Ainsi, les premiers Européens à s'établir sur ce site, en 1621, furent des colons hollandais. New York, qui s'appelait à l'époque Nieuw Amsterdam, est l'une des cités les plus anciennes d'Amérique. Ces colons achetèrent Manahattan aux Amérindiens en échange de pacotille, puis s'implantèrent à la pointe sud de l'île. Nieuw Amsterdam était située sur la zone correspondant aujourd'hui à Lower Manhattan. Témoigne de cette époque le tracé sinueux des rues qui suivent les contours du fort. Les colons bénéficièrent des pistes frayées par les Amérindiens C'est ainsi que le principal axe nord-sud, situé en hauteur, est aujourd'hui la partie basse de Broadway, artère qui traverse la ville en diagonale en remontant jusqu'aux rues en damier. Celles-ci furent conçues plus tard par un ingénieur hollandais, qui quadrilla l'île de Manhattan, ainsi qu'une partie de Brooklyn.

Les colons avaient fondé leur économie sur le commerce, avec les autochtones, de fourrures qui étaient ensuite acheminées vers l'Europe par la Compagnie hollandaise des Indes occidentales.

LA DOMINATION ANGLAISE

Les Hollandais avaient considéré Nieuw Amsterdam plus comme une colonie d'exploitation et de commerce que comme une colonie de peuplement. Toutefois, leur suprématie fut ruinée par la conjonction de plusieurs facteurs : la menace représentée par les Anglais, les mauvaises relations avec les Amérindiens, et des difficultés d'ordre interne. En 1664, les Anglais enlevèrent la place, qu'ils rebaptisèrent New York. Ils la gardèrent jusqu'à la guerre de l'Indépendance (1775-1782), dont l'issue consacra la séparation des Etats fédérés d'avec la patrie d'origine. Le commerce maritime resta prépondérant ; il apporta une contribution décisive à l'expansion de la ville.
On trouve encore à New York des vestiges de ces temps reculés. Ainsi par exemple, les fouilles dont fut l'objet un palais de justice fédéral permirent de mettre au jour des murs de fondations, des sols de caves, des cours, et près d'un million d'objets.

FUSIL HOLLANDAIS
Le navire hollandais Le Tigre *fut détruit en 1613. Découvert en 1916 par des ouvriers, il fournit aux archéologues des témoignages intéressants sur les débuts de l'actuelle New York. Parmi ceux-ci, ce canon à chargement par la culasse*

FORT JAMES, 1750
Fort Amsterdam fut rebaptisé Fort James en 1664 par les Anglais. Ce fort continua par la suite à contrôler l'accès à l'Hudson River et à l'East River, mais servait aussi à protéger les colons contre les attaques des autochtones. Le tracé irrégulier des rues que l'on constate encore aujourd'hui dans le quartier de la finance constitue l'héritage légué par les premiers colons, dont les constructions se serrent autour du fort.

CARTE ANCIENNE DE NEW YORK
Cette carte, qui date de 1761, représente la moitié sud de l'île de Manhattan et une partie de Brooklyn. Nieuw Amsterdam occupe la pointe sud de l'île : on saisit bien les avantages que présentait cette situation d'un point de vue à la fois défensif et commercial.

HUDSON'S RIVER
OR
EAST RIVER
OR THE SOUND
Turtle Bay
Kep's Bay
Oliver Delancy Esq.
Delancy's Square
Fresh Water
Ship Yards
Corlaer's Hook
Brookland Ferry
Remsen's Mill
The WALLABOUT BAY
Outward Boundaries
Southward Boundaries
Westward Boundaries
The Governours or Nutten Island
BROOKLAND Parish
Newtown
LONG ISLAND

FORT JESUS

MOMBASA, KENYA

CARTE P. 142, G5

Le XVIe siècle fut marqué par l'expansion commerciale des nations européennes dans des zones nouvelles. La côte orientale de l'Afrique fut ainsi dominée par les colonies portugaises. A l'origine, Fort Jesus, sur l'océan Indien, n'était pas un port de commerce, mais un poste militaire destiné à contrôler le littoral et à protéger la route des navires venant du sud de l'Afrique et des Indes. En effet, les vaisseaux étaient fréquemment menacés par les nations musulmanes de la péninsule Arabique. En même temps, il convenait de se garder contre les Hollandais, qui ambitionnaient d'anéantir la présence portugaise dans cette région. Ce fort comportait de gigantesques remparts composés de gravats et de terre, d'une épaisseur de 4 m. Il était construit sur une butte d'origine corallienne située à l'extrémité sud du port de Mombasa. Il a subi peu de modifications depuis le XVIe siècle : il adopte un plan carré, avec de larges bastions à chaque angle pour loger les canons. Transformé en musée, ce fort abrite des objet usuels découverts au début des années 1960 à la suite de fouilles effectuées sur le site. On peut y voir aussi le produit de l'exploration de l'épave d'un navire portugais échoué au XVIIe siècle.

UN FORT COLONIAL
Fort Jesus était une forteresse impressionnante donnant à pic sur la mer, et entourée par un grand mur d'enceinte d'une hauteur imposante : on en voit ici une partie, ainsi qu'un bastion d'angle. Transformé aujourd'hui en musée, il abrite notamment des objets remontés de l'épave de la frégate Santo Antonio de Tanna *: vaisselle en céramique, tonneaux, armes… Le navire lui-même aurait été doté d'un certain nombre de canons à pivot.*

L'EXPLORATION DE L'ÉPAVE
On voit ici des pièces de bois et un canon à pivot sur les fonds marins. L'archéologue, qui évolue au-dessus de l'épave, les dégage de la boue et du sable au moyen d'une pompe aspirante.

LA REMONTÉE DES OBJETS
Ce plongeur remonte une figure de proue. Ce type d'objets fournit des informations sur la richesse du bateau et sur la position sociale de son propriétaire.

LA DÉFENSE DU FORT

Du fait de son importance stratégique et de la proximité de Mombasa, Fort Jesus eut à essuyer un grand nombre d'attaques et de raids. Les musulmans, qui s'étaient établis à Mombasa au XIe siècle, tentèrent à plusieurs reprises de ruiner les intérêts portugais dans la région. Le fort, occupé et repris plusieurs fois, fut le théâtre de nombreux combats. En 1696, le sultan d'Oman en entreprit le siège, qui dura près de trois ans. Bien que soutenus par les autochtones, tous les Portugais moururent des maladies véhiculées par les renforts : le fort ne fut plus alors défendu que par une poignée d'hommes et de femmes de la région. Il finit par tomber, la garnison ayant été décimée par la maladie. Le *Santo Antonio de Tanna* est une frégate portugaise qui fut envoyée à Fort Jesus en 1697 pour venir en aide aux assiégés. Toutefois, elle s'échoua sous les remparts du fort, puis coula. Quand l'épave fut localisée, dans les années 1960, les archéologues purent l'identifier en s'appuyant sur les objets remontés, ainsi que sur des documents historiques. Son exploration, qui dura plusieurs saisons, permit de dégager des milliers d'objets, tels que des balles de mousquet et autres armes, des chaussures, des barriques en bois, ainsi que des céramiques et objets métalliques originaires des Indes et de Chine. D'autre part, les pièces de bois furent soigneusement répertoriées pour servir à l'étude de la conception et de la construction du vaisseau. De ce fait, les archéologues sont désormais en mesure de reconstituer la vie à bord d'un navire au XVIIe siècle.

SYDNEY COVE

NOUVELLE-GALLES DU SUD, AUSTRALIE

CARTE P. 156, E7

Quand le capitaine Cook découvrit Botany Bay (Australie), en 1770, il suggéra aux autorités britanniques que le site constituerait un emplacement propice à l'établissement d'une colonie pénitentiaire, afin de remédier à la surpopulation des prisons anglaises. Toutefois, quand les premiers convois de condamnés, les «convicts», arrivèrent en 1788, le capitaine Arthur Phillip (1738-1814) décida que l'endroit n'était pas idéal et établit la colonie plus au nord. Le site, appelé Port Jackson par Cook, fut rebaptisé Sydney Cove, en l'honneur du secrétaire d'Etat britannique de l'époque. Phillip ayant décrit Sydney Cove comme le «meilleur port du monde», d'autres convicts y furent transférés en 1793. Les premiers colons libres arrivèrent cinq ans plus tard. Les condamnés aménagèrent des routes et des bâtiments avec les matériaux disponibles sur place, et, de fait, une ville en naquit. Rapidement, on construisit des fermes dans les environs, et l'arrivée de colons libres avec leurs savoir-faire et leurs pratiques commerciales fit qu'une cité autonome et prospère se développa, sans plus être liée à la colonie pénitentiaire. Les derniers convicts y furent envoyés en 1840, mais entre-temps, Sydney était devenu un port de commerce florissant, aux bâtiments publics impressionnants et à la démographie croissante.

Souverain en or

LA RUÉE VERS L'OR
C'est en 1851 que l'on découvrit de l'or en Australie. Cet événement provoqua une ruée similaire à celle que connut l'Ouest américain. On assista à l'arrivée de très nombreux colons qui espéraient faire fortune. Ces deux pièces d'or datent de 1852, donc du début de cette ruée.

LES DÉBUTS D'UNE CITÉ MODERNE

Les avantages naturels de la baie pour la navigation, associés à la découverte de ressources importantes, comme l'or et les terres vierges, assurèrent à Sydney une expansion rapide, en dépit de ses débuts peu prometteurs. Pour les archéologues, ce développement continu pose un problème quant à la compréhension de l'histoire ancienne de telles installations, recouvertes par la ville moderne. Ainsi, le port d'origine est aujourd'hui pris dans un réseau urbain très dense. L'étendue et l'histoire de la plupart des premières implantations doivent être reconstituées à partir de documents et de témoignages d'époque, et de cartes et de plans anciens, comme ci-contre. Le plus vieux district de Sydney – appelé The Rocks où le capitaine Phillip accosta – est conservé en partie et a fait l'objet d'une restauration intensive. On y trouve des entrepôts et des habitations remontant au début de l'urbanisation du site.

PERSPECTIVE DE SYDNEY EN 1888
Cette vue du port montre l'étendue du développement de la ville à la fin du XIXe siècle. Sydney était déjà, à l'époque, une cité prospère, comme l'atteste le nombre de bateaux à vapeur qui sillonnent le port.

CADMAN'S COTTAGE
Cette maison de grès est le plus ancien bâtiment de Sydney. Elle fut construite en 1816, à l'origine pour loger l'équipage du bateau du gouverneur. Elle doit son nom à un ancien condamné devenu capitaine.

L'ÈRE INDUSTRIELLE

L'utilisation de la vapeur fut au cœur de la révolution industrielle, et les constructions qui s'ensuivirent bouleversèrent le paysage de nombreux pays. Les premiers centres industriels du monde se développèrent à proximité de grands gisements de charbon : la Ruhr en Allemagne, Birmingham en Grande-Bretagne, la Pennsylvanie aux Etats-Unis. Toutes ces régions disposaient, pour alimenter une industrie toute récente, d'un approvisionnement en charbon facile et, semblait-il, inépuisable. La vapeur, associée aux nouvelles inventions de l'époque, permit d'augmenter les rendements et mena à un nouveau concept, celui de la production de masse. La qualité de la production se ressentit de la précision accrue des machines, et l'interchangeabilité des pièces produites en masse fut la conséquence de cette qualité constante. L'archéologue aborde ainsi une époque où les objets ne portent plus la marque d'un artisan. De ce fait, ils sont difficiles à identifier, car deux produits provenant de deux machines du même modèle présenteront les mêmes caractéristiques. C'est ce qui explique que les archéologues préfèrent se fier à des plans et à des documents pour reconstituer les origines et la répartition de leurs découvertes.

L'USINE FORD
Henry Ford (1863-1947) révolutionna l'industrie automobile en associant interchangeabilité des pièces et production de masse des éléments. Dans son usine de Detroit (Michigan), il mit en place un système de production économique et rapide ; celui-ci devint un modèle d'industrialisation qui allait se répandre dans le monde entier.

② DETROIT
Cette ville se hissa en 1914 au rang des principales cités industrielles, à la suite de l'adoption, par Henry Ford, de la ligne d'assemblage dans son usine automobile.

③ HARTFORD
En 1846, le gouvernement américain signa avec Samuel Colt, pendant la guerre avec le Mexique, un contrat pour la production de masse de son revolver à six coups.

④ LOWELL
La ville de Lowell se développa à partir de 1817, sous l'impulsion de Francis Cabot Lowell, dans le secteur de l'industrie textile.

① BEAUMONT
En 1901, le premier puits de pétrole foré à cette intention au monde fut mis en service à Swindletop et provoqua une augmentation considérable de la population.

TRAVERSÉE TRANSATLANTIQUE
Construit en fer et propulsé à la vapeur, le *Great Eastern* était un bateau massif qui fut le précurseur des paquebots transatlantiques et symbolise les progrès de l'esprit d'entreprise. En 1852, il traversa bien l'Atlantique, mais s'avéra instable, mal adapté à la navigation et d'une puissance insuffisante.

MATTHEW BOULTON
Né à Birmingham, Matthew Boulton (1728-1809) fut l'un des plus grands inventeurs et entrepreneurs de son temps. Sa manufacture, édifiée sur une lande stérile, fut la première à utiliser la méthode de production en ligne. Ses travaux sur les moteurs à vapeur, en collaboration avec James Watt, firent de lui un personnage clef de l'ère industrielle. Il dit un jour au roi George III : «Sire, je vends ce que tout le monde désire : de la puissance.»

⑤ LA «ROCKET» DE STEPHENSON
Cette locomotive surnommée la «Fusée» fut construite en 1829 par George Stephenson, né à Newcastle, et son fils Robert. La chaudière comportait des tubes de cuivre qui amélioraient le tirage. L'engin atteignait les 50 km/h, ce qui était considérable pour l'époque.

⑥ FILATURES DE COTON DU LANCASHIRE
La production de masse de textiles dans la région de Manchester exigeait des machines fiables et de haute précision, ce qui conduisit à améliorer de nombreux procédés de fabrication.

⑦ BIRMINGHAM
Devint un centre très important de l'âge industriel grâce aux travaux de Boulton, de Watt et de Murdock, lequel inventa l'éclairage au gaz.

⑩ ESSEN
L'un des plus grands centres industriels : elle dut cette position à d'importantes ressources en charbon et en fer et à sa place dans le réseau ferroviaire.

⑧ COALBROOKDALE
Le premier pont en fer y fut construit ; c'est là qu'en 1709 le fer fut produit pour la première fois dans un fourneau alimenté au coke.

⑪ LE GRAND-HORNU
Village industriel construit par Henri de Gorge-Legrand, qui comptait des maisons, des magasins et des bureaux. On faisait dans ce complexe un usage considérable du charbon produit sur place.

⑨ DARTMOUTH
La première machine atmosphérique à vapeur fut construite par l'inventeur Thomas Newcomen, et fut utilisée au départ, en 1712, pour extraire de l'eau d'un puits de mine.

LES ACIÉRIES KRUPP
En 1870, l'Allemagne était devenue la première puissance industrielle d'Europe, grâce à sa sidérurgie. La plus grosse partie de l'acier produit par la suite servit à la fabrication d'armes.

⑫ LE CREUSOT
La production à grande échelle de fonte brute dans des fourneaux alimentés au coke y débuta dès 1780.

UNE MANUFACTURE

BIRMINGHAM, ROYAUME-UNI

CARTE P. 144, G7

PROSPECTION DU SITE

- Les archéologues connaissaient l'emplacement exact de l'usine grâce à des documents existants.
- Les plans établis par les autorités sanitaires en 1850-1855 indiquaient la disposition des bâtiments.
- Des objets furent découverts en surface dans les jardins, notamment des fragments de coquillages. Une excavation test permit de localiser une petite section briquetée.

En 1761, l'ingénieur Matthew Bolton (1728-1809) établit à Birmingham, au centre de l'Angleterre, l'une des premières usines au monde, la Soho Manufactory. A l'origine, cette manufacture fabriquait des boucles, des boutons et des pièces de monnaie avec des machines fonctionnant à l'énergie hydraulique. En 1774, Boulton s'associa avec James Watt (1736-1819). Tous deux mirent au point un moteur à vapeur qui permettait d'améliorer les capacités de production. Aujourd'hui, il ne subsiste aucun bâtiment de cet ensemble ; toutefois, les archéologues locaux purent déterminer l'emplacement approximatif de l'usine grâce à des plans, notamment ceux établis par Boulton. Il leur fallait localiser suffisamment de vestiges de l'usine pour situer sur une carte le complexe tout entier. Ils devaient également déterminer si ces restes étaient demeurés intacts sous les constructions qui avaient été édifiées ultérieurement. Compte tenu de ces éléments, ils choisirent de concentrer leurs efforts sur le site de frappe de monnaie, ainsi que sur le bâtiment principal.

LE SITE
Le cas de figure offrait ceci d'original que l'on disposait de documents établissant l'existence du site (plans, dessins, témoignages écrits), et que l'enjeu consistait à en trouver des preuves dans le sol. La tâche était rendue difficile par le fait que l'emplacement était situé à la périphérie de la ville, et qu'un certain nombre des bâtiments les plus significatifs se trouvaient enterrés sous d'autres constructions plus récentes ou sous les jardins attenants. Les archéologues durent d'abord obtenir l'accord des résidants avant de dégager les zones non bâties et d'inspecter le site à l'aide d'un radar.

Zone des fouilles

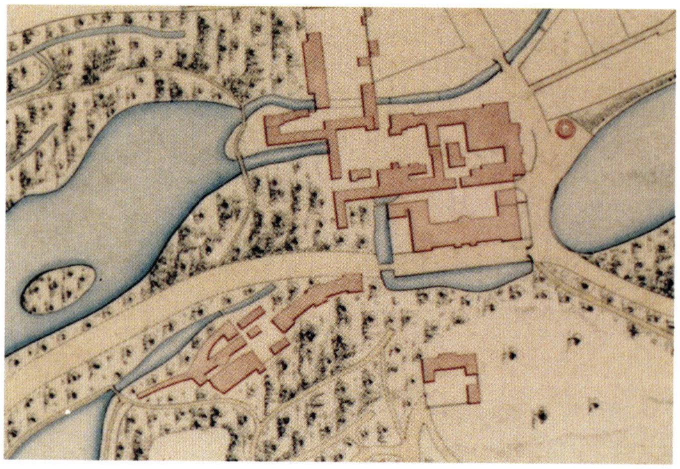

PLAN ANCIEN
On voit sur ce plan l'emplacement de tous les bâtiments existant à l'époque, ainsi qu'un certain nombre de repères naturels qui sont visibles encore de nos jours. Les archéologues peuvent utiliser un document non actualisé pour tenter de localiser des édifices précis, mais ce type de carte peut se révéler trompeur.

LÉGENDE — Bâtiments de la manufacture

120 m

LES TÉMOIGNAGES
Comme c'est le cas pour la plupart des sites industriels, on disposait ici de très nombreux témoignages émanant de la Soho Manufactory elle-même : plans, gravures (voir ci-contre à droite), cahier des charges. Notamment, un document absolument essentiel indiquait que le moteur à vapeur de la frappe de monnaie avait été vendu en 1850 ainsi qu'environ 62 m de tuyau ayant servi à alimenter le nouvel atelier de découpe. Il permit aux archéologues de localiser avec précision les emplacements de la salle où se trouvait la machine à vapeur et de l'atelier de frappe l'un par rapport à l'autre, et donc de creuser une tranchée au bon endroit.

Bâtiment principal

Atelier de découpe

Patine recouvrant du cuivre

La tranchée
L'un des progrès les plus significatifs dans les recherches effectuées sur le site fut la découverte du tunnel, renforcé par de la brique, par où l'on acheminait la tige depuis la salle des machines jusqu'à l'atelier de découpe. Cette tige, d'un diamètre de 10 cm, actionnait plusieurs machines dans la manufacture.

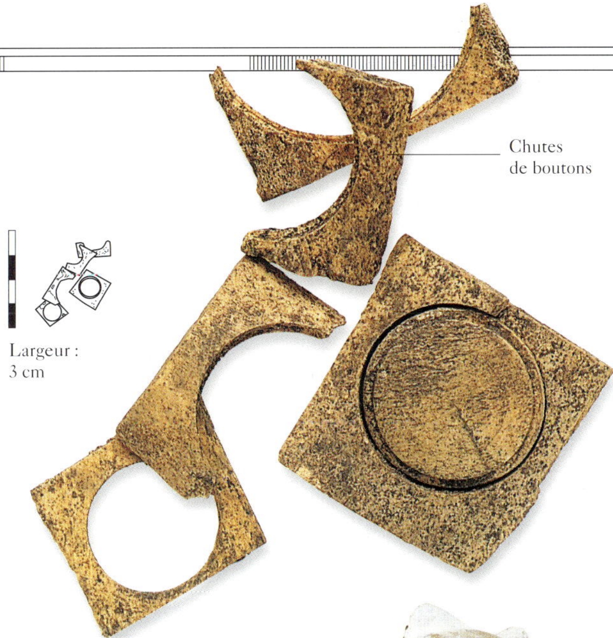

Chutes de boutons
Les boutons étaient réalisés par estampage de bandes carrées. Ces chutes furent parmi les premiers objets découverts sur le site.

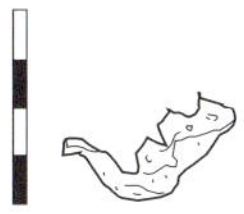

Oreille-de-mer
Les coquillages, sans doute importés des Antilles, étaient utilisés dans la fabrication de boutons et autres objets, comme des boîtes ou des meubles rehaussés d'incrustations.

Modèle en trois dimensions
Grâce à des plans et à des dessins d'époque, les archéologues furent en mesure d'élaborer un modèle en trois dimensions de l'usine et de déterminer l'emplacement approximatif de celle-ci sur la carte. Mais seules les fouilles permirent de déterminer sa localisation précise. Ensuite, en s'appuyant sur des plans existants, il fut possible de reconstituer l'emplacement des autres bâtiments du site et de les porter sur la carte.

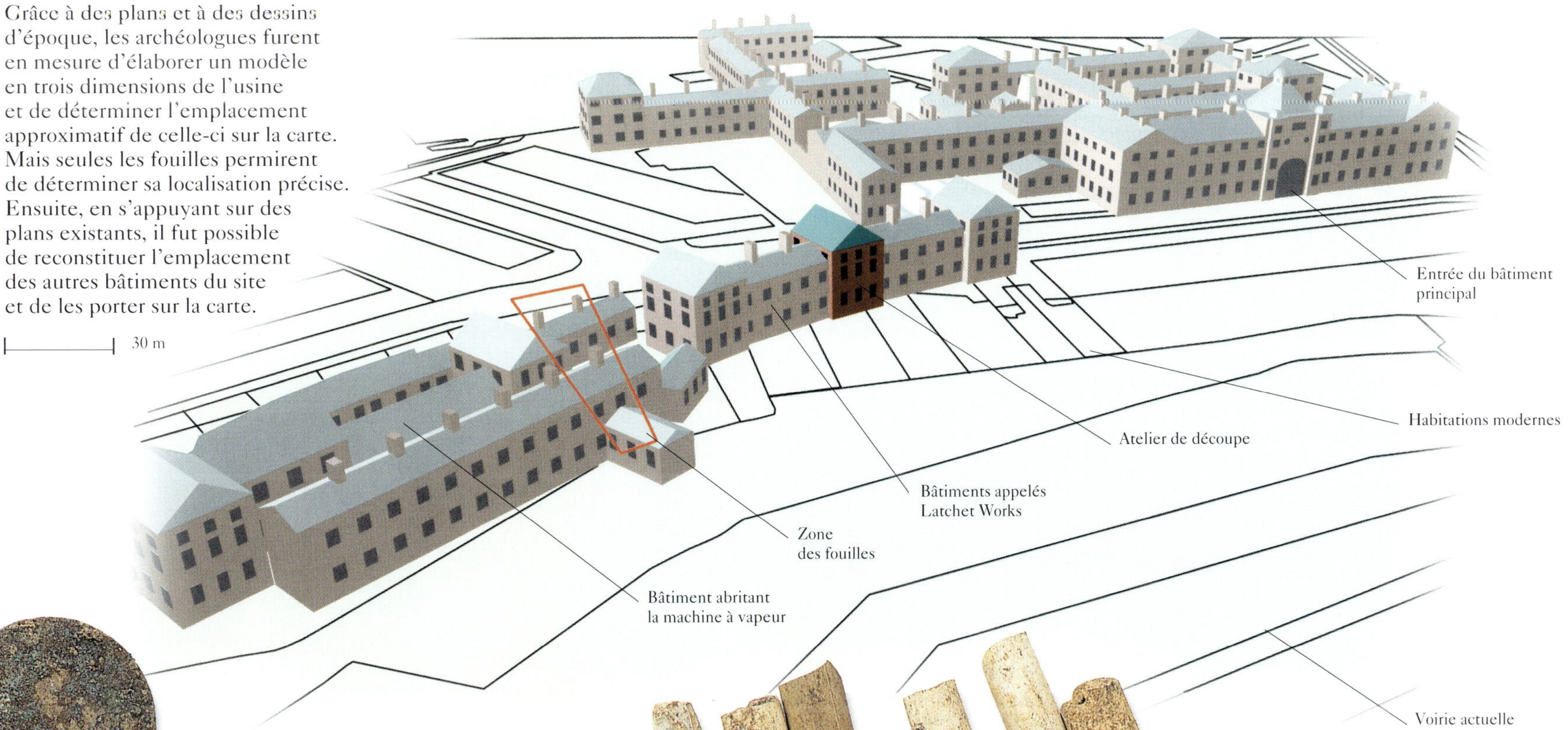

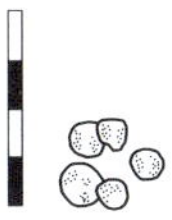

Les flans
On découvrit de très nombreux flans (disques de métal prêts pour l'estampage) dans le secteur de Latchet Works, où se trouvaient les ateliers de frappe et de découpe. Ces objets étaient recouverts d'une patine verte due à l'oxydation du cuivre.

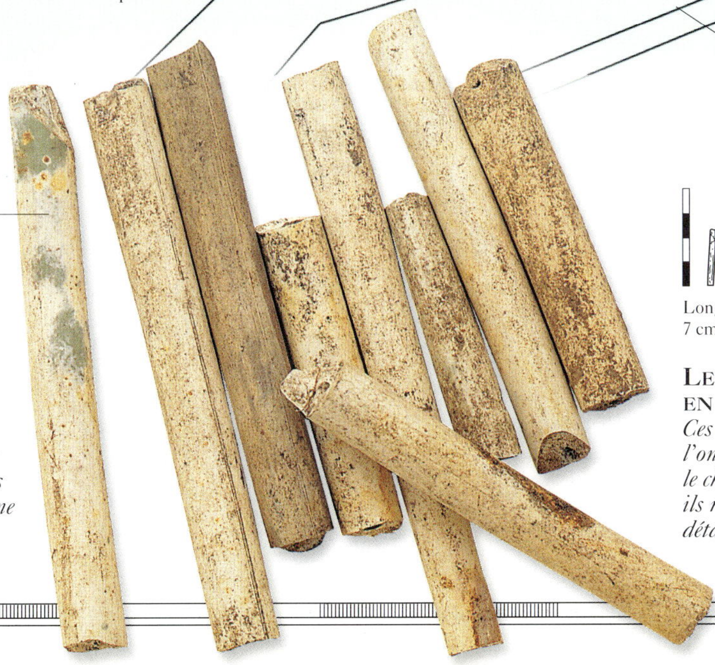

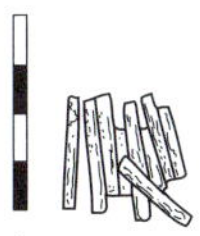

Les tuyaux de pipes en argile
Ces objets figurent parmi ceux que l'on trouva le plus couramment sur le champ de fouilles. Très souvent, ils restent intacts et présentent des détails riches d'enseignements.

Une manufacture

Analyser les découvertes

En suivant l'axe de transmission qui avait été localisé dans la tranchée (conformément à un document de 1850), les archéologues parvinrent au centre d'un ancien atelier de boucles de chaussures. Certains documents leur indiquaient que l'atelier de coupe était situé dans un bâtiment qui, édifié en 1794, était à l'origine destiné à cette activité ; ils savaient également que le centre du bâtiment comportait trois niveaux. La découverte dans la tranchée d'autres flans et de chutes de boutons les conforta dans l'idée qu'ils venaient de trouver la salle de découpe. On savait que la décoration de cette pièce centrale était de style néoclassique, avec un plafond soutenu par des colonnes de style dorique. Sous le sol se trouvaient les engrenages qui transformaient le mouvement rotatif de l'axe de transmission pour les presses. C'était là le cœur d'un procédé de fabrication à la vapeur qui produisait un objet à la seconde. A l'autre extrémité de l'axe, les archéologues découvrirent le carter qui fournissait l'eau à la machine.

Bouton de nacre
La technique d'estampage pouvait s'appliquer sur de nombreux produits. On pense que les boutons étaient fabriqués dans divers matériaux, tels que l'oreille-de-mer ou l'ivoire. Une fois qu'on avait obtenu une forme ronde, on décorait le bouton par gravure ou incrustation.

Le site reconstitué
Il fut possible de reconstituer l'ensemble de l'atelier de coupe en s'aidant de plans et de gravures et en se fondant sur les récentes découvertes archéologiques. Les gravures livraient des détails qui ne figuraient pas sur les plans, et la dimension de la salle a pu être déterminée d'après des descriptions consignées dans les archives de Boulton. On s'aida également de dessins représentant les presses de Bombay et de Calcutta, qui constituaient des répliques à plus grande échelle de la manufacture de Soho : on eut ainsi idée de la disposition de la salle ainsi que sa décoration. Malgré les efforts manifestement déployés, le travail à la machine à découper devait être bruyant et salissant.

L'arbre de transmission
Le tunnel logeant l'arbre de transmission couplé au moteur à vapeur débouchait dans l'atelier de découpe à environ 1 m au-dessus du sol. L'axe était fixé à un pignon qui actionnait un arbre vertical.

La machine à vapeur

A l'usine de Soho, les machines à vapeur furent mises au point par Boulton et Watt. L'invention par Watt d'un condenseur séparé en augmenta encore le rendement, et bientôt ces machines furent produites en masse. Jusqu'en 1805, Boulton exporta ses modèles ; ensuite, il vendit des moteurs complets en pièces détachées, destinés à alimenter les machines, ainsi que des pompes de mines, et cela jusqu'en Inde ou aux Antilles. Le génie inventif de Watt se combinant aux talents d'entrepreneur de Boulton, les deux hommes réussirent à vendre leurs machines à un grand nombre d'industries différentes qui, plus tard, utilisèrent la production de masse, en recourant souvent à des systèmes d'organisation du travail similaires à ceux qui avaient été appliqués pour la première fois à Birmingham.

Machine à vapeur rotative de Boulton et Watt (1782)

LA FRAPPE DE PIÈCES
La découverte de nombreux flans confirma l'hypothèse de l'utilisation de machines de découpe. Celles-ci recevaient des bandes de métal, et on y découpait des disques de dimensions normalisées. Les pièces étaient ensuite façonnées sur le bord, blanchies, lavées et séchées. Après une recuite, elles étaient estampées à l'empreinte désirée.

VESTIGES
Sous le sol de l'atelier, on découvrit des vestiges datant de la fabrique de boutons installée précédemment sur le site.

PIPES D'ARGILE
Les pipes du XVIIIe siècle se caractérisent par un grand fourneau, un petit calibre de tige, et un motif accompagné d'une estampille.

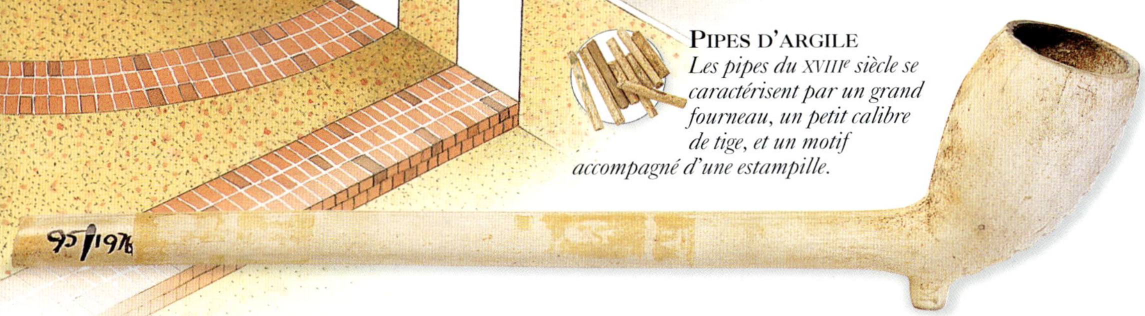

L'ESTAMPAGE DES PIÈCES

Les pièces étaient acheminées depuis l'atelier de découpe pour être façonnées sur le bord, puis chauffées afin d'être embouties. Les presses étaient suffisamment simples pour être actionnées par des enfants, et pouvaient produire 40 000 pièces par jour.

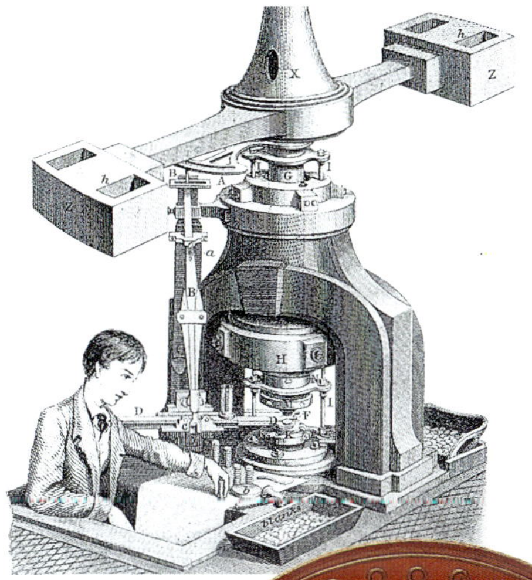

UNE PRESSE DES ATELIERS DE SOHO

Eléphant symbolisant la soumission de Ceylan à la Couronne britannique

PENNY EN CUIVRE (1802)

CONCLUSIONS

- En localisant l'emplacement exact du bâtiment de frappe de monnaie, on put tracer avec précision le plan des autres constructions de l'usine.
- On localisa la position du moteur à vapeur, ainsi que l'itinéraire suivi par les tunnels qui dirigeaient la tige de transmission vers l'atelier de frappe.
- En complétant des recherches documentaires poussées par des fouilles qui se révélèrent fructueuses, les archéologues démontrèrent qu'il était possible d'obtenir d'excellents résultats même dans une zone fortement urbanisée, ce qui était le cas dans la zone de Soho à Birmingham.

Les monnaies

La frappe des monnaies
A l'origine, les flans étaient coulés dans des moules, puis on estampait le motif choisi pièce par pièce. A partir du XVIIIe siècle, la frappe des monnaies fut mécanisée, ce qui permit de produire plus rapidement de grandes quantités de pièces.

Les pièces de monnaie naquirent d'une double évolution, qui allait dans le sens à la fois d'une complexité croissante des sociétés et d'une sophistication des économies : elles permirent de remplacer les anciens systèmes de troc et d'échange par une valeur standard reconnue par tous. Elles délivraient en même temps un message politique fort, par l'affirmation d'une identité nationale ou locale auprès d'un large public. A l'origine, la valeur figurant sur les pièces (valeur nominale) correspondait à celle des métaux qui les composaient ; mais progressivement, elle ne représenta plus qu'une valeur virtuelle n'ayant plus de rapport avec les éléments constitutifs. Les pièces ont constamment évolué au cours des siècles, leurs modifications reflétant les changements politiques ou les circonstances économiques. Elles fournissent donc des éléments très précieux aux archéologues, car il est très souvent possible de les dater de façon extrêmement précise. Les techniques de stratigraphie (p. 125) permettent d'utiliser ces pièces pour situer dans le temps d'autres objets, ou même des sites entiers.

Pièces lydiennes

700 av. J.-C.

Les pièces les plus anciennes que nous connaissions datent du VIIe siècle av. J.-C. Originaires de Lydie, dans l'actuelle Turquie, elles étaient composées d'électrum (alliage d'or et d'argent) ; le poids du métal correspondait exactement à la valeur des pièces, laquelle était garantie par un estampage portant la marque des rois de Lydie. On trouvait alors des statères (1 statère pesait 14 g), des demi-statères et des quarts de statère. Plus tard, on frappa des pièces composées soit d'or soit d'argent, celles en or pesant deux fois plus que les autres. Ce sont ces poids respectifs qui furent à l'origine des étalons utilisés pour les pièces perses.

Pièce de 1 statère

700 av. J.-C.

1/6 de statère

1/24 de statère

Caractéristiques

La pièce terminée présente une forme irrégulière.
Chaque pièce a un poids normalisé.
L'estampille en garantit la valeur.

Pièces romaines

300 av. J.-C.

A l'origine, les pièces romaines étaient copiées sur celles des Grecs ; toutefois, les empereurs ne tardèrent pas à produire des pièces d'or, d'argent et de bronze à leur effigie. On émettait également des pièces pour célébrer des événements importants, comme des victoires ou des fêtes : toute ces monnaies se retrouvent jusqu'en Inde.

Sesterce en bronze à l'effigie de Néron

Pierre romaine en argent

Caractéristiques

Différents métaux correspondent à des valeurs différentes.
Pièces à l'effigie des empereurs. Légendes indiquant leur nom et leur titre, ainsi que la date de fabrication.

Pièces du haut Moyen Âge

À partir de 650 apr. J.-C.

Pendant le haut Moyen Age, la circulation des pièces connut une importante restriction du fait que, dans un grand nombre de régions, on assistait à l'effondrement des gouvernements centralisés qui avaient contrôlé la frappe de la monnaie. Des pièces furent alors produites par des monnayeurs ou des dirigeants locaux, et eurent donc cours dans des zones plus restreintes. Elles sont, en conséquence, beaucoup plus rares. On a retrouvé en Scandinavie de très nombreuses pièces originaires d'Europe de l'Ouest : elles avaient été prélevées par les envahisseurs danois en paiement d'impôts. Sur les pièces du haut Moyen Age figuraient l'indication de l'atelier de frappe, le nom et l'effigie du gouvernant local.

Penny saxon en bronze

Pièce viking

Caractéristiques

La plupart des pièces frappées pendant le haut Moyen Age étaient en argent. La diversité des pièces étant très grande, il ne reste que peu d'exemplaires de chaque modèle.

La frappe d'une monnaie

Rapidement, la fabrication de la monnaie fut concentrée dans les mains de fabricants spécialisés. Du fait de la valeur des matériaux d'origine, leur activité était sévèrement réglementée, et les pièces sortant de leurs ateliers faisaient l'objet d'un strict contrôle de la part des gouvernants. A la fin du XVIIIe siècle, avant la mécanisation, la fabrication de la monnaie exigeait un temps de fabrication très long, car la découpe et l'estampage se réalisaient manuellement, pièce par pièce.

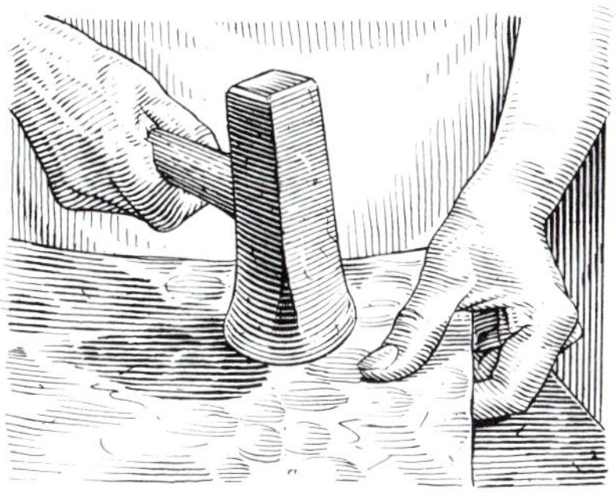

1 Les flans sont découpés dans une pièce de métal qui a préalablement été aplatie à l'épaisseur désirée. Cette lame métallique doit faire l'objet de réchauffements fréquents pour conserver sa malléabilité.

2 La lame de métal est découpée en bandes, puis en petits carrés. Les coins de ces carrés sont taillés au moyen de grandes cisailles, de façon à obtenir des flans circulaires. Toutes les chutes de métal sont refondues pour être réutilisées.

3 Le motif est estampé. Une première étampe est encastrée dans un support, puis coiffée du flan. On place une seconde étampe au-dessus du disque, un martelage de l'étampe supérieure permet d'obtenir des empreintes sur l'avers et le revers.

Le groat et le noble

XIVe SIÈCLE

Les échanges commerciaux se développant au cours de la période médiévale, les Anglais introduisirent, à côté du penny d'argent, des pièces d'une valeur supérieure. Le noble d'or représentait ainsi 80 pennies d'argent, tandis que le groat d'argent n'en valait que 4.

NOBLE D'OR

GROAT

CARACTÉRISTIQUES

Pièces contenant davantage de métal, leur valeur augmentant, et comportant des empreintes complexes. Accroissement du nombre de pièces en circulation.

Thaler d'argent

XVIe SIÈCLE

Au XVIe siècle, les mines d'argent de Bohême furent utilisées pour la production de grandes pièces appelées thalers. Chacune d'entre elles portait l'effigie du duc régissant une région donnée, ainsi que la date de frappe clairement indiquée. C'est du mot thaler qu'est dérivé le terme dollar.

CARACTÉRISTIQUES

Pièces d'argent, toujours de grande taille. Effigies très diverses de dirigeants locaux. Les légendes permettent de dater facilement les pièces.

Pièce en roue de charrette

FIN DU XVIIIe SIÈCLE

La première pièce officielle britannique fut frappée en 1672. Au XVIIIe siècle, on assista à une pénurie de pièces provoquée par une augmentation de la demande due à l'industrie. Nombreux furent alors ceux qui se lancèrent dans la contrefaçon, soit en fabriquant eux-mêmes des pièces, soit en opérant un réestampage de pièces d'argent venues d'autres pays. Cette situation amena en 1797 à concéder à Matthew Boulton (pp. 112 à 115) une licence officielle de fabrication de pièces en cuivre de 1 et 2 pence. Celles-ci furent produites en masse grâce à la vapeur, et donc standardisées ; à l'origine leur valeur équivalait à leur poids de cuivre. En 1811, Boulton commença à produire des pièces plus légères et une unité de frappe mécanisée fut édifiée sur Tower Hill, à Londres.

1815

CARACTÉRISTIQUES

Production mécanique. Pièces contenant un poids spécifique de cuivre. Contour et motifs réguliers.

AUTRES SITES

UNE PROUESSE D'INGÉNIEUR
La construction du pont de Coalbrookdale, au profil d'arche en demi-cercle, démontrait la solidité de la fonte et la diversité de ses applications, mais était également le fruit d'un travail de conception révolutionnaire.

COALBROOKDALE

SHROPSHIRE, ROYAUME-UNI

CARTE P. 144, F7

Au début du XVIIIe siècle se produisit à Coalbrookdale (Grande-Bretagne) un événement essentiel pour la révolution industrielle : on parvint à utiliser du coke pour obtenir du fer. Ce qui rendit possible pareille avancée fut l'abondance des gisements de charbon dans la région d'une part, le génie inventif d'Abraham Darby de l'autre. Coalbrookdale pose un délicat problème d'interprétation aux archéologues, car il leur est difficile de dater les différentes phases du site. Il leur faut bien sûr interpréter les éléments les plus apparents, comme les bâtiments encore dressés, mais aussi des structures plus complexes, telles que les systèmes d'acheminement d'eau aux fourneaux ou les vestiges des puits de mine. Par ailleurs, il s'est trouvé des industriels qui ont constamment perfectionné et développé leurs implantations : par exemple, pour ce qui concerne le site d'origine du fourneau, on constate de nombreuses séries de témoignages s'échelonnant de 1638 (donc bien avant la naissance d'Abraham Darby I) à 1777. En fait, si Coalbrookdale est un site à multiples facettes, c'est qu'il a servi de cadre à des activités multiples : extraction de charbon, production de fer, fabrication de porcelaine… sans compter la dernière en date des innovations de la famille Darby, le pont en fer jeté au-dessus de la Severn.

L'INNOVATION INDUSTRIELLE

Pour que le fer soit utilisable, il faut que le minerai soit fondu avec un matériau riche en carbone : à l'origine, on utilisait pour cela du charbon de bois. Le fer ainsi obtenu, qui pouvait être façonné par martelage, correspondait au fer forgé. Si l'on augmentait la température et que l'on envoyait de l'air dans le fourneau, le minerai fondait et passait à l'état liquide. Il ne restait plus qu'à le verser dans des moules pour obtenir des objets de formes diverses. Au début du XVIIIe siècle, Abraham Darby fut à l'origine d'une avancée technique de premier ordre en développant l'utilisation du coke (substance solide que l'on obtient après extraction des gaz de la houille) dans la fabrication de fer. Auparavant, les fonderies fonctionnaient au charbon de bois, mais celui-ci se raréfiait et, par ailleurs, n'était pas assez dur pour pouvoir être utilisé dans des fourneaux plus importants. D'autre part, les forêts de la région avaient été exploitées à un rythme inquiétant, et le charbon de bois s'avérait un matériau trop limité pour permettre de répondre à une production croissante d'objets nouveaux. Le charbon, quant à lui, comportait trop d'impuretés pour donner un fer de grande qualité ; si, en revanche, on carbonisait en partie ses impuretés (du soufre en majorité) et que l'on ajoutait du calcaire pour emporter celles-ci, on

COALBROOKDALE EN 1758
En 1758, toute la vallée de Coalbrookdale était devenue un vaste site industriel, illustration parfaite de l'influence de l'industrialisation sur l'environnement. Les fourneaux qui produisaient le coke et la fonte éclairaient la vallée pendant la nuit.

LE PREMIER PONT EN FER DU MONDE
C'est Abraham Darby III qui, en 1779, construisit ce pont qui enjambe la Severn en un endroit appelé par la suite Ironbridge. Il s'agissait là du premier pont jamais contruit en fer, ou plus exactement en fonte, et il inspira de nombreuses autres réalisations. La fonte finit par être remplacée par l'acier, matériau plus solide et moins onéreux.

Finition vernie translucide

PORCELAINE DE COALPORT
A la fin du XVIIIe siècle, la prospérité de Coalbrookdale attira d'autres industries : c'est notamment le cas, en 1796, de Rose, Blackway and Co., fabricants de porcelaine de haute qualité.

obtenait du coke. Telle fut la découverte de Darby, laquelle permit de se passer désormais de charbon de bois. Darby établit par ailleurs qu'en chauffant à nouveau le fer dans un second fourneau, on obtenait un matériau de meilleure qualité, plus résistant et plus facile à mouler.

Ces découvertes élargirent de façon considérable l'éventail des objets susceptibles d'être fabriqués. En 1707, le premier brevet de Darby concernait la production de marmites moulées dans du sable, et, dans les premières années de fonctionnement de l'usine, les marmites en fer constituèrent effectivement le principal article produit. Toutefois, la fonte permettait des structures beaucoup plus complexes que celle d'une marmite : c'est pourquoi l'usine mit au point de nouvelles techniques de moulage dans le sable permettant d'obtenir des formes plus sophistiquées. En 1709, Darby affina le procédé d'utilisation du coke pour l'obtention de la fonte et, en 1713, il parvenait à produire plus de 10 t de fer par semaine.

A la mort d'Abraham Darby, en 1717, son fils (lui aussi prénommé Abraham) lui succéda et poursuivit l'œuvre d'innovation de son père, en mettant au point des moteurs à vapeur destinés à faire circuler l'eau. Désormais, la fonte pouvait être utilisée dans la fabrication des cylindres des nouveaux moteurs à vapeur, tandis que le métal contenant des impuretés l'était dans les forges. Autrement dit, le deuxième Abraham Darby parvint finalement à fabriquer un fer qui était suffisamment pur pour pouvoir être fractionné et permettre la fabrication de clous, dont la demande allait croissant à l'époque. Au milieu du XVIIIe siècle, un autre Abraham Darby, le troisième du nom, produisit les premiers rails en fer, précurseurs des voies ferrées sur lesquelles rouleraient plus tard la première locomotive à vapeur. C'est à Coalbrookdale que l'ingénieur des mines Richard Trevithick (1771-1833) acheta les chaudières en fer dont il dota les premières locomotives.

La fonte au coke est effectivement un matériau utilisable pour un très grand nombre de produits. Mais son application la plus impressionnante est sans doute le pont fabriqué par Abraham Darby III pour enjamber la Severn, en 1779. Il s'agissait là du premier ouvrage au monde qui soit entièrement en fer. Construit en trois mois, ce pont inaugura une technique de préfabrication impliquant un emboîtage des sections les unes dans les autres. Ce pont continua à être utilisé par des véhicules de plus en plus nombreux jusqu'en 1950, ce qui démontre a posteriori sa solidité.

Trois générations de la famille Darby ont donc œuvré sur ce site, chacun de ses représentants participant à une avancée technologique. En fin de compte, si la révolution industrielle a pu se faire, c'est essentiellement grâce à la fonte produite dans les fourneaux de Coalbrookdale, ainsi qu'à la vapeur, dont les applications furent propagées par Watt et Boulton (pp. 114-117).

L'EXTRACTION DU CHARBON
Les gisements locaux de charbon, exploités à plein, fournirent la matière première du coke, grâce auquel le minerai de fer devenait utilisable.

ESSEN

BASSIN DE LA RUHR, ALLEMAGNE

CARTE P. 146, H4

Le bassin de la Ruhr constitua l'un des principaux berceaux de l'industrialisation en Europe. Du fait d'abondants gisements de charbon et de coke, on vit s'y établir dès la fin du XVIIIe siècle des mines et des usines gigantesques destinées à la fonderie de fer et d'acier. L'Allemagne devenait ainsi le principal rival de la Grande-Bretagne. Elle assit sa suprématie au début du XIXe siècle, alors que la position anglaise était affaiblie par la guerre avec la France. Située à Essen, dans le bassin de la Ruhr, l'usine Krupp devint l'une des principales aciéries d'Allemagne. Cette usine fut fondée en 1812 ; toutefois, elle ne connut son plein essor que dans les années 1860, au moment où le pionnier de l'industrie Alfred Krupp introduisit la vapeur dans ses procédés de fabrication, ouvrant la voie à la production en masse des objets en acier. L'expansion de Krupp se poursuivit ensuite ; la création d'une usine de munitions fut déterminante à cet égard.

UNE PRODUCTION IMPRESSIONNANTE
L'usine Krupp d'Essen fut détruite par des bombardements alliés à la fin de la Seconde Guerre mondiale. On voit ici le type de canons, très imposants, qui y étaient fabriqués pour l'armée.

UNE EXPANSION RAPIDE

La dynastie Krupp domina l'activité industrielle d'Essen pendant près de quatre siècles, de 1587 à 1968. Arndt Krupp (mort en 1624) eut la chance d'arriver dans la région juste avant une épidémie de peste, et de pouvoir racheter de très vastes superficies de terrain à des propriétaires qui fuyaient la maladie. Mais la famille Krupp ne connut véritablement l'opulence que sous la houlette de Friedrich (1787-1826), qui créa une fonderie d'acier en 1811. A l'origine, celle-ci produisit des rouleaux et des étampes pour la frappe de pièces de monnaie. Mais les techniques de fabrication avaient déjà été perfectionnées au moment où son fils Alfred (1812-1887) lui succéda. Celui-ci produisit des rails et des roues de locomotives, et vendit également ses machines à d'autres entreprises situées dans toute l'Europe. Lors de la guerre de 1870, il se lança dans la fabrication de canons, de canons de fusils et de munitions. A la fin du XIXe siècle, l'usine Krupp était la première unité de fabrication d'armes en Allemagne. Alfred Krupp fut couvert d'honneurs. Il arma au total 46 nations. Il fit ainsi le lit de la gigantesque boucherie que représenta la Première Guerre mondiale.

Alfred Krupp n'en fut pas moins considéré en son temps comme un employeur modèle. Il indemnisait son personnel malade, versait des pensions et offrait à ses salariés des logements décents. La réussite de l'entreprise peut d'ailleurs se mesurer à l'évolution du nombre de ses employés : 7 en 1812, à la création de l'usine, 16 000 en 1873, et 68 300 en 1912. C'est à Friedrich Krupp (1854-1902) que l'entreprise dut un grand essor, grâce à l'invention d'obus qui parvenaient à percer l'acier, celui-là même qu'il avait vendu aux armées de terre et de mer. Il créa ainsi un cycle de produits de défense et d'attaque, dont chacun contribuait à rendre le précédent technologiquement dépassé. Après sa mort, sa fille Bertha (1886-1950) épousa Gustav von Bohlen und Halbach (1870-1950), qui reprit l'entreprise familiale. C'est en l'honneur de son épouse qu'il baptisa «grosse Bertha» un canon de sinistre mémoire. Il se signala d'autre part par ses sympathies envers les nazis ; son fils Alfred (1907-1967) fut impliqué dans le détournement de biens appartenant à des Juifs, ainsi que dans l'exploitation esclavagiste de rigueur dans les camps de concentration. Convaincu de crimes de guerre en 1948, il purgea une peine de six ans de prison.

Les sites Krupp étant très nombreux dans le pays, les archéologues ont accès à d'énormes quantités de documentation. L'usine d'Essen, notamment, permet de comprendre l'archéologie de l'industrie en Allemagne.

L'USINE EN 1865
A cette époque, Alfred Krupp venait d'introduire la vapeur dans son usine, ce qui lui assura une expansion rapide. La région d'Essen avait la chance de disposer de grandes réserves d'eau, indispensable pour l'étape de refroidissement dans la production d'acier.

L'USINE DE MUNITIONS
Cette photographie fut prise pendant la Première Guerre mondiale : des centaines de pièces de canons s'y trouvent alignées. Pendant cette période, Krupp fournit des munitions, non seulement à l'armée allemande, mais aussi à d'autres puissances belligérantes d'Europe.

LE GRAND-HORNU

BORINAGE, BELGIQUE

CARTE P. 146, G5

Le Grand-Hornu, situé au cœur du Borinage (province de Hainaut), constitue un monument tout à fait spectaculaire de la révolution industrielle en Europe. Aujourd'hui encore, il reste de nombreux vestiges de l'usine à vapeur dont la construction fut commencée au début du XIXᵉ siècle, et le paysage environnant porte les cicatrices de ce passé industriel. La région est célèbre pour l'exploitation du charbon ; dès le début du XIXᵉ siècle, elle était déjà dotée de mines dont les eaux d'infiltration étaient pompées par des machines à vapeur. C'est un pionnier français de l'industrie, Henri de Gorge-Legrand, qui, en 1810, entreprit la construction de nouvelles usines, à proximité des fosses et des habitations ouvrières. Dès 1831, il avait assuré à l'entreprise une expansion considérable, et il avait ouvert une unité de construction mécanique pour la fabrication de moteurs à vapeur et de locomotives destinés à être exportés vers les autres pays d'Europe.

LES HABITATIONS OUVRIÈRES
Ces logements comportaient deux niveaux. Mitoyens, ils étaient alignés le long de rues pavées, à proximité immédiate de l'exploitation minière et de la demeure de De Gorge. Depuis la fermeture du site industriel, elles ont été modifiées et agrandies, comme on le voit ici au premier plan.

UN VILLAGE INDUSTRIEL

La Belgique fut, après la Grande-Bretagne, le deuxième pays d'Europe à connaître une révolution industrielle. Elle disposait elle aussi de réserves naturelles de charbon et de minerai de fer, et bénéficiait d'une position géographique idéale, entre la France et l'Allemagne. Le rythme rapide de l'industrialisation entraîna la construction de types de bâtiments totalement nouveaux : immenses usines, salles des moteurs, cheminées destinées à évacuer la vapeur et habitations ouvrières en grand nombre. Le Grand-Hornu représente une spectaculaire survivance de ce type d'architecture. Henri de Gorge avait fait constuire, sur les plans de l'architecte Bruno Renard, une fonderie, des entrepôts, des bureaux et des ateliers de montage. Tous ces bâtiments étaient disposés autour d'une cour elliptique de 140 m de long sur 80 m de large, et reliés entre eux par une série continue d'arcades. De Gorge avait entrepris en 1831 la construction d'une grande demeure pour sa famille. Mais cet édifice n'était pas terminé à sa mort, et ce n'est qu'en 1843 qu'il fut occupé, à titre de bâtiment administratif. De nombreuses contructions appartenant à cet ensemble survivent, converties en bureaux ou laissées à l'abandon. Employant une nombreuse main-d'œuvre, de Gorge se trouvait confronté au même problème que Krupp à Essen : loger ses ouvriers. En 1830, son complexe industriel employait 1 500 personnes ; il fit construire plus de 400 habitations contiguës comportant chacune six pièces, et dont un certain nombre existent encore aujourd'hui. L'exploitation fut très florissante, puisque les mines produisirent plus de 150 000 t de charbon par an pendant toute la durée du XIXᵉ siècle. Les usines elles-mêmes utilisaient de grandes quantités de charbon pour produire un certain nombre d'objets métalliques.

LA RESTAURATION

L'activité au Grand-Hornu déclina puis fut abandonnée dans les années 1950. Le complexe fut racheté en 1971 par Henri Guchez, un architecte de la région, qui entreprit la restauration des bâtiments. Ce site est loin d'avoir été exploré de façon satisfaisante, mais les archéologues continuent à découvrir à proximité des objets, des puits de mine et de nouveaux bâtiments.

LES BÂTIMENTS DE L'USINE
Cette photographie montre un des bâtiments industriels. Sa cheminée à vapeur domine la cour centrale ovale.

LES STRUCTURES QUI SUBSISTENT
L'activité minière a cessé au Grand-Hornu dans les années 1950. Les archéologues disposent de nombreuses structures encore dressées, offertes à leurs investigations. Si le nombre des objets découverts est limité, il subsiste des moteurs entiers de tramway.

L'EXAMEN GÉOPHYSIQUE

Au cours des cinquante dernières années, les scientifiques ont beaucoup travaillé avec les archéologues à mettre au point des méthodes permettant à ces derniers de se faire une idée de ce qui se trouve dans le sol avant de commencer les fouilles.
L'avènement des microprocesseurs et des ordinateurs de petite taille a facilité pour les archéologues l'utilisation de ces techniques, et différentes méthodes ont vu le jour. Chacun de nous, bien sûr, est capable d'effectuer une collecte de données ; toutefois, c'est au géophysicien qu'il appartient de les interpréter, de les présenter, de fournir des informations archéologiques utiles pour la compréhension d'un site. Ceci implique de pouvoir faire la distinction entre éléments ressortissant à l'archéologie d'une part, éléments naturels et géologiques de l'autre. L'avancée la plus importante en géophysique a été l'invention de petits ordinateurs qui, fixés au matériel d'observation, collectent les données. Les ordinateurs portables permettent de traiter et de présenter ces données scientifiques complexes *in situ*.
Il existe trois techniques d'études géophysiques : la magnétométrie (ou gradiométrie), la résistivité et la sensibilité magnétique. Les deux premières sont les plus utilisées.

LA MAGNÉTOMÉTRIE

La magnétométrie mesure les perturbations du champ magnétique terrestre causées par des caractéristiques du sol en un point donné. Le magnétomètre comporte deux capteurs et l'appareil est réglé en fonction des points cardinaux.
Le capteur du haut enregistre le champ magnétique et celui du bas l'ensemble des effets induits par les caractéristiques du sol. Un écart entre les deux signale une perturbation locale. Les opérateurs doivent s'assurer que leurs vêtements et chaussures ne comportent aucun métal qui affecterait la lecture.
En général, les sites à étudier sont disposés sur un quadrillage représentant une vingtaine de mètres de côté. Après transfert et traitement des informations, on obtient des sorties sur imprimante comportant des détails représentés en pointillé, niveaux de gris ou trait plein. Cette technique s'utilise pour obtenir une vue d'ensemble d'une zone donnée de grande superficie. Elle permet de savoir s'il existe des éléments offrant un intérêt archéologique suffisant pour justifier une étude plus approfondie. La magnétométrie est particulièrement adaptée pour localiser les murs, les puits et les fosses.

LA RÉSISTIVITÉ

La résistivité mesure la résistance des éléments souterrains sous l'action d'un courant électrique passant entre deux sondes. Les lectures s'effectuent sur une grille à intervalles réguliers. L'appareil fait une lecture quand un contact s'établit entre les deux sondes. Des éléments tels que des murs ou des surfaces pierreuses enterrés montrent une grande résistance au courant électrique ; à l'inverse, les endroits creux et les fossés, caractérisés par une présence massive d'eau ou d'humidité, sont facilement traversés par le courant. Le résistomètre mesure la différence entre deux lectures, et compare celles-ci à une lecture étalon fournie par deux sondes situées à une certaine distance l'une de l'autre, mais placées dans le même type de sous-sol.
La qualité des informations délivrées peut varier en fonction de facteurs liés à l'environnement, par exemple l'humidité du sol. Le printemps et l'automne sont les meilleurs moments pour recourir à la résistivité, car alors le sol n'est ni détrempé ni sec à l'excès.

LA MESURE DE LA RÉSISTIVITÉ
On voit ici, en fonctionnement, un appareil à mesurer la résistivité. Le site est quadrillé, et les sondes sont enfoncées dans le sol suivant un espacement de 50 cm ou 1 m. Le boîtier blanc contient l'ordinateur qui enregistre les informations.

LA SENSIBILITÉ MAGNÉTIQUE

La sensibilité magnétique, couramment appelée «mag sus», est utilisée pour localiser des zones ayant été soumises au feu, ou encore de l'argile brûlée, ce qui peut indiquer l'occupation du site par l'homme dans la mesure où il s'agira de foyers ou de structures brûlées. L'appareil sert à analyser les minéraux contenus dans le sol et la magnétisation des particules composant celui-ci.
On recourt à cette technique, très sensible et souple à utiliser, pour identifier des détails de perturbations du sol ou d'échauffement affectant le comportement des particules.

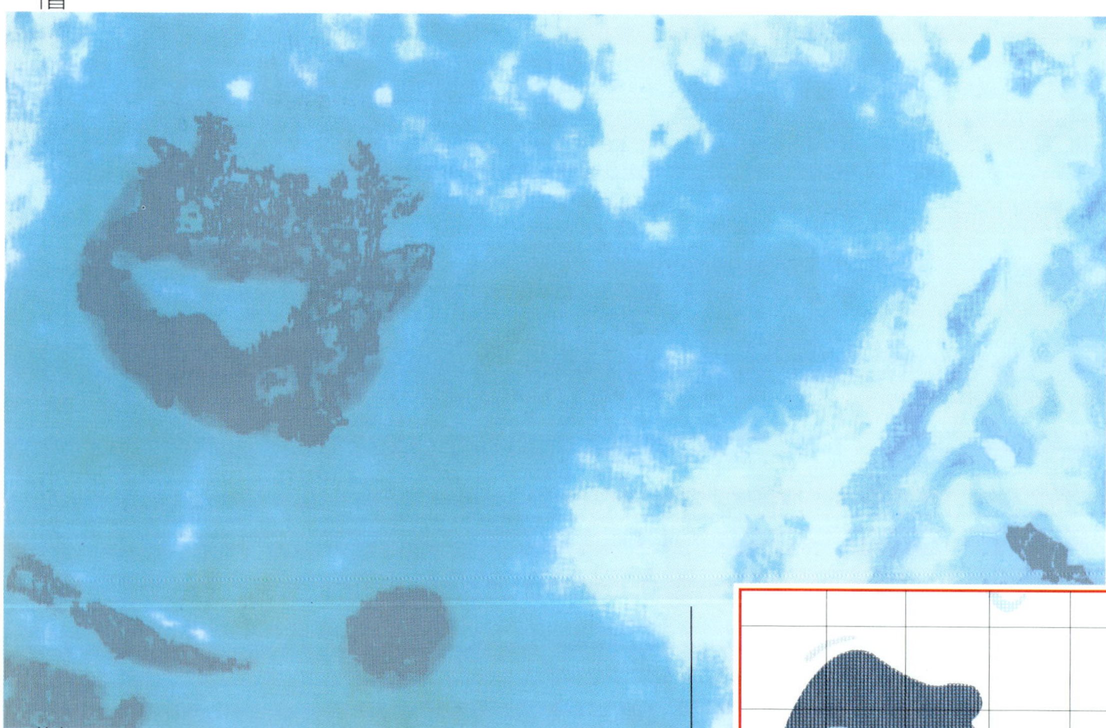

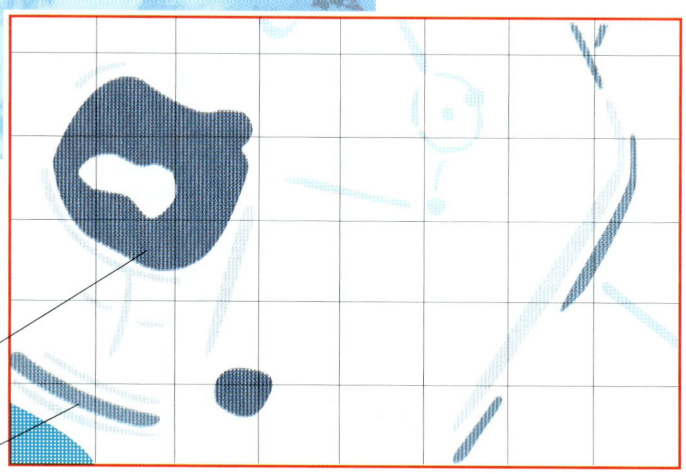

HAUTE RÉSISTANCE – ÉLÉMENT NATUREL

HAUTE RÉSISTANCE – NATUREL OU ARCHÉOLOGIQUE

HAUTE RÉSISTANCE – TALUS

FAIBLE RÉSISTANCE – FOSSÉ

HAUTE RÉSISTANCE – ÉLÉMENT ARCHÉOLOGIQUE

LA SORTIE IMPRIMANTE GÉOPHYSIQUE
On voit ci-dessus une sortie en niveaux de gris des informations concernant Navan (pp. 60-63) et, ci-contre, une interprétation des données. La légende permet de comprendre la façon dont on aboutit à l'interprétation. Il s'agit ici d'un enclos avec talus et fossé datant du protochristianisme, et comportant des structures internes. Les éléments archéologiques sont délimités par des signaux d'origine géologique et par le «bruit de fond» du sol.

Le positionnement global par satellite

L'examen
Le baladeur est transporté dans un sac à dos, au bout d'une perche. L'opérateur reçoit des informations d'un certain nombre de satellites et enregistre les données depuis une position spécifique.

Le positionnement global par satellite permet de déterminer avec précision la position et l'altitude de points situés à la surface de la Terre ; il est donc d'un grand recours pour des relevés détaillés. Cette technique repose sur l'utilisation des satellites militaires américains qui sont envoyés dans l'espace pour faciliter la navigation aérienne et le contrôle des missiles.

Le relevé cartographique

La technique du positionnement global par satellite recourt à deux récepteurs qui captent les signaux transmis par les satellites. Etant donné que l'on connaît la hauteur, la position et la trajectoire de ces derniers (pour autant que les récepteurs puissent capter les signaux émis par un nombre suffisant de satellites, en général au moins quatre), on peut calculer une position au niveau du sol par résection. Pour que le relevé soit précis, il faut que les données émises par les satellites soient recueillies simultanément par les deux récepteurs. L'un d'eux a une position fixe, le second au contraire est un «baladeur» que l'on déplace sur le site selon les points à relever. Les relevés effectués par les deux récepteurs sont archivés dans des ordinateurs, et comparés de façon à tracer une carte hypsométrique détaillée de la zone couverte par le baladeur. Ensuite seulement, on imprime. Les données ainsi recueillies sont notées en termes de latitude et de longitude, mais peuvent être converties pour se conformer au National Grid of the Ordnance Survey (Grande-Bretagne) et être reportées sur des cartes officielles.

Le positionnement global par satellite est une méthode très précise qui a fait gagner beaucoup de temps aux archéologues.

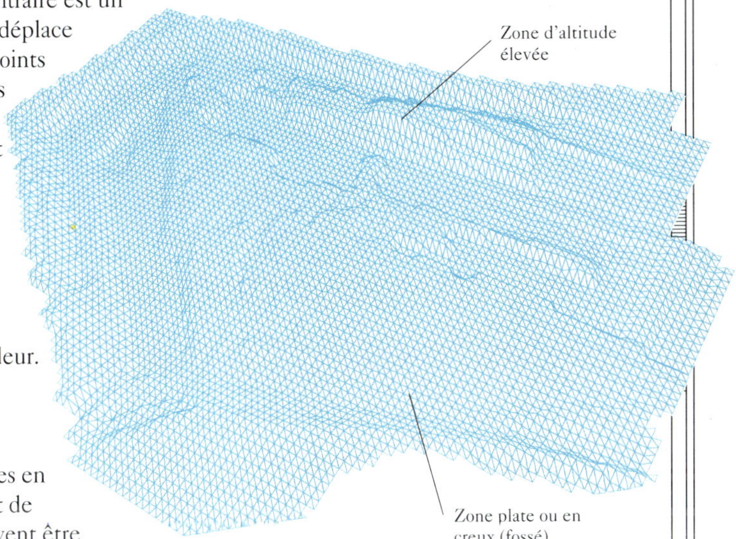

Un relevé
Ci-dessus : les données enregistrées ont permis de mettre au point un modèle en trois dimensions de la topographie du site.

Le radar au sol

L'étude par radar au sol
Ci-dessus : examen du site de Soho Works à Birmingham (pp. 112-115) au moyen d'un radar, destiné à détecter la présence de murs de briques ou de puits tapissés de briques.

Le radar (acronyme de l'anglais *radio detection and ranging*, «détection et télémétrie par radio») fut inventé dans les années 1930 pour détecter les avions. Depuis lors, cette technique s'est diversifiée, puisque ses applications comprennent notamment l'exploration spatiale, l'imagerie satellite et les applications civiles. Depuis 1989, des recherches ont été effectuées pour en faire une technique utilisable en archéologie. En 1992, les premiers tests furent menés sur des sites archéologiques.

L'étude du site

Un radar au sol émet des ondes de rayonnement électromagnétique. Quand celles-ci frappent la limite entre deux matériaux différents, ou entre un matériau et le vide, elles sont renvoyées à un récepteur. Ces signaux sont enregistrés, et on peut alors effectuer une impression en coupe du site. Pour l'instant, cette méthode semble efficace ; toutefois, on s'est heurté à des difficultés touchant à l'interprétation des informations. Les données enregistrées reflètent le temps que prend un signal pour être renvoyé ; donc, la coupe transversale produite est une réflexion des différents temps de retour, et pas obligatoirement de la disposition des couches dans le sol. Malgré cela, le radar semble un outil utile pour repérer, par exemple, des cours d'eau souterrains ou des vides, comme une crypte ou un tunnel. Même si l'interprétation dans les détails n'est pas toujours sûre, on obtient des indications précieuses sur la stratification complexe caractérisant un site archéologique. C'est dans les sites urbains que le radar se révèle le plus utile car, dans de telles zones, on trouve une très forte densité de métaux, de mortier, d'électricité et d'autres éléments qui interfèrent sur les résultats obtenus par résistivité ou magnétométrie. La technique du radar est donc particulièrement adaptée à des sites caractérisés par une stratigraphie complexe, que les autres méthodes ne rendent pas avec la même lisibilité.

La présentation des résultats
Voici l'impression des données enregistrées à Birmingham. Les lignes indiquent les différents temps de réflexion dans le sol, plutôt que les strates archéologiques.

La prospection à pied

Tesson de poterie
La nature et la quantité des éléments de poterie sont des facteurs très importants quand on inspecte un champ. Ce tesson est souvent le signe de la présence d'un site romain.

La marche à pied est l'une des méthodes les plus simples et les plus efficaces pour localiser un site archéologique. La meilleure période se situe après que les champs ont subi le passage de la charrue, de la herse ou de préférence du rouleau, car tous ces instruments font remonter des objets en surface. Le fait que le champ ait été ensemencé n'a pas d'incidence ; toutefois, il est utile que le terrain ait reçu la pluie, car celle-ci rince les objets, qui deviennent alors plus visibles. A priori, tout objet découvert est digne d'attention. Les poteries sont particulièrement intéressantes, car le fait qu'on en trouve en quantité peut signaler l'emplacement d'un habitat. Les silex et les pierres allochtones peuvent indiquer une activité préhistorique effectuée sur place ou montrant des déplacements à l'intérieur d'un territoire de chasse. Des concentrations de matériaux plus modernes (céramiques, métaux ouvragés, briques et tuiles) sont moins intéressantes sur le plan archéologique. La couleur et la texture des sols peuvent également être intéressantes, les zones sombres et chargées d'humus pouvant indiquer une occupation dans le passé.

Prospection à pied
Equipée de sacs et d'étiquettes, une équipe explore systématiquement un champ labouré. Plus les participants sont nombreux, plus cette méthode est efficace.

Les méthodes

Elles dépendent de l'objectif que l'on s'est fixé. Si l'on veut retrouver des objets (poterie, silex, etc.), la zone de ramassage peut être divisée en carrés identiques, selon une maille variable. On utilise fréquemment une stratégie d'échantillonnage, qui permettra de n'explorer qu'une petite partie de la zone étudiée. On n'examinera alors qu'un petit nombre des carrés délimités, choisis au hasard ou encore pris à des intervalles de 10 ou 20 m. Ce type de prospection est une méthode efficace pour repérer des sites archéologiques nouveaux, ou pour resituer des endroits déjà connus dans un environnement et une chronologie. Si l'analyse des objets découverts est correctement menée et l'interprétation des résultats obtenus faite de façon avisée, on dispose là d'un moyen simple et peu coûteux de recueillir des données archéologiques sur une superficie importante. Mais cette technique repose sur la présence dans le sol d'un matériel interprétable, en général des objets d'origine non organique qui indiquent une activité humaine passée. En conséquence, cette méthode s'avère moins efficace sur un site archéologique où les objets non organiques sont en nombre limité, voire inexistants.

La photographie aérienne

La photographie aérienne est une technique qui a révolutionné l'archéologie, et ce à double titre, car elle peut être utilisée aussi bien pour localiser sans dommage de nouveaux sites que pour replacer des zones déjà connues dans leur contexte environnemental. Ainsi, par exemple, un tertre peut être restitué comme faisant partie d'un paysage plus vaste, et un talus ou un fossé isolés deviennent des éléments d'un système d'exploitation agricole pratiqué sur une grande échelle. La photographie aérienne a trois applications principales. La première est l'étude des levées de terre : des irrégularités de terrain qui ne sont guère lisibles depuis le niveau du sol se voient très distinctement en avion, quand le soleil est suffisamment bas pour frapper les talus en laissant les fossés dans l'ombre. Le deuxième intérêt de la photographie aérienne est de révéler les différences de couleurs d'un sol, lesquelles peuvent indiquer des particularités des structures enterrées. Finalement, cette technique permet d'observer des différences dans les cultures, l'existence de sites archéologiques souterrains ayant des implications sur l'humidité et la profondeur des sols qui influent sur la croissance et le rythme de maturation des cultures. Les creux et fossés enterrés seront recouverts par des plantes plus grandes, à maturation plus tardive, tandis que les zones empierrées donneront des cultures plus malingres, qui mûriront plus rapidement.

Lignes sombres indiquant un sol riche

Substrat de nature crétacée

Vues aériennes
Dans le champ de céréales (en haut), des lignes sombres indiquent les endroits où les sols sont plus profonds et plus humides. Dans le champ labouré (en bas), le passage de la charrue a révélé un substrat crayeux (zones claires), ainsi que le contour d'un système agraire remontant à la préhistoire ou à l'Antiquité romaine (zones sombres).

Les terrassements
Quand le soleil est bas dans le ciel, on distingue nettement les fermettes rectangulaires et la route principale. Ce village est borné par un fossé, et entouré par une crête et un sillon. Ce type de terrassement est typique des sites de peuplement désertés.

Les techniques de fouilles

Le déblaiement de la surface
On voit ici une équipe de fouilleurs qui, à l'aide de truelles, déblayent la surface du sol. Des modifications dans la texture ou la couleur peuvent indiquer des vestiges de constructions en bois.

Les fouilles demeurent la principale méthode utilisée par les archéologues pour explorer un site. Le principe est de recueillir des informations de manière systématique, l'objectif étant de comprendre l'ordre qui a présidé à l'apparition d'un site de peuplement, à son développement puis à sa disparition. Dans la mesure où pratiquer des fouilles signifie destruction, il est essentiel que les résultats de celles-ci soient enregistrées et disponibles pour d'autres archéologues. Pour préserver le site, on ne peut pratiquer une fouille que sur une superficie limitée. Toutes les caractéristiques relevées sont replacées dans leur contexte, et toutes les découvertes sont enregistrées.

Les méthodes

Il y a essentiellement deux méthodes de fouilles. La première consiste à creuser des tranchées, puis à découper des sections pour vérifier s'il existe des couches indiquant une occupation au-dessous du niveau du sol, et voir ensuite quel en est le contenu.

Le sol vu en coupe
Cette coupe permet de constater la présence de plusieurs couches de dépôts, et peut contribuer à reconstituer l'histoire du site.

Ce procédé offre peu d'informations sur la disposition d'une structure ; en revanche, il permet en général d'établir la stratigraphie de l'ensemble et la chronologie du site en question. La datation des différentes couches s'effectue grâce aux objets que l'on y trouve. Les opérations de fouille ne vont pas au-delà du substrat rocheux, correspondant à une couche naturelle sur le plan géologique. La seconde méthode consiste à ouvrir une grande surface, à dégager la couche superficielle, et à mettre au jour les vestiges. Comme la plupart des structures étaient autrefois en bois, tout ce qu'il en reste est constitué par les trous de poteaux et par les marques allongées de bois de construction. Seule une fouille de plein air permet d'observer les changements de couleur et de texture du sol, et donc de restituer les plans de telles structures. Dans ce cas également, toutes les découvertes sont replacées dans leur contexte et consignées en tant que telles. Différents moyens sont mis en œuvre, comme le recours à des engins lourds pour dégager l'herbe ou la couche superficielle du sol, ou l'utilisation d'outils mécaniques pour creuser des tranchées. Dans certains endroits tout se fait manuellement avec des truelles, des brosses, des bêches, des pelles, des houes, des tamis.

L'analyse des trous de poteaux

Autrefois, la plupart des structures étaient en bois. Ceci explique le fait que, dans un site archéologique, l'un des éléments les plus répandus est le trou laissé par un poteau. Sauf dans des circonstances exceptionnelles (par exemple, si le bois a été gorgé d'eau ou au contraire carbonisé par le feu), la structure, complètement pourrie, n'existe plus ; les archéologues ne distinguent plus alors que les «fantômes» de son existence passée.

Les constructions

Dans les temps anciens, la méthode la plus utilisée pour édifier des constructions en bois consistait à creuser dans le sol une série de trous, puis à y enfoncer des poteaux que l'on maintenait en place en remblayant avec de la terre et des pierres. De telles pratiques laissent des traces des siècles plus tard. Si le pilier a pourri sur place, ou a été arasé au niveau du sol, on peut en distinguer les restes : soit le sol est teinté, soit on trouve un matériau plus fibreux. Si, à l'inverse, le poteau a été retiré, il se peut qu'il subsiste un vide ou un sol très meuble. Une fouille soigneuse suivie d'un déblaiement de la surface dans laquelle les poteaux ont été fichés peut révéler une différence de texture et de couleur entre la composition géologique naturelle, le remplissage du trou de poteau (qui peut comprendre de grosses pierres) et l'emplacement du poteau lui-même. En général, on étudie les trous par coupe transversale. Une fois connues la situation et la répartition des poteaux, on peut déterminer les plans des différents bâtiments ayant existé sur un site. Il est délicat d'interpréter l'ordonnancement des poteaux et d'identifier les constructions au vu des seuls trous, surtout quand ils sont nombreux ; toutefois, cette méthode permet de fournir des informations essentielles sur l'organisation d'un site archéologique.

Une maison anglo-saxonne
Cette maison est délimitée par une tranchée indiquant la présence, jadis, de murs de bois. Les trous indiquent la position des poteaux séparant les différentes pièces. Ceux situés à l'extérieur accueillaient des piliers de contrefort.

Cavité prévue pour le passage d'un poteau à section carrée

La dendrochronologie

Pendant sa vie, un arbre s'épaissit tous les ans d'un ou deux anneaux de croissance, sa circonférence variant en fonction des réactions de l'arbre à son environnement. Ce phénomène affecte aussi bien le tronc que les branches. Si l'on étudie les anneaux d'un arbre vivant et que l'on en compare la séquence avec ceux d'un arbre plus ancien de la même espèce, et que l'on poursuit ainsi les comparaisons avec d'autres encore plus vieux, on arrive à reconstituer une longue histoire en superposant les tracés d'anneaux. Pour cela, on prélève le cœur d'un arbre vivant et on en compare les anneaux avec ceux d'une poutre d'un bâtiment ancien, que l'on compare à leur tour avec ceux d'une charpente plus âgée, puis avec des pièces de bois trouvées lors de fouilles. On peut ainsi établir une chronologie fiable permettant de remonter à plusieurs millénaires.

Coupe d'un tronc
Cette coupe d'un tronc met en évidence le système d'anneaux du duramen. Ici, on ne dispose ni de l'écorce ni de l'aubier, mais on distingue nettement des différences dans l'épaisseur des anneaux.

Toutefois, il peut exister plusieurs séquences «flottantes», c'est-à-dire non calées dans la chronologie principale. Il faut alors effectuer des recherches sur d'autres échantillons. Quand on trouve une pièce de bois sur un site archéologique, on en compare le système d'anneaux avec la séquence connue.

La datation précise

Si le bois présente encore son aubier et son écorce, on arrive en général à déterminer la date de son abattage, qui ne correspond pas forcément avec celle de son utilisation. Toutefois, les bois étant autrefois utilisés souvent verts, les deux dates peuvent être pratiquement concomitantes. Pour l'instant, cette méthode a été appliquée à un nombre limité d'espèces, par exemple le chêne en Europe du Nord, le pin sur le pourtour oriental de la Méditerranée, le sapin de Douglas aux Etats-Unis. L'intérêt principal de la dendrochronologie consiste à vérifier ou à corriger les datations au carbone 14 : l'association des deux techniques permet d'établir une datation aussi précise que possible.

La mesure des anneaux
C'est un ordinateur qui compte les anneaux, en mesure l'épaisseur, puis en compare le schéma avec des séquences connues, spécifiques à une espèce et à une région.

La datation au carbone 14

La première méthode scientifique et fiable de datation absolue en archéologie est la mesure du carbone 14. Elle est fondée sur le fait que tous les éléments vivants contiennent du carbone, dont il existe des types stables et d'autres radioactifs. Le carbone 14 en est la forme radioactive. Quand un organisme meurt, sa teneur en carbone 14 diminue, la perte en particules atomiques s'effectuant à un rythme constant. Celui-ci peut se mesurer au moyen d'appareils scientifiques, ce qui permet d'obtenir une datation de l'objet étudié.

Rythme de diminution

Ce rythme fut déterminé aux Etats-Unis par Willard Frank Libby (1908-1980) : il établit qu'en l'espace de 5 568 ans, un objet avait perdu la moitié de sa quantité de carbone 14. Depuis, on a apporté à cette étude un certain nombre de corrections, en portant notamment cette durée à 5 730 ans. La découverte du fait que le taux de production atmosphérique de carbone 14 n'est pas constant dans le temps imposa en effet d'appliquer un facteur de correction (calibration). Les dates déterminées sont d'abord reportées sans calibrage, puis rectifiées par adaptation aux années calendaires prenant en compte les fluctuations atmosphériques. Ainsi par exemple, une datation au carbone 14 à 2 000 ans av. J.-C. correspond en fait approximativement à l'année calendaire 2350 av. J.-C.

Grande précision

Les premières méthodes de datation ne mesuraient que les émissions radioactives provenant des objets étudiés. Mais en utilisant la datation par accélération des particules, on mesure la radioactivité de l'échantillon tout entier, ce qui permet d'obtenir une précision plus grande avec une quantité moindre de matériau.

La datation au carbone 14 est surtout connue pour son application à des objets isolés, mais elle est principalement utilisée pour dater les couches d'occupation archéologique. On prélève plusieurs échantillons dans un périmètre archéologique bien délimité, en veillant à ce qu'ils ne soient pas contaminés par des matériaux modernes. Cette méthode de datation peut s'appliquer à tout élément jadis vivant, par exemple le bois, le charbon de bois, l'os, le coquillage, etc. Une fois que l'on a mesuré la quantité de carbone radioactif, on peut établir la date de la mort de l'objet, c'est-à-dire l'année au cours de laquelle sa teneur en carbone 14 a commencé à diminuer.

Dans un laboratoire
Une nouvelle technologie, par accélérateur de spectrométrie de masse, permet de compter directement les atomes de carbone radiactif, et donc de travailler sur des échantillons plus petits.

L'ANALYSE DE L'ENVIRONNEMENT

LA CUVE DE FLOTTATION
Un échantillon de sédiment est placé sur un tamis en haut d'une cuve. On y fait passer de l'eau, ce qui libère à sa surface les matières végétales. Celles-ci sont alors recueillies au moyen de deux tamis à mailles fines.

Les matériaux étudiés en biologie peuvent aussi livrer aux archéologues des informations importantes sur les paysages, l'économie ou l'environnement à une époque passée. Des éléments situés dans un contexte humide, par exemple une tourbière, des sédiments lacustres, des dépôts gorgés d'eau, peuvent avoir conservé des macrofossiles (feuilles, brindilles, graines, noyaux…) ou des microfossiles (pollens…). Ces derniers peuvent nous renseigner précisément sur la végétation (bois, broussailles, espace découvert) ; si l'on dispose d'une série d'échantillons, on peut en étudier les évolutions au fil du temps et observer l'influence de l'homme sur son environnement naturel.

LES MACROFOSSILES

Les macrofossiles sont susceptibles d'apporter des informations sur le régime alimentaire, le niveau technologique, la gestion de l'environnement d'une communauté. Les insectes et champignons peuvent donner des indications précises sur l'environnement immédiat. On peut également trouver dans les terrains calcaires de microscopiques escargots terrestres, que l'on exploitera de la même façon que le pollen. En effet, certaines espèces de mollusques se plaisent dans des environnements particuliers, certains préférant l'humidité d'un bois, d'autres la sécheresse relative d'une zone herbeuse. Les modifications intervenant dans leur population constituent donc un bon indicateur de l'environnement. En utilisant une cuve de flottaison, les archéologues peuvent recueillir des macrofossiles provenant de dépôts archéologiques, qui seront ensuite étudiés par d'autres spécialistes.
D'autres échantillons sont prélevés par des archéologues paléoenvironnementalistes quand ils dégagent une carotte stratifiée de terre ou de tourbe ; l'étude est ensuite confiée à un laboratoire spécialisé. Précisons que certaines conditions climatiques favorisent la conservation des matériaux : c'est par exemple le cas des déserts très secs. Le gel garantit, lui aussi, une bonne conservation. Le travail des archéologues implique aussi l'hypothèse selon laquelle les espèces retrouvées demandaient des conditions similaires à celles exigées par leurs actuels représentants.

L'ANALYSE D'UN ÉCHANTILLON
Des échantillons sont examinés par des spécialistes équipés de puissants microscopes. Cette technique s'utilise pour étudier des restes d'insectes ou compter les pollens et les graines.

L'ARCHÉOLOGIE SOUS-MARINE

De tout temps, l'homme a utilisé les mers, les lacs et les cours d'eau pour se nourrir, se déplacer ou, plus tard, pour disposer d'énergie.
L'archéologie sous-marine complète donc à merveille les recherches menées à terre ; c'est l'invention du scaphandre autonome qui lui a ouvert la voie, et sa technologie s'est considérablement sophistiquée au cours du XXe siècle.
Les principes de base de l'exploration sous-marine sont les mêmes que pour une opération terrestre : on étudie le site, on en enregistre les caractéristiques, puis on mène à bien les fouilles, selon les mêmes principes, mais adaptés à un milieu humide. Certains paramètres rendent les choses plus difficiles : par exemple, l'autonomie restreinte des plongeurs, ou encore une visibilité réduite. Toutefois, les chantiers sous-marins présentent des avantages, comme la possibilité d'évoluer au-dessus d'un site ou la facilité avec laquelle on dégage les déblais. En outre, le séjour dans l'eau offre des conditions de conservation très différentes de celles d'un environnement sec : notamment, les matériaux organiques comme le bois survivent en général très bien, tandis que les métaux s'enrobent de dépôts minéraux. En revanche, une fois sortis de l'eau, les objets exigent des conditions très minutieuses de préservation dans leur nouvel environnement.
L'archéologie sous-marine est principalement intéressante à deux égards. Tout d'abord, dans de très nombreuses parties du monde, le tracé du littoral et le niveau de l'eau ont été considérablement modifiés au cours des millénaires ; de ce fait, il est possible de remonter, soit des sols ou des structures submergés, soit même des éléments de ports ou de défenses maritimes. Ensuite, l'archéologie sous-marine facilite la récupération des épaves de navires et de leur contenu. Ce volet nous permet d'approfondir nos connaissances sur l'avancement technologique d'une société, ainsi que sur ses relations économiques et commerciales.
Toutefois, le principal problème reste la difficulté à protéger les sites sous-marins contre les pillages, avant ou après l'arrivée des archéologues.

LA FOUILLE À LA POMPE
Ce plongeur utilise une pompe pour dégager les dépôts de vase et de boue qui se sont accumulés sur les objets et le site à étudier.

UN TRAVAIL DANS LES PROFONDEURS
Ici, le plongeur travaille dans une zone quadrillée conformément au plan d'ensemble du site.

LA RECONSTITUTION D'UNE POTERIE

Jusqu'à l'apparition de matériaux synthétiques comme le plastique, la poterie représentait l'élément le plus utilisé pour cuisiner, dresser une table et stocker. Mais elle est fragile et impossible à recycler : quant elle est cassée, on n'a d'autre ressource que de la jeter. Une fois que l'argile a été soumise au feu pour devenir poterie, elle devient très dure et se conserve bien dans la plupart des sols. Tous ces éléments conjugués expliquent que, entière ou réduite en tessons, elle constitue l'objet le plus fréquemment retrouvé lors de fouilles de sites allant du Néolithique jusqu'à nos jours. La poterie est très utile aux archéologues, car elle leur permet de dater et d'identifier les sites.

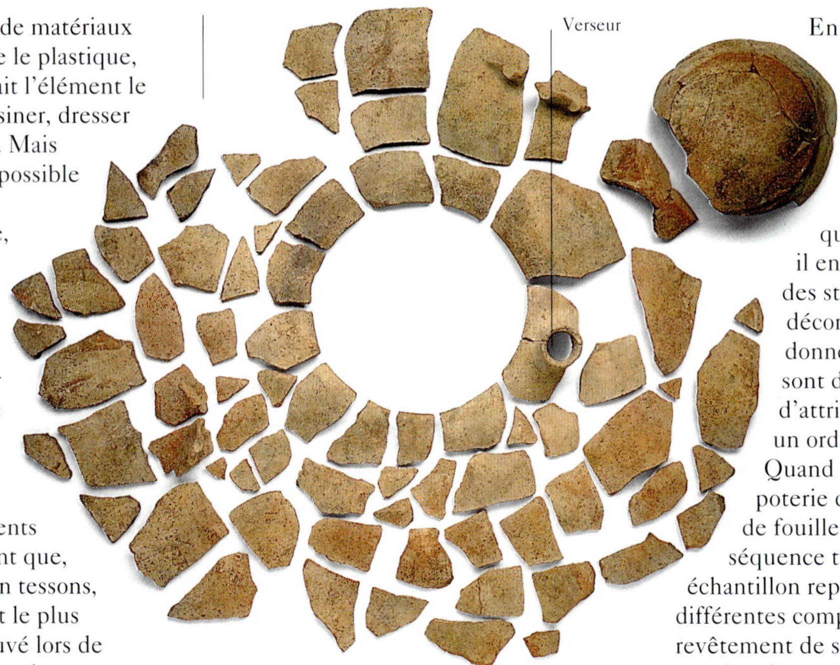

LE TRI
Les tessons sont triés par types : l'on sépare les pièces de bordure, de corps et de fond. Chacun d'eux est nettoyé avec de l'eau et une brosse douce.

En effet, ses procédés de fabrication ont évolué au fil du temps (types de trempe, température d'échauffement, qualité de l'argile) ; il en est de même des styles et des décorations. Sur un site donné, les archéologues sont donc en mesure d'attribuer aux poteries un ordre chronologique. Quand on trouve de la poterie dans un champ de fouilles, on établit une séquence type composée d'un échantillon représentatif des différentes compositions et de leur revêtement de surface (vernis, engobe, décoration). Cette séquence type sert de référence pour comparer et identifier d'autres morceaux, découverts au même endroit ou beaucoup plus loin. En général, une poterie présente des caractéristiques ressortissant d'un savoir-faire spécifique en termes de four, de forme, de destination et de décoration : il est donc assez facile d'identifier un tesson, d'en

LE COLLAGE DES TESSONS
Les tessons sont assemblés avec de la colle. Du ruban adhésif vient renforcer la structure au séchage. On utilise une colle sans effet chimique dommageable.

LA RECONSTITUTION D'UNE FACE

La reconstitution d'une face d'après les caractéristiques d'un crâne est une technique qui se développe rapidement. On l'utilise fréquemment en médecine légale pour identifier des victimes, mais elle est également très intéressante pour les archéologues. En effet, l'expérience a montré qu'il existait une relation directe entre la forme d'un crâne et l'aspect du visage correspondant. Le crâne présenté ci-contre est celui de Horemkenesi, un homme de Cour égyptien, dont le corps momifié fut retrouvé dans une tombe à proximité des pyramides de Gizeh et dont la vie était relatée par des inscriptions. Des spécialistes du musée municipal de Bristol ont mis au point un projet à long terme : défaire les bandelettes et reconstituer les restes de Horemkenesi.
Au départ, le crâne doit être nettoyé, puis examiné : la reconstitution ne peut être menée à bien que si l'on dispose d'une proportion suffisante de crâne. Celui-ci étant fragile et susceptible d'être à nouveau étudié ou inhumé, on

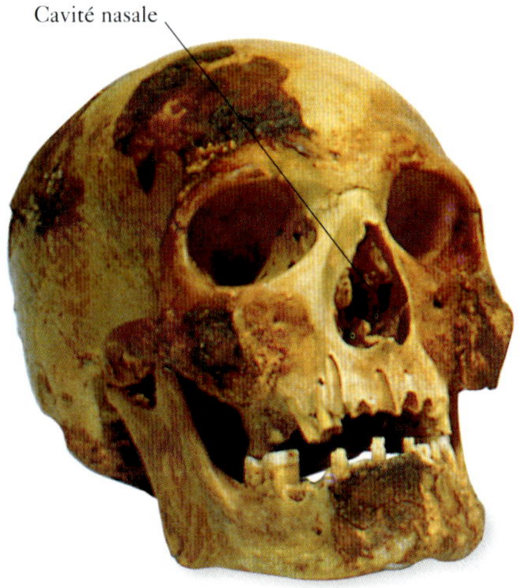

LE CRÂNE DANS SON ÉTAT D'ORIGINE
Le crâne de Horemkenesi est complet et assez bien conservé. Il va déterminer la reconstitution du visage.

en fait un moulage en plâtre sur lequel on travaillera pour la reconstitution. Pour cela, on protège généralement le crâne en l'enveloppant dans une feuille d'aluminium, puis on fabrique un moule dans lequel on coule du plâtre.

Pour que la reconstitution soit aussi fidèle que possible, il convient de recueillir des informations complémentaires sur l'individu en examinant son squelette et en étudiant les circonstances de l'inhumation. L'idéal est bien sûr de connaître l'âge, le sexe et le groupe ethnique du mort. Dans les dernières décennies, on a établi, grâce à des dissections et à des sondes à ultrasons, des tableaux statistiques qui indiquent l'épaisseur moyenne de chair à un certain nombre de points clefs du crâne. Cette épaisseur variant selon le sexe et l'origine ethnique, il est essentiel de pouvoir déterminer ces éléments. Ensuite, on enfonce dans le moulage des bâtonnets en une trentaine de points du crâne, afin d'indiquer les différentes épaisseurs de chair. Malheureusement, ces mesures statistiques ne peuvent

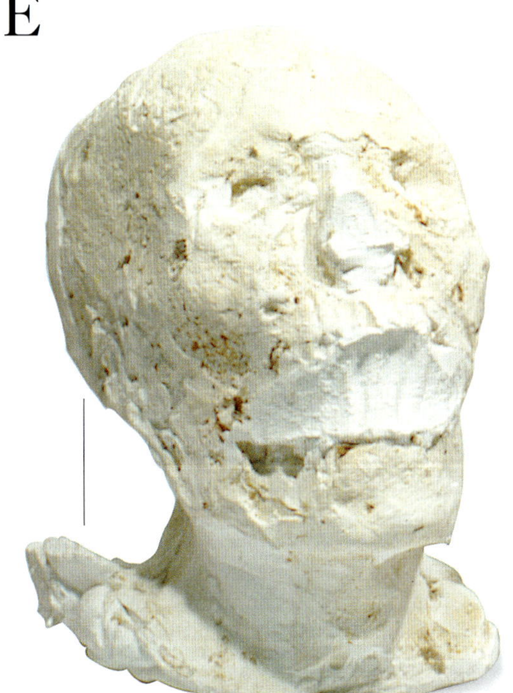

LA COPIE DU CRÂNE
Le moulage en plâtre sert de support à la reconstitution ; on lui adjoint des couches de muscles et de tissus reconstitués avec de l'argile. L'ajout du cou donne ses justes proportions à la tête.

déterminer la provenance et la date de fabrication. Il est inévitable qu'un petit nombre d'entre eux soient impossibles à identifier, mais en en étudiant le contexte typologique, les archéologues peuvent enrichir leurs connaissances par comparaison avec d'autres sites.

Il est très rare de trouver une poterie intacte, et l'on découvre le plus souvent des tessons de petite taille. La reconstitution de l'objet est alors particulièrement délicate. Les tessons peuvent se classer en quatre principaux types : bordure, corps, fond et accessoires (anse, verseur, pied…). Certains d'entre eux livrent plus d'informations que les autres. Ainsi par exemple, un tesson du corps renseigne très peu sur le récipient d'origine, alors qu'un fragment de bordure ou de fond donne des indications sur son diamètre. Dans certains cas où l'on dispose de tessons propres à donner des indices essentiels sur les dimensions du récipient, il est possible de reconstituer celui-ci entièrement : il suffit alors de disposer de 10 % d'une poterie, le reste étant restauré avec des matériaux modernes. Des techniques scientifiques récentes ont permis aux archéologues d'approfondir les conclusions qu'ils sont susceptibles de tirer d'un tesson donné. Ainsi par exemple, une lame mince peut être examinée au microscope : il est alors possible d'identifier d'éventuelles inclusions géologiques ou d'autres éléments dont on déterminera la provenance. Dans quelques cas, rares toutefois, une analyse lipidique permet d'identifier des particules de substances qui, contenues à l'origine dans le récipient, ont pénétré dans la poterie, des corps gras notamment.

LE COLMATAGE DES PARTIES MANQUANTES
Une fois que la colle a séché, on colmate avec du plâtre l'espace entre deux tessons. Puis on lisse le plâtre et on le peint.

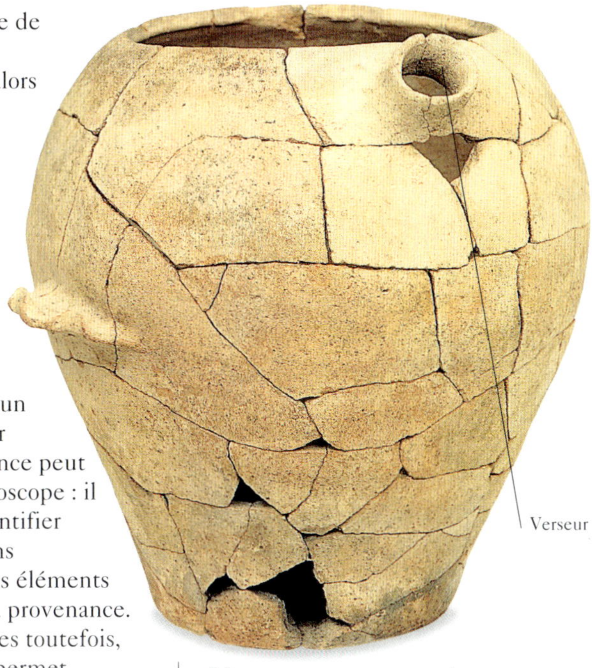

UN POT RECONSTITUÉ
L'aspect de ce récipient a été déterminé grâce à une séquence type. Le pot servait à stocker de l'huile d'olive.

prendre en compte le poids total de l'individu, qu'il n'est pas possible de déterminer au vu du seul crâne. A ce stade, on traite un certain nombre de points essentiels du visage : on marque la bordure des yeux et celle de la bouche, on construit un échafaudage pour le nez. Celui-ci est délicat à reconstituer car il ne comporte pas d'os, mais seulement du cartilage ; sa construction tient donc en partie à une estimation. Puis on construit le visage avec de l'argile en suivant la structure anatomique des tissus et des muscles. Les marques d'insertion musculaire sur le crâne indiquent leur force et leur position, ce qui conditionne en grande partie la physionomie générale. On rajoute ensuite des bandes d'argile que l'on lisse pour figurer la peau, en s'aidant des bâtonnets qui indiquent l'épaisseur de chair. On passe alors aux détails superficiels, comme les paupières ou les sourcils, que l'on sculpte. La bouche constitue une étape délicate, le crâne ne donnant aucune information sur son aspect. De même, le façonnage des oreilles est en grande partie hypothétique. Enfin, on ajoute un certain nombre de caractéristiques : le visage peut être vieilli en fonction des déductions faites à partir du squelette, certains détails d'ordre culturel peuvent être déduits du type de coiffure ou des bijoux, toutes choses qui renseignent sur le statut social de l'individu.

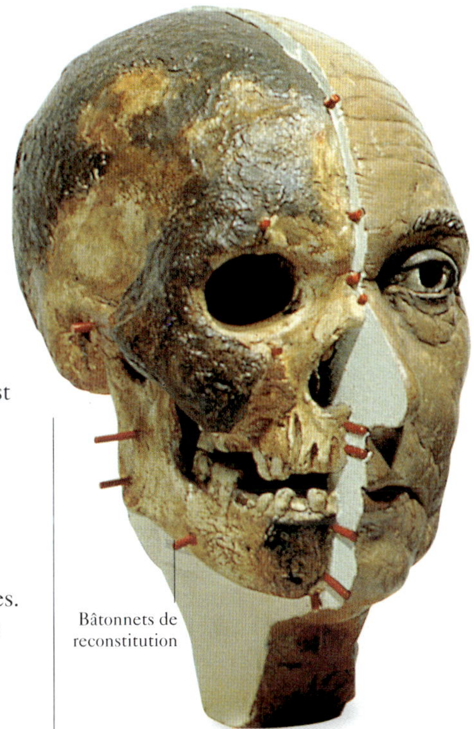

LA CONSTRUCTION DU VISAGE
Cette reconstitution en coupe montre les bâtonnets enfoncés dans la réplique du crâne, qui indiquent les différentes épaisseurs de chair à reconstituer. Sur le côté gauche, l'argile a déjà été appliquée. Sur le côté droit, on distingue les restes des dents.

LES VISAGES DU PASSÉ

Les archéologues n'ont que peu de chances de réaliser une ressemblance parfaite. Toutefois, la reconstitution est fort utile, ne serait-ce que pour se faire une idée du visage que pouvaient avoir nos ancêtres. Ceci est particulièrement important quand il s'agit de personnages historiques, dont on peut comparer le moulage avec des peintures ou sculptures de leur époque.

LE MOULAGE EN BRONZE
Le moulage en bronze est prêt à être exposé dans un musée. Horemkenesi devait avoir un visage proche de celui-ci ; suffisamment, en tout cas, pour que les gens qui le connaissaient bien puissent le reconnaître sous cette forme.

L'EXHUMATION DE RESTES HUMAINS

Lors des fouilles archéologiques, les restes humains demandent un traitement plus minutieux que les autres éléments découverts. Cela tient à ce que ces restes sont plus délicats à analyser que des objets ; en même temps, ils sont en mesure de fournir

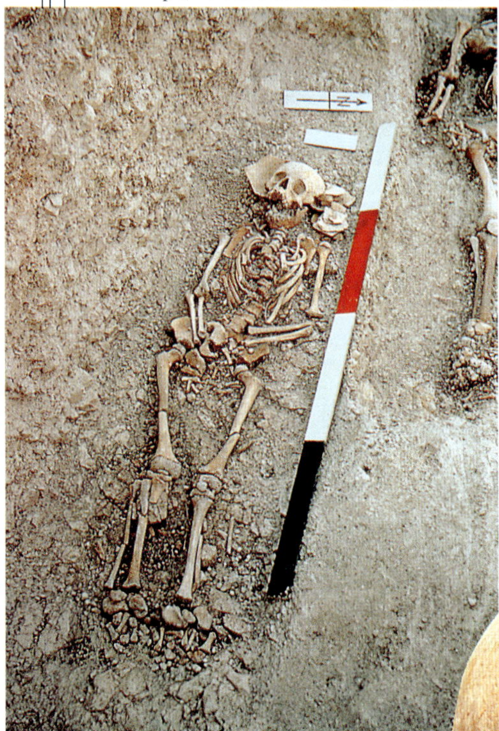

SQUELETTE
Le corps avait été soigneusement placé dans la tombe à l'issue de rites funéraires. Très souvent, les individus étaient enterrés tout près de leurs parents défunts.

nettement plus d'informations sur les individus. Il convient de prendre en compte un certain nombre de considérations d'ordre religieux ou social : ainsi, pour les Inuit, ou les juifs orthodoxes, se pose la question de la validité et de la moralité de l'exhumation des ancêtres. Les squelettes découverts peuvent présenter des degrés de conservation divers en fonction d'un certain nombre de paramètres : les matériaux utilisés pour l'enterrement, l'âge du mort et les caractéristiques du sol. Ainsi par exemple, les os résistent très mal dans des sols acides ; sur certains sites, ils sont totalement décomposés, au point de ne plus subsister que sous forme de taches dans le sol. Quant la terre est gorgée d'eau, la peau et les tissus mous peuvent résister, mais les os perdent souvent leur structure et sont réduits au collagène. Toutefois, dans un nombre non négligeable de sites, on trouve des squelettes en bon état de conservation : ce sont les dents qui sont en général le mieux préservées, car ce sont les éléments les plus résistants du corps humain.

UN DÉPLACEMENT DÉLICAT

Lorsqu'ils découvrent des tombes, les archéologues procèdent à une fouille en suivant les règles de la stratigraphie. La couche supérieure du sol étant la plus récente, la tombe est vidée en sens inverse de l'ordre suivi lors de l'inhumation. Dans certains cas, on trouve dans les tombes des indices indiquant les circonstances de l'enterrement : des fragments de tissus, des peaux d'animaux, du bois, des clous, et même de petites fibules de linceul. Une fois qu'un squelette a été trouvé, on utilise de petits instruments, souvent en bois afin de ne pas endommager les os, pour nettoyer l'ossature et exposer tous les os sans pour autant les déplacer. Ensuite, on enregistre le squelette *in situ*, au moyen de photographies, de dessins à l'échelle et de feuilles de relevés ; ainsi, on fixe la position et l'état exacts des os et objets environnants. Cette étape est essentielle pour éviter de perdre un certain nombre d'informations sur les circonstances de l'enterrement, l'état de conservation des os et éventuellement certains signes particuliers du squelette. Celui-ci peut alors être sorti de la fosse et acheminé vers un laboratoire. Les os étant souvent fragiles, ils sont soigneusement enveloppés et soutenus par en dessous pendant leur transfert. Si l'on a prévu de réaliser des tests scientifiques, on prélève des échantillons osseux que l'on scelle à part : ils seront utilisés pour des recherches d'ADN, ou pour des tests d'ESR (résonnance électronique). D'un autre côté, l'analyse des isotopes stables permet de déterminer quelle était l'importance du poisson, de la viande et des végétaux dans l'alimentation de l'individu étudié.

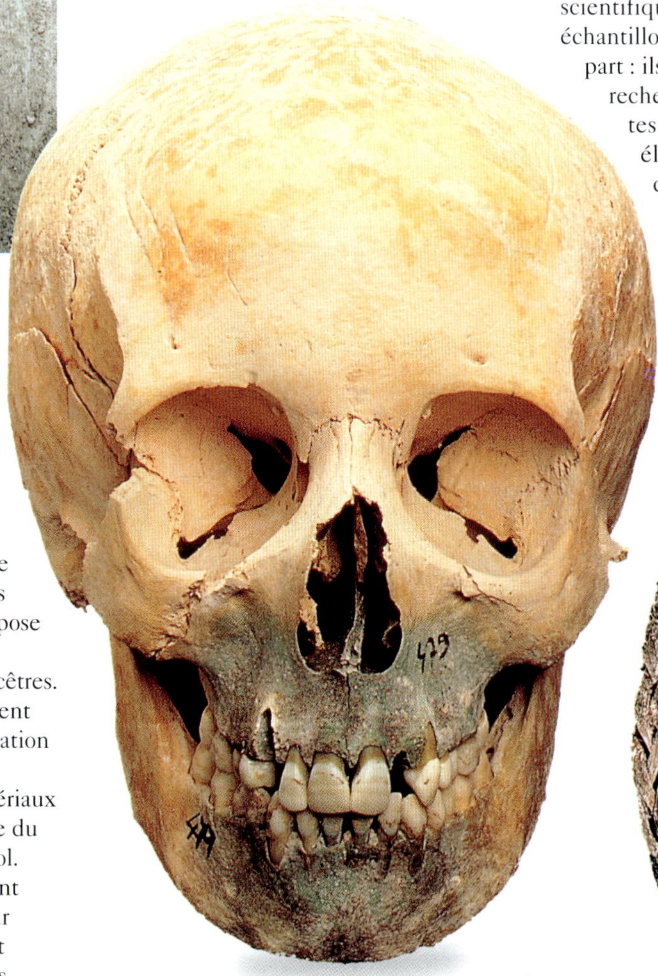

LA DÉTERMINATION DU SEXE
Les squelettes masculins et féminins diffèrent notamment par la forme du crâne, des orbites, du menton et des dents. De l'examen de ces points, combinés aux objets découverts avec le squelette, on peut déduire le sexe et la position sociale.

Natte de cheveux à six mèches

LES INDICES D'ORDRE CULTUREL
Cheveux, chaussures, broches, parfois conservés, permettent de déduire quels furent les rites funéraires : la coiffure ou la façon dont on plaçait des pièces de monnaie dans la bouche du défunt en paiement du passage dans l'au-delà.

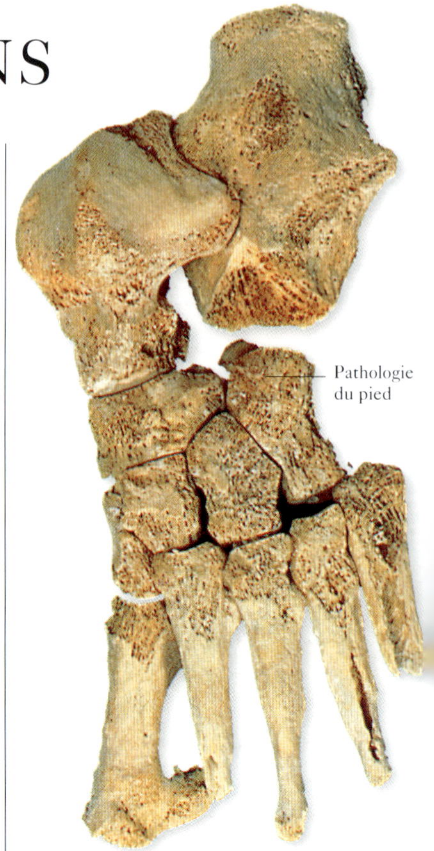

Pathologie du pied

LA PREUVE D'UNE MALADIE
En étudiant des squelettes provenant du même cimetière, les chercheurs ont constaté sur les corps des signes d'arthrose psariatique. Les facteurs prédisposant à cette affection sont un terrain héréditaire et une forte teneur en plomb dans l'alimentation.

LE TRAVAIL EN LABORATOIRE

Les os sont complètement nettoyés puis soumis à l'étude d'un ostéologue. Si celui-ci dispose d'une partie suffisante d'un squelette en bon état de conservation, il peut déterminer un certain nombre de caractéristiques de la personne examinée. Le sexe, l'âge et la taille du mort font l'objet d'une estimation par comparaison avec d'autres individus de populations modernes. On peut également déceler des signes de maladie ou de blessures. Si l'estomac renferme encore des aliments, ceux-ci donnent des indications sur les habitudes alimentaires. Bien sûr, les conclusions les plus intéressantes peuvent être établies quand on exhume un grand nombre de corps, regroupés dans un cimetière par exemple : dans ce cas, on ne reconstitue pas l'aspect physique d'un individu en particulier, mais on obtient des informations sur l'état sanitaire et le style de vie d'une population tout entière.

La conservation des vestiges

La conservation de la pierre

La pierre, malgré sa grande résistance, requiert des soins d'entretien intensifs. La pollution a accéléré de façon inquiétante la dégradation de bon nombre de monuments. Les sites situés à l'intérieur ou à proximité de grandes villes semblent les plus exposés. Ainsi, l'état de l'Acropole d'Athènes ou des pyramides d'Egypte montre l'influence néfaste du développement urbain sur des monuments très anciens.

Le nettoyage de la pierre
Pour traiter les bâtiments encore dressés, on doit nettoyer puis consolider les pierres in situ. *On voit ici une micropulvérisation à haute pression qui permet d'éliminer la saleté accumulée au fil du temps.*

Le nettoyage de la pierre commence par l'élimination en surface d'un certain nombre de particules dues à la suie ou à la pollution ; cette opération s'effectue en général par projection de sable ou d'eau vaporisée. Ensuite, tous les bâtiments comportant des traces de peintures ou de moulures anciennes exigent un traitement particulier. Après ce nettoyage, on peut apprécier les dommages qu'ils ont subis et consolider la pierre au moyen de produits chimiques. Dans les cas où la construction est considérablement dégradée, on remplace les parties extérieures les plus endommagées par de nouvelles pierres. Ceux-ci se fondront dans l'ensemble en se patinant au fil du temps.

La conservation des tissus

Les tissus subsistent rarement quand ils sont enterrés. En général, on en retrouve quand les conditions climatiques sont soit très humides soit très sèches, ou encore très froides : les bactéries et autres micro-organismes, ne survivant pas, ne peuvent alors entamer le processus de dégradation. C'est ce qui explique pourquoi on a trouvé un nombre impressionnant de restes de tissus dans le permafrost, les déserts ou les régions marécageuses. Toutefois, les vestiges textiles sont souvent très fragiles, au point qu'il faut prélever en même temps qu'eux la terre qui les soutenait. Ils sont ensuite nettoyés en laboratoire.
En ce qui concerne les tissus humides, le plus gros problème est représenté par l'action des bactéries, des moisissures ou du dessèchement, qui peuvent provoquer une rupture et une désintégration de la structure. Quand, à l'inverse, un tissu est desséché, il convient de tenir compte de sa fragilité et de la présence d'insectes. Souvent, les meilleurs méthodes pour enrayer la destruction sont la réfrigération ou la congélation. Une fois nettoyés, les tissus sont entreposés à un niveau d'hygrométrie constant, dans des conditions de lumière et de température correctes ; on vérifie régulièrement l'absence de bactéries et d'insectes.

La conservation d'une tunique
Les objets tissés sont souvent très fragiles. Un soin extrême est ici requis pour réparer les zones endommagées, au moyen d'un fil de soie identique à l'original.

La conservation des métaux

Quand ils se trouvent enterrés, les objets en métal sont très sensibles à leur environnement, notamment à l'humidité. De ce fait, quand ils sont découverts par les archéologues, ils sont souvent déjà très dégradés. Une fois qu'ils ont retrouvé le contact avec l'air, ils exigent un traitement minutieux destiné à enrayer la corrosion et à leur restituer leur apparence originelle.
En général, on passe les objets métalliques aux rayons X avant de les traiter : cette opération a pour fin de déterminer ce qui se trouve sous la couche corrodée externe ; dans certains cas, une abrasion douce permet d'éliminer la corrosion et de mettre au jour les motifs d'origine. Le fer, étant exposé à la rouille, doit être conservé le plus possible à l'abri de l'humidité et de l'air.
Les objets réalisés dans un alliage de cuivre exigent en général un traitement spécial destiné à empêcher un vert-de-grisage qui risquerait de détruire l'objet. Quant aux couleurs dorées d'origine, il est malheureusement impossible de les restituer.
Une couche de corrosion se forme souvent à la surface des métaux ou objets métalliques qui ont été enterrés. Lorsque cette attaque est importante, l'objet originel peut être totalement caché. Quand il est immergé dans la mer, le fer réagit avec le sel pour former une épaisse concrétion pouvant envelopper complètement un objet. Avant d'être traités, ces éléments attaqués sont d'abord passés aux rayons X, ce qui permet de visualiser l'intérieur et de révéler des détails que l'on aurait pu manquer. En effet, si un conservateur ne sait pas quelle est la forme de l'objet enrobé, il risque de provoquer des dégâts irrémédiables au moment où il entreprendra d'éliminer la corrosion.
Le processus de dégradation étant irréversible, il ne peut au mieux qu'être enrayé : pour cela, il convient de conserver l'objet dans des conditions ambiantes stables.

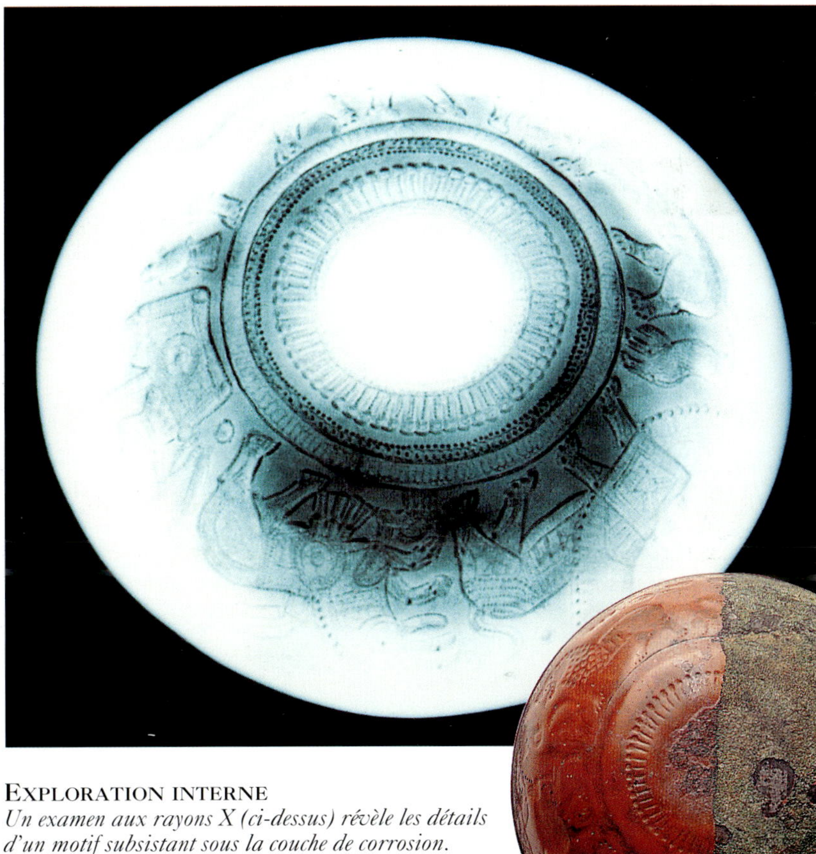

Exploration interne
Un examen aux rayons X (ci-dessus) révèle les détails d'un motif subsistant sous la couche de corrosion. En s'appuyant sur la technique de la radiographie, on peut dégager la couche attaquée sans trop de dommages. On voit, sur un récipient réalisé dans un alliage de cuivre, la différence entre la partie non traitée (à droite) et celle restaurée (à gauche). La corrosion a été éliminée au moyen d'un scalpel manipulé sous un microscope.

Terra del Rey de portuguall
Os montes claros em affrica
Castello da mina
Mare oceanus
Pollus antarticus

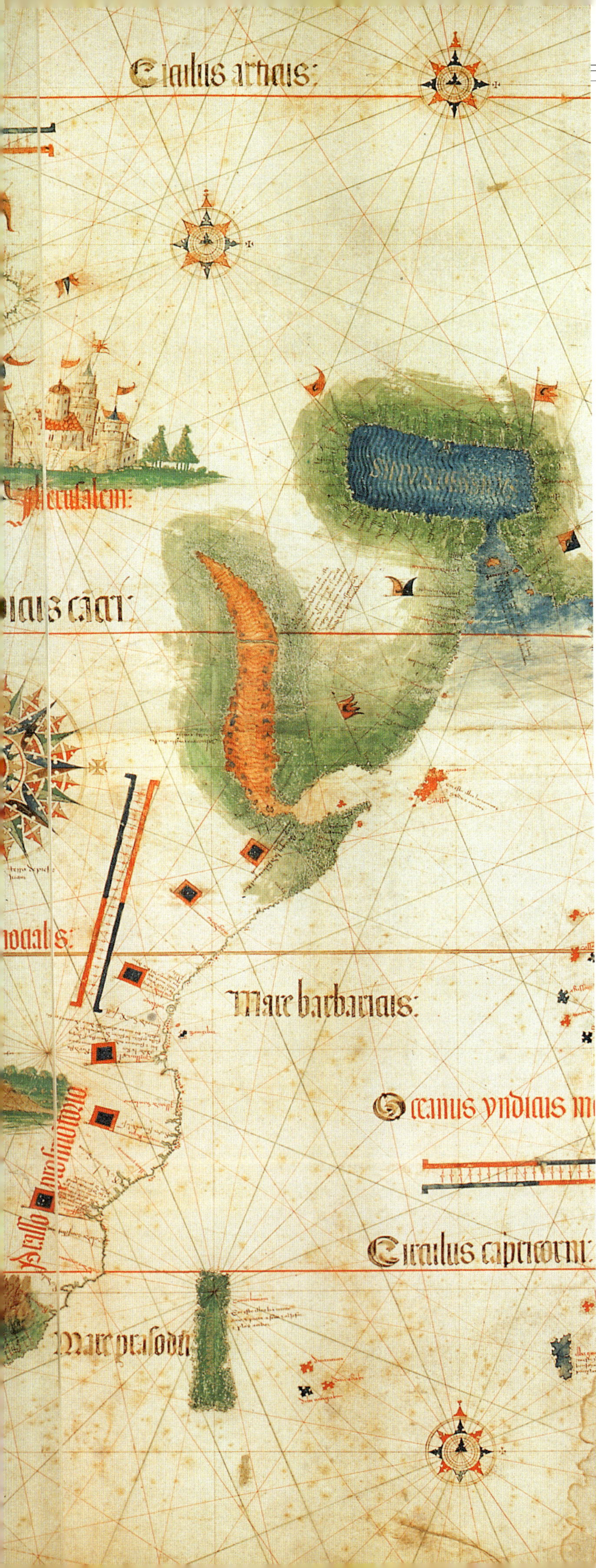

Seconde partie

INDEX GÉOGRAPHIQUE DES SITES

Les sites décrits dans les chapitres précédents auront suscité en vous le désir d'en savoir davantage sur l'archéologie et sur les grands sites archéologiques du monde, du moins l'espérons-nous. Dans cette section nous avons dressé la liste de plus d'un millier de sites supplémentaires selon leur emplacement géographique, ce qui vous permettra de localiser ceux qui se trouvent dans votre région. Comparer les sites de périodes différentes et comprendre le rapport qu'il y a entre eux d'un point de vue historique, géographique et culturel est l'un des aspects les plus gratifiants du travail de l'archéologue.
Cet index géographique est la meilleure preuve que notre intérêt pour le passé est une passion que partagent des personnes de toutes les cultures dans le monde entier.

CARTE DU MONDE CONNU, 1502
A la fin du XVe et au début du XVIe siècle, de nombreux pays européens envoyèrent des navires en voyage d'exploration autour du monde. Cette carte fut commandée par un duc portugais après le troisième voyage de Christophe Colomb. Elle montre, pour la première fois, des terres découvertes dans le Nouveau Monde, comme les Petites Antilles et les côtes du Venezuela et du Brésil. On notera dans les détails des illustrations : oiseaux, châteaux et villages africains.

COMMENT UTILISER

L'INDEX GÉOGRAPHIQUE

Les pages suivantes (pp. 136-157) contiennent 14 cartes géogaphiques sur lesquelles sont relevés plus de 1 200 sites archéologiques. La carte ci-dessous représente le découpage du globe. On trouvera une description détaillée de chaque site dans les pages 158-197. Chaque site porte un numéro qui correspond à un point de la carte correspondante. Les références de la carte sont aussi mentionnées par une lettre et un numéro. La date qui suit indique, dans la plupart des cas, la première utilisation ou la première occupation du site. Parfois, lorsque la date exacte n'est pas connue, ou lorsqu'un site a été occupé pendant une longue période, la date donnée est plus imprécise. On trouvera ensuite une définition du type du site et des détails spécifiques sur les lieux des fouilles et sur les structures et les objets mis au jour. Les cartes et la liste des sites ont pour but de faire figurer des sites archéologiques localisés sur toute la surface du globe. Certaines parties du monde ont, inévitablement, une plus grande concentration de sites que d'autres. Par exemple, la richesse archéologique du Pérou et la longue histoire des fouilles dans les îles Britanniques font que ces deux pays auront leur propre carte et leur propre liste de sites.
La liste des sites est importante car elle a pour objet de couvrir tous les types de sites archéologiques, des habitations inuit de l'Arctique aux abbayes médiévales, en passant par les temples égyptiens.

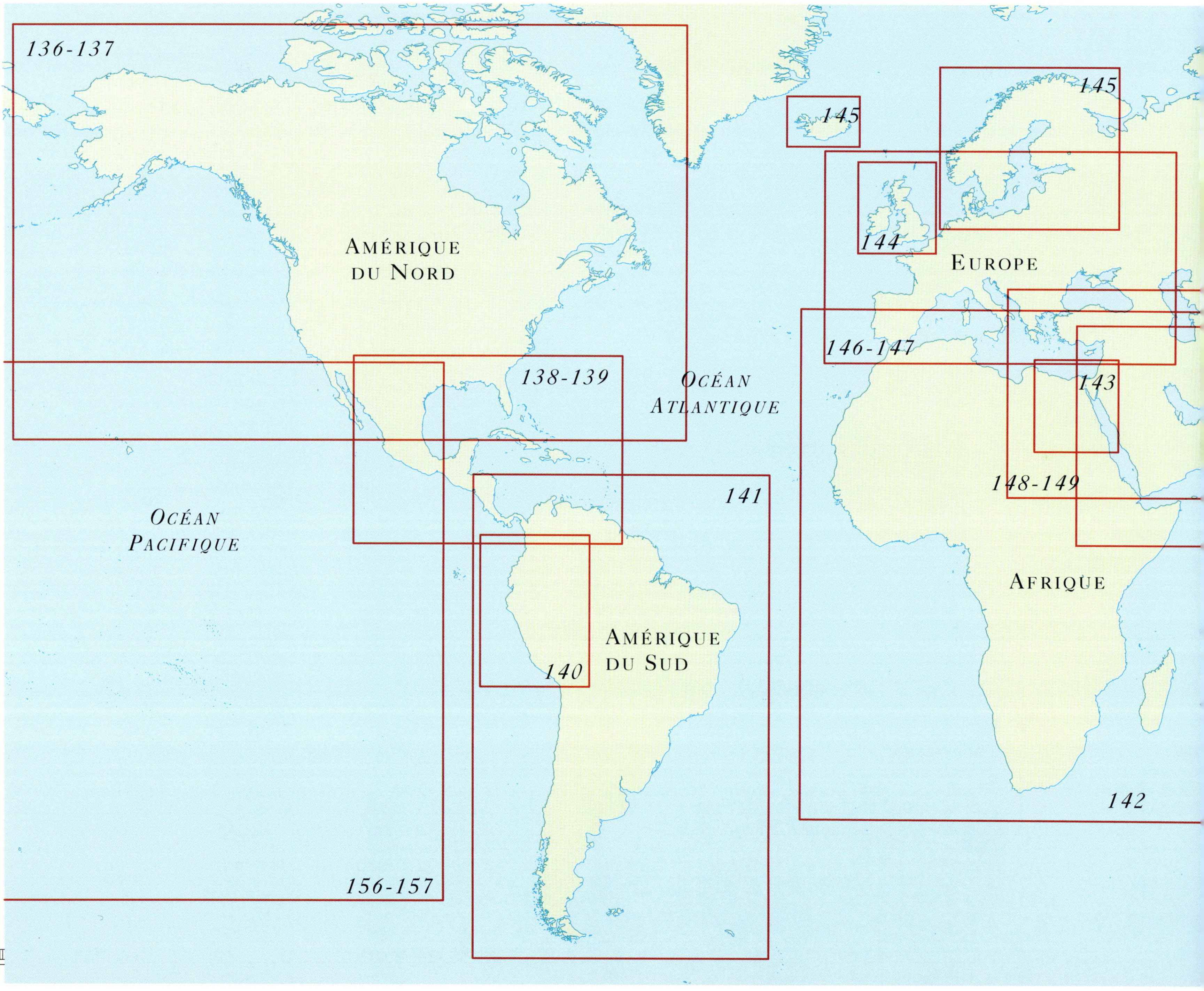

LES CARTES

La carte du monde ci-dessous représente les zones couvertes par chacune des 14 cartes de cette partie de l'atlas. Chaque section correspond à une carte recouvrant une ou deux pages. Le tableau qui se trouve à droite, en bas de cette page, indique le titre de chaque carte et les pages sur lesquelles on peut la trouver, ainsi que les listes de sites qui s'y rapportent. Chaque carte comporte les informations suivantes :

En marge de chaque paragraphe d'introduction, la zone couverte par la carte est indiquée sur un globe.

Des flèches, sur les bords de la carte, renvoient aux numéros des pages des cartes adjacentes.

Les périodes historiques au cours desquelles les sites ont été utilisés ou construits sont indiquées par la couleur du cercle. Une légende des couleurs est donnée sur chaque double page.

Un court paragraphe d'introduction présente les données historiques et archéologiques de chacune des régions. A la fin de chaque paragraphe, les numéros des pages renvoient aux pages de la liste des sites correspondante.

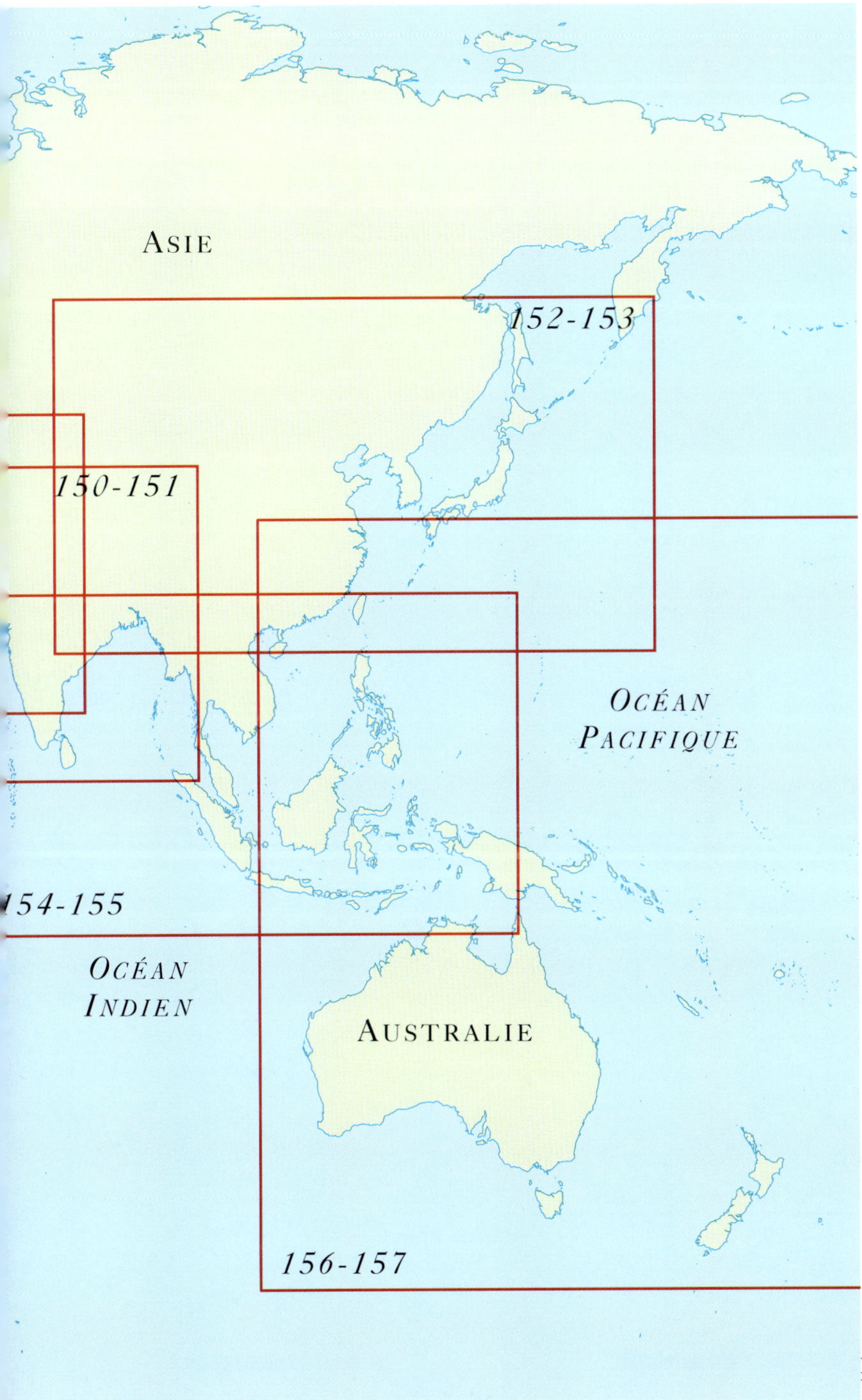

LA LISTE DES SITES

A chaque carte correspond une liste des sites. Cette liste fournit des informations sur les sites relevés sur les cartes. La liste commence à la page 158 : le tableau ci-dessous indique les pages sur lesquelles on trouvera la liste des sites de chaque zone. Les sites décrits en détail dans la première partie ne sont que mentionnés dans la liste des sites, mais ils figurent tous sur les cartes de l'index géographique. La liste des sites donne les informations suivantes :

Le nom du site, sa situation, son type, et ses dates d'utilisation approximatives ou exactes.

Les coordonnées permettant de situer le site sur la carte correspondante.

Une description du site indiquant les découvertes importantes.

TABLE DES CARTES ET DE LA LISTE DES SITES

Zone Géographique	Cartes	Références
Amérique du Nord	*136-137*	158-160
Amérique centrale	*138-139*	161-163
Pérou	*140*	164-165
Amérique du Sud	*141*	165-166
Afrique	*142*	167-170
Egypte	*143*	170-171
Royaume-Uni et Irlande	*144*	172-174
Scandinavie et pays Baltes	*145*	174-175
Europe continentale	*146-147*	176-181
Asie occidentale	*148-149*	182-185
Asie centrale	*150-151*	186-188
Asie orientale	*152-153*	189-192
Asie du Sud-Est	*154-155*	192-194
Pacifique et Australasie	*156-157*	195-197

Amérique du Nord

Avant la colonisation européenne, le bloc continental d'Amérique du Nord était principalement occupé par des groupes de chasseurs-cueilleurs (une tradition qui continue aujourd'hui chez les Inuit du nord du Canada). Ils utilisaient des instruments rudimentaires en pierre et chassaient principalement le bison. Les peuples des régions boisées de l'Est et du Sud-Ouest avaient créé des sociétés évoluées basées sur la culture du maïs. Ils édifièrent de nombreux monuments et faisaient le commerce de produits exotiques. Vers l'an 700 apr. J.-C. l'agriculture des *pueblos* (villages indiens), basée sur l'irrigation, s'était développée dans le Sud-Ouest. Les Européens arrivèrent au XVIe siècle. Puis les Espagnols colonisèrent le Sud-Ouest. Ils construisirent des villes fortifiées, des forts et des missions qui devinrent les bases de leur commerce extérieur. A partir du XVIIe siècle, les Anglais importèrent des esclaves noirs pour cultiver le tabac, quant aux Français ils se livrèrent au commerce lucratif de la fourrure au Canada. Ce commerce attira les Russes en Alaska pour les mêmes raisons à la fin du XVIIIe siècle. *(pp. 158-160)*

Golfe d'Amundsen
Île Victoria
Golfe de Boothia
Île du Prince-de-Galles
Île de Baffin
Baie de Baffin
Île du Prince-Charles
Cercle polaire arctique
Détroit de Davis
Lac de l'Ours
Bassin de Foxe
Baie de Cumberland
Île Southampton
Iqaluit
Mackenzie
Rankin Inlet
Détroit d'Hudson
Île Coats
Yellowknife
Île Mansel
Grand Lac des Esclaves
Péninsule d'Ungava
Baie d'Hudson
Baie d'Ungava
Mer du Labrador
Churchill
CANADA
Îles Belcher
MONTAGNES ROCHEUSES
Baie James
Labrador
Edmonton
Lac Winnipeg
Labrador City
Grandes Plaines
Calgary
Regina
Vancouver
Winnipeg
Golfe du St-Laurent
Thunder Bay
Terre-Neuve
Lac Supérieur
Seattle
Missouri
Québec
St-Laurent
Ottawa
Portland
Minneapolis
Lac Huron
Nouvelle-Écosse
Pierre
Snake
Lac Michigan
Toronto
Lac Ontario
Casper
Detroit
Boston
Chicago
Lac Érié
Salt Lake City
ÉTATS-UNIS D'AMÉRIQUE
New York
Grand Bassin
Denver
Kansas City
Appalaches
Washington
Arkansas
Sierra Nevada
Mississippi
Albuquerque
Red River
Los Angeles
OCÉAN ATLANTIQUE
San Diego
Dallas
Charleston
Houston
La Nouvelle-Orléans
Tallahassee
Rio Grande
Golfe de Californie
Tampa
Golfe du Mexique
Miami
MEXIQUE
BAHAMAS
Tropique du Cancer
La Havane
CUBA
I J K L M N O P
1 2 3 4 5 6 7 8 9
138
139

ÉTATS-UNIS D'AMÉRIQUE
MEXIQUE
Golfe du Mexique
Baie de Campeche
OCÉAN PACIFIQUE
Sierra Madre occidentale
Sierra Madre orientale
Sierra Madre méridionale
Bolson de Mapimi
Péninsule du Yucatán
Tropique du Cancer
Détroit du Yucatán
Golfe de Tehuantepec
Golfe du Honduras
Delta du Mississippi
Rio Grande
Colorado
Red River
Mississippi
El Paso
Ciudad Juarez
Chihuahua
Torreón
Culiacán
Monterrey
Brownsville
Matamoros
Houston
La Nouvelle-Orléans
Tampico
Aguascalientes
León
Guadalajara
Puerto Vallarta
Morelia
Mexico
Acapulco
Villahermosa
Mérida
BELIZE
Belmopan
GUATEMALA
Guatemala City
San Pedro Sula
HONDURAS
Tegucigalpa
San Salvador
EL SALVADOR
NICARAGUA
Managua
COSTA RIC
San Jos
Îles de la Bai
LÉGENDE
Sites archéologiques
Plus de 10 000 ans av. J.-C.
10 000 - 3 000 av. J.-C.
3 000 - 1 000 av. J.-C.
1 000 - 1 av. J.-C.
1 - 500 apr. J.-C.
500 - 1 000 apr. J.-C.
1 000 - 1 500 apr. J.-C.
1 500 à nos jours
Altitude (mètres)
6 000
4 000
2 000
1 000
200
Niveau de la mer
0 100 200 km
0 100 200 miles

AMÉRIQUE CENTRALE

On a commencé à cultiver le maïs, en Amérique centrale, dès 5000 av. J.-C. Cette région est donc essentielle pour comprendre les origines de l'agriculture. Toutefois, cette zone est plus célèbre pour les grandes civilisations et les cités qui s'y sont développées, dans les vallées irriguées des hautes terres et dans les plaines côtières fertiles. Chaque civilisation connut à tour de rôle l'épanouissement puis le déclin. De grandes cités aux styles artistiques originaux et à l'architecture imposante virent le jour alors que des centres qui avaient été florissants auparavant s'effondraient et disparaissaient. Les Olmèques furent la première civilisation majeure à apparaître vers 1200 av. J.-C. La célèbre cité de Teotihuacán fut à son zénith en 500 apr. J.-C., alors que les Mayas prospéraient dans le Yucatán. Les Aztèques, le dernier grand peuple méso-américain, furent vaincus par les Espagnols au XVIe siècle. Ces civilisations ont laissé un nombre impressionnant de cités en ruines, de temples et d'objets décorés. Un travail archéologique complètement nouveau a été accompli ces dernières années pour étudier le passage de la chasse à l'agriculture et la naissance des grands centres urbains. *(pp. 161-163)*

PÉROU

De tous les pays d'Amérique du Sud, c'est le Pérou qui nous a légué les plus grandes richesses archéologiques. La fouille des sites révélant les premières tentatives de domestication d'animaux et de plantes, dès 8500 av. J.-C., est d'une importance considérable sur le plan archéologique, mais le Pérou est surtout célèbre pour les ruines de ses royaumes et de ses cités-Etats, qui reposaient sur l'agriculture irriguée. Des peuples antérieurs comme les Moche et les Chimú furent éclipsés au XVe siècle par les Incas. Leur empire ne dura que 70 ans environ, mais l'étude de leurs ruines a dominé la recherche dans ce pays. *(pp. 164-165)*

AMÉRIQUE DU SUD

Les Amériques ont une tradition archéologique et un développement historique distincts du reste du monde. Les nombreux sites de chasseurs-cueilleurs, souvent occupés sur de longues périodes, montrent la transition vers l'agriculture. Ultérieurement, les empires des Andes ont construit un réseau de routes et de cités qui fut exploité jusqu'à la colonisation espagnole au XVIe siècle. Une grande partie de l'Amérique du Sud étant relativement inaccessible, il reste encore beaucoup de travail archéologique à faire avant que l'histoire de ce continent ne soit pleinement comprise. *(pp. 165-166)*

AFRIQUE

L'Afrique nous fournit un témoignage archéologique essentiel sur les origines et le développement de la race humaine, remontant à plus de deux millions et demi d'années. Pourtant, en dépit de son ampleur, l'archéologie africaine est un sujet mal étudié, à la seule exception des sites les plus célèbres comme celui du Grand Zimbabwe.

Les économies de chasse et de cueillette ont dominé l'histoire de l'Afrique, des formes primitives d'agriculture n'apparaissant qu'en Afrique occidentale et en Ethiopie. Cependant, de grands royaumes, basés sur la métallurgie, ont prospéré dès le Moyen Age, faisant le commerce avec l'Afrique du Nord, les nations islamiques et les états européens naissants. Ils ont laissé une profusion de vestiges d'une grande richesse archéologique. *(pp. 167-170)*

Égypte

Au début du IVe millénaire, une société cultivée et bien organisée occupait la fertile vallée du Nil. Cette civilisation dut sa prospérité à l'irrigation et à son savoir-faire agricole, qui permirent un rapide développement urbain. Auparavant, cependant, la région avait été une riche zone de chasse et de cueillette ainsi qu'un centre remarquable pour la domestication d'animaux comme les moutons et les chèvres, ainsi que pour la culture de plantes comme les céréales. L'Egypte est surtout célèbre pour ses temples splendides, ses monuments et ses centres royaux, construits au temps des puissantes dynasties pharaoniques. *(pp. 170-171)*

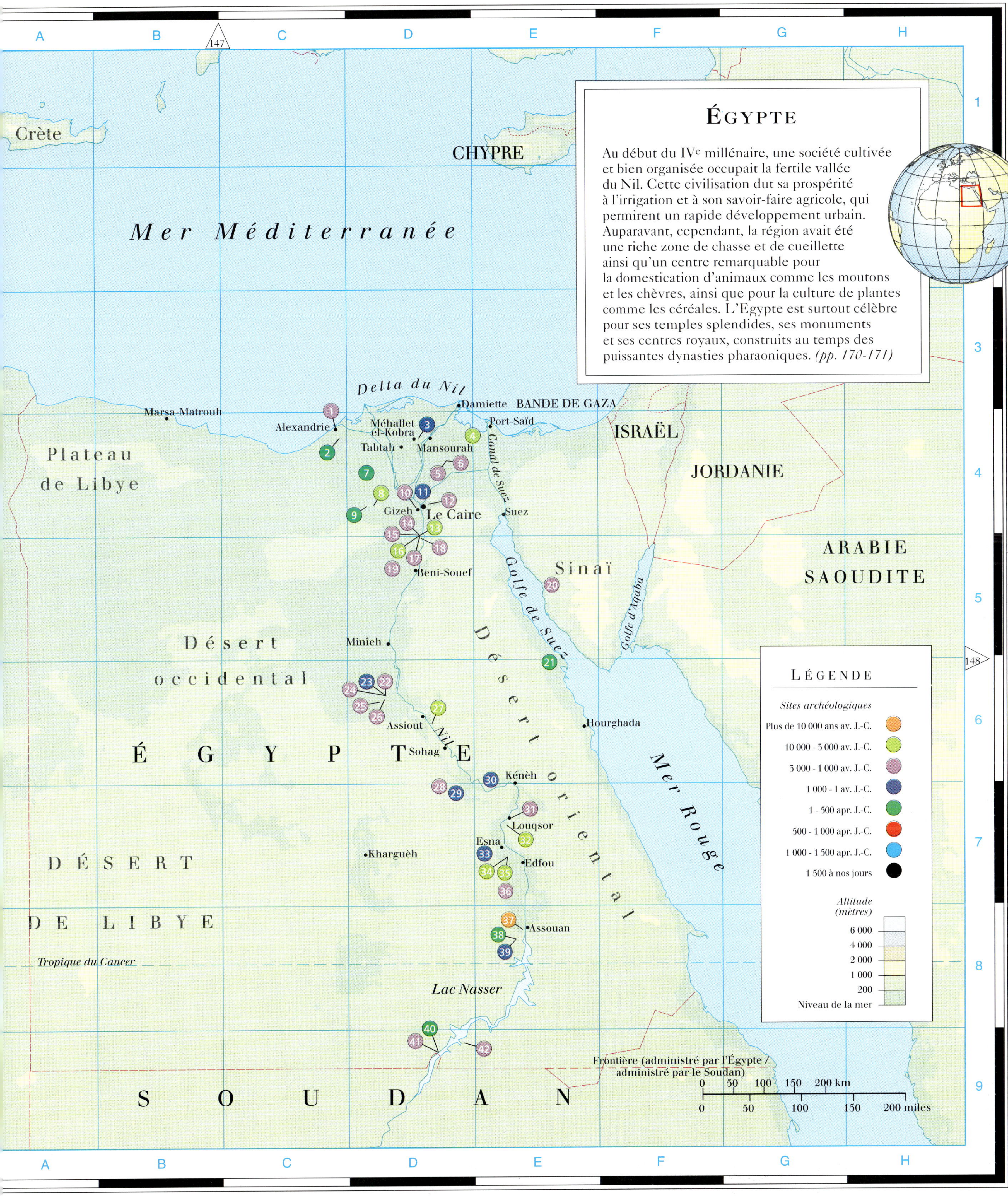

Royaume-Uni et Irlande

Il existe un nombre considérable de richesses archéologiques au Royaume-Uni et en Irlande. Peuplées dès le Paléolithique, les îles Britanniques offrent une grande variété de sites qui s'étend des chambres funéraires et des monuments rituels préhistoriques aux nombreux vestiges de l'occupation romaine, des châteaux de l'époque médiévale aux premières usines de la révolution industrielle. L'abondance de ces témoignages reflète en partie la très ancienne et très dense occupation de ces petites îles, mais elle est aussi le résultat d'incessantes recherches archéologiques dans ces régions. Aujourd'hui, une multitude de sites continuent à être mis au jour et étudiés, tandis que de nombreux emplacements, de périodes plus récentes, sont devenus d'importants témoignages de notre passé ou même de florissantes cités modernes.
(pp. 172-174)

146

Scandinavie et Pays baltes

Les découvertes archéologiques les plus importantes de Scandinavie sont associées aux Vikings qui y ont régné du VIIe au Xe siècle de notre ère. Ces peuples nous ont laissé, entre autres, des villes (certaines désertées et bien conservées), des forts, et plusieurs sites funéraires qui recelaient de remarquables navires et autres fabuleux trésors. Cependant, des sites mésolithiques jusqu'aux célèbres «hommes des tourbières» de l'Age du fer, cette région du monde compte également nombre de richesses préhistoriques. Une grande part de ces vestiges archéologiques est restée en un excellent état de conservation du fait de la situation en milieu humide des sites les abritant. La Scandinavie et les Pays baltes abritaient, au Moyen Age, beaucoup de villes florissantes et de villages. Ceux-ci prospérèrent à l'ère industrielle et contiennent encore de précieuses informations pour les archéologues. *(pp. 174-175)*

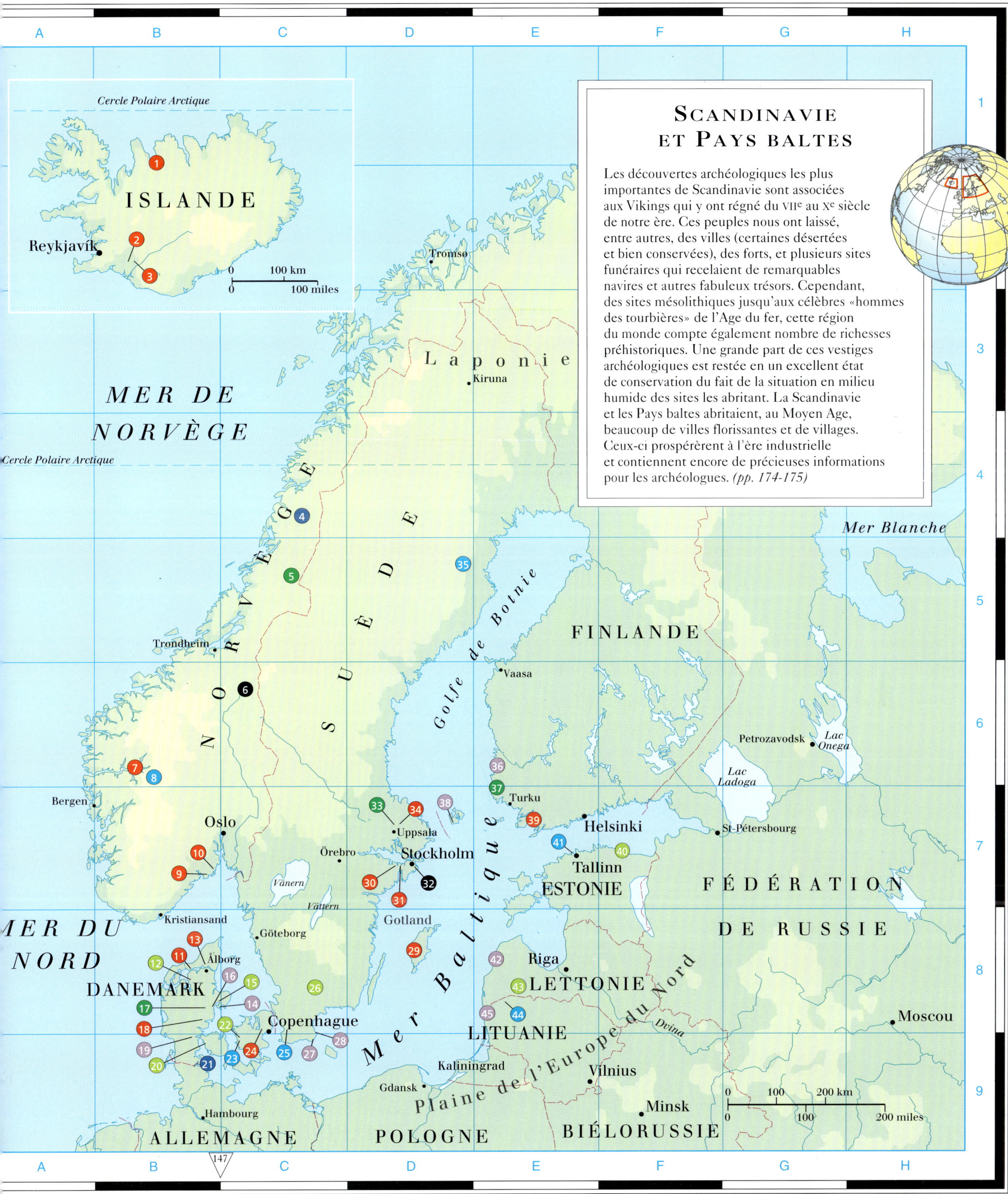

Europe continentale

L'Europe a un riche héritage archéologique, révélé par l'incessante activité des recherches. L'histoire de son occupation humaine est complexe et diverse. Elle s'étend des sites des grottes paléolithiques de France et d'Espagne jusqu'aux villes et aux villages fortifiés de l'Age du fer qu'on peut trouver dans toute la zone. La période préhistorique est aussi représentée par les monuments funéraires, les sites sacrés et les restes humains. L'empire grec a été le premier pouvoir politique à grande échelle qui s'est étendu jusqu'à l'est de l'Europe ; il fut suivi par l'empire romain, qui contrôlait plus de la moitié de l'Europe et faisait le commerce avec l'Orient. Ces deux empires ont laissé des trésors architecturaux et artistiques, notamment dans tout le bassin méditerranéen. Les riches civilisations des peuples du haut Moyen Age se développèrent dans le monde médiéval, avec ses caractéristiques paneuropéennes comme les cathédrales, les monastères et les châteaux. Le monde moderne naissant a aussi laissé une riche archéologie de paysages agricoles et de villes, où l'on peut trouver les traces propres à la révolution industrielle. *(pp. 176-181)*

FINLANDE
Turku
Helsinki
St-Pétersbourg
Lac Ladoga
Lac Onega
Uppsala
SUÈDE
Stockholm
Vänern
Vättern
Tallinn
ESTONIE
Lac Peipous
FÉDÉRATION DE RUSSIE
Göteborg
Gotland
Mer Baltique
Riga
LETTONIE
LITUANIE
Plaine de l'Europe du Nord
Volga
Moscou
Copenhague
KALININGRAD (FÉDÉRATION DE RUSSIE)
Vilnius
Gdansk
Minsk
BIÉLORUSSIE
Vistule
Elbe
Berlin
Aktyubinsk
Varsovie
POLOGNE
Voronej
Saratov
Prague
RÉPUBLIQUE TCHÈQUE
Cracovie
Kiev
UKRAINE
Don
Dniepr
SLOVAQUIE
Monts Carpates
Munich
Vienne
Bratislava
AUTRICHE
Volgograd
Salzbourg
Budapest
MOLDAVIE
LIECHTENSTEIN
HONGRIE
Chisinau
Odessa
Rostov-sur-le-Don
SLOVÉNIE
Ljubljana
ROUMANIE
Zagreb
Timisoara
Mer d'Azov
Venise
CROATIE
BOSNIE-HERZÉGOVINE
Belgrade
Bucarest
YOUGOSLAVIE
Sarajevo
Danube
SAINT-MARIN
Mer Noire
Caucase
Mer Caspienne
Apennins
Mer Adriatique
BULGARIE
Varna
Sofia
GÉORGIE
Tbilissi
Rome
Skopje
MACÉDOINE
ALBANIE
Tirana
Istanbul
Naples
ARMÉNIE
Erevan
Bakou
AZERBAÏDJAN
Mer Tyrrhénienne
GRÈCE
Mer Égée
Bursa
Ankara
TURQUIE
Mer Ionienne
Palerme
Sicile
Athènes
Konya
Méditerranée
IRAN
MALTE
Crète
Nicosie
CHYPRE
SYRIE
Beyrouth
LIBAN
Damas
IRAQ
TUNISIE

A
B
C
D
E
F
G
H
1
2
3
4
5
6
7
8
9
YOUGOSLAVIE
Sofia
BULGARIE
Burgas
Skopje
ALBANIE
MACÉDOINE
Tirana
Mer Noire
Soukhoumi
FÉDÉRATION DE RUSSIE
Koutaïssi
GÉORGIE
Tbilissi
Rust'avi
Batoumi
Istanbul
Thessalonique
Kizil Irmak
Ankara
ARMÉNIE
Gänca
AZERBAÏD.
Erevan
AZERBAÏDJAN
Lárissa
GRÈCE
TURQUIE
Lac de Van
Izmir
Plateau d'Anatolie
Patras
Athènes
Tabriz
Lac d'Ourmia
Taurus
Gaziantep
Adana
Alep
Mossoul
Iráklion
Crète
CHYPRE
SYRIE
Kirkouk
Nicosie
LIBAN
Tripoli
Euphrate
Tigre
Kermanchah (anc. Baktaran)
Beyrouth
Désert de Syrie
Mer Méditerranée
Damas
Bagdād
Irbid
IRAQ
ISRAËL
Ammān
Nadjaf
Alexandrie
Port Saïd
JORDANIE
142
Gizeh
Le Caire
Ba
Sinaï
KOW
Koweït
Minîeh
ÉGYPTE
ARABIE
Louqsor
Riyād
SAOUDITE
Assouan
Mer Rouge
Pénin
arabi
Nil
Djedda
La Mecque
At Tā'if
Port Soudan
SOUDAN
ÉRYTHRÉE
YEM
Khartoum
Asmara
Sanaa
Dhamār
Taiz
ÉTHIOPIE
Aden
Golfe d'Ad
Damoûr
Saïda
Dāmū
Damas
LIBAN
Soûr
Al Qunaytirah
HAUTEURS DU GOLAN
SYRIE
Mer Méditerranée
Haïfa
Lac de Tibériade
Dar'a
Nazareth
Irbid
Jourdain
Naplouse
Zarqa'
Ramat Gan
PALESTINE
Tel Aviv-Jaffa
Holon
'Ammān
Jéricho
Jérusalem
Bethléem
Mer Morte
BANDE DE GAZA
Gaza
Hébron
Al Mazra'ah
Rafah
Beersheba
Manzil
ISRAËL
JORDANIE
Néguev
Djébel al Chara
Be'ér Menuha
Gharandal
Ma'ān
ÉGYPTE
Ra's an Naqb
Sinaï
Eilat
Aqaba
0
50 km
0
50 miles

Asie occidentale

Cette zone est l'une des plus riches du monde en monuments archéologiques, et a, depuis les origines, connu une forte densité de populations dans le Levant (Israël, Liban et Syrie), ainsi qu'en Mésopotamie (vallées du Tigre et de l'Euphrate). En conséquence elle est au cœur de la polémique sur le lieu de développement des premières espèces humaines. Ces débats se fondent sur les ossements d'hominidés et d'hommes de Néandertal trouvés dans la région. De même qu'elle constitue l'une des premières zones où a été développée l'agriculture, l'Asie occidentale donna aussi naissance à quelques-unes des plus anciennes cités et civilisations. Les premières sociétés urbaines virent le jour en Mésopotamie, aux alentours de 3500 av. J.-C. Les empires sumériens, babyloniens et assyriens ont ainsi laissé un grand nombre de vestiges architecturaux. Les sites les plus occidentaux sont issus de la civilisation classique, résultat de la colonisation gréco-romaine, tandis que la période byzantine, durant laquelle l'Empire romain était dirigé depuis Constantinople, a légué de nombreuses églises très caractéristiques. La civilisation arabo-musulmane a prédominé dans cette région dès le Moyen Age, essaimant palais et mosquées au riche décor, dont la plupart sont encore utilisés aujourd'hui. *(pp. 182-185)*

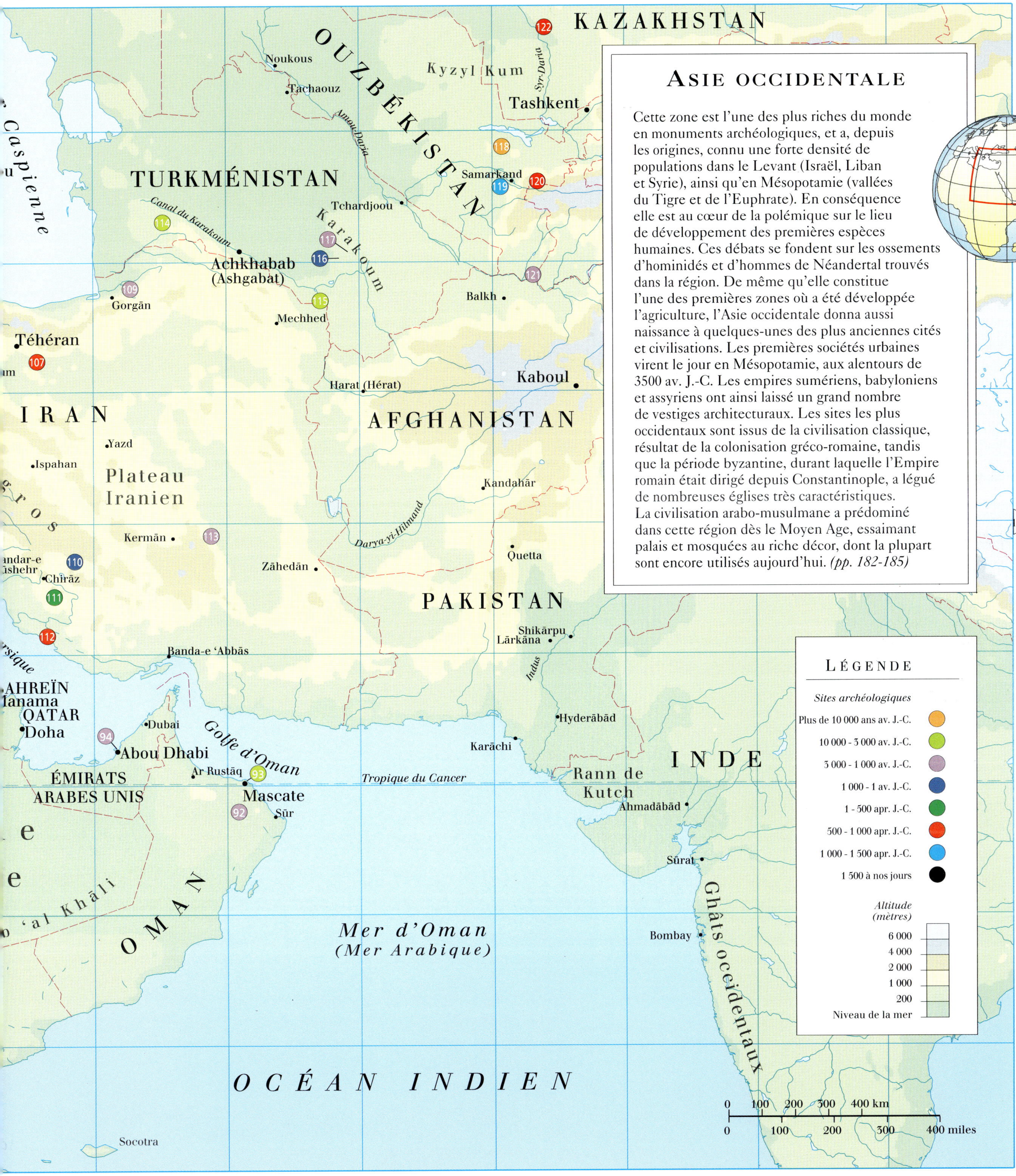

Asie centrale

Au VIIIe millénaire av. J.-C., des villages d'agriculteurs ont surgi sur toute cette immense zone de plaines, de montagnes, de déserts et de vallées fertiles. La vallée de l'Indus fut l'un des centres clés du développement urbain au IIe millénaire av. J.-C. Elle vit ainsi l'épanouissement de vastes cités basées sur l'agriculture intensive et dotées d'équipements publics perfectionnés. Vers 1000 av. J.-C., de tels centres urbains furent créés jusque dans la vallée du Gange. L'Empire perse, quant à lui, se développa à l'est de l'Indus, dès le VIe siècle av. J.-C., et édifia d'imposantes cités et de nombreux réseaux d'échanges. Il fut absorbé par l'empire grec au IVe siècle av. J.-C., tandis que les empires parthe et sassanide continuaient à dominer d'autres régions occidentales. L'Asie centrale formait un point de liaison crucial pour le commerce entre la Chine et la Méditerranée, avec la Route de la Soie au nord, les cités côtières et les comptoirs commerciaux dans le sous-continent indien. La montée de l'Islam, au VIIe siècle, apporta l'influence musulmane dans les zones occidentales, laissant derrière elle un vaste ensemble de monuments religieux et de sites de pèlerinages, tandis qu'à l'Est dominaient les religions plus anciennes de l'hindouisme et du bouddhisme. *(pp. 186-188)*

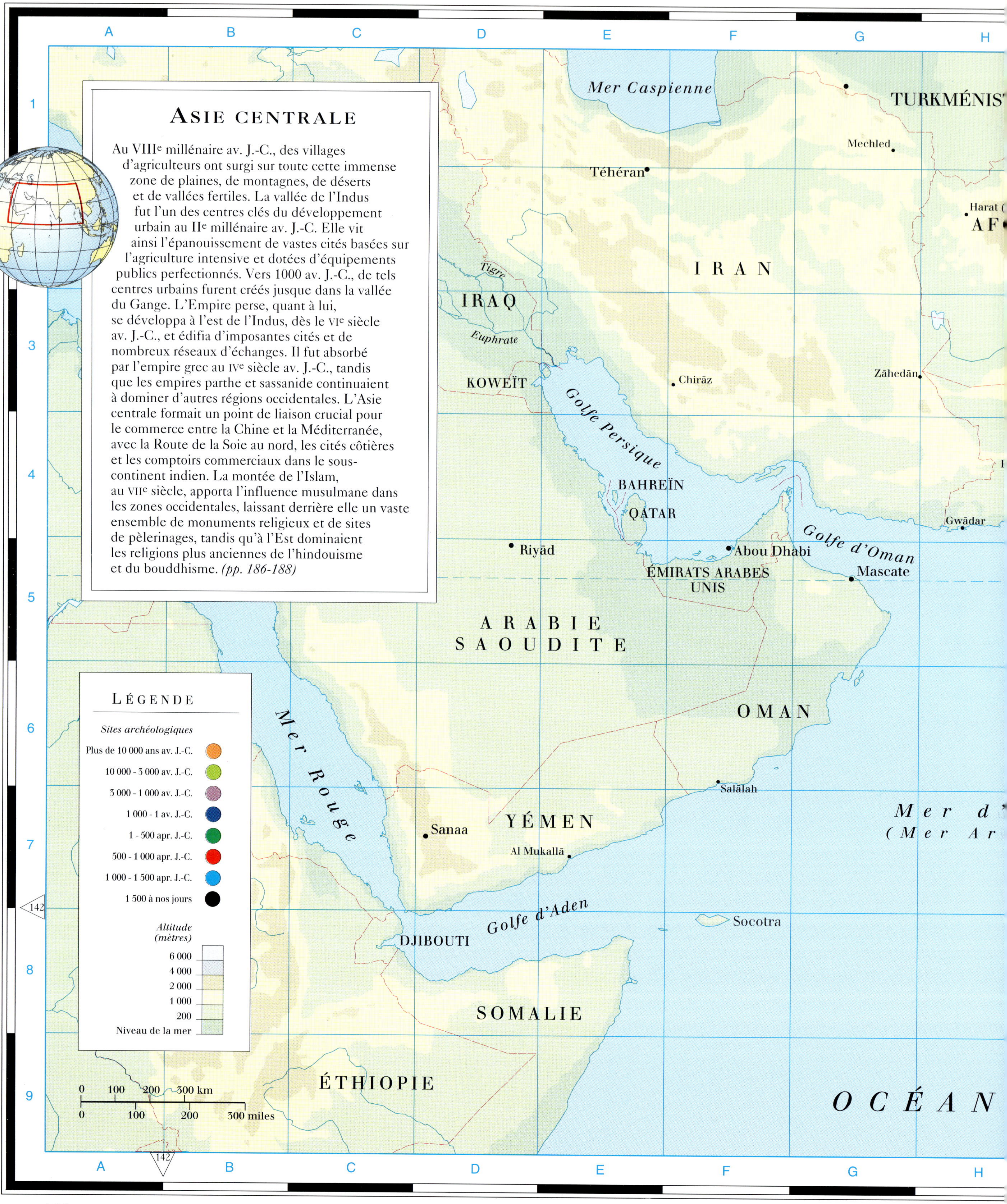

TADJIKISTAN
Duchanbe
Khorugh
Mazār-i Sharīf
Baghlān
Hindou Kouch
Kaboul
ISTAN
Helmand
Peshāwar
Islāmābād
Massif du Karakoram
Indus
Jammu et Cachemire
Jhelum
Aksai Chin
Hotan
CHINE
Golmud
dahār
Amritsar
Lahore
Ludhiāna
Quetta
Multān
PAKISTAN
New Delhi
Delhi
HIMALAYA
TIBET
Lhassa
Mékong
Salween
Désert de Thar
Sukkur
Monts Aravali
Yamuna
NÉPAL
Nepalganj
Katmandou
Thimbu
BHOUTAN
Brahmapoutre
Kānpur
Biratnagar
Gauhāti
Allahābād
Patna
Gange
Imphāl
Karāchi
Hyderābād
Rann de Kutch
Monts Vindhya
BANGLADESH
Dhanbād
Dacca
Mandalay
Tropique du Cancer
Jabalpur
Bengale
Calcutta
Chittagong
Irrawaddy
Golfe de Kutch
Ahmadābād
Narbada
INDE
Monts Satpura
Nāgpur
Raipur
Bouches du Gange
BIRMANIE
154
Golfe de Cambay
Mahanādi
Bhubaneswar
Sittwe
Bombay
Poona
Deccan
Godāvari
Ghāts orientaux
Visākhapatnam
Golfe du Bengale
Hyderābād
Rangoon
Krishna
Vijayawāda
Ghâts occidentaux
Goa
Hubli
Golfe de Martaban
Bangalore
Madras
Îles Andaman
Mer d'Andaman
Madurai
Jaffna
SRI LANKA
Golf de Mannar
Kandy
Colombo
Îles Nicobar
NDIEN
I J K L M N O P
1 2 3 4 5 6 7 8 9

Sibérie
FÉDÉRATION DE RUSSIE
Abakan
Angarsk
Irkoutsk
Lac Baïkal
Oulan-Oude
Uvs Nuur
Ulaangom
Selenge
Hulun Nur
KAZAKHSTAN
Monts Altaï
Hangayn Nuruu
Oulan-Bator
Choybalsan
MONGOLIE
Altaï
Mongolie intérieure
Ürümqi
Tian Shan
GOBI
Baotou
Désert du Takla-Makan
Kashi
Huang He (Fleuve Jaune)
Beijing
Qilian Shan
Taiyuan
Altun Shan
Qinghai Hu
Xining
CHINE
Jinan
Huang He
KUNLUN SHAN
Lanzhou
Aksai Chin
Zhengzhou
Lianyungang
Plateau du Tibet
Xi'an
Hongze Hu
HIMALAYA
Qin Ling
Tanggula Shan
Mékong
Salween
Jinsha Jiang
Chengdu
Tibet
Wuhan
Lhassa
Dongting Hu
Poyang Hu
Chang Jiang (Yangzi)
Changsha
Nanchang
NÉPAL
Everest
Katmandou
BHOUTAN
Thimbu
Brahmapoutre
Nan Ling
Guiyang
Fuzhou
Gange
BANGLADESH
Dacca
Irrawaddy
Fleuve Rouge
Guangzhou
Calcutta
BIRMANIE
Mandalay
Nanning
INDE
VIETNAM
MACAO
Hong Kong (Xianggang)
Hanoï
Bouches du Gange
LAOS
Haikou
Golfe du Tonkin
Hainan
Mer de Chine méridionale
Golfe du Bengale
Vientiane
Rangoon
THAÏLANDE
A
B
C
D
E
F
G
H
1
2
3
4
5
6
7
8
9
149
154

Asie orientale

On découvre en permanence de nouveaux vestiges archéologiques dans cette zone, ce qui modifie notamment nos connaissances sur ce qu'ont produit les premiers hommes. Il y a de nombreux sites rupestres importants en Chine, et des restes d'hommes primitifs ont été trouvés en Corée et au Japon. L'agriculture a été introduite dans la vallée du Fleuve Jaune vers 6000 av. J.-C., tandis qu'au Japon, les communautés de chasseurs ont subsisté postérieurement tout en se dotant de structures sociales sophistiquées et de matériel élaboré. A partir du IIe millénaire av. J.-C, des états complexes apparurent en Chine, basés sur des techniques avancées de travail du métal, en particulier du bronze. Des dynasties puissantes virent le jour. Leurs souverains développèrent de riches civilisations et de grands centres rituels. Vers le Ier siècle av. J.-C., des routes commerciales furent créées à travers les steppes et les déserts de l'Asie centrale. L'introduction du bouddhisme, venu d'Inde, eut alors un impact majeur sur toute la zone. Les dynasties chinoises ont laissé un grand héritage de monuments importants (comme la Grande Muraille de Chine) et des trésors inestimables. *(pp. 189-192)*

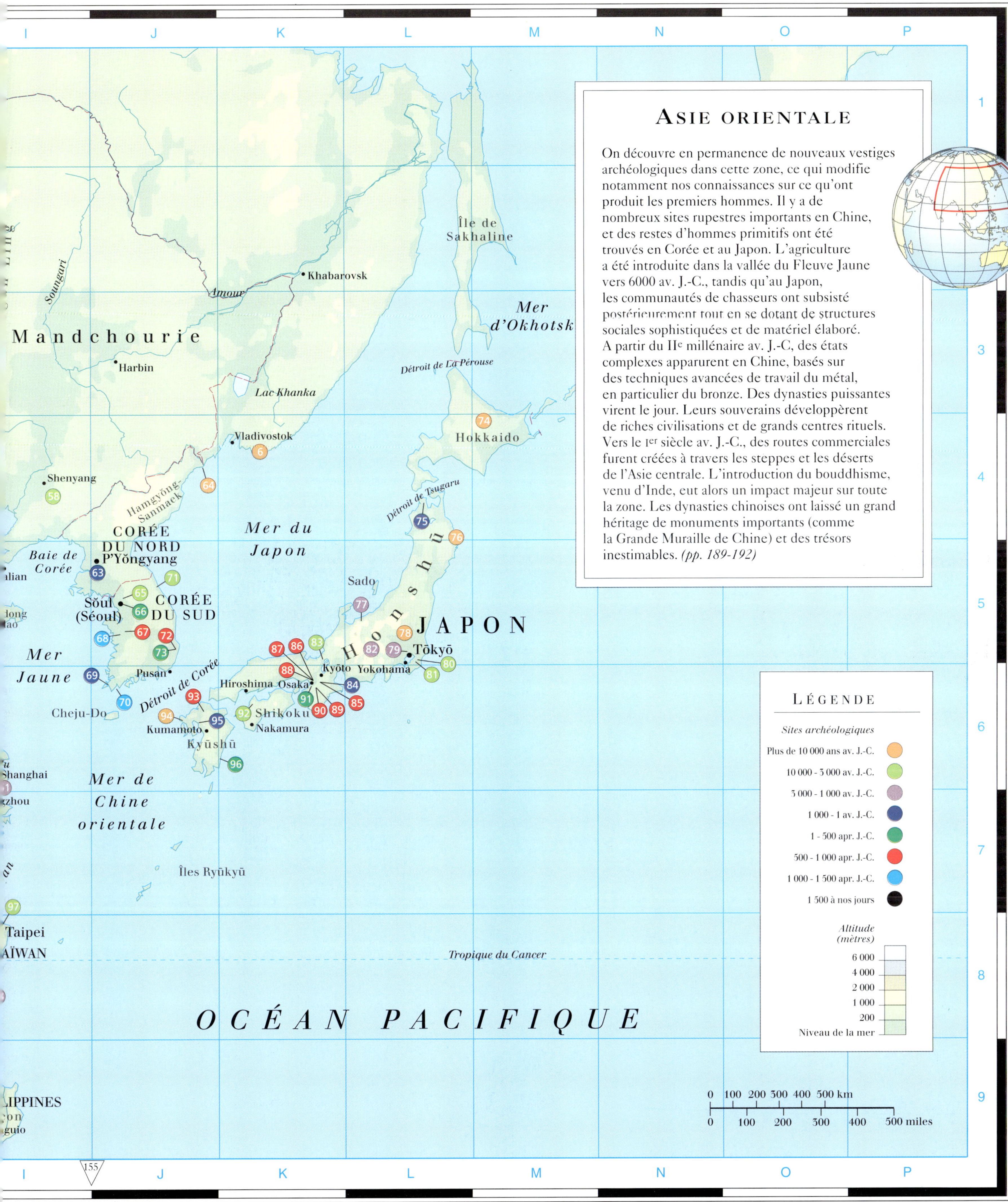

Asie du Sud-Est

La zone comprend de nombreux sites paléolithiques et est d'une importance croissante dans l'étude des premiers hommes. La région fut aussi le berceau de l'agriculture naissante, en particulier celle du riz, du bétel, des palmiers et des piments. La poterie était utilisée au VIIe millénaire sur le continent, et l'arrivée d'objets en bronze apporta un changement significatif dans les cultures locales. Des tombes richement garnies et des sociétés hiérarchisées apparurent vers 3000 av. J.-C. Les ressources exotiques de la région conduisirent à l'émergence, au Ier millénaire, d'une société proto-urbaine basée sur des établissements fortifiés qui établirent des relations avec la Chine et l'Inde. De grandes cités-Etats sur le continent et des complexes cérémoniels sur les îles, comme les temples imposants du royaume khmer à Angkor, s'élevèrent vers l'an 1000. Au XVIe siècle, les colonies hollandaises et britanniques dominèrent la région. Leurs vestiges sont une source de renseignements sur les débuts du commerce international.
(pp. 192-194)

I
J
K
L
M
N
O
P
1
2
3
4
5
6
7
8
9
HINE
Nanning
Guangzhou
Hong Kong
MACAO
Détroit de Taïwan
TAÏWAN
Tropique du Cancer
Haikou
Hainan
du
kin
OCÉAN
PACIFIQUE
MER DE CHINE MÉRIDIONALE
Luçon
MER DES PHILIPPINES
Da Nang
VIETNAM
Manille
PHILIPPINES
Minh Ville (Saigon)
Palauan
Mer de Sulu
Mindanao
Davao
PALAU
Sabah
Bandar Seri
Begawan
BRUNEI
Mer des
Célèbes
ASIE
Sarawak
Monts Iran
Bornéo
Monts Schwaner
Équateur
INDONÉSIE
Mer des
Moluques
Célèbes
Moluques
Mer de Seram
Irian Jaya
Monts
Maoke
Mer de Java
rta
Bandung
Surabaya
ava
Petites îles de la Sonde
Sumbawa
Flores
Bali
Lombok
Île Sumba
Timor
Mer d'Arafura
Mer de Timor
156
38
39
47
48
49
50
51
52
62
63
64
65
66
67
68
69
70
71
72
73
74
75
76
77

CHINE
JAPON
Îles Ryukyu
OCÉA
Îles Midway
Hong Kong
TAÏWAN
Mer de Chine Méridionale
Mer des Philippines
PHILIPPINES
MARIANNES DU NORD
Saipan
GUAM
Île Wake
ÎLES MARSCHALL
ÉTATS FÉDÉRÉS DE MICRONÉSIE
Yap
Chuuk
Chaîne de Ralik
Chaîne de Kolik
Majuro
MICRONÉSIE
PALAU
BRUNEI
Mer des Célèbes
Bornéo
INDONÉSIE
Mer de Java
Java
Bali
Flores
Sumba
Timor
MÉLANÉSIE
PAPOUASIE-NOUVELLE-GUINÉE
Nouvelle-Guinée
Port Moresby
NAURU
Îles Gilbert
KIRI
Îles Phoen
ÎLES SALOMON
TUVALU
TOKELAU
SAMOA OCCIDENTALES
WALLIS-ET-FUTUNA
Mer d'Arafura
Mer de Timor
Darwin
Terre d'Arnhem
Golfe de Carpentarie
Péninsule du Cap York
Cairns
Mer de Corail
VANUATU
Espiritu Santu
NOUVELLE-CALÉDONIE
Vanua Levu
Viti Levu
FIDJI
TONGA
Nuku'A
Broome
Plateau de Kimberley
Grand Désert de Sable
Monts Macdonnell
Alice Springs
Désert de Gibson
Désert de Simpson
Cordillère australienne
AUSTRALIE
Lac Eyre
Grand Désert Victoria
Brisbane
Île Norfolk
Perth
Plaine de Nullarbor
Lac Torrens
Grande Baie australienne
Darling
Lachlan
Murray
Adélaïde
Sydney
Canberra
Melbourne
Mer de Tasman
Détroit de Bass
Tasmanie
Hobart
NOUVELLE-ZÉLANDE
Auckland
Île du Nord
Île du Sud
Wellington
Christchurch
Dunedin
Îles Chatham
O
OCÉAN ANTARCTIQUE

Le Pacifique et l'Australasie

L'Australasie prend une place de plus en plus importante dans le monde de l'archéologie. Des sites anciens sont constamment découverts, ce qui laisse supposer que l'on était capable de traverser l'océan à une date encore plus reculée que tout ce qu'on avait imaginé auparavant, soit dès 60 000 ans avant notre ère. La colonisation du Pacifique est manifeste dans ses sites archéologiques, qui ont révélé un riche héritage artistique et culturel. Les principaux monuments qui subsistent sont des sites rituels, comme les *marae* polynésiens et les célèbres statues de l'île de Pâques. Partout ailleurs, on trouve des gravures sur pierre (pétroglyphes) : sur les îles Hawaii, les îles de la Société et en Australie, où les aborigènes ont laissé une abondance d'amas coquilliers côtiers et autres sites. La Nouvelle-Zélande a été la dernière zone à être colonisée, vers l'an 1000. Elle possède une riche archéologie de sites fortifiés, d'organisations agricoles et de sépultures. Le Pacifique abritait des sociétés hautement perfectionnées de chasseurs-cueilleurs jusqu'à l'arrivée des explorateurs européens, qui ont laissé un fascinant ensemble de sites coloniaux.

(pp. 195-197)

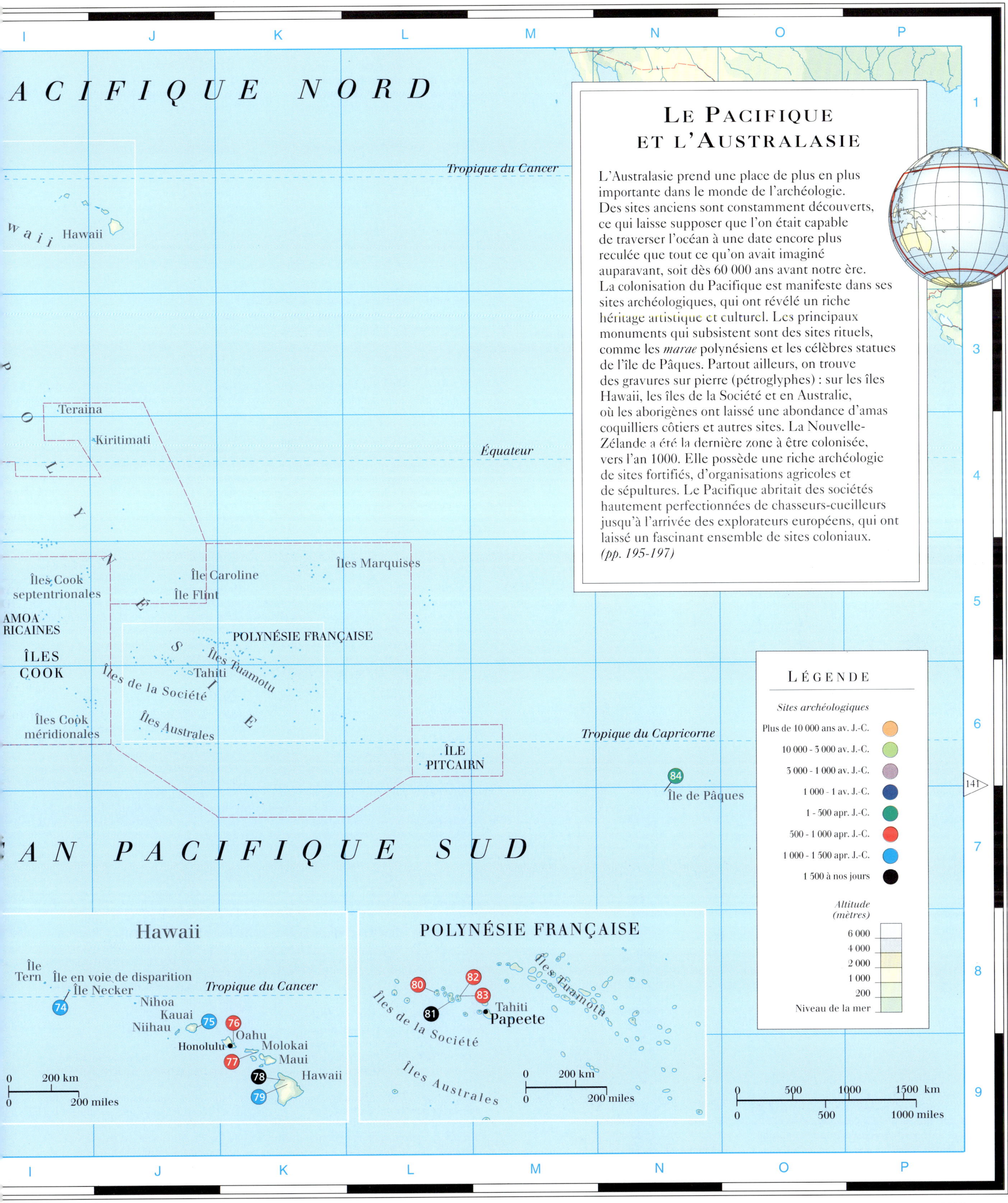

LISTE DES SITES

Les informations données ici correspondent aux sites relevés sur les 14 cartes précédentes (pp. 136-157). La page de chaque carte est indiquée sous le titre de la zone géographique. La localisation du site sur la carte figure après ce numéro d'identification.

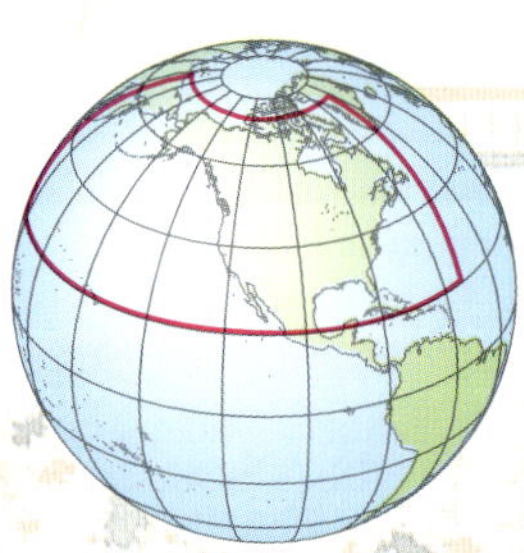

Amérique du Nord

La carte correspondant à cette liste figure pp. 136-137.

1 G2 Grottes du Bluefish
25 000 à 10 000 ans
Situation : Yukon, Canada
Type de site : Site paléolithique
Description du site : Grottes considérées comme un des plus anciens sites archéologiques d'Amérique du Nord. Elles contiennent des dépôts de la fin de la période glaciaire, témoignant d'une industrie de l'os utilisant des os de mammouths, de moutons ou de rennes. On a découvert récemment des microlithes en forme de coins et des burins, ainsi qu'un outil à bords taillés qui servait de gouge.

2 H5 Ninstints
IVe – XIXe siècle
Situation : Colombie-Britannique, Canada
Type de site : Site ancien
Description du site : Impressionnant village du peuple haïda. Contient certains des plus beaux exemples de l'art de la côte Nord-Ouest. Il reste encore de nombreuses superstructures et des poteaux mortuaires de périodes plus récentes.

3 J6 Majorville
2500 av. J.-C.
Situation : Alberta, Canada
Type de site : Cairn
Description du site : Roue-médecine (monument rituel en pierre en forme de roue) consistant en un cairn central entouré de rayons. On trouve de nombreuses roues de médecine dans les plaines d'Amérique du Nord, mais on ne sait pas exactement quelle était leur fonction.

4 J6 Head-smashed-in
3700 av. J.-C.
Situation : Alberta, Canada
Type de site : Site paléolithique
Description du site : Site d'abattage utilisé régulièrement où les chasseurs effrayaient les bisons jusqu'au bord d'une haute falaise d'où les bêtes tombaient. Les carcasses fournissaient de la viande set de la peau.

5 K6 Moose Mountain
VIe siècle av. J.-C.
Situation : Saskatchewan, Canada
Type de site : Cairn
Description du site : Roue-médecine comprenant 5 rangs de pierres rayonnant à partir du cairn central. De petits cairns sont placés à l'extrémité de chaque rayon.

6 L5 Bannock Point
500 av. J.-C. – 800 apr. J.-C.
Situation : Ontario, Canada
Type de site : Art pariétal
Description du site : Site qui possède un grand nombre de pétroglyphes (sculptures sur la surface des rochers) représentant des poissons, des serpents, des oiseaux et d'autres formes d'animaux.

7 M6 Lac Rice
IIIe siècle
Situation : Ontario, Canada
Type de site : Tumulus
Description du site : Tertres Hopewell où étaient enterrés les chefs locaux avec un grand nombre de biens. Le site du lac Rice contient aussi des pétroglyphes.

8 N6 Chicoutimi
XIXe siècle
Situation : Québec, Canada
Type de site : Complexe industriel
Description du site : Usine de pâte à papier groupant 5 bâtiments principaux et un atelier de construction mécanique, encore en excellent état de conservation.

9 N6 Québec
XVIIe siècle
Situation : Québec, Canada
Type de site : Site colonial
Description du site : La plus vieille ville du Canada est aussi un de ses forts les plus anciens, fondé en 1608. Les murs de la citadelle subsistent, ainsi que certains bâtiments du XVIIe siècle, en majorité des églises (p. 100).

10 O6 Debert
Milieu du IXe millénaire av. J.-C.
Situation : Nouvelle-Ecosse, Canada
Type de site : Site paléolithique
Description du site : Camp temporaire occupé par des groupes de 15 à 50 chasseurs-cueilleurs qui se nourrissaient de caribous et de mammifères marins. Ce site a pu servir de camp de base. On y a découvert des pointes à cannelures et des vestiges de foyers.

11 P5 L'Anse-Amour
Ve millénaire av. J.-C.
Situation : Labrador, Canada
Type de site : Tumulus
Description du site : Sépulture qui contenait du mobilier funéraire, en particulier un pendentif en os, une défense de morse, et un harpon en andouiller.

12 P5 L'Anse aux Meadows
IXe siècle
Situation : Terre-Neuve, Canada
Type de site : Site viking
Description du site : pp. 80, 87.

13 P6 Port aux Choix
IIIe – IIe millénaire av. J.-C.
Situation : Terre-Neuve, Canada
Type de site : Tumulus
Description du site : Cimetière de la culture du Dorset arctique. Mobilier funéraire : ocre, têtes de harpons en os, perles, peignes, couteaux et grattoirs.

14 F1 Utgiavik
XVIe siècle
Situation : Alaska, Etats-Unis
Type de site : Site inuit
Description du site : Vestiges de 60 maisons inuit, l'une d'elles contenant 5 corps pris dans la glace. En étudiant 2 des corps, les archéologues ont déduit que ces peuples avaient une alimentation riche en viande et qu'ils souffraient de l'inhalation de la fumée. On a retrouvé des vêtements et du matériel de chasse.

15 D2 Ipiutak
100 av. J.-C. – 800 apr. J.-C.
Situation: Alaska, Etats-Unis
Type de site : Site inuit
Description du site : Site de 500 maisons rectangulaires aux coins arrondis et au sol souterrain, trouvées sur plusieurs rides de plages. Il y avait un cimetière de cercueils en rondins, certains accompagnés d'un mobilier funéraire (chaînes, lunettes de neige et animaux sculptés en ivoire). Autres objets trouvés dans le site : harpons, pointes de pierre et lames de doloires.

16 E3 Détroit de Safety
500 av. J.-C. – 800 apr. J.-C.
Situation : Alaska, Etats-Unis
Type de site : Site ancien
Description du site : Environ 400 demeures de la culture norton, la plupart d'entre elles avaient un foyer central et une charpente de perches recouvertes de tourbe.

17 D3 Okvik
IIIe siècle av. J.-C.
Situation : Alaska, Etats-Unis
Type de site : Site de plein air
Description du site : Zone où l'on trouve des objets caractéristiques en ivoire, dont le plus célèbre est la «madone avec enfant» d'Okvik.

18 F3 Dry Creek
IXe – IVe millénaire av. J.-C.
Situation : Alaska, Etats-Unis
Type de site : Site paléolithique
Description du site : Site de plein air stratifié sur 3 périodes. Le niveau le plus ancien contient des outils faits de pierres polies et de lamelles, des lames brisées, et des couteaux bifaciaux. Le second niveau date de 5 000 ans plus tard. On y trouve des microlames et autres témoins.

19 G3 Lac Healy
IXe millénaire av. J.-C.
Situation: Alaska, Etats-Unis
Type de site : Site paléolithique
Description du site : Site de plein air stratifié où l'on a trouvé des témoins comme des pointes et des lames (p. 12).

20 F4 Brooks River
XVe siècle av. J.-C.
Situation : Alaska, Etats-Unis
Type de site : Site ancien
Description du site : Vestiges de 14 maisons où les habitants creusèrent des silos carrés et ajoutèrent une entrée en pente, un toit de tourbe, et un foyer central.

21 F4 Baie de Kachemak
VIIIe siècle av. J.-C.
Situation : Alaska, Etats-Unis
Type de site : Site inuit
Description du site :Villages qui consistaient en maisons partiellement bâties sous le sol. Les habitants de ces villages vivaient de chasse et de pêche, travaillaient le bois et faisaient du tissage. Ils utilisaient des lampes à huile en pierre, des lames en ardoise, et des flèches acérées en os.

22 I6 Hoko River
Xe – IIIe siècle av. J.-C.
Situation : Etat de Washington, Etats-Unis
Type de site : Site ancien
Description du site : Trois sites reliés entre eux. Le premier est en milieu humide, le deuxième est un site de campement en terrain sec, et le troisième est situé à l'embouchure d'une rivière, dans un grand abri-sous-roche. Parmi les outils découverts se trouvent 400 hameçons et des râteliers en bois.

23 I6 Ozette
XVe – XXe siècle
Situation : Etat de Washington, Etats-Unis
Type de site : Village de chasse
Description du site : Site occupé par les Makahs jusque dans les années 1930. Série de villages bâtis sur des terrasses naturelles au-dessus du niveau de la mer. Une coulée de boue a enseveli 6 des longues maisons en cèdre, du XVIe siècle.

24 I7 Surprise Valley
Ve millénaire av. J.-C.
Situation : Californie, Etats-Unis
Type de site : Site paléolithique
Description du site : Village où les habitants ont construit des cabanes dont la charpente en perche s'appuie sur des fondations creusées dans le sol. Les murs sont en broussailles et en terre.

25 J8 Monts Calico
200 000 ans
Situation : Californie, Etats-Unis
Type de site : Site paléolithique
Description du site : Un ensemble de lithiques a été trouvé, en plein air, et pourrait prouver que ce lieu est le site archéologique le plus ancien d'Amérique du Nord. Mais cela est très discutable, notamment la date.

26 J7 GROTTE DE WILSON BUTTE
14 500 – 10 000 ANS
SITUATION : Idaho, Etats-Unis
TYPE DE SITE : Site archaïque
DESCRIPTION DU SITE : Peut-être l'un des plus anciens sites occupés en Amérique du Nord. On y a découvert des lames et des éclats de silex retouchés ainsi que des restes de camélidés, de chevaux et de paresseux.

27 J8 TULE SPRINGS
Xe – VIIe MILLÉNAIRE AV. J.-C.
SITUATION : Nevada, Etats-Unis
TYPE DE SITE : Site archaïque
DESCRIPTION DU SITE : On a d'abord pensé que les foyers et les outils mis au jour sur le site dataient de 25 000 ans, ils auraient donc été les plus anciens d'Amérique du Nord. Cependant, un examen plus approfondi a démontré qu'ils étaient d'une date plus récente.

28 J8 LOST CITY
VIIIe MILLÉNAIRE AV. J.-C.
SITUATION : Nevada, Etats-Unis
TYPE DE SITE : Emplacement de village
DESCRIPTION DU SITE : Un grand village anasazi. Les murs de ses structures étaient faits de blocs de grès recouverts d'un crépi de boue.

29 J7 DANGER CAVE
IXe MILLÉNAIRE AV. J.-C.
SITUATION : Utah, Etats-Unis
TYPE DE SITE : Site archaïque
DESCRIPTION DU SITE : pp. 12, 23.

30 J8 GROTTE VENTANA
9000 AV. J.-C. – Ier MILLÉNAIRE APR. J.-C.
SITUATION : Arizona, Etats-Unis
TYPE DE SITE : Site archaïque
DESCRIPTION DU SITE : Abri-sous-roche utilisé, à l'origine, par des chasseurs-cueilleurs qui chassaient des espèces de chevaux, des bisons et des paresseux. Plus récemment, il fut utilisé par les cultures hohokam.

31 J8 SNAKETOWN
Xe – XIIe SIÈCLE
SITUATION : Arizona, Etats-Unis
TYPE DE SITE : Village agricole
DESCRIPTION DU SITE : Un des sites de villages hohokam les plus impressionnants, où l'on sent l'influence des cultures de l'Amérique centrale dans les jeux de balle rituels. Les fondations de tertres en trapèze (monticules de terre surmontés par des structures rituelles) ont aussi été mises au jour.

32 J8 BROKEN K PUEBLO
XIIIe SIÈCLE
SITUATION : Arizona, Etats-Unis
TYPE DE SITE : *Pueblo* (village indien)
DESCRIPTION DU SITE : Grand village de 95 maisons contenant 3 catégories de pièces : la plus grande était utilisée pour les activités quotidiennes, la plus petite pour le stockage, et le reste était des *kivas*, chambres souterraines utilisées pour les rites religieux.

33 K6 LITTLE BIG HORN
1876
SITUATION : Wyoming, Etats-Unis
TYPE DE SITE : Champ de bataille
DESCRIPTION DU SITE : Champ de bataille où le général Custer, ses hommes et des guerriers sioux furent tués. Les archéologues ont reconstitué la bataille en analysant la localisation des cartouches et les traces montrant où les soldats et les Indiens étaient tombés.

34 K7 BIG HORN
FIN DU Ier MILLÉNAIRE AV. J.-C.
SITUATION : Wyoming, Etats-Unis
TYPE DE SITE : Cairn
DESCRIPTION DU SITE : Roue-médecine en forme de D avec 29 rayons partant du centre, et entourée de 6 cairns de taille inférieure.

35 K7 CASPER
6000 AV. J.-C.
SITUATION : Wyoming, Etats-Unis
TYPE DE SITE : Site paléolithique
DESCRIPTION DU SITE : Site d'un vaste terrain de chasse aux bisons où les chasseurs précipitaient 75 animaux du haut d'une dune de sable, puis les tuaient à coups de lance, les dépouillaient et découpaient la viande.

36 K7 HELL GAP
IXe – VIIe MILLÉNAIRE AV. J.-C.
SITUATION : Wyoming, Etats-Unis
TYPE DE SITE : Site paléolithique
DESCRIPTION DU SITE : Site stratifié qui fournit une séquence paléo-indienne complète et un type caractéristique de pointes de projectiles.

37 K7 CROW CREEK
DÉBUT DU IIe MILLÉNAIRE
SITUATION : Dakota du Sud, Etats-Unis
TYPE DE SITE : Tumulus
DESCRIPTION DU SITE : Site de village indien des Plaines contenant 500 squelettes de personnes massacrées, mutilées et enterrées dans un tombeau collectif.

38 K7 MESA VERDE
XIe – XIIIe SIÈCLE
SITUATION : Colorado, Etats-Unis
TYPE DE SITE : *Pueblo* (village indien)
DESCRIPTION DU SITE : Grand village perché anasazi à vocation agricole. Appartements taillés dans la roche, dont l'impressionnant palais de la Falaise, avec 200 pièces et 23 *kivas*.

39 K8 CHACO CANYON
Xe – XIIIe SIÈCLE
SITUATION : Nouveau-Mexique, Etats-Unis
TYPE DE SITE : *Pueblo* (village indien)
DESCRIPTION DU SITE : Groupe de villages ruraux dont l'impressionnant Pueblo Bonito, en forme de D. Ruines considérables avec canaux d'irrigation, système de routes, postes de signalisation, et grands bâtiments de *pueblos*, contenant souvent des *kivas*.

40 K8 BANDALIER
4000 AV. J.-C. – 1500 APR. J.-C.
SITUATION : Nouveau-Mexique, Etats-Unis
TYPE DE SITE : Abri-sous-roche
DESCRIPTION DU SITE : Monument national contenant des milliers de sites archéologiques. Les abris-sous-roche datent de 4 000 ans av. J.-C. Les Anasazi ont occupé le site au XIe siècle pendant environ 400 ans.

41 K8 PECOS
XVe SIÈCLE
SITUATION : Nouveau-Mexique, Etats-Unis
TYPE DE SITE : *Pueblo* (village indien)
DESCRIPTION DU SITE : Site consistant en un quadrilatère à étages multiples, avec 660 *kivas* et des salles de séjour et de stockage entourant une place centrale. Il y a aussi les ruines d'une mission espagnole du XVIIe siècle.

42 K8 BAT CAVE
8000 AV. J.-C. – 1200 APR. J.-C.
SITUATION : Nouveau-Mexique, Etats-Unis
TYPE DE SITE : Abri-sous-roche
DESCRIPTION DU SITE : Site stratifié utilisé à l'origine comme abri par des groupes de chasseurs. Des foyers ont été construits au IIIe millénaire av. J.-C. Poteries de céramique de différentes périodes remontant à plus de 800 ans.

43 K8 CLOVIS
9500 – 9000 AV. J.-C.
SITUATION : Nouveau-Mexique, Etats-Unis
TYPE DE SITE : Site paléolithique
DESCRIPTION DU SITE : Site qui a donné son nom aux pointes de projectiles à cannelures de cette période, utilisées pour la chasse au mammouth. Leur apparence symétrique caractérise ces pointes.

44 K8 BLACKWATER DRAW
VIIe MILLÉNAIRE AV. J.-C.
SITUATION : Nouveau-Mexique, Etats-Unis
TYPE DE SITE : Site paléolithique
DESCRIPTION DU SITE : Des pointes de type Clovis et de type Folsom ont été mises au jour, ainsi que des restes de chameaux, de chevaux et de mammouths et quelques vestiges paléo-indiens (p. 12).

45 L9 ALAMO
XIXe SIÈCLE
SITUATION : Texas, Etats-Unis
TYPE DE SITE : Site colonial
DESCRIPTION DU SITE : La mission San Antonio de Valero, site de la bataille de l'Alamo (1836), à la frontière, existe toujours. On y a trouvé un certain nombre de vestiges de cette période, ainsi que des objets de l'époque coloniale.

46 L9 ILE PADRE
XVIe SIÈCLE
SITUATION : Texas, Etats-Unis
TYPE DE SITE : Epave
DESCRIPTION DU SITE : De nombreux navires espagnols ont fait naufrage ici, dont le *Espiritu Santo*, le *San Esteban*, et le *Santa María de Yciar*. La cargaison de ce dernier était composée de pièces d'argent, de lingots d'or, d'ambre, de sucre, de laine et de peaux de cuir de vache.

47 L8 BEAUMONT
SITUATION : Texas, Etats-Unis
TYPE DE SITE : Industriel
DESCRIPTION DU SITE : Ville née de l'exploitation du pétrole qui s'est développée au début du XXe siècle (p. 110).

48 L8 SPIRO MOUNDS
XIe - XVe SIÈCLE
SITUATION : Oklahoma, Etats-Unis
TYPE DE SITE : Centre cérémoniel
DESCRIPTION DU SITE : Huit tertres utilisés pour les cérémonies et les funérailles. On y a trouvé de nombreux outils.

49 M6 ISLE ROYALE
XIXe SIÈCLE
SITUATION : Michigan, Etats-Unis
TYPE DE SITE : Epave
DESCRIPTION DU SITE : Bateaux submergés en excellente condition de conservation, grâce à l'eau douce du lac Supérieur.

50 L8 FORT POWERS
XIIIe SIÈCLE
SITUATION : Missouri, Etats-Unis
TYPE DE SITE : Centre cérémoniel
DESCRIPTION DU SITE : Centre religieux fortifié comportant une place centrale et 5 tertres adjacents.

51 L8 TOLTEC
Xe – XIe SIÈCLE
SITUATION : Arkansas, Etats-Unis
TYPE DE SITE : Centre cérémoniel
DESCRIPTION DU SITE : Site complexe bâti par la culture Plum Bayou. C'était un important centre religieux, avec plusieurs tumulus et tertres en forme de trapèze.

52 L8 POVERTY POINT
XIIIe – Ve SIÈCLE AV. J.-C.
SITUATION : Louisiane, Etats-Unis
TYPE DE SITE : Site archaïque
DESCRIPTION DU SITE : De vastes ouvrages de terre, dont l'un est en forme d'oiseau. Des perles, des outils en pierre, des microlithes, des sculptures de pierre, des milliers de boules d'argile, des effigies d'oiseaux et d'autres objets en argile ont été mis au jour.

53 L7 CAHOKIA
VIIIe – XVe SIÈCLE
SITUATION : Illinois, Etats-Unis
TYPE DE SITE : Centre cérémoniel
DESCRIPTION DU SITE : De nombreux tertres attribués à la culture du Moyen Mississippi. La population aurait atteint 38 000 habitants. Quelques tertres étaient défensifs alors que d'autres contenaient des sépultures. Des pointes de flèches, des pierres polies et un grand nombre de squelettes ont été mis au jour dans l'un des tertres (p. 34).

54 L7 KOSTER
7500 AV. J.-C. – 1200 APR. J.-C.
SITUATION : Illinois, Etats-Unis
TYPE DE SITE : Site archaïque
DESCRIPTION DU SITE : Site stratifié considéré comme le modèle des sites du Midwest de la période archaïque. Les outils découverts permettent de comprendre les techniques de subsistance et la culture de plantes sauvages.

55 M7 SITE BLACK EARTH
IVe MILLÉNAIRE AV. J.-C.
SITUATION : Illinois, Etats-Unis
TYPE DE SITE : Site archaïque
DESCRIPTION DU SITE : Amas de déchets qui renfermait des débris culinaires et des puits de stockage et de transformation

de la nourriture. On y a trouvé 150 sépultures. Celle d'un homme contenait des serres d'aigles, des pointes de projectiles et d'autres témoins.

56 M7 INDIAN KNOLL
IVe MILLÉNAIRE AV. J.-C.
SITUATION : Kentucky, Etats-Unis
TYPE DE SITE : Site ancien
DESCRIPTION DU SITE : Amas coquillier et sols d'habitations où l'on a trouvé les restes de près de 1 100 sépultures contenant du mobilier funéraire.

57 M7 DETROIT
XXe SIÈCLE
SITUATION : Michigan, Etats-Unis
TYPE DE SITE : Industriel
DESCRIPTION DU SITE : Ancien comptoir commercial à sa fondation en 1701, la ville devint le site de la première chaîne de production de voitures de Henry Ford. Il reste un très grand nombre de machines. Cet ensemble constitue un témoignage important sur le développement des usines américaines au XXe siècle (p. 110).

58 M8 MOUNDVILLE
XIVe SIÈCLE
SITUATION : Alabama, Etats-Unis
TYPE DE SITE : Tertre cérémoniel
DESCRIPTION DU SITE : Site de 20 temples en trapèze mississippiens où les objets étaient décorés de motifs représentant des mains et des yeux. Plus de 3 000 sépultures ont été analysées, révélant que des nobles et des chefs étaient enterrés avec de nombreux objets luxueux.

59 M7 NEWARK MOUNDS
IIe – IVe SIÈCLE
SITUATION : Ohio, Etats-Unis
TYPE DE SITE : Centre cérémoniel
DESCRIPTION DU SITE : Nombreux tertres bâtis par le peuple hopewell, probablement utilisés pour les rituels.

60 M7 SERPENT MOUND
200 AV. J.-C. – 400 APR. J.-C.
SITUATION : Ohio, Etats-Unis
TYPE DE SITE : Ouvrage de terre rituel
DESCRIPTION DU SITE : Long tertre sinueux en forme de serpent portant un objet ovale dans la bouche, et atteignant une longueur de 400 m (p. 34).

61 M8 GROTTE DE MUD GLYPH
Ve – XVIIIe SIÈCLE
SITUATION : Tennessee, Etats-Unis
TYPE DE SITE : Art pariétal
DESCRIPTION DU SITE : Série de galeries contenant une riche collection d'art, consistant en incisions découpées dans la boue naturelle de la grotte.

62 M8 ICEHOUSE BOTTOM VILLAGE
IIIe SIÈCLE
SITUATION : Tennessee, Etats-Unis
TYPE DE SITE : Site ancien
DESCRIPTION DU SITE : Village situé dans la vallée d'une rivière. Constructions circulaires constituées de perches et de chaume. Chacune des structures contenait environ 20 personnes.

63 M8 ETOWAH
FIN DU Ier MILLÉNAIRE
SITUATION : Géorgie, Etats-Unis
TYPE DE SITE : Centre cérémoniel
DESCRIPTION DU SITE : Site mississippien des Appalaches du Sud. Trois tertres qui, réunis, forment un grand tertre-temple. Statuettes et autres objets.

64 M8 ROCK EAGLE MOUND
Xe SIÈCLE
SITUATION : Géorgie, Etats-Unis
TYPE DE SITE : Monument rituel
DESCRIPTION DU SITE : Tertre à effigie en forme d'aigle. Des centaines de milliers de rochers furent transportés ici pour créer cette forme.

65 M8 KOLOMOKI
Ier SIÈCLE
SITUATION : Géorgie, Etats-Unis
TYPE DE SITE : Site ancien
DESCRIPTION DU SITE : Vaste zone comportant un grand nombre de tumulus et un tertre plate-forme. Chacun d'entre eux était le centre d'un village de 2 000 personnes.

66 M8 ILE DE SAINTE-CATHERINE
XVIIe SIÈCLE
SITUATION : Géorgie, Etats-Unis
TYPE DE SITE : Site colonial
DESCRIPTION DU SITE : Construite sur un site qui avait été habité pendant 4 000 ans, la mission Santa Catalina de Guale, au service de 25 000 Indiens, était composée d'un monastère et d'une église dans une enceinte fortifiée. Les fondations de la nef ont été mises au jour, révélant 400 sépultures d'Indiens. Découvertes de vases en majolique, de verroterie d'échange et d'autres témoins.

67 M8 CRYSTAL RIVER MOUNDS
DÉBUT DU Ier MILLÉNAIRE
SITUATION : Floride, Etats-Unis
TYPE DE SITE : Tertre cérémoniel
DESCRIPTION DU SITE : Les fouilles de 6 tertres ont révélé un certain nombre de sépultures.

68 M8 TATHAM
XVIe SIÈCLE
SITUATION : Floride, Etats-Unis
TYPE DE SITE : Tumulus
DESCRIPTION DU SITE : Restes de 70 Indiens, peut-être victimes d'une épidémie, bien que certains corps présentent des coups d'épée. Outils et armes espagnols : métal, verre, perles et fragments d'armures.

69 M8 SAINT AUGUSTINE
XVIe – XVIIIe SIÈCLE
SITUATION : Floride, Etats-Unis
TYPE DE SITE : Site colonial
DESCRIPTION DU SITE : Fondé en 1585. Les restes du Castillo de San Marcos existent toujours. On a trouvé une maison du XVIIIe siècle (p. 100).

70 M9 WINDOVER
ENVIRON 5400 AV. J.-C.
SITUATION : Floride, Etats-Unis
TYPE DE SITE : Sépulture
DESCRIPTION DU SITE : Site en milieu humide qui révéla la première sépulture collective d'Amérique lorsqu'il fut mis au jour. 168 individus ont été exhumés, certains avec leur cerveau complet.

71 M9 LITTLE SALT SPRING
Xe – IVe MILLÉNAIRE AV. J.-C.
SITUATION : Floride, Etats-Unis
TYPE DE SITE : Site paléolithique
DESCRIPTION DU SITE : Site stratifié où l'on a découvert un foyer, un boomerang en chêne et une pointe de projectile en andouiller. On a trouvé une sépulture collective parmi les vestiges datant de la fin de la période archaïque.

72 M9 KEY MARCO
DÉBUT DU IIe MILLÉNAIRE AV. J.-C.
SITUATION : Floride, Etats-Unis
TYPE DE SITE : Site ancien
DESCRIPTION DU SITE : Maisons de chaume construites sur pilotis et conservées par des marais de lagune. Les habitants vivaient de chasse et de pêche et utilisaient des armes comme des épées en dents de requin. Découvertes de sculptures en bois inhabituelles représentant des animaux de style naturaliste, de tabourets, de plateaux, de bols, et de pirogues en bois.

73 N7 LAC LAMOKA
VIIIe – Ve MILLÉNAIRE AV. J.-C.
SITUATION : Etat de New York, Etats-Unis
TYPE DE SITE : Site primitif
DESCRIPTION DU SITE : Probablement camp de base, suggéré par les traces de 27 maisons rectangulaires. Les sols étaient couverts d'écorce, de peaux de bêtes et de nattes. Il y avait aussi des silos et des nattes pour faire sécher la viande.

74 N7 SACKETT
XIIe SIÈCLE
SITUATION : Etat de New Yok, Etats-Unis
TYPE DE SITE : Site fortifié
DESCRIPTION DU SITE : Site de village protégé par des ouvrages de terre surélevés. Rattaché à la culture owasco.

75 N7 HOPEWELL VILLAGE
XIXe SIÈCLE
SITUATION : Pennsylvanie, Etats-Unis
TYPE DE SITE : Industriel
DESCRIPTION DU SITE : Excellent exemple de site industriel centré sur la sidérurgie, en Amérique du Nord. A été restauré. Les objets produits allaient des canons et boulets de canons à une gamme de poêles caractéristiques.

76 M7 MEADOWCROFT
17 000 ANS
SITUATION : Pennsylvanie, Etats-Unis
TYPE DE SITE : Abri-sous-roche stratifié
DESCRIPTION DU SITE : Grotte habitée pendant de longues périodes intermittentes, représentant toutes les périodes importantes de l'occupation humaine dans l'histoire de l'Amérique du Nord. Les outils découverts ici comprennent des éclats de silex, des lames, des unifaces et des bifaces.

77 M7 GRAVE CREEK MOUND
IIIe – IIe SIÈCLE AV. J.-C.
SITUATION : Virginie occidentale, Etats-Unis
TYPE DE SITE : Tumulus
DESCRIPTION DU SITE : Le plus grand tumulus conique d'Amérique du Nord, 19 m de hauteur et 73 m de diamètre. Construit sur la sépulture d'une personne de haut rang, il était entouré d'une douve. Le site était un centre cérémoniel du peuple adenas.

78 N7 ST. MARY'S CITY
XVIIe SIÈCLE
SITUATION : Maryland, Etats-Unis
TYPE DE SITE : Site colonial
DESCRIPTION DU SITE : pp. 100, 102-105.

79 N7 ANNAPOLIS
XVIIe SIÈCLE
SITUATION : Maryland, Etats-Unis
TYPE DE SITE : Site colonial
DESCRIPTION DU SITE : A conservé le caractère de l'époque coloniale. Parmi les structures étudiées on note une taverne du XVIIIe siècle, une imprimerie, des résidences privées et quelques jardins.

80 N7 WOLSTENHOLME TOWNE
1616 – 1622
SITUATION : Virginie, Etats-Unis
TYPE DE SITE : Site colonial
DESCRIPTION DU SITE : Colonie anglaise détruite par une attaque d'Indiens. Il y a des vestiges de magasins et de demeures, un fort en rondins, des armes et de l'équipement britanniques ainsi que les tombes des victimes massacrées.

81 N8 JAMESTOWN
XVIIe SIÈCLE
SITUATION : Virginie, Etats-Unis
TYPE DE SITE : Site colonial
DESCRIPTION DU SITE : Site de la première colonie permanente d'Amérique, fondée en 1607. Contenait 17 maisons, entourées d'un mur de défense, avec des postes de combat sur 3 coins.

82 N8 MARTIN'S HUNDRED
1619
SITUATION : Virginie, Etats-Unis
TYPE DE SITE : Site colonial
DESCRIPTION DU SITE : Site de plantation de pèlerins où les habitants furent attaqués par les Indiens et où 58 personnes furent tuées. L'essentiel a été conservé.

83 N7 LOWELL
XIXe SIÈCLE
SITUATION : Massachusetts, Etats-Unis
TYPE DE SITE : Industriel
DESCRIPTION DU SITE : Usine textile créée par Francis Lowell sur la rivière Merrimack. Les bâtiments ont été conservés (p. 110).

84 N7 HARTFORD
XVIIe – XIXe SIÈCLE
SITUATION : Connecticut, Etats-Unis
TYPE DE SITE : Site colonial
DESCRIPTION DU SITE : A l'origine, site d'un fort hollandais, colonisé ensuite par les Anglais. Vestiges industriels trouvés à la fabrique d'armes Colt, fondée en 1855 (p. 110).

85 N7 NEW YORK
XVIIe SIÈCLE
SITUATION : Etat de New York, Etats-Unis
TYPE DE SITE : Site colonial
DESCRIPTION DU SITE : pp. 100, 106-107.

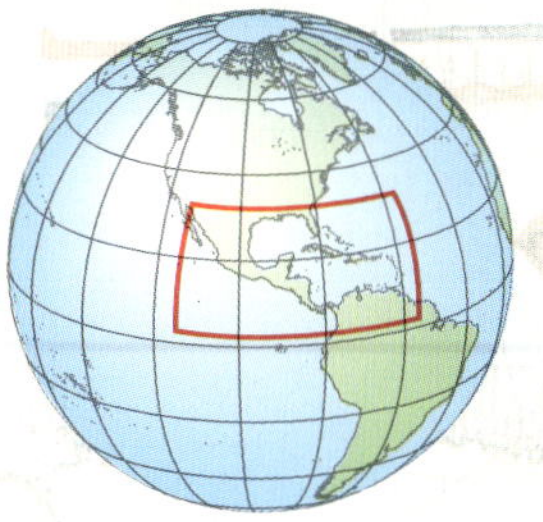

AMÉRIQUE CENTRALE

La carte correspondant à cette liste figure pp. 138-139.

1 A2 Casas Grandes
XIe – XIVe siècle
Situation : Mexique
Type de site : Site d'échanges
Description du site : Influencé par la culture toltèque. Vestiges de pyramides, dont le monticule de la Croix, le monticule des Héros et un jeu de balle rituel.

2 C5 Tzintzuntzan
XIVe – XVe siècle
Situation : Plateau central, Mexique
Type de site : Site précolombien
Description du site : Plates-formes circulaires en terrasses de 5 temples purépecha. Vestiges de demeures que l'on suppose être celles de grands prêtres. Des tombes ont livré de grandes quantités d'ossements humains.

3 D5 Tula
IXe – XIIe siècle
Situation : Hidalgo, Mexique
Type de site : Ville précolombienne
Description du site : Site d'une capitale comprenant plusieurs pyramides et des *chac mools*, autels en forme de silhouettes humaines allongées, utilisés pour présenter des offrandes rituelles.
Les surfaces sont sculptées de jaguars, de coyotes et d'aigles. La ville fut brièvement réoccupée à la période aztèque.

4 D5 Tenochtitlán
XIVe – XVIe siècle
Situation : Mexico, Mexique
Type de site : Capitale aztèque
Description du site : Découverte au centre de la ville de Mexico, la capitale aztèque comprenait un important centre cérémoniel, avec une pyramide à temples jumeaux appelée le Templo Mayor. Elle était construite sur des îles artificielles avec des canaux qui traversaient la ville. Vestiges de marché, de jeux de balle et d'autres structures.

5 D5 Teotihuacán
Ier – VIIIe siècle
Situation : Mexique
Type de site : Cité cérémonielle
Description du site : pp. 34, 43.

6 D5 Santa Isabel Ixtapán
VIIIe millénaire av. J.-C.
Situation : Chiapas, Mexique
Type de site : Gisement de chasseurs-cueilleurs
Description du site : Deux campements de chasseurs de mammouths. Découverte de pointes à base rectiligne ou pourvues d'un pédoncule, de lames en obsidienne et de grattoirs à tranchant latéral.

7 D5 Tlatilco
XIIe siècle av. J.-C.
Situation : Mexique
Type de site : Cimetière
Description du site : Riches sépultures contenant des figurines creuses en céramique blanche de type olmèque et des statuettes creuses représentant des bébés qui suggèrent une sorte de relation avec un culte de la fertilité.

8 D5 Calixtlahuaca
XIIIe – XVIe siècle
Situation : Mexique
Type de site : Ville précolombienne
Description du site : Occupée par le peuple matlazinca, ennemi des Aztèques. Surtout connue pour son temple circulaire de Quetzalcóatl. Plus tard, devint une ville aztèque.

9 D5 Cuicuilco
600 av. J.-C. – 200 apr. J.-C.
Situation : Mexique
Type de site : Centre préclassique
Description du site : Site cérémoniel comprenant une impressionnante plate-forme circulaire de temple qui a été recouverte par la lave, et qui comportait autrefois 4 gradins et 4 rampes. Le centre cérémoniel faisait plus de 119 m de long et était flanqué d'un grand nombre de dalles de pierre.

10 D5 Xochicalco
VIe – Xe siècle
Situation : Morelos, Mexique
Type de site : Site fortifié
Description du site : Centre classique récent important situé sur une colline aménagée en terrasses. L'élite de Teotihuacán s'y serait réfugiée après la chute de cette métropole. Pyramide du Serpent à Plumes, jeu de balle cérémoniel, stèles et passages souterrains.

11 D5 Chalcatzingo
IXe – IVe siècle av. J.-C.
Situation : Puebla, Mexique
Type de site : Site préclassique
Description du site : Site olmèque célèbre pour ses reliefs sculptés sur les rochers qui dominent le site. Le relief principal montre un chef olmèque richement vêtu, assis dans une grotte, au-dessus de laquelle on a figuré des nuages et des gouttes de pluie.

12 D5 Cholula
IIe – XIIe siècle
Situation : Puebla, Mexique
Type de site : Site ancien
Description du site : Centre comportant une imposante pyramide, bâtie sur 4 périodes, ayant atteint une hauteur de 55 m. Quelques poteries richement décorées ont été trouvées ici.

13 D5 Cacatxla
VIIIe – IXe siècle
Situation : Tlaxcala, Mexique
Type de site : Site classique récent
Description du site : Célèbre pour la peinture murale d'une bataille où s'affrontent des guerriers aux costumes zoomorphes.

14 D5 El Tajín
VIIe – XIe siècle
Situation : Veracruz, Mexique
Type de site : Centre cérémoniel
Description du site : Site classique associé à de nombreuses cultures dominantes de la période. La pyramide des Niches comporte 365 niches qui abritaient une idole pour chacun des jours de l'année. Une structure antérieure a été découverte au-dessous. Autres vestiges : 11 jeux de balle et l'édifice des Colonnes.

15 D6 Juxtlahuaca
IXe – VIIe siècle av. J.-C.
Situation : Guerrero, Mexique
Type de site : Art pariétal olmèque
Description du site : Grotte composée de 2 salles décorées de motifs associant humains et animaux dans une iconographie de la pluie-fertilité et du mythe des origines.

16 D6 Vallée de Tehuacán
7000 av. J.-C. – 1520 apr. J.-C.
Situation : Puebla, Mexique
Type de site : Zone agricole primitive
Description du site : Vaste site où naquit l'agriculture méso-américaine. Reflète la transition entre une culture de chasseurs-cueilleurs et une culture d'agriculteurs et d'éleveurs (p. 24).

17 D6 Monte Albán
500 av. J.-C. – 750 apr. J.-C.
Situation : Oaxaca, Mexique
Type de site : Ville
Description du site : Site de 4 périodes distinctes, bien que la période classique soit considérée comme la plus importante. On y a trouvé des places, des terrasses, des stèles sculptées, des plates-formes de temples et un monticule non dégagé. Les sépultures étaient accompagnées d'urnes en terre cuite.

18 E5 Cempoala
VIIe – XVe siècle
Situation : Veracruz, Mexique
Type de site : Site classique et postclassique
Description du site : Sculptures caractéristiques et jeux de balle. Devint un avant-poste aztèque au XIIIe siècle.

19 E5 Cerro de las Mesas
VIe siècle
Situation : Mexique
Type de site : Site classique
Description du site : Monticules de terre et 15 stèles. Le mobilier funéraire rattache le site à celui de Teotihuacán. Grand nombre de jades olmèques découverts ici.

20 E6 Guilá Naquitz
IXe – VIIe millénaire av. J.-C.
Situation : Oaxaca, Mexique
Type de site : Abri-sous-roche
Description du site : Grotte occupée par intermittence et sur une longue période par des chasseurs et des agriculteurs. Vestiges d'habitation sur 6 niveaux. Sentiers, foyers, aires de stockage et de cuisine ont été mis au jour (p. 12).

21 E6 Mitla
IXe – XIIe siècle
Situation : Oaxaca, Mexique
Type de site : Ville précolombienne
Description du site : Centre religieux zapotèque comportant un sanctuaire et une place flanquée de pyramides. Plus tard, devint un site mixtèque contenant 5 groupes de palais faits de longs bâtiments. Découverte de céramiques antérieures.

22 E6 Tres Zapotes
Xe – Ier siècle av. J.-C.
Situation : Veracruz, Mexique
Type de site : Centre cérémoniel
Description du site : Site post-olmèque célèbre pour un monument daté de 32 av. J.-C. Cinquante monticules de terre ont été découverts ici ainsi que des poteries et des figurines de céramique.

23 E6 San Lorenzo
XIIIe – Xe siècle av. J.-C.
Situation : Veracruz, Mexique
Type de site : Centre olmèque
Description du site : Monuments et sculptures dont 10 grandes têtes olmèques caractéristiques. Des perles en minerai de fer, une stèle, un autel, des plates-formes de terre et environ 200 plates-formes d'habitations ont été dégagés.

24 E6 La Venta
Xe – VIe siècle av. J.-C.
Situation : Tabasco, Mexique
Type de site : Centre cérémoniel
Description du site : Site olmèque avec riches demeures et édifices publics. Cache de figurines votives en jadéite, en activité rituelle (p. 46).

25 F6 Chiapa de Corzo
XVe – IXe siècle av. J.-C.
Situation : Chiapas, Mexique
Type de site : Site préclassique
Description du site : Site d'agriculteurs qui moulaient le maïs sur des meules en pierre, et fabriquaient des poteries. Sa stratigraphie le rend spécialement intéressant pour les archéologues. Plus tard, devint une ville maya.

26 F6 Toniná
VIIe – IXe siècle
Situation : Chiapas, Mexique
Type de site : Site maya classique
Description du site : Actuellement en cours de fouilles. En 1997, des pyramides, 2 jeux de balle, des ruines de temples, des sculptures et quelques reliefs en stuc ont été découverts.

27 F7 Izapa
100 av. J.-C. – 100 apr. J.-C.
Situation : Chiapas, Mexique
Type de site : Site préclassique récent
Description du site : Environ 80 monticules pyramidaux, de grandes stèles et des autels ont été dégagés dans ce centre.

28 F6 Bonampak
IXe siècle
Situation : Chiapas, Mexique
Type de site : Site maya classique
Description du site : Célèbre pour ses peintures montrant une bataille précédée et suivie de rituels.

29 F6 Palenque
VIe – IXe siècle
Situation : Chiapas, Mexique

TYPE DE SITE : Site maya classique récent
DESCRIPTION DU SITE : Une des cités les plus importantes de la période classique récente sous le règne du seigneur Pacal, enterré dans le temple des Inscriptions. Autres structures : temple de la Croix, temple de la Croix feuillue et temple du Soleil, qui renferment des reliefs élaborés.

30 G6 RIO BEC
VIIe – IXe SIÈCLE
SITUATION : Campeche, Mexique
TYPE DE SITE : Site maya
DESCRIPTION DU SITE : Palais-pyramide dont les structures comprennent de faux temples juchés au sommet de faux escaliers, et des façades très sculptées.

31 F5 EDZNA
VIIe – IXe SIÈCLE
SITUATION : Campeche, Mexique
TYPE DE SITE : Site maya
DESCRIPTION DU SITE : Jeu de balle et palais-pyramide qui était utilisé pour l'habitation aussi bien que pour le rituel.

32 F5 ILE DE JAINA
VIIe – IXe SIÈCLE
SITUATION : Mexique
TYPE DE SITE : Cimetière maya
DESCRIPTION DU SITE : Découverte d'un grand nombre de remarquables figurines de céramique, souvent creuses et pourvues de sifflets. Probablement sépultures de l'élite.

33 G5 DZIBILCHALTUN
500 AV. J.-C. – 1200 APR. J.-C.
SITUATION : Yucatán, Mexique
TYPE DE SITE : Site maya
DESCRIPTION DU SITE : Centre cérémoniel. Temple des Sept Poupées, ainsi appelé à cause des figurines qui y furent enterrées après l'abandon du site. En tout, 8 400 structures ont été enregistrées.

34 G5 MAYAPÁN
XIIIe – XIVe SIÈCLE
SITUATION : Yucatán, Mexique
TYPE DE SITE : Cité postclassique récente
DESCRIPTION DU SITE : Fondée par les Itzás. Nombreux sanctuaires et tessons représentant parfois des dieux. Son Castillo était inspiré de celui qui a été trouvé à Chichen Itzá. La population variait entre 6 000 et 15 000 habitants.

35 G5 CHICHEN ITZÁ
IXe – XIe SIÈCLE
SITUATION : Yucatán, Mexique
TYPE DE SITE : Site maya postclassique ancien
DESCRIPTION DU SITE : Grand nombre de complexes cérémoniels et religieux dont le temple des Guerriers, les Mille Colonnes, un imposant jeu de balle et le Castillo. De nombreux *chac mools*, des objets en jade, des idoles en bois, des grelots en cuivre et en bronze ainsi que des restes humains ont été découverts.

36 G5 UXMAL
VIIe – Xe SIÈCLE
SITUATION : Yucatán, Mexique
TYPE DE SITE : Site maya classique terminal
DESCRIPTION DU SITE : Grande cité dont la structure la plus importante était la pyramide du Devin, sculptée de reliefs représentant des créatures cosmiques et des figures divines ou humaines. On trouve aussi la plate-forme des Stèles et la Grande Pyramide. Les façades sont richement sculptées.

37 G5 KABAH
VIIIe – Xe SIÈCLE
SITUATION : Yucatán, Mexique
TYPE DE SITE : Site maya
DESCRIPTION DU SITE : Centre de la période classique terminale, qui fut mystérieusement abandonné. Il est relié à Uxmal par une chaussée.

38 G5 SAYIL
VIIIe – Xe SIÈCLE
SITUATION : Yucatán, Mexique
TYPE DE SITE : Site maya
DESCRIPTION DU SITE : Centre de la période classique terminale. Découverte d'un palais, de résidences, de places et de temples-pyramides. Son monument le plus impressionnant est un palais de 3 étages divisé en 94 pièces.

39 G5 TULUM
XIIe – XVe SIÈCLE
SITUATION : Yucatán, Mexique
TYPE DE SITE : Site maya postclassique récent
DESCRIPTION DU SITE : Ville en bord de mer entourée d'un mur. Parmi les structures il faut noter le temple des Fresques, dont le sanctuaire est enfermé dans un bâtiment plus grand, et le temple du Dieu Plongeant.

40 G5 COZUMEL
XIIIe – XIVe SIÈCLE
SITUATION : Yucatán, Mexique
TYPE DE SITE : Ile maya aux sites postclassiques récents
DESCRIPTION DU SITE : Port important et lieu de pèlerinage pour le culte d'Ix Chel (la déesse maya des femmes). La ville a atteint son apogée vers 1400. De longues chaussées mènent à des plates-formes de stockage, à l'intérieur des terres.

41 G6 CERROS
Ier – IIIe SIÈCLE
SITUATION : Belize
TYPE DE SITE : Site maya préclassique récent
DESCRIPTION DU SITE : Petit village de pêcheurs à l'origine. D'importantes rénovations l'ont transformé en un centre d'échanges. Parmi ses ruines : temples et pyramide décorée de masques sur ses degrés. Deux jeux de balle et restes de champs entourés par un canal.

42 G6 ALTUN HA
IIIe – IXe SIÈCLE
SITUATION : Belize
TYPE DE SITE : Ville maya classique
DESCRIPTION DU SITE : Cité classique avec vestiges de tombes et de temples, dominés par le temple des Autels, en maçonnerie. De ce site provient un des plus gros objets en jade jamais trouvés en Méso-Amérique.

43 G6 CARACOL
IVe – IXe SIÈCLE
SITUATION : Belize
TYPE DE SITE : Cité maya classique
DESCRIPTION DU SITE : Actuellement en cours de fouille. Une acropole, un jeu de balle et le temple du Linteau de bois ont été dégagés. A son apogée, la cité a abrité entre 30 000 et 60 000 personnes. Un certain nombre de chaussées surélevées, appelées *sacbe*, mènent à des sites plus petits.

44 G6 EL MIRADOR
IVe SIÈCLE AV. J.-C. – IIIe SIÈCLE APR. J.-C.
SITUATION : Petén, Guatemala
TYPE DE SITE : Site maya préclassique
DESCRIPTION DU SITE : Centre urbain primitif contenant l'un des plus grands temples-pyramides de la civilisation maya. Une chaussée le relie à un autre site, Nakbe.

45 G6 RIO AZUL
IVe – IXe SIÈCLE
SITUATION : Petén, Guatemala
TYPE DE SITE : Site classique ancien
DESCRIPTION DU SITE : Petit site avec de nombreuses structures classiques anciennes de type palais. Il y a aussi des tombes, dont beaucoup sont peintes.

46 G6 UAXACTÚN
Ier – IXe SIÈCLE
SITUATION : Petén, Guatemala
TYPE DE SITE : Site maya classique
DESCRIPTION DU SITE : Pyramides et surtout temples du classique ancien.

47 G6 TIKAL
800 AV. J.-C. – 900 APR. J.-C.
SITUATION : Petén, Guatemala
TYPE DE SITE : Ville maya
DESCRIPTION DU SITE : Environ 3 000 structures situées sur une zone de 15 km^2, parmi lesquelles 5 grands temples-pyramides contenant de riches sépultures. Grande place avec de nombreux autels et stèles. Le temple du Jaguar se dresse à 43 m. Un monticule de 65 m n'a pas encore été dégagé et serait probablement la plus grande pyramide des Mayas de l'époque classique.

48 F6 PIEDRAS NEGRAS
VIe - IXe SIÈCLE
SITUATION : Guatemala
TYPE DE SITE : Site maya classique récent
DESCRIPTION DU SITE : Spécialement connu pour ses sculptures, en particulier pour ses trônes au dossier ouvragé.

49 F6 YAXCHILÁN
VIe – VIIIe SIÈCLE
SITUATION : Mexique
TYPE DE SITE : Site maya classique récent
DESCRIPTION DU SITE : Au bord de l'Usumacinta, ce site est remarquable pour les linteaux sculptés de ses édifices et pour ses stèles.

50 F6 ALTAR DE SACRIFICIOS
800 AV. J.-C. – 900 APR. J.-C.
SITUATION : Guatemala
TYPE DE SITE : Site maya
DESCRIPTION DU SITE : Site contenant des poteries Orange Fin, différentes des types de poterie maya classique, ce qui prouverait que la zone a été envahie au IXe siècle. La plupart des ruines sont de la période classique, où les plates-formes et les pyramides étaient disposées autour de places centrales.

51 F6 DOS PILAS
VIIe – VIIIe SIÈCLE
SITUATION : Guatemala
TYPE DE SITE : Cité maya
DESCRIPTION DU SITE : Grand centre dont le site le plus impressionnant est la tombe d'un souverain maya à la coiffure remarquable, découverte à la base d'un temple.

52 F6 SEIBAL
IXe SIÈCLE
SITUATION : Guatemala
TYPE DE SITE : Site maya
DESCRIPTION DU SITE : Centre contenant des stèles et des traces de bâtiments ronds associés au culte du dieu Quetzalcóatl.

53 G6 NAJ TUNICH
VIIIe SIÈCLE
SITUATION : Guatemela
TYPE DE SITE : Art pariétal
DESCRIPTION DU SITE : Site d'art pariétal maya contenant 100 peintures, quelques-unes avec textes hiéroglyphiques et représentations humaines.

54 G7 QUIRIGUÁ
IVe – XIIe SIÈCLE
SITUATION : Guatemala
TYPE DE SITE : Site maya
DESCRIPTION DU SITE : Petit centre contenant un grand nombre de rochers sculptés zoomorphes. C'est aussi le site de la plus grande stèle maya, qui représente un souverain prospère. Plus tard, le site fut occupé par les Toltèques.

55 F7 ZACULEU
DÉBUT DU IIe MILLÉNAIRE
SITUATION : Guatemala
TYPE DE SITE : Site maya
DESCRIPTION DU SITE : Centre religieux classique et postclassique avec jeux de balle et temples. Par ses tombeaux, le site a donné beaucoup d'indications sur les pratiques funéraires des Mayas. Les corps incinérés étaient placés dans des urnes, avec de belles plaques à dos d'ardoise et des sculptures de jade.

56 F7 OCÓS
FIN DU IIe MILLÉNAIRE AV. J.-C.
SITUATION : Guatemala
TYPE DE SITE : Site de plein air
DESCRIPTION DU SITE : Site contenant des poteries comptant parmi les plus anciennes de Méso-Amérique. Elles portent souvent des empreintes de coquillages et sont parfois peintes, ce qui était caractéristique de la culture ocós. Leurs poteries étaient souvent composées de *tecomates*, jarres sans col, et bols à fond plat.

57 F7 LA VICTORIA
MILIEU DU IIe MILLÉNAIRE AV. J.-C.
SITUATION : Guatemala
TYPE DE SITE : Site primitif
DESCRIPTION DU SITE : Village de la culture ocós, situé près d'un estuaire envasé, à marées, composé d'un groupe d'une douzaine de maisons sur des plates-formes basses.

58 F7 ABAJ TAKALIK
Ier SIÈCLE AV. J.-C.
SITUATION : Guatemala
TYPE DE SITE : Site maya
DESCRIPTION DU SITE : Site encore

en cours de fouille. Découverte de têtes de type olmèque, l'une d'elles portant une barbe de monstre-jaguar.

59 F7 IXIMCHE
XIIe SIÈCLE
SITUATION : Guatemala
TYPE DE SITE : Centre maya
DESCRIPTION DU SITE : Capitale des Mayas Cakchiquels comportant 4 places de cérémonies, des temples et des jeux de balle rituels, de style semblable à celui de Monte Albán.

60 F7 KAMINALJUYU
Ve – VIe SIÈCLE
SITUATION : Guatemala
TYPE DE SITE : Centre maya
DESCRIPTION DU SITE : Lié à Teotihuacán, c'était un centre religieux et d'échanges d'une culture connue sous le nom de Las Charcas. Découverte de plus de 200 monticules de terre et d'argile qui contenaient des tombes, au toit de poutres, richement remplies, l'une d'elles renfermait 340 objets.

61 F7 MONTE ALTO
Ier MILLÉNAIRE AV. J.-C.
SITUATION : Guatemala
TYPE DE SITE : Site préclassique récent
DESCRIPTION DU SITE : Découverte de têtes colossales, d'un masque de jade et de nombreux reliefs associés à la culture izapa. Plus tard, site maya.

62 G7 NACO
XIe – XVIe SIÈCLE
SITUATION : Honduras
TYPE DE SITE : Site maya
DESCRIPTION DU SITE : Grand site d'échanges côtier qui a pu abriter jusqu'à 10 000 habitants. Vestiges de petits monticules résidentiels, de résidences de l'élite, de bâtiments publics, et d'un jeu de balle. On a aussi découvert des céramiques originales.

63 G7 PLAYA DE LOS MUERTOS
VIIe – IIIe SIÈCLE AV. J.-C.
SITUATION : Honduras
TYPE DE SITE : Site ancien
DESCRIPTION DU SITE : Site envahi par les eaux des rivières et presque entièrement sauvé. Au moins 4 périodes d'habitation. Les gens vivaient dans des cabanes aux toits de chaume et murs de clayonnage. Ils enterraient leurs morts dans des cimetières avec de riches offrandes. Découverte de 100 figurines, sculptées pour la plupart.

64 G7 COPÁN
IVe – IXe SIÈCLE
SITUATION : Honduras
TYPE DE SITE : Centre maya
DESCRIPTION DU SITE : Vaste site avec pyramides funéraires et autres structures. La structure 16, une pyramide à 9 niveaux, est la plus grande. L'escalier hyéroglyphique est sculpté de 2 200 glyphes. Il y a aussi des stèles, des jeux de balle et une acropole.

65 G7 LOS NARANJOS
VIIIe – Ve SIÈCLE AV. J.-C.
SITUATION : Honduras
TYPE DE SITE : Site fortifié
DESCRIPTION DU SITE : Site fortifié assez complexe contenant une plate-forme de 6 m de haut qui abritait une sépulture de l'élite avec des ornements en jade, dont une hache.

66 G7 CHALCHUAPA
XIIe – IIIe SIÈCLE AV. J.-C.
SITUATION : El Salvador
TYPE DE SITE : Site préclassique
DESCRIPTION DU SITE : Témoignage le plus ancien de l'occupation humaine dans ce pays. Découverte de poteries, de figurines et de pierres taillées ou polies. Plus tard atelier d'obsidienne. Devint une assez grande communauté, avec une pyramide de 20 m de haut et une vaste place entourée de plates-formes. Probablement issu de la culture olmèque.

67 G7 SANTA LETICIA
400 AV. J.-C. – 200 APR. J.-C.
SITUATION : El Salvador
TYPE DE SITE : Site ancien
DESCRIPTION DU SITE : Site qui contenait une grande terrasse artificielle et un grand nombre de structures. Objets trouvés sur le site : sculptures de personnages ventrus, masques de pierre et pots en forme de cloche qui contenaient encore du maïs et des graines de tournesol.

68 G7 CEREN
VIe SIÈCLE
SITUATION : El Salvador
TYPE DE SITE : Site maya
DESCRIPTION DU SITE : Site de village préservé après avoir été recouvert de cendres par un volcan voisin. Découverte de bâtons-plantoirs, de pilons et de plats abandonnés sur des foyers. Les champs étaient bien conservés et ont fourni de nombreuses indications sur la vie quotidienne des Mayas.

69 G7 CIHUATAN
VIIIe SIÈCLE
SITUATION : El Salvador
TYPE DE SITE : Site ancien
DESCRIPTION DU SITE : Centre dominé par un groupe central comprenant jeu de balle-place et pyramide. Découverte de céramiques, de figurines pourvues de roues et de *chac mools*.

70 G7 QUELEPA
500 AV. J.-C. – 625 APR. J.-C.
SITUATION : El Salvador
TYPE DE SITE : Site ancien
DESCRIPTION DU SITE : Site illustrant la technique méso-américaine de production de lames d'obsidienne. Plate-forme avec, au centre, l'autel du Jaguar, entouré de serpents et de jaguars stylisés. Plus tard, des pyramides rituelles de grande taille furent construites sur des plates-formes artificielles. Découverte de petites perles de jade sculptées, de *metates* (meules de pierre) à pieds utilisés comme vases rituels et de boules de pierre.

71 G7 LOS LLANITOS
FIN DU Ier MILLÉNAIRE
SITUATION : El Salvador
TYPE DE SITE : Site ancien
DESCRIPTION DU SITE : Centre rituel et résidentiel comprenant 10 petites structures et un jeu de balle disposés autour de 2 places.

72 H8 BARREAL DE HEREDIA
500 AV. J.-C. – 1300 APR. J.-C.
SITUATION : Costa Rica
TYPE DE SITE : Site précolombien
DESCRIPTION DU SITE : Centre de plusieurs périodes dont la plus intéressante date du VIIIe au XIe siècle. Huit maisons aux fondations de galets ont été dégagées : 4 rectangulaires, avec des sépultures sous le sol, contenant de la poterie importée nicoya, et 4 circulaires, avec des foyers, des outils et des éclats de pierre.

73 H8 TURRIALBA
VIIIe MILLÉNAIRE AV. J.-C.
SITUATION : Costa Rica
TYPE DE SITE : Gisement de chasseurs-cueilleurs
DESCRIPTION DU SITE : Site stratifié avec découverte de nombreux outils en pierre taillée, dont 18 pointes à cannelure, des grattoirs et des lames.

74 I9 CHIRIQUI
XIIe – XVIe SIÈCLE
SITUATION : Panamá
TYPE DE SITE : Site précolombien
DESCRIPTION DU SITE : Un grand nombre de sépultures profondes où des objets en or et de la poterie, peinte parfois, ont été mis au jour.

75 I9 SITIO CONTE
IIIe – XIIIe SIÈCLE
SITUATION : Province de Coclé, Panamá
TYPE DE SITE : Monticule funéraire
DESCRIPTION DU SITE : Cimetière contenant 60 tombes remplies d'or, d'insignes royaux, de pierres sculptées, d'ornements en os et de céramique peinte. Tous les objets étaient ornés de spirales parfaites et de dessins d'animaux.

76 I9 CERRO MANGOTE
VIe MILLÉNAIRE AV. J.-C.
SITUATION : Panamá
TYPE DE SITE : Amas coquillier
DESCRIPTION DU SITE : Des choppers et des molettes ont été mis au jour.

77 J6 SEVILLA NUEVA
XVIe SIÈCLE
SITUATION : Jamaïque
TYPE DE SITE : Site colonial
DESCRIPTION DU SITE : Ruines d'un fort espagnol bâti en 1509, où des fouilles ont porté sur 2 caravelles dans la zone portuaire.

78 J6 PORT ROYAL
XVIIe SIÈCLE
SITUATION : Jamaïque
TYPE DE SITE : Site colonial
DESCRIPTION DU SITE : Port florissant submergé par un tremblement de terre en 1692. Ses vestiges sont en excellent état de conservation. Objets sauvés : boulets de canon, armes à feu, pipes d'argile, bouteilles de rhum et même une montre qui s'arrêta à l'heure exacte du tremblement de terre.

79 L5 PALAIS SANS-SOUCI
XIXe SIÈCLE
SITUATION : Milot, Haïti
TYPE DE SITE : Palais colonial
DESCRIPTION DU SITE : Grand palais royal endommagé par un tremblement de terre. Il est resté presque intact, avec de nombreuses galeries, des murs lambrissés et des peintures.

80 M6 LA ISABELA LUPERON
XVIe SIÈCLE
SITUATION : République Dominicaine
TYPE DE SITE : Site colonial
DESCRIPTION DU SITE : Site de la première base de Christophe Colomb, fouillée et restaurée.

81 N6 CASTILLO DE SAN FELIPE DEL MORRO
XVIIe SIÈCLE
SITUATION : San Juan, Porto Rico
TYPE DE SITE : Château fortifié
DESCRIPTION DU SITE : Vestiges d'un grand château fort qui s'élève à 44 m au-dessus de l'océan.

82 O6 ANGUILLA
IIe MILLÉNAIRE AV. J.-C.
SITUATION : Anguilla
TYPE DE SITE : Site de plein air
DESCRIPTION DU SITE : Cette petite île contient les sites autochtones des Caraïbes les plus anciens que l'on connaisse. On y a découvert des outils et d'autres objets. Il y a aussi sur l'île un parc national contenant des pétroglyphes.

83 O6 FORT THOMAS
XVIIe SIÈCLE
SITUATION : Saint Kitts
TYPE DE SITE : Site colonial
DESCRIPTION DU SITE : Ruines d'un fort colonial où l'on trouve encore des témoins de la période : armes, vêtements et poteries domestiques.

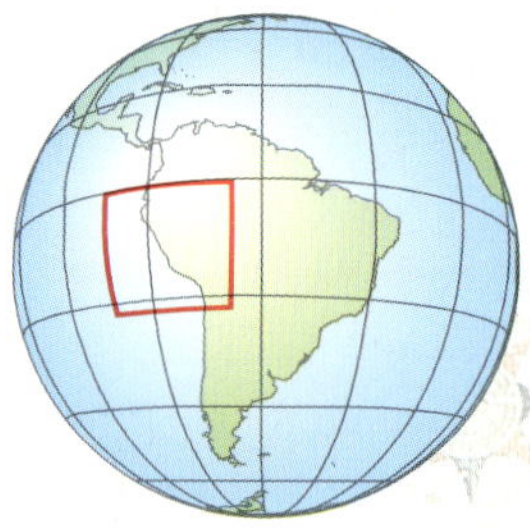

PÉROU

La carte correspondant à cette liste figure p. 140.

1 B3 Sipán
Début du Ier millénaire
Situation : Lambayeque, Pérou
Type de site : Tumulus funéraire
Description du site : Somptueuses sépultures. La plus importante était la tombe du seigneur de Sipán, accompagnée de 4 autres sépultures et de quelques poteries.

2 C3 El Cumbemayo
IIIe siècle av. J.-C.
Situation : Cajamarca, Pérou
Type de site : Canal artificiel
Description du site : Canal ingénieusement conçu et construit longtemps avant ceux des Incas. Il était si complexe qu'il ne peut avoir été utilisé qu'à des fins rituelles.

3 C3 Huacaloma
1400 av. J.-C. – début du Ier millénaire
Situation : Cajamarca, Pérou
Type de site : Site de l'Horizon ancien
Description du site : La structure la plus ancienne contenait un foyer central. Les structures ultérieures comprenaient 6 plates-formes construites sur une colline. A son apogée dans les premiers siècles de notre ère.

4 C4 Pacatnamu
VIIe – XVe siècle
Situation : Vallée de Jequetepeque, Pérou
Type de site : Site de l'Horizon moyen
Description du site : Plus de 50 ensembles à pyramides tronquées, avec des monticules, des cours et des places. Brièvement habité avant l'arrivée des Incas.

5 C4 Huaca Prieta
Vers 2300 av. J.-C .
Situation : Chicama, Pérou
Type de site : Site agricole
Description du site : Site précéramique et agricole. Découverte de textiles de coton soigneusement tissés représentant des oiseaux et autres images.

6 C4 Chanchán
XIIe siècle
Situation : Trujillo, Pérou
Type de site : Centre chimú
Description du site : Capitale de l'empire chimú avec 3 secteurs principaux, la citadelle-temple Tschudi étant le plus grand. Il y a aussi deux importantes *huacas* (temples) : Huaca Esmeralda et Arco Iris.

7 C4 Alto Salavery
XVIIIe – Xe siècle av. J.-C.
Situation : Vallée de Moche, Pérou
Type de site : Site ancien
Description du site : Vestiges d'architecture religieuse et domestique rattachée à une culture précéramique. Salle cérémonielle en contrebas, typique de la période initiale, où l'on commença à utiliser la céramique en Amérique du Sud.

8 C4 Caballo Muerto
XIXe – Ier siècle av. J.-C.
Situation : Vallée de Moche, Pérou
Type de site : Centre cérémoniel
Description du site : Monticules préchavín. Le plus fascinant est la Huaca de los Reyes, à plusieurs niveaux et en forme de U, qui possède des reliefs rouges, jaunes et blancs.

9 C4 Grotte de Guitarrero
VIIIe millénaire av. J.-C.
Situation : Callejón de Huaylas, Pérou
Type de site : Abri-sous-roche
Description du site : Les premiers restes de haricots cultivés ont été trouvés ici, remontant à 10 000 ans. Probablement occupé uniquement pendant la saison des pluies.

10 C4 Huaricoto
IIe millénaire av. J.-C.
Situation : Callejón de Huaylas, Pérou
Type de site : Centre cérémoniel
Description du site : Petit tertre artificiel occupé pendant une longue période. Consiste en 13 structures contenant des salles rituelles et des foyers.

11 C4 La Galgada
Début du IIe millénaire av. J.-C.
Situation : Pérou
Type de site : Centre cérémoniel
Description du site : Temples contenant des foyers centraux, avec des restes de graines de piment. Lorsqu'un temple était comblé, parfois à l'occasion d'une sépulture, le temple suivant était construit par-dessus. Le centre subvenait aux besoins d'une importante population résidentielle.

12 C4 Moxeke
IXe siècle av. J.-C.
Situation : Vallée de Casma, Pérou
Type de site : Centre cérémoniel
Description du site : Site d'une plate-forme pyramidale composée de 8 terrasses. La plupart des structures sont couvertes de reliefs en argile plutôt qu'en pierre.

13 C4 Cerro Sechin
IXe – VIIe siècle av. J.-C.
Situation : Côte Ancash, Pérou
Type de site : Centre cérémoniel
Description du site : On a dégagé des plates-formes de temples, des demeures et des cimetières. La plate-forme centrale comporte 90 dalles monolithiques, représentant des guerriers et leurs têtes-trophées.

14 C4 Chavín de Huantar
IXe – IIIe siècle av. J.-C.
Situation : Pérou
Type de site : Centre cérémoniel
Description du site : A son apogée, un des plus grands centres religieux du monde, avec environ 3 000 prêtres et leurs assistants. L'aile sud du temple principal, appelé le Castillo, est faite de pierre taillée, avec des têtes sculptées. Un monolithe sculpté, le Lanzón, a été trouvé à l'intérieur. Les fouilles ont révélé un système de canalisation dans le temple.

15 C4 Kotosh
VIIIe siècle av. J.-C.
Situation : Pérou
Type de site : Centre cérémoniel
Description du site : Important site religieux chavín. Temples construits sur les collines, dont le temple des Mains croisées.

16 D4 Huanuco Pampa
XVe – XVIe siècle
Situation : Pérou
Type de site : Cité inca
Description du site : Centre administratif disposé autour d'une place centrale. La mise au jour de résidences de personnages de haut rang et d'une enceinte révèle une société hiérarchisée. Des centaines de bâtiments de stockage dominent la ville.

17 D4 Lauricocha
VIIIe – Ve millénaire av. J.-C.
Situation : Pérou
Type de site : Abri-sous-roche stratifié
Description du site : Grottes qui servaient de camps de chasse saisonniers. Des restes de cerf ont été trouvés ainsi que des pointes de projectiles.

18 C5 Aspero
Vers 2600 av. J.-C.
Situation : Pérou
Type de site : Site ancien
Description du site : Centre contenant 6 plates-formes. Le plus grand était la Huaca de los Idolos, où un enfant enveloppé de tissus était enterré. Autres découvertes : 135 bâtons en bois sculpté, canne à sucre, coton, végétaux, figurines d'argile et plumes.

19 C5 Chancay
XIe – XVe siècle
Situation : Pérou
Type de site : Cimetière pré-inca
Description du site : Cimetière important pour ses poteries originales, de forme souvent allongée, avec un visage peint sur le col et des dessins géométriques noirs sur le corps. D'après l'observation de sépultures voisines, il semble que la société ait été hiérarchisée. Elle fut conquise ultérieurement par les Incas.

20 C5 Ancón
3000 av. J.-C. – 1500 apr. J.-C.
Situation : Pérou
Type de site : Site ancien
Description du site : On a trouvé des objets dans les sépultures, en particulier des poteries, des tissus, et un arc ancien. Le site fut occupé ultérieurement par les Chimús et les Incas.

21 C5 El Paraiso
Milieu du IIe millénaire av. J.-C.
Situation : Vallée du Chillón, Pérou
Type de site : Centre cérémoniel
Description du site : Important site religieux précéramique composé de monticules en forme de U. Les fouilles ont révélé que les habitants se nourrissaient de pêche et de plantes.

22 C5 Huaca Puquiana
XVe siècle
Situation : Lima, Pérou
Type de site : Monticule cérémoniel
Description du site : Enorme monticule pré-inca, creux à l'intérieur. Selon certains archéologues, il aurait eu la forme d'une grenouille, symbole d'un dieu de la pluie.

23 C5 Garagay
XVIIIe – Xe siècle av. J.-C.
Situation : Près de Lima, Pérou
Type de site : Centre cérémoniel
Description du site : Site de la période Initiale où un vaste complexe religieux en forme de U a été trouvé. Le style architectural est une variation locale de l'art chavín.

24 D5 Telarmachay
VIIe – IVe millénaire av. J.-C.
Situation : Pérou
Type de site : Abri-sous-roche
Description du site : Abri temporaire avec preuves de domestication de camélidés, où le passage de la chasse au pastoralisme eut lieu vers 3800 av. J.-C.

25 C5 Tambo Colorado
XVe siècle
Situation : Pérou
Type de site : Centre inca
Description du site : Centre administratif situé sur un axe de communication, comportant une structure d'adobe (argile séchée) en excellent état de conservation. Contient encore des murs à niches peints en rouge.

26 C5 Pachacamac
VIIe – XVe siècle
Situation : Pérou
Type de site : Centre cérémoniel
Description du site : Site utilisé ultérieurement par les Incas. Les structures comprennent le temple de la Lune et le couvent des Vierges du Soleil. Découvertes : petits sacs de coton contenant des pigments, des roseaux et des cheveux humains, ainsi que des poteries originales.

27 C5 Asia
IIIe millénaire av. J.-C.
Situation : Pérou
Type de site : Site précéramique
Description du site : Site agricole ancien. Les sépultures suggèrent une société socialement hiérarchisée, quelques-uns des corps montrant des signes de trépanation : perçage de trous dans le crâne.

28 D6 Cabezas Largas
IVe millénaire av. J.-C.
Situation : Pérou
Type de site : Cimetière ancien
Description du site : Jusqu'à 60 momies trouvées dans une tombe. Elles étaient accompagnées d'un grand nombre d'objets personnels.

29 D6 Paracas
Xe – IIe siècle av. J.-C.
Situation : Pérou
Type de site : Centre cérémoniel

Description du site : Centre religieux influencé par la culture chavín. Une nécropole a livré de beaux textiles, conservés par le climat désertique. La poterie, aux incisions géométriques, est considérée comme annonçant le style nazca.

30 D6 Pacheco
VIIe – Xe siècle
Situation : Vallée de Nazca, Pérou
Type de site : Site ancien
Description du site : Site relié à la culture huari, (empire de la période de l'Horizon moyen) comportant un grand nombre de structures. Vases polychromes trouvés dans une fosse.

31 D6 Cahuachi
IIIe – Ve siècle
Situation : Vallée de Nazca, Pérou
Type de site : Centre cérémoniel
Description du site : Site religieux le plus important de la culture nazca : 40 monticules en adobe, pyramides et vastes cimetières (p. 46).

32 D6 Nazca
200 av. J.-C. – 600 apr. J.-C.
Situation : Vallée de Nazca, Pérou
Type de site : Centre pré-inca
Description du site : La culture nazca est surtout réputée pour ses lignes mystérieusement gravées dans le désert, formant des dessins géométriques d'êtres abstraits et d'animaux. Elle est aussi remarquable pour ses formes caractéristiques de poteries polychromes.

33 D6 Estaqueria
Xe siècle
Situation : Vallée de Nazca, Pérou
Type de site : Site de l'Horizon moyen
Description du site : Vaste zone rectangulaire avec 12 rangées de poteaux, une enceinte d'adobe et des cimetières.

34 D5 Conchopata
VIe – VIIe siècle
Situation : Ayacucho, Pérou
Type de site : Cimetière de l'Horizon moyen
Description du site : Offrandes de poteries hari, souvent brisées intentionnellement, trouvées dans les sépultures en fosse. Les tessons sont semblables à ceux de Tiahuanaco.

35 D5 Wichquana
Fin du IVe millénaire av. J.-C.
Situation : Pérou
Type de site : Site agricole
Description du site : Site d'un village ancien montrant des traces d'activités agricoles.

36 D5 Grotte de Pachamachay
XIe – Ier siècle av. J.-C.
Situation : Pérou
Type de site : Gisement de chasseurs-cueilleurs
Description du site : Lieu le plus anciennement occupé dans les Andes. Le pastoralisme s'est développé ici vers 1600 av. J.-C.

37 E5 Tres Cruces
VIe siècle
Situation : Pérou
Type de site : Centre cérémoniel
Description du site : Célèbre ouvrage de terre qui était aussi un lieu de pèlerinage. Découverte de poteries nazca récent.

38 E5 Machu Picchu
XVe – XVIe siècle
Situation : Pérou
Type de site : Centre inca
Description du site : Le plus impressionnant des sites incas, situé sur une crête pratiquement inaccessible. Parmi les structures il faut noter le temple aux Trois Fenêtres, le palais royal et le «Poteau auquel on attachait le Soleil». Les secteurs résidentiels et les champs agricoles se trouvaient au nord de la place centrale.

39 E6 Cuzco
XIIIe – XVIe siècle
Situation : Pérou
Type de site : Cité inca
Description du site : La capitale inca, construite en forme de puma était divisée en 2. Elle était centrée sur une place en forme de U, entourée de bâtiments de pierres, taillées avec beaucoup de soin et parfaitement ajustées.

40 E6 Pisac
XVe siècle
Situation : Vallée de Cuzco, Pérou
Type de site : Centre inca
Description du site : Site comportant un temple du Soleil construit sur un affleurement rocheux. Plusieurs cimetières du voisinage et une grande partie de la zone n'ont pas encore été fouillés.

41 E6 Pikillacta
VIIe – Xe siècle
Situation : Près de Cuzco, Pérou
Type de site : Centre huari
Description du site : Centre administratif comportant de petites structures qui auraient servi de demeures et de magasins.

42 F6 Pucara
IIIe siècle av. J.-C.
Situation : Pérou
Type de site : Site ancien
Description du site : Place monumentale creusée en contrebas et entourée d'une muraille de dalles de pierre. Découverte de céramiques paracas. Ultérieurement, devint un centre inca.

43 F7 Asana
VIIIe millénaire av. J.-C.
Situation : Pérou
Type de site : Site précéramique
Description du site : Structures domestiques circulaires et ovoïdes. Plus tard, il y eut un complexe religieux, avec 2 structures qui auraient pu être des autels.

Amérique du Sud

La carte correspondant à cette liste figure p. 141.

1 C1 Puerto Hormiga
Vers 3200 av. J.-C.
Situation : Colombie
Type de site : Site ancien
Description du site : Découverte de très anciennes céramiques montrant que des fibres végétales dégraissaient la poterie.

2 C1 Monsu
Début du IVe millénaire av. J.-C.
Situation : Colombie
Type de site : Site de plein air
Description du site : Probablement le site des plus anciennes céramiques américaines reconnaissables à leurs larges incisions.

3 C1 Pueblito
Début du IIe millénaire
Situation : Colombie
Type de site : Site ancien
Description du site : Site de la culture préhistorique tairona qui comprenait environ 3 000 maisons et édifices publics.

4 C1 Buritaca
XIVe siècle
Situation : Colombie
Type de site : Site ancien
Description du site : Vaste centre tairona dont les vestiges comprennent des plates-formes de maison, des escaliers de pierre, des systèmes de canaux et de drainage, des places cérémonielles et des routes.

5 C2 Zipa
Début du IIe millénaire
Situation : Colombie
Type de site : Centre muisca
Description du site : Capitale du peuple muisca, qui s'étendait sur près de 3 km le long d'une lagune.

6 C2 Vallée de Quimbaya
IVe – XVIe siècle
Situation : Colombie
Type de site : Sites de plein air
Description du site : Zone importante où les fouilles ont révélé quelques-unes des meilleures techniques métallurgiques d'Amérique, notamment dans l'utilisation de l'or. Découverte de céramiques.

7 C2 Tierradentro
VIIIe – IXe siècle
Situation : Colombie
Type de site : Cimetière
Description du site : Tombes souterraines creusées dans la roche. Beaucoup d'entre elles sont ornées de figures peintes en noir, orange et rouge. Les objets trouvés ici seraient d'origine amazonienne.

8 C2 San Agustin
Ier millénaire
Situation : Colombie
Type de site : Site funéraire
Description du site : Tertres mégalithiques recouvrant un immense secteur. Beaucoup contiennent des salles aux murs de pierre. Environ 300 sculptures et figures monumentales.

9 C2 La Tolita
300 av. J.-C. – 350 apr. J.-C.
Situation : Equateur
Type de site : Site funéraire
Description du site : Cimetière côtier avec des tumulus entourant une place. Des trous de poteaux montrent qu'il y a eu des constructions sous les monticules. Les habitants fabriquaient aussi des objets en argile et en or.

10 C2 Cotocollao
540 av. J.-C.
Situation : Vallée de Quito, Equateur
Type de site : Cimetière ancien
Description du site : Vaste site funéraire avec découverte de plus de 400 inhumations et de vases de pierre décorés.

11 C2 El Inga
Xe – IIe millénaire av. J.-C.
Situation : Equateur
Type de site : Gisement de chasseurs-cueilleurs
Description du site : On a trouvé ici des pointes, à cannelure et à «queue de poisson», Clovis et des pointes Folsom.

12 C2 Machalilla
Vers 2 000 ans av. J.-C.
Situation : Equateur
Type de site : Site ancien
Description du site : Site d'un village agricole ancien où l'on a mis au jour de la poterie gravée après cuisson, probablement de type valdivien.

13 C2 Ile La Plata
2500 av. J.-C. – 1500 apr. J.-C.
Situation : Equateur
Type de site : Site ancien
Description du site : Marché de spondyles (coquillages), utilisés pour le rituel. Il y avait aussi un sanctuaire qui a révélé des centaines de figurines.

14 C2 Valdivia
Vers 3200 av. J.-C.
Situation : Equateur
Type de site : Site préclassique
Description du site : Quelques-unes des plus anciennes poteries d'Amérique ont été trouvées ici, ainsi que des figurines et des textiles (p. 24).

15 C2 Real Alto
Ier millénaire av. J.-C.
Situation : Equateur
Type de site : Village primitif
Description du site : Site valdivien avec une place à ciel ouvert entourée de tertres. On a dégagé de grandes maisons de bois et de chaume et des sépultures réservées à l'élite.

16 C2 INCA PIRCA
1463 – 1471
SITUATION : Equateur
TYPE DE SITE : Centre inca
DESCRIPTION DU SITE : Ruines de ce qui a peut-être été une garnison. Le temple du Soleil présente une impressionnante maçonnerie inca.

17 D1 RANCHO PELUDO
2800 AV. J.-C. – 1600 APR. J.-C.
SITUATION : Venezuela
TYPE DE SITE : Site ancien
DESCRIPTION DU SITE : Site de rivière aux activités multiples, avec sa propre poterie grossière dégraissée de sable.

18 D1 EL JOBO
VERS 10 000 ANS AV. J.-C.
SITUATION :Venezuela
TYPE DE SITE : Site ancien
DESCRIPTION DU SITE : Parmi les objets, une forme de pointe foliacée de javeline connue sous le nom de pointe de El Jobo. On en a trouvé dans de nombreux sites de chasse intensive au mammouth.

19 D1 TAIMA-TAIMA
15 000 – 12 000 ANS
SITUATION : Venezuela
TYPE DE SITE : Site ancien
DESCRIPTION DU SITE : Os de mastodontes et outils en pierre (p. 12).

20 E2 PACOVAL
XIe SIÈCLE
SITUATION : Brésil
TYPE DE SITE : Sépulture ancienne
DESCRIPTION DU SITE : Cimetières contenant des urnes funéraires disposées en rangs ou en demi-cercles, et découverte de céramiques.

21 E2 TAPERINHA
VIe MILLÉNAIRE AV. J.-C.
SITUATION : Brésil
TYPE DE SITE : Amas coquillier
DESCRIPTION DU SITE : Dépôts de mollusques et quelques découvertes de poteries (p. 12).

22 F2 ATERRO DOS BICHOS
400 AV. J.-C. – 1300 APR. J.-C.
SITUATION : Ile Marajó, Brésil
TYPE DE SITE : Site ancien
DESCRIPTION DU SITE : Des tertres ont révélé les fondations de 20 maisons disposées autour d'un espace ouvert entouré d'un grand mur de terre. Les habitants se nourrissaient de maïs, de graines et de poisson.

23 F2 OS CAMUTINS
400 AV. J.-C. – 1300 APR. J.-C.
SITUATION : Ile Marajó, Brésil
TYPE DE SITE : Site ancien
DESCRIPTION DU SITE : Site de village contenant 40 monticules construits sur des plates-formes.

24 G3 PEDRA FURADA
25 000 ANS
SITUATION : Brésil
TYPE DE SITE : Site ancien
DESCRIPTION DU SITE : Grotte contenant les traces d'habitation humaine les plus anciennes d'Amérique du Sud. Quelques peintures rupestres ont été exécutées 10 000 ans plus tard.

25 G3 TOCO DE ESPERANZA
295 000 ANS
SITUATION : Brésil
TYPE DE SITE : Gisement de chasseurs-cueilleurs
DESCRIPTION DU SITE : Bien que la date soit très improbable, il y a eu des découvertes de faune et d'outils élémentaires en pierre.

26 F4 SANTANA DO RIACHO
VIIIe – IIe MILLÉNAIRE AV. J.-C.
SITUATION : Minas Gerais, Brésil
TYPE DE SITE : Gisement de chasseurs-cueilleurs
DESCRIPTION DU SITE : Peintures rupestres et cimetière où l'on a dégagé de petits éclats de silex, des haches et des pointes de projectiles en os.

27 F5 PRAIA DA TAPEIRA
VIe – Xe SIÈCLE
SITUATION : Brésil
TYPE DE SITE : Village ancien
DESCRIPTION DU SITE : Des amas coquilliers et des maisons de 15 m de diamètre aux parois en clayonnage ont été fouillés.

28 D4 TERTRE VELARDE
VIIe SIÈCLE
SITUATION : Bolivie
TYPE DE SITE : Tumulus funéraire
DESCRIPTION DU SITE : Céramiques de différentes périodes, urnes funéraires, bols, os et coquillages.

29 D4 ISKANWAYA
Xe – XVe SIÈCLE
SITUATION : Bolivie
TYPE DE SITE : Site ancien
DESCRIPTION DU SITE : Centre mollo où les maisons ont été construites sur des plates-formes et des terrasses. Quelques-unes des maisons étaient peintes en ocre rouge, et des enfants y étaient enterrés. Les adultes étaient placés dans des *chullpas*, ou tours funéraires.

30 D4 CHIRIPA
XIIIe – VIe SIÈCLE AV. J.-C.
SITUATION : Bolivie
TYPE DE SITE : Tertre cérémoniel
DESCRIPTION DU SITE : Centré sur une plate-forme de temple, c'est le site éponyme de l'une des plus anciennes cultures du pays. Il y a quelques *chullpas* dans le voisinage.

31 D4 TIAHUANACO
IVe – VIIe SIÈCLE
SITUATION : Bolivie
TYPE DE SITE : Cité ancienne
DESCRIPTION DU SITE : Kalasasaya fut la première structure importante construite ici, alors que la cité comptait une population de 100 000 à 400 000 habitants. La pyramide à degrés d'Akapana fut le cœur de la cité. La monumentale porte du Soleil est décorée de reliefs (p. 34).

32 D4 WAKALLANI
IVe – VIIIe SIÈCLE
SITUATION : Bolivie
TYPE DE SITE : Site ancien
DESCRIPTION DU SITE : Vestiges de 3 tours funéraires et 2 stèles.

33 D4 CHULLPA PAMPA
DÉBUT DU Ier MILLÉNAIRE
SITUATION : Bolivie
TYPE DE SITE : Site de plein air
DESCRIPTION DU SITE : Site d'une culture qui a immédiatement précédé celle de Tiahuanaco. On y a trouvé des urnes funéraires et des gobelets caractéristiques, gris et rouges, à fond plat.

34 D4 WANKARANI
VERS 1200 AV. J.-C.
SITUATION : Bolivie
TYPE DE SITE : Site ancien
DESCRIPTION DU SITE : Vestiges de maisons rondes en adobe. Les morts étaient enterrés sous leur sol d'argile. On a aussi trouvé des têtes de lamas et d'alpagas en pierre.

35 D4 POTOSÍ
XVIe SIÈCLE
SITUATION : Bolivie
TYPE DE SITE : Site colonial
DESCRIPTION DU SITE : A été l'un des plus grands complexes industriels du monde. Grand nombre d'usines et de monuments industriels. La ville coloniale comporte une église et les *barrios mitayos*, quartiers d'habitation des ouvriers (p. 100).

36 D4 CHINCHORRO
IIIe – Ier MILLÉNAIRE AV. J.-C.
SITUATION : Chili
TYPE DE SITE : Tumulus funéraire
DESCRIPTION DU SITE : Site des plus anciennes momies d'Amérique, peintes en rouge, écorchées, puis recouvertes d'argile.

37 D4 QUIANI
IVe MILLÉNAIRE AV. J.-C.
SITUATION : Chili
TYPE DE SITE : Amas coquillier
DESCRIPTION DU SITE : Les découvertes les plus anciennes sont des hameçons et des pointes foliacées. On a trouvé, ultérieurement, des *bolas* (pierres rondes, à facettes) et des choppers datant d'environ 250 av. J.-C.

38 D4 AZAPA
Ier MILLÉNAIRE AV. J.-C.
SITUATION : Chili
TYPE DE SITE : Site ancien
DESCRIPTION DU SITE : Sépulture de culture Alto Ramirez contenant des ornements d'argent et de cuivre ainsi que des tissus.

39 D4 CAMARONES
IIIe – Ier MILLÉNAIRE AV. J.-C.
SITUATION : Chili
TYPE DE SITE : Site ancien
DESCRIPTION DU SITE : Site chinchorro avec un cimetière contenant environ 150 sépultures.

40 D4 TILIVICHE
VERS 3500 AV. J.-C.
SITUATION : Chili
TYPE DE SITE : Site agricole
DESCRIPTION DU SITE : Site ovale contenant les vestiges de 90 maisons. Il y a des témoignages de culture du maïs. Découverte de mortiers, de pilons, de projectiles en pierre et de grattoirs.

41 D5 LAS CONCHAS
VERS 7500 AV. J.-C.
SITUATION : Chili
TYPE DE SITE : Amas coquillier
DESCRIPTION DU SITE : Site éponyme où les objets fouillés comptent des choppers, des outils sur éclat, des mortiers, des outils en os et des objets géométriques en grès.

42 D6 TAGUA-TAGUA
VERS 9400 AV. J.-C.
SITUATION : Chili
TYPE DE SITE : Gisement de chasseurs-cueilleurs
DESCRIPTION DU SITE : Ont été dégagés des outils unifaces, des lames et des outils en os de mastodonte.

43 D7 PADRE LAS CASAS
FIN DU Ier MILLÉNAIRE
SITUATION : Chili
TYPE DE SITE : Tumulus funéraire
DESCRIPTION DU SITE : Cimetière avec urnes funéraires dans des pirogues funéraires. Les sépultures les plus riches ont des perles de pierre, des anneaux de cuivre et des céramiques.

44 D7 MONTE VERDE
13 000 ANS
SITUATION : Chili
TYPE DE SITE : Site ancien
DESCRIPTION DU SITE : p. 12.

45 D9 GROTTE DE FELL
Xe – IXe MILLÉNAIRE AV. J.-C.
SITUATION : Chili
TYPE DE SITE : Site ancien
DESCRIPTION DU SITE : Grotte précéramique contenant des pointes à cannelure en «queue de poisson» et les restes du prédécesseur du lama.

46 D9 ABRI MARASSI
VERS 7640 AV. J.-C.
SITUATION : Chili
TYPE DE SITE : Gisement de chasseurs-cueilleurs
DESCRIPTION DU SITE : Abri-sous-roche occupé temporairement. Découvertes : outils en pierre, os de petits mammifères et deux *bolas*.

47 D5 TAFI
200 AV. J.-C. – 600 APR. J.-C.
SITUATION : Argentine
TYPE DE SITE : Site ancien
DESCRIPTION DU SITE : Site où les rituels se déroulaient sur des tertres artificiels et où l'on a trouvé des sculptures de félins.

48 D8 LOS TOLDOS
IXe MILLÉNAIRE AV. J.-C.
SITUATION : Argentine
TYPE DE SITE : Site ancien
DESCRIPTION DU SITE : Grotte où l'on a dégagé de grands éclats, des outils unifaces et bifaces, des pointes sur éclat et en «queue de poisson», des poinçons en os et des spatules. Il y a aussi quelques exemples d'ancien art pariétal sud-américain.

Afrique

La carte correspondant à cette liste figure p. 142.

1 B1 Lixus
Milieu du Ier millénaire av. J.-C.
Situation : Maroc
Type de site : Ville antique
Description du site : Ancien comptoir carthaginois, remarquable par ses importants vestiges, notamment un temple romain du Ier siècle et des sanctuaires.

2 B1 Belyunech
Xe siècle
Situation : Maroc
Type de site : Ville musulmane
Description du site : Le palais de cette cité apparaît comme le premier exemple de fusion des formules architecturales andalouse et marocaine. Découverte d'une importante production céramique.

3 B2 Volubilis
IIIe siècle av. J.-C.
Situation : Maroc
Type de site : Ville antique
Description du site : Peuplée, à l'origine, par les rois locaux mauris. La plupart des vestiges datent de la période romaine : Capitole, arc de Caracalla, basilique, palais de justice et quelques mosaïques impressionnantes.

4 C2 Taforalt
20 000 – 10 000 ans av. J.-C.
Situation : Maroc
Type de site : Chasseurs-cueilleurs
Description du site : Grotte aux nombreuses séquences, de l'occupation moustérienne à un cimetière ibéromaurusien, contenant les restes de 185 personnes.

5 C1 Tipasa
IIe – IVe siècle
Situation : Algérie
Type de site : Ville antique
Description du site : Comptoir phénicien à l'origine. Parmi les ruines on trouve 2 temples romains, des mosaïques, un forum bien conservé, une basilique chrétienne et une chapelle.

6 C1 Djemila
IIIe siècle
Situation : Algérie
Type de site : Ville antique
Description du site : Ruines imposantes : temple de Septime Sévère, nombreuses mosaïques, vieux forum, basilique civile, grands bains, temples, baptistères et théâtre pouvant accueillir 3 000 personnes.

7 C1 Afalou Bou Rhummel
15 000 ans av. J.-C.
Situation : Algérie
Type de site : Chasseurs-cueilleurs
Description du site : Figurines de terre cuite et témoignages de l'émergence de l'art portatif.

8 D1 Timgad
Ier siècle
Situation : Algérie
Type de site : Ville antique
Description du site : Site appelé la «Pompéi d'Afrique», à cause de son excellent état de conservation. Son secteur central est un carré presque parfait d'*insulae* (pâtés de maisons). Edifices principaux : forum, basilique, temple, bains et arc de Trajan. Un fort byzantin se trouvait à l'extérieur de la ville.

9 D2 Tassili N'Ajjer
VIe millénaire av. J.-C.
Situation : Algérie
Type de site : Art pariétal
Description du site : Plus de 15 000 exemples de dessins d'un peuple saharien, avec de nombreuses représentations humaines.

10 D1 Dougga
IIe siècle av. J.-C.
Situation : Tunisie
Type de site : Ville antique
Description du site : Vestiges datant, pour la plupart, du temps où la ville était une colonie romaine, et combinant les cultures lybienne, punique et romaine. Nombreux temples, dolmens (tombes mégalithiques), un théâtre, des bains et des maisons.

11 D1 Carthage
900 av. J.-C. – 200 apr. J.-C.
Situation : Tunisie
Type de site : Ville antique
Description du site : Colonie phénicienne devenue une puissante cité autonome. Les fouilles ont révélé un sanctuaire et les traces d'un port, avec des vestiges de cales à bateaux. La ville fut détruite par les Romains en 146 av. J.-C. mais il reste un amphithéâtre et un aqueduc de leur époque (p. 88).

12 D1 Aqueduc de Zaghouan
IIe siècle
Situation : Tunisie
Type de site : Aqueduc romain
Description du site : Impressionnant aqueduc qui s'élève à 20 m de hauteur. Sa plus grande longueur est au niveau du sol et on a creusé des tunnels par endroits pour maintenir la pente.

13 D1 Mahdiyya
Xe siècle
Situation : Tunisie
Type de site : Ville musulmane
Description du site : Une des capitales des Fatimides, elle se présente comme un port fortifié par un imposant mur d'enceinte.

14 D2 Sabratha
Milieu du Ier millénaire av. J.-C.
Situation : Libye
Type de site : Ville antique
Description du site : Comptoir phénicien conquis par les Romains au IIe siècle. Son théâtre était le plus important d'Afrique. Plus de la moitié de l'ancienne cité romaine a été dégagée, dont le forum, le port, des bains, des temples, des fontaines et des églises chrétiennes tardives (p. 68).

15 D2 Leptis Magna
IIe siècle
Situation : Libye
Type de site : Ville antique
Description du site : Cité phénicienne côtière conquise par les Romains, dont les ruines dominent le site. Plusieurs bâtiments imposants. La structure la mieux conservée est celle des Bains de la Chasse.

16 E2 Cyrène
VIIe siècle av. J.-C. – VIe siècle apr. J.-C.
Situation : Libye
Type de site : Ville antique
Description du site : Colonie fondée par les émigrants de Thêra (actuelle île de Santorin). Contient un grand temple dorique dédié à Apollon, relié par un chemin sacré à une acropole et une *agora*, ainsi que des bains grecs, sculptés dans le rocher. Ruines romaines ultérieures dont un théâtre et des bains. Des milliers de tombes entourent la cité.

17 E2 Grotte de Haua Fteah
60 000 – 7 000 ans
Situation : Libye
Type de site : Chasseurs-cueilleurs
Description du site : Grotte qui servait de camp d'été pour exploiter les ressources côtières. Témoignages de nombreuses industries de la pierre et de la lame (p. 13).

18 B3 Région d'Akjoujt
Ier millénaire av. J.-C.
Situation : Mauritanie
Type de site : Site de plein air
Description du site : Anciennes mines de cuivre où l'on a découvert des pointes de flèches.

19 B3 Dar Tichitt
XIIe – IVe siècle av. J.-C.
Situation : Mauritanie
Type de site : Site agricole
Description du site : Quelques-uns des témoignages les plus anciens de l'évolution de l'agriculture dans le Sahara du Sud. Villages aux enceintes circulaires reliés entre eux par de larges voies. On a trouvé des haches en pierre, des pointes de flèches, des gouges et de la poterie. Des murs protecteurs et une porte d'entrée fortifiée ont été ajoutés à une date ultérieure.

20 B3 Awadaghost
XIe siècle
Situation : Mauritanie
Type de site : Ville médiévale
Description du site : Centre d'échanges qui a entretenu de nombreuses relations commerciales avec les pays musulmans. Plus tard, elle fit partie de l'Empire ghanéen.

21 A4 Sine-Saloum
VIIIe siècle
Situation : Gambie
Type de site : Cimetière
Description du site : Site de sépultures contenant 4 000 tombes mégalithiques, beaucoup remplies de mobilier funéraire.

22 B4 Tiekene-Boussoura
VIe – VIIIe siècle
Situation : Sénégal
Type de site : Cimetière
Description du site : Monuments mégalithiques formant 9 cercles de pierres verticales. Quelques découvertes de céramique.

23 B5 Ndaloa
XVIIe siècle
Situation : Côte-d'Ivoire
Type de site : Monument rituel
Description du site : Site de la culture éotile où 2 têtes de terre cuite, peut-être de chefs de haut rang, ont été dégagées.

24 C4 Kintampo
Environ 1400 av. J.-C.
Situation : Ghana
Type de site : Site primitif
Description du site : Découverte de céramiques et de lamelles utilisées par des chasseurs-cueilleurs, et quelques restes de chèvres et de bovins.

25 C5 Elmina
XVIe siècle
Situation : Ghana
Type de site : Site colonial
Description du site : Site d'une colonie portugaise primitive où était construit un château fort (p. 101).

26 B3 Karkarichinkat
IVe millénaire av. J.-C.
Situation : Vallée de Tilemsi, Mali
Type de site : Site primitif
Description du site : Deux tertres qui étaient occupés par des pasteurs-pêcheurs.

27 B4 Koumbi-Saleh
Fin du Ier millénaire
Situation : Mali
Type de site : Cité musulmane
Description du site : Vaste site qui aurait été la capitale de l'Empire ghanéen. Deux cimetières et ruines d'une grande mosquée. Groupes de maisons aux pièces étroites. C'était, dans cette région, certainement la plus grande cité de son temps, avec une population estimée à 15 000 habitants.

28 C4 Bandiagara
XIe – XVIe siècle
Situation : Mali
Type de site : Cimetières taillés dans la roche
Description du site : Grandes nécropoles, certaines datant d'avant l'ère dogon. Le peuple local, les Tellem, enterraient leurs morts dans les grottes des falaises. Parmi les témoins dégagés : poteries brisées et crânes.

29 B4 Jenne-Jeno
IIIe siècle av. J.-C. – XIIIe siècle apr. J.-C.
Situation : Mali
Type de site : Cité antique
Description du site : La plus vieille cité au sud du Sahara. Occupée à l'origine par un peuple travaillant le fer. La cité se développa rapidement au IVe siècle. C'était un centre urbain prospère jusqu'à ce que ses souverains se rallient à l'Islam et construisent une nouvelle cité. Les murs avaient jusqu'à 11 m de large par endroits.

Il reste un secteur résidentiel, un cimetière, des urnes funéraires et des maisons.

30 D3 TAGALAGAL
VIIIe MILLÉNAIRE AV. J.-C.
SITUATION : Niger
TYPE DE SITE : Site primitif
DESCRIPTION DU SITE : Site néolithique où ont été trouvés des céramiques anciennes, des outils en pierre, des pointes de flèches et du matériel à broyer.

31 D3 AFUNFUN
IIe MILLÉNAIRE AV. J.-C.
SITUATION : Niger
TYPE DE SITE : Age du fer
DESCRIPTION DU SITE : Site de travail du cuivre primitif, avec une série de fourneaux et des scories.

32 C4 AZELIK
MILIEU DU Ier MILLÉNAIRE AV. J.-C.
SITUATION : Niger
TYPE DE SITE : Site primitif
DESCRIPTION DU SITE : Preuves de la fonte du cuivre attestant un bref Age du cuivre avant la découverte du fer.

33 D4 TARUGA
IXe SIÈCLE AV. J.-C. – IIIe SIÈCLE APR. J.-C.
SITUATION : Nigeria
TYPE DE SITE : Site primitif
DESCRIPTION DU SITE : 10 fourneaux témoignent d'une importante industrie du fer dans la culture nok. Quelques sculptures en terre cuite ont été trouvées.

34 D4 NOK
500 AV. J.-C. – 200 APR. J.-C.
SITUATION : Nigeria
TYPE DE SITE : Age du fer
DESCRIPTION DU SITE : Site type d'une culture artistique florissante, célèbre pour ses figurines de terre cuite représentant des êtres humains et des animaux, que l'on a trouvées dans des dépôts alluvionnaires. Témoignages de l'industrie du fer.

35 D4 DAIMA
800 AV. J.-C. – 400 APR. J.-C.
SITUATION : Nigeria
TYPE DE SITE : Site primitif
DESCRIPTION DU SITE : Site permanent de pasteurs et de pêcheurs, resté pratiquement inchangé malgré les transformations technologiques apportées par le travail du fer.

36 C4 IFE
XIIIe – XVe SIÈCLE
SITUATION : Nigeria
TYPE DE SITE : Centre urbain
DESCRIPTION DU SITE : Site célèbre pour ses sculptures de bronze et de terre cuite. Influencé par les cultures nok et béninoises. Des têtes sculptées étaient montées sur des effigies en bois et utilisées pour des rituels funéraires. Des murs d'enceinte anciens entourent les bosquets sacrés où la plupart des sculptures ont été trouvées.

37 D4 IGBO UKWU
IXe SIÈCLE
SITUATION : Nigeria
TYPE DE SITE : Site primitif
DESCRIPTION DU SITE : Village contenant un sanctuaire rempli de vases en bronze. La chambre mortuaire, creuse, en bois, contenait une importante sépulture, avec une coiffure décorée de clous, des perles, des brassards et des anneaux de chevilles, une couronne en cuivre, et 5 autres corps. Un dépôt contenant des articles en bronze et en cuivre a été dégagé.

38 E4 DARFUR
XVIIIe SIÈCLE
SITUATION : Tchad
TYPE DE SITE : Palais islamique
DESCRIPTION DU SITE : Ruines du grand palais du sultan Teirab (1752-1787) construit en briques rouges.

39 D4 BOUAR
VIe – Ve MILLÉNAIRE AV. J.-C.
SITUATION : République centrafricaine
TYPE DE SITE : Tumulus
DESCRIPTION DU SITE : Grand nombre de pierres dressées mégalithiques disposées sur des tumuli ovales.

40 E5 BATALIMO
IVe SIÈCLE
SITUATION : République centrafricaine
TYPE DE SITE : Site ancien
DESCRIPTION DU SITE : On a dégagé des éclats de silex, des pointes grattoirs, de la poterie foncée et des haches.

41 D6 SANGA
VIIIe – XVIIIe SIÈCLE
SITUATION : République démocratique du Congo
TYPE DE SITE : Site ancien
DESCRIPTION DU SITE : Ville ancienne possédant un cimetière. Découverte d'articles kisaliens, de somptueuses sépultures et de témoignages de métallurgie avancée.

42 F5 ISHANGO
Xe – VIe MILLÉNAIRE AV. J.-C.
SITUATION : République démocratique du Congo
TYPE DE SITE : Chasseurs-cueilleurs
DESCRIPTION DU SITE : Amas de déchets de l'Age de la pierre, contenant des témoins en pierre, de l'industrie de l'os, et des microlithes à dos.

43 E6 KATOTO
XIIIe SIÈCLE
SITUATION : République démocratique du Congo
TYPE DE SITE : Cimetière de l'Age du fer
DESCRIPTION DU SITE : Site funéraire contenant des sépultures collectives rattachées à la culture kisalienne : un riche complexe de l'Age du fer.

44 D6 BENFICA
IIe SIÈCLE
SITUATION : Angola
TYPE DE SITE : Amas coquillier
DESCRIPTION DU SITE : Village côtier contenant de nombreux tertres où des poteries de l'Age du fer ont été mises au jour.

45 F3 BOUHEN
IIIe – IIe MILLÉNAIRE AV. J.-C.
SITUATION : Soudan
TYPE DE SITE : Cité primitive
DESCRIPTION DU SITE : Site égyptien utilisé pour les expéditions minières et les échanges. Vestiges de temples au dieu Min et à la déesse Isis. Plus tard, devint un important site fortifié.

46 F3 ARKIN
100 000 ANS AV. J.-C.
SITUATION : Soudan
TYPE DE SITE : Chasseurs-cueilleurs
DESCRIPTION DU SITE : Site paléolithique contenant les traces d'un camp, quelques éclats de silex du Moustérien et des pointes grattoirs.

47 F3 SAÏ
IIe MILLÉNAIRE AV. J.-C.
SITUATION : Soudan
TYPE DE SITE : Site primitif
DESCRIPTION DU SITE : Ville insulaire et fort, avec les vestiges d'un temple. Il y a aussi un cimetière kerma.

48 F3 SEMNA
XIXe – XVIIIe SIÈCLE AV. J.-C.
SITUATION : Soudan
TYPE DE SITE : Site fortifié
DESCRIPTION DU SITE : Deux forteresses égyptiennes en briques crues, portant des inscriptions laissées par Sesostris (Senusret) III, qui déclarait que ce lieu marquait la frontière avec la Nubie. Chaque forteresse contenait un temple, l'un dédié à Thoutmosis III, l'autre à Taharqa.

49 F3 SOLEB
IIe MILLÉNAIRE AV. J.-C.
SITUATION : Soudan
TYPE DE SITE : Cité primitive
DESCRIPTION DU SITE : Site de Haute-Nubie, abritant le temple d'Aménophis III et un cimetière du Nouvel Empire.

50 F3 KERMA
XXVe – XVIe SIÈCLE AV. J.-C.
SITUATION : Soudan
TYPE DE SITE : Cité primitive
DESCRIPTION DU SITE : Site koushite important contenant la Deffufa occidentale : une structure de château comportant une série d'appartements. Un cimetière, à proximité, contient des tombes sous tumuli et une nécropole royale.

51 F3 DJEBEL BARKAL
XIe – IVe SIÈCLE AV. J.-C.
SITUATION : Soudan
TYPE DE SITE : Centre cérémoniel
DESCRIPTION DU SITE : Centre religieux dédié à Amon-Rê : on y trouve un temple construit par Ramsès II et agrandi par les rois suivants. Nombreux autres palais et pyramides à proximité.

52 F3 MÉROÉ
VIe SIÈCLE AV. J.-C. – IVe SIÈCLE APR. J.-C.
SITUATION : Soudan
TYPE DE SITE : Cité antique
DESCRIPTION DU SITE : Capitale des royaumes Méroé et Koush, fondée après leur retrait de l'Empire égyptien. Détruite ultérieurement par l'Empire axoumite. Vestiges de palais, de temples et de tombes pyramidales.

53 F3 NURI
VIIe – IIIe SIÈCLE AV. J.-C.
SITUATION : Soudan
TYPE DE SITE : Cimetière antique
DESCRIPTION DU SITE : Pyramide des rois de Napata, contenant le sarcophage du roi Aspelta.

54 G4 GOBEDRA
Xe – IIIe MILLÉNAIRE AV. J.-C.
SITUATION : Ethiopie
TYPE DE SITE : Abri-sous-roche
DESCRIPTION DU SITE : Abri stratifié avec découverte de poteries dans ses périodes tardives. Restes de récoltes de plantes cultivées et d'animaux domestiques.

55 G4 AXOUM
Ier – VIIe SIÈCLE
SITUATION : Ethiopie
TYPE DE SITE : Cité primitive
DESCRIPTION DU SITE : Capitale d'un vaste empire chrétien. Vestiges d'un palais et stèle impressionnante de 30 m de haut, portant des sculptures peut-être religieuses.

56 G4 LALIBELA
Ve SIÈCLE AV. J.-C. – XIVe SIÈCLE APR. J.-C.
SITUATION : Ethiopie
TYPE DE SITE : Site primitif
DESCRIPTION DU SITE : Site de caverne qui a révélé des os, des poteries et des légumes. Le site chrétien, ultérieur, compte de nombreuses églises impressionnantes, taillées dans le rocher.

57 G4 HADAR
3,4 MILLIONS D'ANNÉES AV. J.-C.
SITUATION : Ethiopie
TYPE DE SITE : Site de plein air
DESCRIPTION DU SITE : Site de la découverte de «Lucy», hominidée debout, dont le squelette était intact à 40 %.

58 F4 MELKA KOUNTOURÉ
1,7 MILLION D'ANNÉES AV. J.-C.
SITUATION : Ethiopie
TYPE DE SITE : Chasseurs-cueilleurs
DESCRIPTION DU SITE : Grand nombre de témoins en pierre (éclats de silex, nucléus, couperets) et os d'antilopes et d'hippopotames.

59 F5 VALLÉE DE L'OMO
2,5 MILLIONS D'ANNÉES AV. J.-C.
SITUATION : Ethiopie
TYPE DE SITE : Chasseurs-cueilleurs
DESCRIPTION DU SITE : Un des plus anciens campements d'hominidés jamais découvert : éclats de silex et galets de quartz.

60 F5 KOOBI FORA
2,5 – 1 MILLION D'ANNÉES AV. J.-C.
SITUATION : Kenya
TYPE DE SITE : Chasseurs-cueilleurs
DESCRIPTION DU SITE : Environ 150 fossiles d'hominidés ont été trouvés, ainsi que des témoins en pierre. Traces de préparation de la nourriture.

61 F5 LOTHAGAM
5,5 MILLIONS D'ANNÉES – Ve MILLÉNAIRE AV. J.-C.
SITUATION : Kenya
TYPE DE SITE : Chasseurs-cueilleurs
DESCRIPTION DU SITE : Site qui contient peut-être les restes de plusieurs espèces d'hominidés. Il y a aussi des témoignages d'un site de pêche de l'Age de la pierre tardif.

62 F5 Grotte de Gamble
VIe millénaire av. J.-C.
Situation : Kenya
Type de site : Site primitif
Description du site : Site d'une industrie des outils éburrienne. Découverte de harpons en os, de poterie décorée et de plusieurs squelettes.

63 F5 Hyrax Hill
IIIe millénaire av. J.-C.
Situation : Kenya
Type de site : Site primitif
Description du site : Découverte de bols en pierre et de poteries. On trouve, à proximité, un site néolithique contenant un cimetière, où 19 sépultures ont été dégagées.

64 F5 Olorgesailie
900 000 – 700 000 ans
Situation : Kenya
Type de site : Chasseurs-cueilleurs
Description du site : Riche collection de témoins trouvés sur un camp acheuléen. Restes d'os d'animaux et haches fendoirs.

65 F5 Narosura
IXe – Ve siècle av. J.-C.
Situation : Kenya
Type de site : Site primitif
Description du site : Site néolithique pastoral, avec une industrie de microlithes d'obsidienne à dos, des burins, des haches de pierre, des bols de terre et des poteries incisées.

66 G5 Shanga
XVe – XVIe siècle
Situation : Kenya
Type de site : Ville musulmane
Description du site : Comptoir commercial comprenant les vestiges d'une mosquée, des palais, des centaines de tombes et de porcelaines chinoises d'importation, datant de la dynastie Ming.

67 G5 Manda
IXe siècle
Situation : Kenya
Type de site : Ville musulmane
Description du site : Comptoir commercial côtier abritant de nombreuses ruines. Découverte de poteries d'Iran, sassanides et musulmanes et de porcelaines chinoises des XIVe – XVe siècle. Il subsiste des vestiges de maisons et les témoins d'une industrie du fer.

68 G5 Gedi
XIVe siècle
Situation : Kenya
Type de site : Ville musulmane
Description du site : Vestiges d'un comptoir commercial prospère ayant abrité un palais, 6 mosquées et 3 mausolées.

69 G5 Fort Jesus
XVIe siècle
Situation : Mombassa, Kenya
Type de site : Site colonial
Description du site : pp. 101, 108.

70 F5 Bigo
XIIIe – XVIe siècle
Situation : Ouganda
Type de site : Site primitif
Description du site : Des ouvrages de terre attesteraient la présence d'un royaume primitif dans la région. Découverte de quelques céramiques.

71 F5 Katuruka
Ve siècle av. J.-C.
Situation : Buhaya, Tanzanie
Type de site : Age du fer
Description du site : Un des plus anciens sites des débuts de la fonte du fer dans cette partie de l'Afrique (p. 59).

72 F5 Kansyore
Ier millénaire av. J.-C.
Situation : Lac Ukerewe, Tanzanie
Type de site : Dépôt coquillier
Description du site : Restes de poteries caractéristiques trouvés dans des amas coquilliers.

73 F5 Gorge d'Olduvai
1,9 million d'années – 100 000 ans
Situation : Tanzanie
Type de site : Chasseurs-cueilleurs
Description du site : pp. 13, 20.

74 F5 Engaruka
XVe siècle
Situation : Tanzanie
Type de site : Village primitif
Description du site : Communauté de l'Age du fer qui fabriquait des murs et des fossés renforcés de pierres et pratiquait l'agriculture intensive.

75 F5 Laetoli
4 – 3,5 millions d'années
Situation : Tanzanie
Type de site : Chasseurs-cueilleurs
Description du site : Empreintes d'hominidés et d'animaux conservées dans de la boue durcie. Elles sont attribuées à l'*Australopithecus afarensis* ou à l'*Australopithecus africanus*.

76 F6 Bomba Kaburi
IIIe siècle
Situation : Tanzanie
Type de site : Site primitif
Description du site : Village de l'Age du fer où quelques poteries caractéristiques ont été mises au jour.

77 F6 Uvinza
Ve – XVIIIe siècle
Situation : Tanzanie
Type de site : Age du fer
Description du site : Témoignage important de l'extraction du sel. Avec le métal, le sel était considéré comme une matière première importante en Afrique orientale à cette époque.

78 G6 Kilwa
IXe siècle
Situation : Tanzanie
Type de site : Port musulman
Description du site : Centre d'échanges sur une île contrôlée ensuite par les Portugais. Les marchands pratiquaient le commerce de l'or, de l'argent, des perles, des parfums, des faïences et des porcelaines chinoises et persanes.

79 F6 Nkope
Début du Ier millénaire
Situation : Malawi
Type de site : Site primitif
Description du site : Site lié à la culture chifumbaze (Age du fer)

80 F6 Nkudzi
XVIIIe – XIXe siècle
Situation : Malawi
Type de site : Cimetière
Description du site : Cimetière de l'Age du fer dont le mobilier funéraire démontre l'importance des échanges avec la côte africaine orientale.

81 F6 Kalambo Falls
120 000 ans av. J.-C.
Situation : Zambie
Type de site : Chasseurs-cueilleurs
Description du site : Site stratifié dont les témoins les plus anciens datent de l'Age de pierre moyen : pollens bien conservés, charbon de bois et matières végétales. Preuves de camps acheuléens. Parmi les témoins ultérieurs on trouve des haches et des pierres percées (environ 1900 av. J.-C.). La dernière période (360-1000) a révélé des poteries décorées de rainures.

82 F7 Ingombe Ilede
XIIe siècle
Situation : Zambie
Type de site : Ville de l'Age du fer
Description du site : Centre d'échanges qui utilisait une métallurgie avancée. Sépultures contenant des étoffes tissées, des joncs (bagues ou bracelets formés d'une pièce de métal cylindrique à diamètre constant) et des lingots.

83 E7 Isamu Pati
XIe siècle
Situation : Zambie
Type de site : Age du fer
Description du site : Tertre de village où l'on a mis au jour des puits de stockage, de l'ivoire travaillé au tour, de la ferronnerie et des figurines d'argile. Les villageois pratiquaient des échanges sur de longues distances.

84 E7 Kumadzulo
Ve – VIIe siècle
Situation : Zambie
Type de site : Age du fer
Description du site : Vestiges de village avec découverte de meules, de houes en fer, de lingots de cuivre et de fragments de verre.

85 F7 Gwisho
3000 – 1500 av. J.-C.
Situation : Zambie
Type de site : Site primitif
Description du site : Tertres fournissant une industrie de type Wilton (Age de la pierre). Restes de 35 squelettes trouvés dans des tombes.

86 F6 Nachikufu
22 000 – 14 000 ans
Situation : Zambie
Type de site : Chasseurs-cueilleurs
Description du site : Grotte qui a donné son nom à une industrie microlithique. Parmi ses témoins caractéristiques : lames à dos pointues, grattoirs et petites pierres.

87 F7 Maxton
XIe siècle
Situation : Zimbabwe
Type de site : Age du fer
Description du site : Site type d'un complexe de l'Age du fer, situé au sommet d'une colline, et qui a des murs de pierre caractéristiques.

88 F7 Pomongwe
IXe – VIIIe millénaire av. J.-C.
Situation : Zimbabwe
Type de site : Chasseurs-cueilleurs
Description du site : Découverte de grattoirs qui faisaient partie du complexe microlithique Oakhurst. Les objets sont caractérisés par de grands éclats de silex quadrilatéraux. Une grotte contient quelques beaux exemples d'art pariétal.

89 F7 Dhlo-Dhlo
XVIIe siècle
Situation : Zimbabwe
Type de site : Age du fer
Description du site : Ce site devint un centre important à la suite de ceux du Grand Zimbabwe et de Khami.

90 F7 Grand Zimbabwe
XIIIe – XVe siècle
Situation : Zimbabwe
Type de site : Age du fer
Description du site : pp. 59, 64, 65.

91 E7 Khami
XVIe – XVIIe siècle
Situation : Zimbabwe
Type de site : Age du fer
Description du site : Ruines en pierre de la cité qui succéda à celle du Grand Zimbabwe. Elle avait des maisons érigées sur des plates-formes et des murs décorés.

92 E7 Gi
150 000 – 30 000 ans
Situation : Botswana
Type de site : Chasseurs-cueilleurs
Description du site : Vestiges de l'Age de la pierre moyen, qui a révélé une industrie microlithique et un site de vie en plein air.

93 F7 Manekwenigi
IXe – Xe siècle
Situation : Mozambique
Type de site : Ville de l'Age du fer
Description du site : Enceinte de pierre semblable à celle du Grand Zimbabwe et reliée aux activités commerciales de la zone.

94 F7 Chibuene
VIIIe siècle
Situation : Mozambique
Type de site : Ville de l'Age de la pierre
Description du site : Centre d'échanges côtier qui devint un maillon important entre le Grand Zimbabwe et les villes de la côte. Les fouilles ont mis au jour des dépôts de poterie émaillée ou brute.

95 D8 Grotte Apollo II
26 000 – 19 000 ans
Situation : Namibie
Type de site : Art pariétal
Description du site : Site contenant les peintures rupestres les plus anciennes d'Afrique.

96 F7 Mapungubwe
XIIIe siècle
Situation : Afrique du Sud
Type de site : Ville de l'Age du fer

Description du site : Site semblable à celui du Grand Zimbabwe (pp. 64-65). L'identité des bâtisseurs de la ville est controversée.

97 F7 Lydenburg
VIe siècle
Situation : Afrique du Sud
Type de site : Site primitif
Description du site : Village où l'on a mis au jour des têtes en terre cuite, probablement utilisées pour les cérémonies rituelles. D'épais murs de pierre furent construits à une date ultérieure.

98 E8 Broederstroom
Ve siècle
Situation : Afrique du Sud
Type de site : Age du fer
Description du site : Village avec restes de huttes circulaires, débris de fer, squelettes et faune.

99 F7 Makapan
2,5 millions d'années av. J.-C.
Situation : Afrique du Sud
Type de site : Chasseurs-cueilleurs
Description du site : Des restes d'hominidés primitifs et de fossiles d'animaux ont été mis au jour lors de l'extraction de pierres à chaux. On a trouvé une partie du crâne d'un *Australopithecus africanus*.

100 F8 Sterkfontein
2,5 millions d'années av. J.-C.
Situation : Afrique du Sud
Type de site : Chasseurs-cueilleurs
Description du site : Grotte où ont été mis au jour un crâne appelé «Mme Ples» (*Plesianthropus transvaalensis*), un crâne de type *Homo habilis* et quelques fossiles *Australopithecus*.

101 F8 Johannesburg
XIXe siècle
Situation : Afrique du Sud
Type de site : Site colonial
Description du site : Une des premières colonies d'Afrique du Sud, fondée à la suite de la découverte de l'or (p. 101).

102 F8 Monts Drakensberg
XVIe – XIXe siècle
Situation : Afrique du Sud
Type de site : Art pariétal
Description du site : Art bochiman comportant des dessins représentant des élans du Cap, et reflétant la mythologie San.

103 F8 Border Cave
130 000 – 30 000 ans
Situation : Afrique du Sud
Type de site : Chasseurs-cueilleurs
Description du site : Site de l'Age de la pierre moyen, où ont été trouvés des restes d'êtres humains modernes complets. Le squelette d'un enfant, qui serait âgé d'environ 100 000 ans, est le seul de ce type dans le sud du continent.

104 E8 Orangia
120 000 – 35 000 ans
Situation : Afrique du Sud
Type de site : Chasseurs-cueilleurs
Description du site : Site type d'une industrie lithique primitive. Six demi-cercles de pierres ont été trouvés, vraisemblablement des camps de chasse temporaires.

105 F8 Ndondondwane
VIIIe siècle
Situation : Afrique du Sud
Type de site : Age du fer
Description du site : Restes d'un village contenant 2 000 fragments, allant de joncs en ivoire à de grandes céramiques.

106 E8 Melkoutboom
15 000 ans av. J.-C.
Situation : Afrique du Sud
Type de site : Chasseurs-cueilleurs
Description du site : Grotte contenant des outils et des restes de plantes révèlant leur importance dans l'alimentation locale.

107 E8 Vallée de la Zeekoei
Début du Ier millénaire
Situation : Afrique du Sud
Type de site : Chasseurs-cueilleurs
Description du site : Vallée qui a révélé des sites de l'Age de la pierre et leurs séquences céramiques, antérieures à l'arrivée des colons européens au XVIIIe siècle.

108 E8 Die Kelders
Début du IIe millénaire av. J.-C.
Situation : Afrique du Sud
Type de site : Site primitif
Description du site : Quelques preuves de la domestication du mouton (la première dans la zone). Découverte de poteries.

109 F8 Ngwenya
VIIe millénaire av. J.-C.
Situation : Swaziland
Type de site : Chasseurs-cueilleurs
Description du site : Grotte de l'Age de la pierre tardif, contenant des traces d'exploitation minière de l'hématite, utilisée pour peindre les corps.

110 F8 Sehonghong
70 000 ans av. J.-C.
Situation : Lesotho
Type de site : Chasseurs-cueilleurs
Description du site : Abri-sous-roche contenant une très longue séquence de restes, en particulier d'une période datant de 20 000 ans avant notre ère.

111 H6 Iharana
XIIe – XIIIe siècle
Situation : Madagascar
Type de site : Cimetière
Description du site : Riches sépultures disposées à la manière islamique, accompagnées d'épées et de poignards. Découverte de plats et de bols chinois et persans, de cuillères en nacre, de miroirs en bronze, de bijoux en argent et d'un collier de perles.

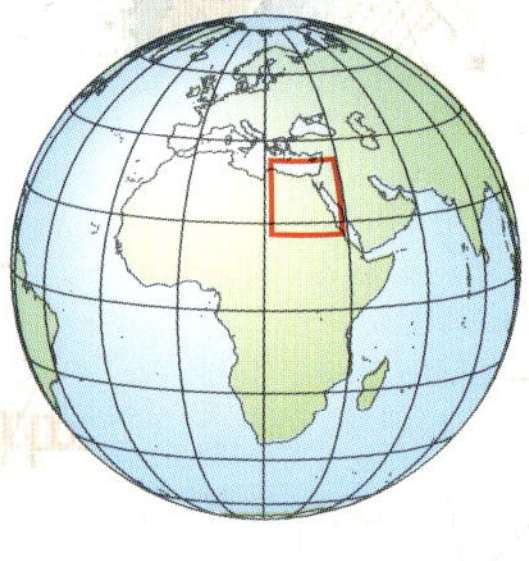

ÉGYPTE

La carte correspondant à cette liste figure p. 143.

1 C4 Alexandrie
IIIe – Ier siècle av. J.-C.
Situation : Egypte
Type de site : Cité grecque
Description du site : La cité classique fut fondée par Alexandre le Grand et construite essentiellement sous Ptolémée Ier et II. Le phare fut l'une des Sept Merveilles du monde antique. Il y avait aussi une immense bibliothèque, célèbre dans toute la Méditerranée. D'autres structures comprennent le Serapeum, 2 obélisques et des catacombes comportant des sculptures et des reliefs (p. 69).

2 C4 Eglise de Saint Menas
Ve – VIe siècle
Situation : Egypte
Type de site : Chrétien primitif
Description du site : Site de pèlerinage populaire comprenant des vestiges d'une grande basilique érigée en l'honneur de saint Menas par l'empereur Arcadius, de 2 petites basiliques et d'un baptistère.

3 D4 Behbeit El-Hagar
IVe siècle av. J.-C.
Situation : Delta du Nil, Egypte
Type de site : Cité antique
Description du site : Vestiges de l'un des temples les plus importants de l'ancienne Egypte. Bâti en granit, il était dédié à la déesse Isis. Le temple, maintenant effondré, fut commencé par les Néctanébo (XXXe dynastie) et achevé sous Ptolémée II.

4 D4 Minshat Abou Omar
IVe millénaire av. J.-C.
Situation : Egypte
Type de site : Cimetière
Description du site : Important cimetière prédynastique. Découverte de poteries, de vases en pierre, d'outils en cuivre et de bijoux, quelques-uns importés de Haute-Egypte et de Palestine.

5 D4 Tanis
Vers 1069 av. J.-C.
Situation : Egypte
Type de site : Cité antique
Description du site : Les fouilles ont révélé notamment les fondations du temple d'Amon ainsi que quelques riches tombeaux royaux et un lac sacré.

6 D4 Avaris
IIe millénaire av. J.-C.
Situation : Egypte
Type de site : Cité antique
Description du site : Actuellement en cours de fouilles. Le site fut probablement la capitale des Hyksos et il montre des liens avec la civilisation minoenne.

7 D4 Kellia
IVe – IXe siècle
Situation : Egypte
Type de site : Site chrétien
Description du site : Zone aménagée par des moines coptes qui y établirent plus de 700 couvents et ermitages.

8 D4 Merimda
Ve millénaire av. J.-C.
Situation : Egypte
Type de site : Site néolithique
Description du site : Site occupé pendant plus de 400 ans où furent découvertes de petites demeures et des tombes. Le site consiste en un tertre d'occupation de 2 m de hauteur où furent trouvées des poteries, des haches en pierre et des pointes de flèches. Il a livré la première figure humaine connue en Egypte.

9 D4 Ouadi Natroum
Environ 330 apr. J.-C.
Situation : Egypte
Type de site : Chrétien primitif
Description du site : Monastère copte primitif actuellement en cours de fouilles.

10 D4 Gizeh
IIIe millénaire av. J.-C.
Situation : Egypte
Type de site : Complexe funéraire
Description du site : Site de trois pyramides (Kheops, Khephren et Mykerinos), du Sphinx et du tombeau d'Hétephérès. De nombreuses autres tombes ont été dégagées, des pyramides des reines et des mastabas (p. 35).

11 D4 Bubastis (Tell Basta)
Xe – VIIIe siècle av. J.-C.
Situation : Egypte
Type de site : Cité antique
Description du site : Capitale du pays sous la XXIIe dynastie, le site n'a livré que quelques vestiges de la ville dont le temple de Bastet et d'autres temples plus petits. Il y a aussi un cimetière contenant les sépultures de nombreux chats sacrés.

12 D4 Héliopolis (Tell Hisn)
IIIe millénaire av. J.-C.
Situation : Le Caire, Egypte
Type de site : Cité antique
Description du site : Centre du culte de Rê, avec de nombreux temples dédiés au dieu du soleil. Le pillage des pierres a rendu le travail archéologique difficile, mais il reste de très rares structures, dont des statues, un obélisque et des reliefs. Des tombes de grands prêtres ont aussi été découvertes.

13 D4 Maadi
Fin du IVe millénaire av. J.-C.
Situation : Egypte
Type de site : Site primitif
Description du site : Site prédynastique qui aurait été un centre d'échanges important. Restes de maisons, de poteries et de puits de stockage. Des caves remplies de jarres contenant des os d'animaux, des perles et de l'asphalte d'importation ont été dégagées.

14 D4 Memphis
IIIe millénaire av. J.-C.
Situation : Egypte
Type de site : Cité antique
Description du site : De la capitale de l'Ancien Empire et première ville économique du pays qui abritait le temple de Ptah, il ne reste plus grand chose à part une immense statue de Ramsès II et un grans sphinx en albâtre.

15 D4 Abousir
IIIe millénaire av. J.-C.
Situation : Egypte
Type de site : Cimetière royal
Description du site : Nombreux temples et pyramides. Ici, le temple du Soleil est le plus ancien de ce type connu dans l'Egypte antique, tandis que les pyramides de la Ve dynastie comprennent les complexes de Sahourê, Neferirkarê et Niouserrê. Il y a aussi de nombreuses tombes privées.

16 D4 El-Omari
Environ 3200 av. J.-C.
Situation : Egypte
Type de site : Site primitif
Description du site : Site d'environ 100 demeures prédynastiques.

17 D4 Saqqarah
IIIe millénaire av. J.-C.
Situation : Egypte
Type de site : Complexe funéraire
Description du site : Nécropole comprenant des mastabas royaux et 15 pyramides dont une pyramide à degrés construite par Imhotep (environ 2650 av J.-C.) et la pyramide de Djeser. Les «textes des Pyramides» ont été découverts dans les pyramides de la fin de la Ve dynastie et de la VIe dynastie.

18 D5 Meïdoum
IIIe millénaire av. J.-C.
Situation : Egypte
Type de site : Complexe funéraire
Description du site : Pyramide à 8 degrés qui fut recouverte de manière à présenter des pentes continues. Elle avait été commencée par Houni, dernier roi de la IIIe dynastie, et achevée par Snefrou, premier roi de la IVe dynastie et père de Khéops. Outre le complexe funéraire royal, le site comprenait des mastabas situés à proximité qui ont livré des chefs-d'œuvre comme les «oies de Meïdoum».

19 D5 El-Lahoun
IIe millénaire av. J.-C.
Situation : Egypte
Type de site : Complexe funéraire
Description du site : Site du Moyen Empire composé d'une pyramide et d'une ville. Découverte de papyrus.

20 E5 Serabit El-Khadim
Début du IIe millénaire av. J.-C.
Situation : Sinaï, Egypte
Type de site : Site cultuel
Description du site : Site important comprenant le temple d'Hathor, un sanctuaire dédié à Sopdou (dieu du désert oriental), et des stèles. La zone était connue pour ses mines de turquoise.

21 E6 Abou Shaor
IIIe siècle
Situation : Egypte
Type de site : Site fortifié
Description du site : Construit en pierre à chaux, le fort compte une douzaine de bâtiments, des casernes, des magasins de stockage, des bâtiments administratifs et des vestiges de bains.

22 D6 Hermopolis
Environ 2000 av. J.-C.
Situation : Egypte
Type de site : Cité antique
Description du site : Important site comprenant les temples de Thot et d'autres structures fragmentaires en pierre. Vestiges substantiels d'une basilique romaine. Deux grandes statues de Thot sous forme de babouin y sont encore visibles.

23 D6 Tounah El-Gebel
IVe siècle av. J.-C.
Situation : Egypte
Type de site : Complexe funéraire
Description du site : Nécropole contenant des tombeaux de l'époque gréco-romaine, dont celui de Pétosivis, grand prêtre de Thot. Trois nécropoles souterraines ont livré des momies de singes et essentiellement d'ibis en quantité innombrable.

24 D6 Beni Hasan
Environ 2000 av. J.-C.
Situation : Egypte
Type de site : Nécropole
Description du site : Site d'un village antique célèbre pour ses 39 tombeaux taillés dans la pierre, datant du Moyen Empire. Douze d'entre eux étaient peints.

25 D6 Meir
IIIe millénaire av. J.-C.
Situation : Egypte
Type de site : Nécropole
Description du site : Site de tombeaux taillés dans la pierre et décorés de reliefs, appartenant à des nomarques (personnages officiels importants) locaux.

26 D6 Tell El-Amarna
XIVe siècle av. J.-C.
Situation : Egypte
Type de site : Cité antique
Description du site : Akhet-Aton, «l'horizon du disque», était la capitale du roi Akhénaton, élaborée pour le dieu Aton. Vestiges de palais, de maisons et de temples. On a dégagé des tablettes d'argile cunéiformes contenant des lettres ayant trait à des relations diplomatiques.

27 D6 Hemamieh
Environ 3700 av. J.-C.
Situation : Egypte
Type de site : Site primitif
Description du site : Site stratifié primitif. Découverte de poteries peu épaisses de type badarien. Tombe d'un aristocrate.

28 D7 Abydos
Début du IIIe millénaire av. J.-C.
Situation : Egypte
Type de site : Centre religieux
Description du site : Tombes des tout premiers rois et temples du début de la XIXe dynastie, parmi lesquels le temple d'Osiris. Le site a été dégagé par un des pionniers de l'archéologie égyptienne, Flinders Petrie.

29 D7 Dendérah
Ier millénaire av. J.-C.
Situation : Egypte
Type de site : Cité antique
Description du site : Ancienne capitale importante dont les vestiges les mieux préservés sont ceux du temple d'Hathor. Près du temple, on trouve une nécropole de l'Ancien Empire et 2 mammisi où l'on célébrait le mystère de la naissance du dieu ainsi qu'une basilique copte.

30 E6 Coptos
Ier siècle av. J.-C.
Situation : Egypte
Type de site : Cité antique
Description du site : Sur le Nil, ruines d'un emporium rattaché aux ports égyptiens de la mer Rouge.

31 E7 Thèbes
Fin du IIIe millénaire
Situation : Egypte
Type de site : Cité antique
Description du site : pp. 35, 44-45.

32 E7 Nagada
IVe millénaire av. J.-C.
Situation : Egypte
Type de site : Site primitif
Description du site : Village où l'on a découvert les premières traces de peuples du néolithique en Egypte. Des tombes taillées dans la pierre ont été trouvées au nord. Parmi les témoins dégagés on trouve des tablettes d'ivoire, des fragments de vases et des sceaux d'argile.

33 E7 Esna
IIe siècle av. J.-C.
Situation : Egypte
Type de site : Site religieux
Description du site : Temple dédié à Knoum et décoré par les empereurs romains. Salle hypostyle entièrement conservée et colonnes richement décorées comportant des textes. On trouve aussi un cimetière datant d'une période s'étendant du Moyen Empire au Nouvel Empire.

34 E7 Kôm El-Ahmar
Fin du IVe millénaire av. J.-C.
Situation : Egypte
Type de site : Site primitif
Description du site : Site majeur de la période prédynastique, contenant une série de sanctuaires et une cachette d'objets votifs. On y trouve aussi une tombe peinte datant de 3500 av. J.-C.

35 E7 El-Kab
VIe millénaire av. J.-C.
Situation : Egypte
Type de site : Site primitif
Description du site : Industrie néolithique antérieure à la plupart des autres cultures égyptiennes néolithiques. C'était également le site d'une des dernières villes du Dynastique primitif. Elle était entourée d'un grand mur de brique et contenait un temple de Nekhbet et des tombes taillées dans le roc.

36 E7 Edfou
IIIe – Ier millénaire av. J.-C.
Situation : Egypte
Type de site : Site primitif
Description du site : Centre et complexe funéraire couvrant l'Ancien Empire et la période gréco-romaine. Son temple, commencé sous Ptolémé III, dont les toits existent encore, est l'un des mieux conservés d'Egypte.

37 E8 Ouadi Koubbanieh
18 250 – 16 960 ans
Situation : Egypte
Type de site : Chasseurs-cueilleurs
Description du site : Site paléolithique relativement sophistiqué où l'on a dégagé les restes de plantes carbonisées, des meules, des pilons et des mortiers. Témoignages prouvant qu'il y aurait eu des habitations fixes.

38 E8 Monastère de Saint Siméon
Début du Ier millénaire
Situation : Assouan, Egypte
Type de site : Site chrétien
Description du site : Enceinte sur 2 niveaux et entourée d'un mur.

39 E8 Philae
Ier millénaire av. J.-C.
Situation : Egypte
Type de site : Centre religieux
Description du site : Complexe de temples consacrés à Isis, construits principalement par les rois ptolémaïques. On trouve aussi les ruines d'une église copte. Les temples ont été déplacés récemment sur une autre île, car ils étaient régulièrement envahis par les eaux d'un premier barrage.

40 D9 Ballana
IVe – VIe siècle
Situation : Egypte
Type de site : Tumulus
Description du site : Site contenant les sépultures royales du Groupe X (culture nubienne datant d'environ 350 à 600 apr. J.-C.). Preuves de sacrifices humains.

41 D9 Abou-Simbel
XIIIe siècle av. J.-C.
Situation : Egypte
Type de site : Complexe de temples
Description du site : Deux temples gigantesques construits par Ramsès II. Six sculptures colossales représentant Ramsès et Néfertari se dressent à l'entrée du petit temple.

42 D9 Kasr Ibrim
IIe millénaire av. J.-C.
Situation : Egypte
Type de site : Site primitif
Description du site : Site occupé presque continuellement, installé sur une falaise fortifiée. Il comporte des sanctuaires taillés dans la roche, des reliefs et une stèle. On y trouve aussi des objets ayant appartenu au Groupe X et aux cultures chrétiennes.

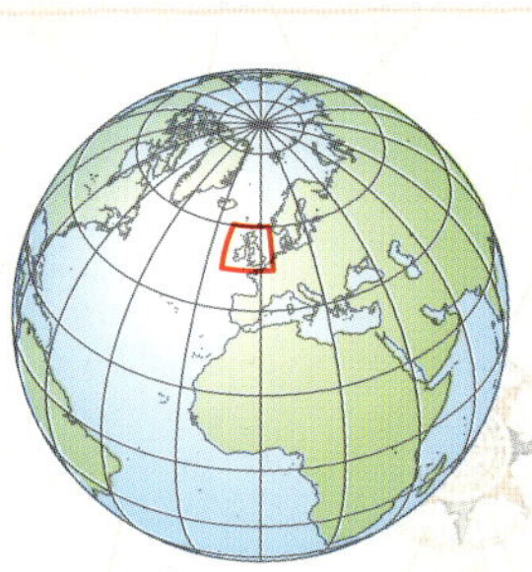

ROYAUME-UNI ET IRLANDE

La carte correspondant à cette liste figure p. 144.

1 D4 MONT SANDEL
VIIe MILLÉNAIRE AV. J.-C.
SITUATION : Irlande du Nord
TYPE DE SITE : Site mésolithique
DESCRIPTION DU SITE : Fondations de huttes en bois avec restes de foyers et matériel archéologique, dont des microlithes, des haches taillées et, déjà, des haches en pierre polie. Les habitants se nourrissaient de saumon et de coquillages.

2 E5 CHÂTEAU DE CARRICKFERGUS
XIIe SIÈCLE
SITUATION : Irlande du Nord
TYPE DE SITE : Château médiéval
DESCRIPTION DU SITE : Château en pierre, massif, avec un corps de garde et un donjon. On y trouve aussi des écuries, un magasin, une chapelle et un fournil.

3 D5 ILE DEVENISH
DÉBUT DU IIe MILLÉNAIRE
SITUATION : Irlande du Nord
TYPE DE SITE : Monastère médiéval
DESCRIPTION DU SITE : Site fondé par saint Molaise. La plupart des bâtiments sont en ruines, seul Teampall Mor est en assez bon état de conservation. On trouve une tour en pierre du XIIe siècle, des sculptures en pierre et une croix en pierre sculptée datant du XVe siècle.

4 D5 ARMAGH
Ve SIÈCLE
SITUATION : Irlande du Nord
TYPE DE SITE : Site chrétien
DESCRIPTION DU SITE : Après le déclin de Navan, la ville, qui s'appelait alors Ard Macha, devint un centre celtique majeur. Une église importante fut érigée par saint Patrick en 455, à l'intérieur des remparts d'une enceinte construite sur un site de hauteur, datant de l'Age du fer. Les rues du centre de la cité moderne reprennent le tracé du fossé qui entourait le bâtiment d'origine. Il y a aussi deux impressionnantes cathédrales médiévales et une grande croix.

5 D5 NAVAN
Ier SIÈCLE AV. J.-C.
SITUATION : Irlande du Nord
TYPE DE SITE : Site celtique
DESCRIPTION DU SITE : pp. 58, 60-63.

6 C5 CARROWKEEL
IVe MILLÉNAIRE AV. J.-C.
SITUATION : République d'Irlande
TYPE DE SITE : Nécropole néolithique
DESCRIPTION DU SITE : Tombes à couloir et nécropole comprenant 14 tombes à chambre à couverture en encorbellement. Pénétration des rayons du soleil dans la chambre au jour du solstice d'été.

7 D6 MONASTERBOICE
Ve – Xe SIÈCLE
SITUATION : République d'Irlande
TYPE DE SITE : Site monastique
DESCRIPTION DU SITE : Ruines d'un monastère du début du Moyen Age, fondé par saint Buite. Il comprend une tour ronde sans toit et de grandes croix du Xe siècle, ornées de sculptures représentant des scènes bibliques.

8 D6 ABBAYE DE MELLIFONT
XIe – XIIIe SIÈCLE
SITUATION : République d'Irlande
TYPE DE SITE : Site monastique
DESCRIPTION DU SITE : Première abbaye cistercienne de la République d'Irlande, fondée par saint Mallachy. Elle comprend les vestiges d'un cloître roman et un *lavabo* remarquable, où les moines se lavaient les mains avant les repas.

9 D6 KNOWTH
MILIEU DU IVe MILLÉNAIRE AV. J.-C.
SITUATION : République d'Irlande
TYPE DE SITE : Tombe mégalithique néolithique
DESCRIPTION DU SITE : La plus grande concentration d'art mégalithique en Europe. Deux tombes à couloir richement décorées à l'intérieur d'un grand tumulus de 60 m de diamètre. Des couronnes de pierre et un grand nombre de tombes entourent le monument.

10 D6 NEWGRANGE
VERS 3100 AV. J.-C.
SITUATION : République d'Irlande
TYPE DE SITE : Tombe mégalithique néolithique
DESCRIPTION DU SITE : Vaste tertre entouré d'un cercle de pierre contenant une tombe à couloir, avec d'extraordinaires exemples d'art mégalithique. A l'origine, le tertre atteignait 12 m de hauteur, et présentait une ouverture au-dessus de l'entrée, situé dans l'axe du lever du soleil au solstice d'hiver (p. 35).

11 D6 KELLS
VIe SIÈCLE
SITUATION : République d'Irlande
TYPE DE SITE : Site monastique
DESCRIPTION DU SITE : Site érigé par saint Colomba au VIe siècle. C'est ici que, plus tard, fut écrit *le Livre de Kells*, aux célèbres enluminures. Nombreuses grandes croix et vestiges de la maison de saint Colomba.

12 D6 TARA
300 AV. J.-C. – 500 APR. J.-C.
SITUATION : République d'Irlande
TYPE DE SITE : Site celtique
DESCRIPTION DU SITE : pp. 58, 67.

13 D6 DUBLIN
IXe SIÈCLE
SITUATION : République d'Irlande
TYPE DE SITE : Site viking
DESCRIPTION DU SITE : Centre d'échanges installé par les Vikings au IXe siècle. Les fouilles ont révélé des restes d'habitations vikings et on a découvert des broches, des épingles et des objets en bois portant des inscriptions.

14 D6 CLONMACNOISE
VIe SIÈCLE
SITUATION : République d'Irlande
TYPE DE SITE : Site monastique
DESCRIPTION DU SITE : Monastère fondé par saint Ciaran en 545. Prospère entre le VIIe et le XIIe siècles. Vestiges : églises en pierre, 2 tours rondes, 3 grandes croix et une cathédrale.

15 C6 ILES D'ARAN
Ier – XVe SIÈCLE
SITUATION : République d'Irlande
TYPE DE SITE : Habitat
DESCRIPTION DU SITE : Iles contenant plusieurs sites : Dún Aonghasa, enceinte de hauteur de l'Age du fer avec 4 remparts concentriques et un cercle de blocs de pierre, Clochán na Carraige, grande hutte en forme de ruche, Na Seacht d'Teampaill, site monastique des «Sept Eglises» ; Dún Eochla, enceinte circulaire de l'Age du bronze et Teampall Chiaráin, église du XIIe siècle, en ruines, avec, à proximité, plusieurs pierres à motifs de croix gravées.

16 C6 KILMACDUAGH
VIIe SIÈCLE
SITUATION : République d'Irlande
TYPE DE SITE : Site monastique
DESCRIPTION DU SITE : Fondé par saint Colman. Les ruines comportent une tour du XIe siècle et une cathédrale préromane, réaménagée en style gothique, avec de belles sculptures tombales.

17 B7 SKELLIG MICHAEL
Ve SIÈCLE
SITUATION : République d'Irlande
TYPE DE SITE : Site monastique
DESCRIPTION DU SITE : Site monastique presque inaccessible comprenant les vestiges de 6 cellules en forme de ruche, 2 oratoires en forme de bateau et un monastère du Xe siècle.

18 D7 ROCK OF CASHEL
Ve SIÈCLE
SITUATION : République d'Irlande
TYPE DE SITE : Site religieux
DESCRIPTION DU SITE : Bastion rocheux qui fut le siège des rois de Munster jusqu'à ce qu'il soit cédé à l'Eglise en 1101. On y voit la salle de la Chorale des vicaires et une tour ronde de 28 m de hauteur.

19 D6 GLENDALOUGH
VIe – XIIe SIÈCLE
SITUATION : République d'Irlande
TYPE DE SITE : Site monastique
DESCRIPTION DU SITE : Les structures subsistantes comprennent le corps de garde de l'enceinte monastique, une tour ronde de 33 m de haut, une cathédrale sans toit et plusieurs petits logements de prêtres.

20 D7 WATERFORD
IXe SIÈCLE
SITUATION : République d'Irlande
TYPE DE SITE : Ville médiévale
DESCRIPTION DU SITE : Site viking à l'origine, les fouilles ont révélé les premières habitations. Plus tard, le site fut fortifié par les Normands.
Il en reste une grande tour. La ville est célèbre, aussi, pour son usine de fabrication de cristal, datant du XVIIIe siècle.

21 (VOIR ENCART) UNDERHOULL
Xe SIÈCLE
SITUATION : Shetland, Ecosse
TYPE DE SITE : Site viking
DESCRIPTION DU SITE : Site d'une ferme viking comportant les restes d'un abri à bateaux dans une baie voisine. Il y a un *broch* (tour circulaire) de l'Age du fer, et, à une époque, il y eut un moulin à eau.

22 (VOIR ENCART) JARLSHOF
IXe SIÈCLE
SITUATION : Shetland, Ecosse
TYPE DE SITE : Site viking
DESCRIPTION DU SITE : Vestiges de fermes vikings, aux bâtiments allongés, encore debout, et de leurs dépendances. Une ferme fortifiée médiévale a été dégagée. Ruines d'un site du XVIIe siècle.

23 F1 MAES HOWE
VERS 2000 AV. J.-C.
SITUATION : Orkney, Ecosse
TYPE DE SITE : Tombe mégalithique néolithique
DESCRIPTION DU SITE : Tombe à couloir portant sur ses murs des graffiti runiques de date postérieure. Le cercle de pierres dressées de Stenness, à proximité, est peut-être associé à la tombe.

24 F1 SKARA BRAE
DÉBUT DU IIIe MILLÉNAIRE AV. J.-C.
SITUATION : Orkney, Ecosse
TYPE DE SITE : Habitat néolithique
DESCRIPTION DU SITE : pp. 25, 30-31.

25 D2 CALLANISH
VERS 1800 AV. J.-C.
SITUATION : Hébrides extérieures, Ecosse
TYPE DE SITE : Monument rituel
DESCRIPTION DU SITE : Cercle de pierres néolithique qui ne fut jamais achevé. Alignements de pierres formant des rayons convergeant vers la pierre centrale. Par la suite, tombe avec 2 petites chambres funéraires et couloir court. On y a découvert un grand vase en bronze.

26 E3 CHÂTEAU D'URQUART
XIIIe – XVIIe SIÈCLE
SITUATION : Ecosse
TYPE DE SITE : Château médiéval
DESCRIPTION DU SITE : Un des plus grands châteaux d'Ecosse, en ruines aujourd'hui. A été un site stratégique depuis l'époque des Pictes. Des fortifications ont été ajoutées en 1509 par Jacques IV d'Ecosse.

27 F3 INCHTUTHILL
Ier SIÈCLE
SITUATION : Ecosse
TYPE DE SITE : Fort romain
DESCRIPTION DU SITE : Fort légionnaire sur le Tay, la plus septentrionale de toutes les colonies romaines. Les fouilles ont révélé que le fort n'a jamais été terminé, et qu'en fait il a été délibérément démantelé. Plus d'un million de clous inutilisés ont été trouvés dans une fosse avoisinante.

28 E4 MUR D'ANTONIN
42 APR. J.-C.
SITUATION : Ecosse
TYPE DE SITE : Fortification défensive
DESCRIPTION DU SITE : S'étendant sur 60 km entre le Firth of Forth et le Firth of Clyde, ce mur romain était bâti en mottes de terre sur un soubassement de pierres. 19 forts étaient situés le long du mur.

29 D3 IONA
VIe – XIIe SIÈCLE
SITUATION : Ecosse
TYPE DE SITE : Site monastique
DESCRIPTION DU SITE : Petite île où saint Colomba fonda une colonie au VIe siècle. Abbaye bénédictine du XIIe siècle, hutte circulaire de Cobhan Cuilteach et plusieurs cairns.

30 F4 CAIRNPAPPLE
IIIe MILLÉNAIRE AV. J.-C.
SITUATION : Ecosse
TYPE DE SITE : Monument rituel
DESCRIPTION DU SITE : Nombreux vestiges dont un cercle de pierres, une chambre funéraire et un complexe rituel qui fut utilisé pendant plusieurs périodes.

31 F4 NEW LANARK
FIN DU XVIIIe SIÈCLE
SITUATION : Ecosse
TYPE DE SITE : Village industriel
DESCRIPTION DU SITE : Construit par David Dale pour loger ses ouvriers, le complexe industriel comprend quelques impressionnants moulins à eau et des ensembles d'habitation.

32 G4 LINDISFARNE
VIIe – XIe SIÈCLE
SITUATION : Angleterre
TYPE DE SITE : Site monastique
DESCRIPTION DU SITE : Site d'église et de monastère jusqu'à l'invasion des Danois en 793. Devint alors le site d'une forteresse. Le prieuré de Lindisfarne fut construit au XIe siècle. Les voûtes subsistent.

33 F4 YEAVERING
Ve – VIIe SIÈCLE
SITUATION : Northumberland, Angleterre
TYPE DE SITE : Site saxon
DESCRIPTION DU SITE : Siège royal de Northumbrie où ont été dégagées une tribune de réunions et de grandes salles boisées.

34 F5 MUR D'HADRIEN
122 APR. J.-C.
SITUATION : Angleterre
TYPE DE SITE : Fortification défensive
DESCRIPTION DU SITE : Frontière nord de l'Empire romain, s'étendant de Wallsend jusqu'à Bowness-on-Solway, le mur était construit en pierre et protégé par des ouvrages fortifiés, à intervalles réguliers d'un mille romain (1 480 m). Plus tard, des fortins furent incorporés au mur (p. 68).

35 F5 VINDOLANDA
Ier – IIe SIÈCLE
SITUATION : Angleterre
TYPE DE SITE : Fort romain
DESCRIPTION DU SITE : Un des forts trouvés le long du mur d'Hadrien (n° 34). Construit en 90, il fut aussi un site civil, avec des bains, une auberge et des mausolées. Des tablettes à écrire romaines fournissent des détails sur la nourriture, l'habillement et la vie quotidienne.

36 G5 CHÂTEAU D'HYLTON
XIVe SIÈCLE
SITUATION : Sunderland, Angleterre
TYPE DE SITE : Château médiéval
DESCRIPTION DU SITE : pp. 90, 92-95.

37 G5 JARROW ET MONKWEARMOUTH
VIIe SIÈCLE
SITUATION : Tyne et Wear, Angleterre
TYPE DE SITE : Site monastique
DESCRIPTION DU SITE : Deux églises monastiques dont l'une fut démolie au XVIIIe siècle. Les fouilles ont dégagé 2 salles rectangulaires comportant des fenêtres vitrées et des toits couverts de pierres.

38 F5 GREAT LANGDALE
4000 AV. J.-C.
SITUATION : Cumbria, Angleterre
TYPE DE SITE : Minière néolithique
DESCRIPTION DU SITE : Atelier de fabrication de haches qui exporta ses productions pendant 1 000 ans. On a trouvé des ébauches de haches et des éclats de silex à flanc de coteau.

39 G5 WHARRAM PERCY
IXe – XVe SIÈCLE
SITUATION : Yorkshire, Angleterre
TYPE DE SITE : Village médiéval
DESCRIPTION DU SITE : Village déserté sans doute à cause de la mutation des terroirs qui vit le pâturage à mouton remplacer les emblavures et les cultivateurs chassés de leurs terres. Les bâtiments comprenaient 2 manoirs et une église du XIIe siècle. Chaque maison avait une petite cour et un enclos.

40 G5 STAR CARR
VIIIe MILLÉNAIRE AV. J.-C.
SITUATION : Yorkshire, Angleterre
TYPE DE SITE : Site mésolithique
DESCRIPTION DU SITE : Ce site en milieu humide a permis la conservation d'outils en bois, en os et en bois de cerf. 187 pointes barbelées et des bois de cerf, à usage peut-être cérémoniel, ont aussi été trouvés.

41 F6 BACUP
XIXe SIÈCLE
SITUATION : Lancashire, Angleterre
TYPE DE SITE : Ville industrielle
DESCRIPTION DU SITE : La ville industrielle la mieux conservée de la vallée de Rossendale. Elle fut le centre de la production du coton pendant la révolution industrielle. Nombreux vestiges et restes archéologiques du XIXe siècle.

42 G6 ROCHERS DE CRESWELL
20 000 – 10 000 ANS
SITUATION : Derbyshire, Angleterre
TYPE DE SITE : Site paléolithique
DESCRIPTION DU SITE : Quelques découvertes de lames à dos qui ont donné leur nom à des assemblages fréquents dans les grottes de la région.

43 G6 Arbor Low
VERS 2000 AV. J.-C.
SITUATION : Derbyshire, Angleterre
TYPE DE SITE : Monument rituel
DESCRIPTION DU SITE : Cercle de pierres, constitué de 46 pierres levées doublées d'un fossé, parfois appelé le «Stonehenge du Nord» (n° 57).

44 F7 Coalbrookdale
XVIIIe SIÈCLE
SITUATION : Shropshire, Angleterre
TYPE DE SITE : Complexe industriel
DESCRIPTION DU SITE : pp. 111, 118-119.

45 G7 SOHO WORKS
XVIIIe SIÈCLE
SITUATION : Birmingham, Angleterre
TYPE DE SITE : Complexe industriel
DESCRIPTION DU SITE : pp. 111, 112-115.

46 H7 GRIMES GRAVES
IIIe MILLÉNAIRE AV. J.-C.
SITUATION : Norfolk, Angleterre
TYPE DE SITE : Minière néolithique
DESCRIPTION DU SITE : Mine de silex où les galeries ont été creusées avec des bois de cerf. Les blocs étaient ébauchés à la sortie de la mine et les ébauches de haches largement distribuées dans la région. Les fouilles ont révélé des figurines de la fertilité en craie (p. 25).

47 H7 THETFORD
IXe SIÈCLE
SITUATION : Angleterre
TYPE DE SITE : Ville médiévale
DESCRIPTION DU SITE : Ville d'échanges depuis l'époque anglo-saxonne. Elle déclina après la destruction de son prieuré pendant la Réforme, au XVIe siècle. Au centre de la ville se trouve un tertre qui fut, à une époque, un château fort normand à motte (avec fortifications et mur d'enceinte).

48 H7 WEST STOW
Ve – VIIe SIÈCLE
SITUATION : Suffolk, Angleterre
TYPE DE SITE : Site anglo-saxon
DESCRIPTION DU SITE : Hameau établi à la fin de la domination romaine. A révélé des poteries et des monnaies romano-britanniques. A fait l'objet de fouilles et a été restauré (p. 81).

49 H7 SUTTON HOO
VIIe SIÈCLE
SITUATION : Suffolk, Angleterre
TYPE DE SITE : Cimetière anglo-saxon
DESCRIPTION DU SITE : Lieu de sépulture des premiers rois anglo-saxons. Célèbre pour la sépulture d'un «grand roi» enterré sous un tumulus dans un bateau qui contenait notamment une épée, un bouclier, un casque décoré, un sceptre ou étendard, et une boucle de ceinture en or.

50 G8 Abbey Mills
1864
SITUATION : Londres, Angleterre
TYPE DE SITE : Site industriel
DESCRIPTION DU SITE : Station de pompage de style byzantin, construite pour contenir 8 machines, encore en excellent état.

51 G7 STANTON HARCOURT
200 000 ANS AVANT NOTRE ÈRE
SITUATION : Oxfordshire, Angleterre
TYPE DE SITE : Site paléolithique
DESCRIPTION DU SITE : pp. 13, 14-17.

52 G7 WAYLAND'S SMITHY
VERS 3500 AV. J.-C.
SITUATION : Oxfordshire, Angleterre
TYPE DE SITE : Monument mégalithique
DESCRIPTION DU SITE : Tumulus long néolithique et tombe à couloir mégalithique, où a été dégagée une maison des morts en bois contenant 14 sépultures.

53 F8 AQUAE SULIS
Ier SIÈCLE
SITUATION : Bath, Angleterre
TYPE DE SITE : Sanctuaire romain
DESCRIPTION DU SITE : Site religieux majeur de la Grande-Bretagne romaine. Situé autour de sources chaudes et dédié à la déesse Sul, assimilée à Minerve. Les fouilles ont mis au jour un temple dans lequel a été découverte une tête de la déesse, en bronze doré.

54 F8 TOCKENHAM
Ier SIÈCLE
SITUATION : Wiltshire, Angleterre
TYPE DE SITE : Site romain
DESCRIPTION DU SITE : pp. 68, 70-73.

55 F8 AVEBURY
IIIe MILLÉNAIRE AV. J.-C.
SITUATION : Wiltshire, Angleterre
TYPE DE SITE : Monument rituel
DESCRIPTION DU SITE : pp. 35, 36-39.

56 G8 DANEBURY
VIe – Ier SIÈCLE AV. J.-C.
SITUATION : Hampshire, Angleterre
TYPE DE SITE : Enceinte fortifiée de l'Age du fer
DESCRIPTION DU SITE : Site celtique fortifié, qui avait 2 entrées et un double rempart. Restes de silos, de structures de réserves à grains (greniers) et de quelques maisons rondes.

57 G8 STONEHENGE
IIIe – IIe MILLÉNAIRE AV. J.-C.
SITUATION : Wiltshire, Angleterre
TYPE DE SITE : Monument rituel
DESCRIPTION DU SITE : Le plus important site préhistorique de Grande-Bretagne. Stonehenge est constitué d'un fossé et d'un ouvrage de terre circulaires, à l'intérieur desquels se dresse le célèbre monument en pierre. A l'intérieur du fossé se trouvent les 57 trous d'Aubrey (fosses contenant les restes de crémations humaines). Ils forment un cercle et datent d'environ 3000 av. J.-C. Les pierres furent dressées à partir de 2400 av. J.-C. Les plus grandes pierres sont des blocs de sarsen (grès local), disposés en cercle et surmontés de linteaux, et un ensemble en «fer à cheval» composé de 5 trilithes (2 piliers verticaux supportant un linteau). Un cercle et un fer à cheval plus petits, en pierre bleue venant du pays de Galles, sont placés à l'intérieur des premières structures. Le monument fut probablement abandonné après 1100 av. J.-C. (p. 35).

58 F8 BUSH BARROW
FIN DU IIe – DÉBUT DU IIIe MILLÉNAIRE AV. J.-C.
SITUATION : Wiltshire, Angleterre
TYPE DE SITE : Tumulus
DESCRIPTION DU SITE : Sépulture d'un chef du début de l'Age du bronze, faisant partie de l'ensemble funéraire de Normanton Down. Découvertes : poignards et haches en bronze, masse en pierre sur manche en bois décoré d'or, d'os et d'ivoire, attache de ceinture en or.

59 G8 WINTERBOURNE GUNNER
Ve – VIe SIÈCLE
SITUATION : Wiltshire, Angleterre
TYPE DE SITE : Site anglo-saxon
DESCRIPTION DU SITE : pp. 81, 82-85.

60 G8 Boxgrove
500 000 ans
Situation : Sussex occidental, Angleterre
Type de site : Site paléolithique
Description du site : Site acheuléen où l'on a dégagé des outils en silex, des déchets de taille du silex (éclats) ainsi que des restes humains.

61 G8 Butser
IIIe siècle av. J.-C.
Situation : Hampshire, Angleterre
Type de site : Habitat de l'Age du fer
Description du site : Ferme récemment reconstituée, avec des maisons rondes, des silos et des greniers, afin de tester les hypothèses des archéologues.

62 G8 Mary Rose
XVIe siècle
Situation : Portsmouth, Angleterre
Type de site : Epave
Description du site : Construit en 1509, le célèbre bateau d'Henri VIII coula en 1545. La coque fut renflouée en 1982 et des milliers d'objets ont été récoltés.

63 F8 Maiden Castle
500 av. J.-C. – 43 apr. J.-C.
Situation : Dorset, Angleterre
Type de site : Site fortifié de l'Age du fer
Description du site : Grande fortification où les fouilles ont révélé des remparts importants et un cimetière de guerre. Vestiges de maisons rondes et de rues à l'intérieur.

64 F8 Bristol
XVIIe siècle
Situation : Avon, Angleterre
Type de site : Port de commerce
Description du site : Port important pendant la période coloniale pour la distribution du tabac, du vin et des esclaves (p. 101).

65 F8 Glastonbury
IIIe siècle av. J.-C.
Situation : Somerset, Angleterre
Type de site : Habitat de l'Age du fer
Description du site : Village de bord de lac avec les restes de 90 structures circulaires contenant d'épais sols en argile, des foyers et des restes de vaisselle en bois. On y trouve aussi les ruines d'une abbaye du VIIIe siècle.

66 F8 Grotte de Gough
20 000 – 10 000 ans
Situation : Somerset, Angleterre
Type de site : Site paléolithique
Description du site : Grotte creswellienne où l'on a mis au jour des ossements de chevaux et de cerfs, des témoignages d'art gravé, de l'outillage en silex et quelques ossements humains. C'est le site de «l'homme de Cheddar», découvert au début du siècle.

67 F8 Dartmouth
XVIIIe siècle
Situation : Devon, Angleterre
Type de site : Site industriel
Description du site : C'est ici que Thomas Newcomen inventa la première machine à vapeur, utilisée dans de nombreuses mines d'étain de la région (p. 111).

68 E8 Tintagel
IXe siècle
Situation : Cornouailles, Angleterre
Type de site : Château médiéval
Description du site : Ruines d'un château construit sur le site d'une résidence celtique abandonnée aux environs de 850 apr. J.-C. On y a trouvé des céramiques importées de Méditerranée orientale.

69 E9 Boleigh
Ier – Ve siècle
Situation : Cornouailles, Angleterre
Type de site : Installation de l'Age du fer
Description du site : Site fortifié où les habitants utilisaient l'étain. Restes de tumulus et de cercles de pierres ainsi qu'un *fogou* (cavité souterraine servant d'abri et d'aire de stockage).

70 F7 Tintern Abbey
XIe – XVe siècle
Situation : Pays de Galles
Type de site : Abbaye médiévale
Description du site : Fondée par les moines cisterciens en 1131, l'abbaye est maintenant en ruines. Il reste les vestiges des bâtiments les plus récents, datant des XIIIe – XVe siècles.

71 F7 Caerleon
Vers 75 apr. J.-C.
Situation : Pays de Galles
Type de site : Ville antique
Description du site : Forteresse romaine bâtie pour les légionnaires. C'était aussi une ville à part entière avec un amphithéâtre, un hôpital et un complexe de bains.

72 F7 Blaenafon
XVIIe – XVIIIe siècle
Situation : Pays de Galles
Type de site : Complexe industriel
Description du site : Usine sidérurgique et centre minier établi en 1782, bien qu'il y ait eu des hauts fourneaux dans la région depuis le XVIe siècle. Les vestiges ont fourni des indications sur les débuts de la sidérurgie et sur le mode de vie des ouvriers.

73 F7 Hen Domen
Vers 1070
Situation : Pays de Galles
Type de site : Château médiéval
Description du site : Château fort à motte dont les vestiges sont essentiellement des trous de poteaux laissés par les constructions de bois qui se sont succédé dans la basse cour.

74 F7 Margam
VIe – Xe siècle
Situation : Pays de Galles
Type de site : Monastère médiéval
Description du site : Abbaye comportant une borne romaine et 2 piliers en pierre du VIe siècle. L'un d'entre eux est célèbre pour son inscription oghamique (écriture celtique).

75 E7 Grotte de Paviland
38 000 – 10 000 ans
Situation : Pays de Galles
Type de site : Site paléolithique
Description du site : Des vestiges d'outillage ont été dégagés. Le site abrite la plus ancienne sépulture cérémonielle des îles Britanniques. En fait, la sépulture de la «Dame rouge de Paviland» était celle d'un homme, recouvert d'ocre et accompagné d'objets funéraires en ivoire.

76 E7 Gors Fawr
IIIe millénaire av. J.-C.
Situation : Pays de Galles
Type de site : Monument rituel
Description du site : Cercle de 16 pierres placées à 2 m d'intervalle, avec 2 pierres d'entrée dressées à l'extérieur du cercle principal.

77 E6 Château de Caernarvon
1283
Situation : Pays de Galles
Type de site : Château médiéval
Description du site : Le premier château était un château fort à motte normand. Le château actuel comporte une tour polygonale inhabituelle et de la maçonnerie à bandeaux.

78 E6 Graig Llwyd
IVe – IIIe millénaire av. J.-C.
Situation : Pays de Galles
Type de site : Carrière néolithique
Description du site : Une carrière de pierres et un atelier de fabrication de haches ont été dégagés. On a trouvé le sol des ateliers avec leurs déchets. Les études pétrologiques permettent de situer avec précision la provenance de chaque hache.

79 E6 Bryn Celli Ddu
3 000 av. J.-C.
Situation : Ile d'Anglesey, pays de Galles
Type de site : Sépulture mégalithique
Description du site : Tombe à couloir sous tumulus, où de nombreux objets ont été découverts, dont du quartz blanc, des ossements brûlés ou non, des trous de poteaux et le squelette d'un bœuf.

80 E6 Barclodiad y Gawres
IIIe millénaire av. J.-C.
Situation : Pays de Galles
Type de site : Sépulture mégalithique
Description du site : Vaste chambre funéraire mégalithique où l'on trouve quelques exemples de l'art de cette période.

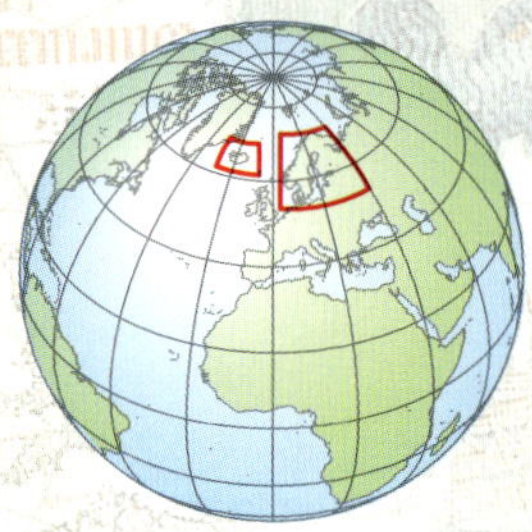

Scandinavie et Pays baltes

La carte correspondant à cette liste figure p. 145.

1 (voir encart) Hofstadir
Fin du Ier millénaire
Situation : Islande
Type de site : Site viking
Description du site : Ferme comprenant seulement un hall et une petite pièce où on a découvert une grande marmite (p. 81).

2 (voir encart) Thingvellir
Xe siècle
Situation : Islande
Type de site : Site ancien
Description du site : Site du premier parlement islandais où ont été dégagés des témoins et les vestiges d'anciens bâtiments.

3 (voir encart) Skallaholt
Xe siècle
Situation : Islande
Type de site : Site viking
Description du site : Une maison allongée et une église primitive ont été dégagées.

4 C4 Varjaren
Ier millénaire av. J.-C.
Situation : Norvège
Type de site : Cimetière saami
Description du site : Tertre comprenant la sépulture rituelle d'un ours.

5 C5 Krankmartenhogen
Ier – XIIe siècle
Situation : Norvège
Type de site : Cimetière saami
Description du site : Tombes avec incinérations marquées par des pierres placées en forme de triangle sur lesquelles ont été placés des bois de cerfs et des os d'animaux.

6 C6 Røros
XVIIe siècle
Situation : Norvège
Type de site : Ville industrielle
Description du site : Ville comprenant des vestiges de mines, un haut-fourneau pour le cuivre et plusieurs autres bâtiments.

7 B6 Kaupang
IXe siècle
Situation : Norvège
Type de site : Site viking
Description du site : Des maisons et des ateliers d'une ville portuaire ont été dégagés, on y a découvert des objets en bois et en métal ainsi que des vases en stéatite.

8 B6 Borgund Stave
Vers 1150
Situation : Norvège
Type de site : Eglise médiévale
Description du site : Eglise entièrement construite en bois, très bien conservée.

9 B7 Oseberg
Vers 850
Situation : Norvège
Type de site : Tumulus
Description du site : Sépulture à navire viking contenant un mobilier funéraire qui pourrait être royal (pp. 81, 86).

10 B7 Gokstad
IXe siècle
Situation : Norvège
Type de site : Tumulus
Description du site : Le plus grand navire de Norvège, contenant sous un tumulus la sépulture rituelle d'un homme de grande taille, d'âge moyen.

11 B8 Aggersborg
Fin du Ier millénaire
Situation : Danemark
Type de site : Site viking
Description du site : Le plus grand des sites de forteresses circulaires d'âge viking jamais dégagés.

12 B8 Ertebølle
VIe – IVe millénaire av. J.-C.
Situation : Danemark
Type de site : Site préhistorique
Description du site : Rejets culinaires, contenant de la céramique et des haches en pierre.

13 B8 Lindholm Høje
VIIIe – Xe siècle
Situation : Danemark
Type de site : Tumulus
Description du site : Tombes de plus de 700 personnes, certaines avec incinérations et tertres funéraires ovales, probablement liées aux Vikings, ainsi qu'un champ labouré fossile.

14 B8 Groupe de Mols
IVe – IIe millénaire av. J.-C.
Situation : Danemark
Type de site : Sépulture mégalithique
Description du site : Site regroupant plusieurs tombes à chambres et un cercle de pierres.

15 B8 Bygholm Norremark
Vers 4200 av. J.-C.
Situation : Danemark
Type de site : Tumulus
Description du site : Maison funéraire située au-dessus d'une tombe en fosse. Deux maisons ont été ajoutées plus tard.

16 B8 Borum Eshøj
IIIe millénaire av. J.-C.
Situation : Danemark
Type de site : Tumulus
Description du site : Trois cercueils en chêne bien conservés, l'un contenant une sépulture de femme associée à un poignard de bronze et à des parures.

17 B8 Homme de Grauballe
310 av. J.-C.
Situation : Danemark
Type de site : Homme des tourbières
Description du site : Corps datant de 2 000 ans découvert dans une tourbière (p. 58).

18 B8 Jelling
Xe siècle
Situation : Danemark
Type de site : Cité viking
Description du site : Capitale des premiers rois de Jutland et du Danemark comportant 2 tumulus, une église et des pierres gravées de runes.

19 B9 Egtved
IIe millénaire av. J.-C.
Situation : Danemark
Type de site : Tumulus
Description du site : Dans un cercueil en chêne, corps bien conservé d'une jeune fille portant une jupe courte en laine et une ceinture ornée d'un grand disque en bronze.

20 B9 Tybrind Vig
IVe millénaire av. J.-C.
Situation : Danemark
Type de site : Site néolithique
Description du site : Site immergé ayant livré un hameçon, de la poterie, des tissus et un bateau avec sa pagaie.

21 B9 Hjortspring
IIIe siècle av. J.-C.
Situation : Danemark
Type de site : Tumulus
Description du site : Navire de guerre enterré sous un tertre avec 150 boucliers en bois, 138 fers de lance et 20 cottes de mailles.

22 C9 Bildsø
Fin du IVe millénaire av. J.-C.
Situation : Danemark
Type de site : Tumulus
Description du site : Ensemble de petites chambres dans un tertre allongé.

23 C9 Skuldelev
XIe siècle
Situation : Danemark
Type de site : Epave
Description du site : Restes de 5 bateaux coulés dans un fjord.

24 C8 Trelleborg
Xe siècle
Situation : Danemark
Type de site : Forteresse viking
Description du site : Site fortifié circulaire qui abritait 500 personnes à l'intérieur de ses murs. Des routes et un cimetière ont été dégagés (p. 81).

25 C8 Cathédrale de Lund
XIIe siècle
Situation : Danemark
Type de site : Eglise médiévale
Description du site : Un des meilleurs exemples de cathédrales romanes de ce type.

26 C8 Skateholm
VIIe millénaire av. J.-C.
Situation : Suède
Type de site : Nécropole mésolithique
Description du site : Sépultures accompagnées de chiens, de bois de cervidés et de lames en silex. Présence d'une grande structure cérémonielle.

27 C9 Hagestad
Vers 2500 av. J.-C.
Situation : Suède
Type de site : Nécropole néolithique
Description du site : Quelques tumulus, l'un d'eux divisé en 9 chambres, contenant les restes d'environ 50 personnes.

28 C8 Kivik
IIe millénaire av. J.-C.
Situation : Suède
Type de site : Sépulture de l'Age du bronze
Description du site : Tumulus avec ciste (coffre de pierre) comportant d'impressionnantes gravures.

29 D8 Vallhagar
VIe siècle
Situation : Suède
Type de site : Site agricole
Description du site : On a trouvé des maisons allongées comportant des foyers centraux et des dépendances.

30 D7 Birka
IXe – Xe siècle
Situation : Suède
Type de site : Site viking
Description du site : Centre de commerce avec un cimetière de 2 500 tombes. Des marchandises en provenance de Russie et d'Extrême-Orient ont été trouvées lors des fouilles.

31 D7 Helgo
VIe – Xe siècle
Situation : Suède
Type de site : Site viking
Description du site : Fondations de maisons de forgerons, d'ateliers de bronziers et de fabricants de perles.

32 D7 Navire Wasa
1628
Situation : Suède
Type de site : Epave
Description du site : Site d'un vaisseau amiral submergé, renfloué et conservé.

33 D7 Gamla Uppsala
Ve siècle
Situation : Suède
Type de site : Tumulus
Description du site : Des rois primitifs furent enterrés ici. Plus tard, devint un site rituel viking.

34 D7 Valsgarde
VIe – VIIe siècle
Situation : Suède
Type de site : Cimetière norvégien
Description du site : Sépulture de chef de clan où l'on a trouvé un casque et des fers de lance.

35 D5 Gratask
XIe – XIIIe siècle
Situation : Suède
Type de site : Cimetière saami
Description du site : Site sacrificiel saami où un oiseau de métal a été dégagé.

36 E6 Kirkonlaattia
Vers 1500 av. J.-C.
Situation : Finlande
Type de site : Tumulus de l'Age du bronze
Description du site : Grande tombe avec décoration intérieure représentant une procession rituelle.

37 E7 Soukainen
IVe siècle
Situation : Finlande
Type de site : Cairn
Description du site : Grand cairn rond avec 2 sépultures contenant chacune une panoplie d'armes complète. Une corne à boire en verre et un seau en bronze ont aussi été trouvés.

38 D7 Otterbote
IIIe millénaire av. J.-C.
Situation : Finlande
Type de site : Site préhistorique
Description du site : Les sols de 9 huttes rondes ont été trouvés avec des foyers extérieurs, des dépotoirs et les restes d'un puits. On a découvert environ 23 000 tessons de poterie.

39 E7 Yliskyla
Vers 600 apr. J.-C.
Situation : Finlande
Type de site : Site d'inhumation
Description du site : Cimetière et tertre contenant une riche tombe de navire. Découverte de couteaux, de poignées d'umbos et de boucliers.

40 F7 Kunda-Lammasmagi
VIIe – IVe millénaire av. J.-C.
Situation : Estonie
Type de site : Site paléolithique
Description du site : Découverte d'une industrie de l'os et du bois de cervidés très perfectionnée, liée à la pêche.

41 E7 Château de Toompea
XIVe siècle
Situation : Estonie
Type de site : Château médiéval
Description du site : Fondé par les Danois. Les vestiges les plus anciens datent du XIVe siècle. Les murs de la tour de coin, Tall Hermann, portent des empreintes de coquillages, datant du XVIe siècle.

42 E8 Sarnate
IVe – IIIe millénaire av. J.-C.
Situation : Lettonie
Type de site : Site préhistorique
Description du site : Restes de maisons et de foyers de la culture narva et nombreux vestiges en bois.

43 E8 Zvejnieki
VIIe millénaire av. J.-C.
Situation : Lettonie
Type de site : Cimetière mésolithique
Description du site : Plus de 300 tombes près d'un site où l'on a trouvé des pendentifs en dents d'élan perforées, des pointes en os et de l'ocre.

44 E8 Impiltis
XIe – XIIIe siècle
Situation : Lituanie
Type de site : Site fortifié médiéval
Description du site : Fortifications en bois qui comportaient de hautes palissades et des tours. On a découvert des réservoirs dans ses ouvrages de terre.

45 E8 Sventoji
IIIe millénaire av. J.-C.
Situation : Lituanie
Type de site : Site préhistorique
Description du site : Site narva avec découvertes semblables à celles de Sarnate, en Lettonie.

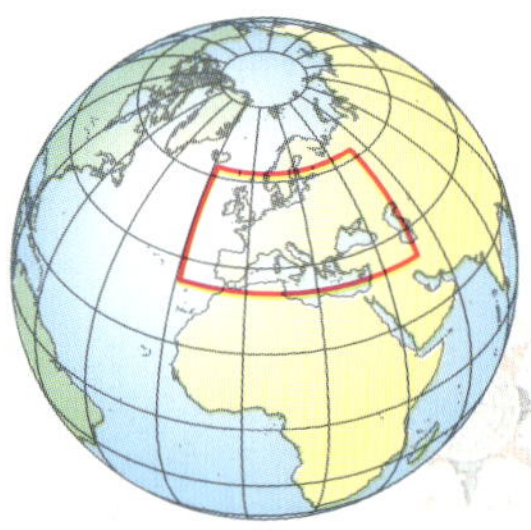

EUROPE CONTINENTALE

La carte correspondant à cette liste figure pp. 146-147.

❶ E7 ANTELAS
FIN DU IVe MILLÉNAIRE AVANT NOTRE ÈRE
SITUATION : Portugal
TYPE DE SITE : Tombe néolithique
DESCRIPTION DU SITE : Dolmen classique dont les orthostates sont ornés de quelques dessins géométriques.

❷ E7 VILA NOVA DE FOZ COA
22 000 – 10 000 ANS AV. J.-C.
SITUATION : Portugal
TYPE DE SITE : Art rupestre
DESCRIPTION DU SITE : Ensemble de gravures sur roche. Le plus grand complexe d'art rupestre actuellement connu en Europe.

❸ E8 VILA NOVA DO SÃO PEDRO
IIIe MILLÉNAIRE AV. J.-C.
SITUATION : Portugal
TYPE DE SITE : Site protohistorique
DESCRIPTION DU SITE : Site néolithique fortifié avec 3 phases d'occupation. Les fouilles ont révélé des ciseaux, des poignards et des haches de cuivre ainsi que de la poterie campaniforme (p. 25).

❹ E8 ZAMBUJAL
2 400 – 1 800 ANS AV. J.-C.
SITUATION : Portugal
TYPE DE SITE : Forteresse protohistorique
DESCRIPTION DU SITE : Citadelle prospère pendant près de 600 ans. C'était une zone de mines de cuivre. Découverte de poteries campaniformes.

❺ E8 SEIXAL
XIXe SIÈCLE
SITUATION : Portugal
TYPE DE SITE : Complexe industriel
DESCRIPTION DU SITE : Important centre industriel dont les usines de bouteilles et les filatures de laine ont été les premiers sites de ce type dégagés au Portugal.

❻ E8 LISBONNE
XVIe SIÈCLE
SITUATION : Portugal
TYPE DE SITE : Port médiéval
DESCRIPTION DU SITE : Centre de commerce mondial dont le premier site, le château de Saint-Georges, domine toujours la cité. La ville a été détruite lors du tremblement de terre de 1755, mais il reste des vestiges de l'époque coloniale et des trésors (p. 101).

❼ E8 PALMELA
DÉBUT DU IIe MILLÉNAIRE AV. J.-C.
SITUATION : Portugal
TYPE DE SITE : Tombe taillée dans le roc
DESCRIPTION DU SITE : Hypogées (sépultures souterraines creusées dans la roche tendre) formant une nécropole avec un mobilier funéraire comportant de la poterie campaniforme, des feuilles d'or et des couteaux de cuivre.

❽ E8 ALCALÁ
IVe MILLÉNAIRE AV. J.-C.
SITUATION : Portugal
TYPE DE SITE : Nécropole mégalithique
DESCRIPTION DU SITE : Long couloir conduisant à une chambre à couverture en encorbellement avec plusieurs tombes. La tombe 3 contenait des perles de variscite, des pendentifs en ambre et des haches plates en cuivre.

❾ E7 SAINT-JACQUES-DE-COMPOSTELLE
XIe SIÈCLE
SITUATION : Espagne
TYPE DE SITE : Cathédrale médiévale
DESCRIPTION DU SITE : pp. 90, 99.

❿ E7 A GUARDA
FIN DU Ier MILLÉNAIRE AV. J.-C.
SITUATION : Espagne
TYPE DE SITE : Site celtique
DESCRIPTION DU SITE : Vestiges celtiques fortifiés contenant les fondations d'environ 100 maisons rondes en pierre.

⓫ F7 ALTAMIRA
15 000 – 13 000 ANS
SITUATION : Espagne
TYPE DE SITE : Art pariétal
DESCRIPTION DU SITE : Grotte célèbre pour ses peintures du Paléolithique supérieur, et en particulier pour ses figurations de bisons. Présence d'art mobilier.

⓬ F7 EL CASTILLO
40 000 ANS
SITUATION : Espagne
TYPE DE SITE : Site paléolithique
DESCRIPTION DU SITE : Grotte occupée par des chasseurs de chevaux, de bovidés et de cervidés. 155 représentations d'animaux et 50 mains dessinées en rouge au pochoir ornent cette grotte.

⓭ F7 AVILA
XIe SIÈCLE
SITUATION : Espagne
TYPE DE SITE : Ville médiévale
DESCRIPTION DU SITE : Impressionnante ville fortifiée. Les murailles ont 12 m de hauteur et ont des tours rondes tous les 20 m. Quelques murs ont été construits avec des restes de matériau romain (p. 90).

⓮ F8 VASCOS
IXe – Xe SIÈCLE
SITUATION : Espagne
TYPE DE SITE : Forteresse musulmane
DESCRIPTION DU SITE : Citadelle qui a pu servir de refuge ou être une ville minière.

⓯ E8 MÉRIDA
Ier SIÈCLE AV. J.-C.
SITUATION : Espagne
TYPE DE SITE : Ville antique
DESCRIPTION DU SITE : Vestiges d'un théâtre bien conservé, d'un amphithéâtre, d'un quartier romain et de mosaïques. Il y a aussi un temple de Diane du Ier siècle, l'aqueduc de los Milagros et le bâtiment mauresque d'Alcazaba.

⓰ E8 CANCHO RUANO
VIIe SIÈCLE AV. J.-C.
SITUATION : Espagne
TYPE DE SITE : Site primitif
DESCRIPTION DU SITE : Centre de la civilisation tartessienne où les fouilles ont mis au jour un petit temple, des douves, des céramiques et des bijoux.

⓱ E8 SÉVILLE
XIIe SIÈCLE
SITUATION : Espagne
TYPE DE SITE : Ville médiévale
DESCRIPTION DU SITE : Ville importante du monde musulman andalou-maghrébin. La cathédrale renferme les vestiges d'une mosquée. D'anciennes gravures ont rendu possible d'importantes découvertes archéologiques.

⓲ E8 HUELVA
VIIIe SIÈCLE AV. J.-C.
SITUATION : Espagne
TYPE DE SITE : Centre minier
DESCRIPTION DU SITE : Importante mine où un grand dépôt de bronzes a été découvert. Auprès, les vestiges de Saltés, ville minière de l'époque arabe.

⓳ F8 MEDINA AZARA
Xe – XIe SIÈCLE
SITUATION : Espagne
TYPE DE SITE : Site musulman
DESCRIPTION DU SITE : Vestiges d'un palais royal, d'une petite mosquée avec un important décor mural.

⓴ E8 ALCAZABA
VIIIe – XIe SIÈCLE
SITUATION : Espagne
TYPE DE SITE : Château médiéval
DESCRIPTION DU SITE : Château construit dans les remparts d'une cité mauresque. Vestiges d'un amphithéâtre romain et d'un donjon. Des témoins phéniciens, romains et mauresques ont été dégagés.

㉑ F8 GRENADE
XIIIe – XVe SIÈCLE
SITUATION : Espagne
TYPE DE SITE : Ville médiévale
DESCRIPTION DU SITE : L'Alhambra, immense palais-citadelle, est le bâtiment mauresque le plus impressionnant (p. 90).

㉒ F9 LOS MILLARES
VERS IIIe MILLÉNAIRE AV. J.-C.
SITUATION : Espagne
TYPE DE SITE : Site fortifié
DESCRIPTION DU SITE : Enceinte défensive englobant des maisons rectangulaires et des *tholos* (tombes en forme de ruche). Le matériel archéologique comprend des articles d'importation égyptiens, des sandales en ivoire, des idoles en os et des haches en cuivre.

㉓ F8 EL ARGAR
IIe MILLÉNAIRE AV. J.-C.
SITUATION : Espagne
TYPE DE SITE : Site fortifié
DESCRIPTION DU SITE : Près de 1 000 sépultures ont été dégagées et ont livré des diadèmes en or et en argent, des poignards et des épées en cuivre et en bronze.

㉔ F8 ALMIZARAQUE
IIIe MILLÉNAIRE AV J.-C.
SITUATION : Espagne
TYPE DE SITE : Site protohistorique
DESCRIPTION DU SITE : Silos où l'on a trouvé des sandales en ivoire, des idoles en albâtre et des objets en cuivre. Une tombe contenant 50 squelettes a livré des perles, des boutons, des outils et des poteries sculptés.

㉕ F8 VILLENA
VERS 1000 AV. J.-C.
SITUATION : Espagne
TYPE DE SITE : Site protohistorique
DESCRIPTION DU SITE : Trésor composé de nombreux objets en or parmi lesquels on compte des bols, des bouteilles et des bijoux.

㉖ F7 TORRALBA
400 000 – 200 000 ANS
SITUATION : Espagne
TYPE DE SITE : Site paléolithique
DESCRIPTION DU SITE : Vaste site de chasse intensive à l'éléphant. Découverte d'outils acheuléens.

㉗ F7 AMBRONA
400 000 – 200 000 ANS
SITUATION : Espagne
TYPE DE SITE : Site paléolithique
DESCRIPTION DU SITE : Site similaire à celui de Torralba. Découverte de restes d'éléphant et d'outils acheuléens.

㉘ G8 VALTORTA
20 000 ANS
SITUATION : Espagne
TYPE DE SITE : Site paléolithique
DESCRIPTION DU SITE : Grotte ayant livré de l'art paléolithique avec représentations de personnages armés (p. 12).

㉙ G7 TARRAGONE
IIIe SIÈCLE AV. J.-C.
SITUATION : Espagne
TYPE DE SITE : Ville antique
DESCRIPTION DU SITE : Ville comportant les ruines d'un palais, d'une nécropole, d'un aqueduc et d'un cirque romain.

㉚ G7 AMPURIAS
VIe – IIIe SIÈCLE AV. J.-C.
SITUATION : Espagne
TYPE DE SITE : Ville antique
DESCRIPTION DU SITE : Trois sites séparés existaient ici. Il reste peu de la période phénicienne, mais la ville grecque (550 av. J.-C.) offre les vestiges de plusieurs temples, une agora et des mosaïques. Il y a aussi quelques ruines romaines.

㉛ G8 TORRE D'EN GAUMES
IIe MILLÉNAIRE AV. J.-C.
SITUATION : Espagne
TYPE DE SITE : Site de l'Age du bronze
DESCRIPTION DU SITE : Habitat où l'on a dégagé des pierres dressées, des *taulas* (pilier et linteau formant un T) et des tombes.

㉜ F5 FRENOUVILLE
IVe – VIIe SIÈCLE
SITUATION : France
TYPE DE SITE : Grand cimetière

DESCRIPTION DU SITE : A l'origine, site d'un cimetière gallo-romain. L'orientation des tombes changea avec l'arrivée des Mérovingiens.

33 F6 CARNAC
Ve – IIIe MILLÉNAIRE AV. J.-C.
SITUATION : France
TYPE DE SITE : Monument mégalithique
DESCRIPTION DU SITE : pp. 35, 42.

34 F6 GAVRINIS
VERS 3400 AV. J.-C.
SITUATION : France
TYPE DE SITE : Tombe mégalithique
DESCRIPTION DU SITE : Le plafond de la chambre funéraire est constitué d'une dalle fragmentée qui, à l'origine, formait, avec la dalle du plafond du dolmen de la Table des Marchand à Locmariaquer (à quelques kilomètres de là) un grand menhir décoré et dressé en plein air, brisé volontairement pour être réemployé comme simple matériau de construction dans ces 2 dolmens.

35 F6 DISSIGNAC
VERS 4000 AV. J.-C.
SITUATION : France
TYPE DE SITE : Tumulus
DESCRIPTION DU SITE : Cairn regroupant 2 tombes à couloir où l'on a trouvé des poteries et des microlithes.

36 F6 SAUMUR
XIVe SIÈCLE
SITUATION : France
TYPE DE SITE : Château médiéval
DESCRIPTION DU SITE : Impressionnant château construit sur la base d'une ancienne fortification (p. 90).

37 F6 BAGNEUX
FIN DU IVe MILLÉNAIRE AV. J.-C.
SITUATION : France
TYPE DE SITE : Allée couverte mégalithique
DESCRIPTION DU SITE : Le grand dolmen de la Roche-aux-Fées est la plus grande et la plus impressionnante des sépultures mégalithiques de France. A même servi un temps de salle de bal !

38 G6 BOUGON
MILIEU DU Ve MILLÉNAIRE AV. J.-C.
SITUATION : France
TYPE DE SITE : Nécropole mégalithique
DESCRIPTION DU SITE : pp. 25, 32.

39 G7 LASCAUX
17 000 ANS
SITUATION : France
TYPE DE SITE : Art paléolithique
DESCRIPTION DU SITE : Grotte-sanctuaire avec peintures de chevaux et de bisons. On y a trouvé des outils en os et en silex (p. 13).

40 F7 DURUTHY
14 000 – 12 000 ANS
SITUATION : France
TYPE DE SITE : Site paléolithique
DESCRIPTION DU SITE : Abri-sous-roche contenant, sous des sépultures chalcolithiques, plusieurs niveaux de Paléolithique supérieur. A la fin de la période magdalénienne, c'était un site de chasse au renne et aux bovidés, occupé en hiver. Quelques découvertes d'art mobilier.

41 G7 LE TUC-D'AUDOUBERT
35 000 – 15 000 ANS
SITUATION : France
TYPE DE SITE : Art pariétal paléolithique
DESCRIPTION DU SITE : Grande grotte contenant plusieurs figurations dont d'impressionnants bisons modelés en argile.

42 G7 NIAUX
13 000 ANS
SITUATION : France
TYPE DE SITE : Art pariétal paléolithique
DESCRIPTION DU SITE : Une des grottes préhistoriques les plus représentatives de l'art des chasseurs magdaléniens. Les peintures comprennent des figures d'animaux peintes en noir et des gravures sur le sol.

43 F5 CAEN
XIe SIÈCLE
SITUATION : France
TYPE DE SITE : Ville médiévale
DESCRIPTION DU SITE : Deux impressionnantes abbayes romanes du temps de Guillaume le Conquérant et les vestiges du château ducal dominant la ville.

44 G5 ROUEN
XIIe SIÈCLE
SITUATION : France
TYPE DE SITE : Ville médiévale
DESCRIPTION DU SITE : Possède une cathédrale gothique et d'autres beaux exemples d'architecture médiévale, notamment des celliers de maisons de pierre, avec de beaux spécimens de maisons urbaines à pans de bois.

45 G5 CHÂTEAU-GAILLARD
XIIe SIÈCLE
SITUATION : France
TYPE DE SITE : Château médiéval
DESCRIPTION DU SITE : Construit par Richard Cœur de Lion, pris après un long siège par Philippe Auguste. Un modèle d'architecture militaire.

46 G5 ARCHÉODROME
SITUATION : France
TYPE DE SITE : Archéodrome
DESCRIPTION DU SITE : Actuellement plusieurs maisons protohistoriques ont été reconstituées sur cet archéodrome. Le site fut occupé du Néolithique à l'Age du fer essentiellement.

47 G5 CUIRY-LÈS-CHAUDARDES
VERS 4800 AV. J.-C.
SITUATION : France
TYPE DE SITE : Village néolithique
DESCRIPTION DU SITE : Grand village rubané occupé pendant plusieurs siècles. Des fosses creusées pour la fabrication du torchis des murs des habitations ont ensuite servi de fosses à détritus et livré des tessons, des outils et des éclats de taille en silex.

48 G5 SAINT-ACHEUL
750 000 – 60 000 ANS
SITUATION : France
TYPE DE SITE : Site paléolithique
DESCRIPTION DU SITE : Plusieurs milliers de vestiges lithiques ont été mis au jour dans ce site qui a donné son nom à la principale culture du Paléolithique inférieur en Europe.

49 G5 SAINT-DENIS
XIIe SIÈCLE
SITUATION : Près de Paris, France
TYPE DE SITE : Cité monastique
DESCRIPTION DU SITE : A fait l'objet de fouilles étendues. La basilique reconstruite par Suger abrite les tombeaux de la plupart des rois de France.

50 G5 PINCEVENT
12 000 ANS
SITUATION : France
TYPE DE SITE : Site paléolithique
DESCRIPTION DU SITE : Halte saisonnière occupée à plusieurs reprises par les Magdaléniens en été et en automne pour une chasse exclusive au cerf. Le gisement par excellence des méthodes de fouille introduites par Leroi-Gourhan et visant à reconstituer le mode de vie et l'organisation sociale des hommes préhistoriques.

51 G5 BIBRACTE
FIN DU Ier MILLÉNAIRE AV. J.-C.
SITUATION : France
TYPE DE SITE : Age du fer
DESCRIPTION DU SITE : Grand oppidum, actuellement en cours de fouille, qui était divisé en quartiers résidentiels et industriels.

52 G5 POUAN
450 – 500 APR. J.-C.
SITUATION : France
TYPE DE SITE : Cimetière mérovingien
DESCRIPTION DU SITE : pp. 81, 87.

53 H5 GRAND
Ier SIÈCLE AV. J.-C.
SITUATION : France
TYPE DE SITE : Site romain
DESCRIPTION DU SITE : pp. 68, 79.

54 G6 CÎTEAUX
XIIe SIÈCLE
SITUATION : France
TYPE DE SITE : Abbaye médiévale
DESCRIPTION DU SITE : Siège de l'ordre cistercien. Peu de vestiges.

55 G6 MONT LASSOIS ET VIX
VIe SIÈCLE AV. J.-C.
SITUATION : France
TYPE DE SITE : Sépulture de l'Age du fer
DESCRIPTION DU SITE : pp. 58, 66.

56 H6 AILLEVANS
IIIe MILLÉNAIRE AV. J.-C.
SITUATION : France
TYPE DE SITE : Nécropole mégalithique
DESCRIPTION DU SITE : Trois monuments mégalithiques néolithiques avec chambres et vestibules. Une tombe contenait 23 corps, une autre une centaine de squelettes accompagnés d'offrandes parmi lesquelles des pointes de flèches en silex, un pendentif, une lame de poignard en silex, une perle en cuivre et des ossements d'animaux.

57 G6 LE CREUSOT
XIXe SIÈCLE
SITUATION : France
TYPE DE SITE : Complexe industriel
DESCRIPTION DU SITE : Grande usine sidérurgique en bon état de conservation. On y trouve un atelier de locomotives, une vieille grue et 2 fours coniques pour la fabrication du verre. Il y a aussi un laminoir, des ateliers de machines et des logements ouvriers (p. 111).

58 H6 CHALAIN
FIN DU IVe MILLÉNAIRE AV. J.-C.
SITUATION : France
TYPE DE SITE : Habitat néolithique
DESCRIPTION DU SITE : Village lacustre comptant environ 20 maisons. Haches et herminettes avec leur emmanchement en bois de cerf et en frêne.

59 G6 CLUNY
Xe SIÈCLE
SITUATION : France
TYPE DE SITE : Monastère médiéval
DESCRIPTION DU SITE : pp. 90, 96.

60 G6 AULNAT
IIIe SIÈCLE AV. J.-C.
SITUATION : France
TYPE DE SITE : Habitat
DESCRIPTION DU SITE : Centre de l'Age du fer qui a livré des témoignages du travail de l'or, de l'argent, du bronze, du corail, du cuivre et des tissus.

61 G7 GROTTE CHAUVET
31 000 ANS
SITUATION : France
TYPE DE SITE : Art pariétal
DESCRIPTION DU SITE : Ensemble de peintures pariétales paléolithiques, récemment découvert, contenant des peintures de rhinocéros, d'ours et de félins.

62 G7 NÎMES
Ier SIÈCLE AV. J.-C.
SITUATION : France
TYPE DE SITE : Ville antique
DESCRIPTION DU SITE : Les vestiges romains, bien conservés, de l'aqueduc du pont du Gard sont à proximité (p. 68). Autres structures : un amphithéâtre de 24 000 places, la Maison carrée et la porte de la ville, en ruines. Témoins de l'Age du fer et de l'époque romaine.

63 G7 LA COUVERTOIRADE
IIe SIÈCLE
SITUATION : France
TYPE DE SITE : Village médiéval
DESCRIPTION DU SITE : Site fortifié dominé par un château. Les ouvrages défensifs présentent différents états de conservation.

64 G7 MOULIN À EAU DE BARBEGAL
IVe SIÈCLE
SITUATION : France
TYPE DE SITE : Moulin à eau romain
DESCRIPTION DU SITE : Construction qui fournissait de la farine à 80 000 personnes. Contenait une aire de chargement, 16 chambres de mouture et un aqueduc.

65 G7 ORANGE
Ier SIÈCLE AV. J.-C.
SITUATION : France
TYPE DE SITE : Ville antique
DESCRIPTION DU SITE : Ville romaine comprenant un théâtre impressionnant et un arc triomphal décoré.

66 G7 ARLES
Ier SIÈCLE AV. J.-C.
SITUATION : France
TYPE DE SITE : Ville antique

DESCRIPTION DU SITE : Site comprenant un théâtre richement décoré et un immense amphithéâtre, avec 60 arches et 21 000 places. Découvertes : poteries, une statue d'Auguste et un bouclier votif, ainsi que de nombreux sarcophages en marbre.

67 G7 CARCASSONNE
IIIe SIÈCLE AV. J.-C. – XVIIe SIÈCLE APR. J.-C.
SITUATION : France
TYPE DE SITE : Ville médiévale
DESCRIPTION DU SITE : pp. 90, 98.

68 H7 MARSEILLE
VIe SIÈCLE AV. J.-C. – IIe SIÈCLE APR. J.-C.
SITUATION : France
TYPE DE SITE : Site ancien
DESCRIPTION DU SITE : Colonie où les fouilles ont révélé un port romain, un navire marchand bien conservé et des ouvrages défensifs.

69 H7 ROUGIERS
XIIe – XVe SIÈCLE
SITUATION : France
TYPE DE SITE : Village médiéval
DESCRIPTION DU SITE : Site comprenant un château et des secteurs résidentiels en terrasses aux maisons de pierre à étage. A fait l'objet d'une importante publication.

70 H7 TERRA AMATA
380 000 ANS
SITUATION : France
TYPE DE SITE : Site paléolithique
DESCRIPTION DU SITE : Gisement de plein air occupé temporairement mais régulièrement, sans doute pendant une quinzaine d'années, par des chasseurs-cueilleurs acheuléens.

71 H7 ENTREMONT
IIIe – IIe SIÈCLE AV. J.-C.
SITUATION : France
TYPE DE SITE : Habitat fortifié
DESCRIPTION DU SITE : Oppidum constitué de maisons en pierre sèche sur un plan en forme de grille. Des crânes étaient rituellement fixés à certaines constructions.

72 H7 GROTTE DU LAZARET
150 000 ANS
SITUATION : France
TYPE DE SITE : Site paléolithique
DESCRIPTION DU SITE : Grotte occupée par des chasseurs acheuléens. Présence de foyers et possible construction d'une cabane.

73 H7 FILITOSA
IIe MILLÉNAIRE AV. J.-C.
SITUATION : France
TYPE DE SITE : Site protohistorique
DESCRIPTION DU SITE : Habitat fortifié avec de grandes *torre* (tours circulaires en pierre sèche). Des statues-menhirs brisées étaient réemployées dans le mur de la tour centrale mais formaient sans doute à l'origine des alignements.

74 G5 TOURNAI
Ve SIÈCLE
SITUATION : Belgique
TYPE DE SITE : Ville médiévale
DESCRIPTION DU SITE : Doté d'une imposante cathédrale romane. On y a découvert la tombe de Childéric, en 1653. Les bijoux royaux ont été volés sous Louis-Philippe.

75 G5 LE GRAND-HORNU
1819 – 1840
SITUATION : Belgique
TYPE DE SITE : Site industriel
DESCRIPTION DU SITE : pp. 111, 121.

76 G4 ZAANDAM
XVIIe – XVIIIe SIÈCLE
SITUATION : Pays-Bas
TYPE DE SITE : Complexe industriel
DESCRIPTION DU SITE : Les bâtiments restants comprennent 3 entrepôts en bois (environ 1875-1880), des entrepôts à colonnes de fonte et des filatures bien conservées.

77 G4 AMSTERDAM
XVIe SIÈCLE
SITUATION : Pays-Bas
TYPE DE SITE : Port de commerce
DESCRIPTION DU SITE : A une époque, la cité fut un centre du commerce mondial et était liée à la Compagnie des Indes orientales (p. 101).

78 H4 SCHIMMERES
DÉBUT DU IVe MILLÉNAIRE AV. J.-C.
SITUATION : Pays-Bas
TYPE DE SITE : Tumulus néolithique
DESCRIPTION DU SITE : Deux chambres construites en forme de grandes chaloupes.

79 G4 DORESTAD
VIe – IXe SIÈCLE
SITUATION : Pays-Bas
TYPE DE SITE : Ville médiévale
DESCRIPTION DU SITE : Port très actif du début du Moyen Age, récemment dégagé. De nombreuses pièces carolingiennes ont été trouvées, indiquant une fabrique de monnaie.

80 H4 NOVIOMAGUS
Ier SIÈCLE
SITUATION : Pays-Bas
TYPE DE SITE : Fort romain
DESCRIPTION DU SITE : Centre légionnaire dont le *principia* (bâtiment principal) servait de centre religieux, de quartier général et de lieu de réunions.

81 H4 STEIN
FIN DU IIIe MILLÉNAIRE AV. J.-C.
SITUATION : Pays-Bas
TYPE DE SITE : Tumulus
DESCRIPTION DU SITE : Tombe contenant des restes d'incinération et du mobilier funéraire (bouteilles à collerette et plus de 100 pointes de flèches en silex et en os).

82 H3 HEDEBY
VIIe – IXe SIÈCLE
SITUATION : Allemagne
TYPE DE SITE : Ville viking
DESCRIPTION DU SITE : Ville d'échanges qui devint un centre viking majeur. Elle était protégée par un rempart en terre et avait des maisons et des ateliers en bois.

83 H4 FEDDERSEN WIERDE
Ier SIÈCLE AV. J.-C.
SITUATION : Allemagne
TYPE DE SITE : Habitat de l'Age du fer
DESCRIPTION DU SITE : Corps de ferme entouré de maisons plus petites associées à des greniers. On y a trouvé des produits d'importation romaine comprenant de la vaisselle de bronze et de la céramique sigillée.

84 I4 LEUBINGEN
XVIIe – XVIe SIÈCLE AV. J.-C.
SITUATION : Allemagne
TYPE DE SITE : Tumulus
DESCRIPTION DU SITE : Tombe du début de l'Age du bronze protégée par une structure en chêne. Une tombe contenait 2 haches, 3 ciseaux et des poignards en bronze. Le squelette d'une jeune fille était accompagné d'un mobilier funéraire comprenant des objets en or.

85 H4 GROTTE DE FELDHOFER
120 000 – 35 000 ANS
SITUATION : Vallée du Neander, Allemagne
TYPE DE SITE : Site paléolithique
DESCRIPTION DU SITE : Petite grotte qui a livré le premier homme fossile reconnu comme différent de l'homme actuel. L'homme de Néandertal, au crâne volumineux et aux arcades sourcillières saillantes, appartient à la plus ancienne branche du genre *Homo*.

86 H4 XANTEN
Ier SIÈCLE
SITUATION : Allemagne
TYPE DE SITE : Fort légionnaire romain
DESCRIPTION DU SITE : Base légionnaire dont les vestiges comprennent des bains, un amphithéâtre, un temple, des *insulae* (immeubles), des ateliers et un palais.

87 H4 ESSEN
XVIIIe SIÈCLE
SITUATION : Allemagne
TYPE DE SITE : Site industriel
DESCRIPTION DU SITE : pp. 111, 120.

88 H5 AIX-LA-CHAPELLE
VIIIe SIÈCLE
SITUATION : Allemagne
TYPE DE SITE : Cité ancienne
DESCRIPTION DU SITE : Cité carolingienne choisie par Charlemagne comme capitale. On y trouve d'impressionnantes églises médiévales. La mairie a été construite sur les ruines du palais de Charlemagne.

89 H5 GÖNNERSDORF
12 600 ANS
SITUATION : Allemagne
TYPE DE SITE : Art pariétal
DESCRIPTION DU SITE : Habitat paléolithique de plein air qui a livré un art mobilier exceptionnellement riche, en particulier 400 gravures de femmes stylisées.

90 H5 TRÈVES
Ier SIÈCLE
SITUATION : Allemagne
TYPE DE SITE : Ville antique
DESCRIPTION DU SITE : Centre majeur, avec les vestiges d'un amphithéâtre, de bains publics, un aqueduc, un forum et des cimetières.

91 I5 ROTHENBURG
XIVe SIÈCLE
SITUATION : Allemagne
TYPE DE SITE : Ville médiévale
DESCRIPTION DU SITE : Reconstruite après un tremblement de terre, la ville comprend les ruines du château de Staufen. On y voit des murs et des tours du XIVe siècle, des portes ajoutées au XVIIe siècle et un fort à l'extérieur (p. 91).

92 H5 HOCHDORF
VIe SIÈCLE AV. J.-C.
SITUATION : Allemagne
TYPE DE SITE : Tumulus princier
DESCRIPTION DU SITE : Tombe à char contenant des fibules et des bracelets en or, une ceinture, un poignard, une corne à boire en fer et un chaudron en bronze.

93 H5 MAGDALENENBERG
500 AV. J.-C.
SITUATION : Allemagne
TYPE DE SITE : Tumulus princier
DESCRIPTION DU SITE : Tumulus géant comprenant une chambre funéraire centrale entourée de nombreuses sépultures annexes. Il avait été édifié pour une tombe à char.

94 H5 HEUNEBURG
VIIIe – Ve SIÈCLE AV. J.-C.
SITUATION : Allemagne
TYPE DE SITE : Age du fer
DESCRIPTION DU SITE : Habitat fortifié à rempart de briques crues. Témoignages d'échanges avec le monde méditerranéen.

95 H5 WASSERBURG BUCHAU
XIIe SIÈCLE AV. J.-C.
SITUATION : Allemagne
TYPE DE SITE : Age du bronze
DESCRIPTION DU SITE : Site inhabituel sur une île au milieu d'un lac, avec 50 maisons protégées par une palissade faite de 15 000 pieux en bois. Déserté après une montée des eaux, il fut réoccupé et 9 grandes maisons en rondins furent édifiées. Découverte de poteries et de bronzes (p. 47).

96 I5 MANCHING
IIe – Ier SIÈCLE AV. J.-C.
SITUATION : Allemagne
TYPE DE SITE : Habitat celtique
DESCRIPTION DU SITE : Oppidum qui était un centre d'échanges majeur, subvenant aux besoins d'une grande population. Les fouilles ont révélé des ateliers, des maisons et des témoignages du travail du fer et de la fabrication de monnaies (p. 58).

97 H6 SISSACH
XVIIIe – XVIIe SIÈCLE AV. J.-C.
SITUATION : Suisse
TYPE DE SITE : Age du bronze
DESCRIPTION DU SITE : Village lacustre avec des restes de maisons en rondins. Les toits étaient faits de plaques de bois ou de bardeaux maintenus par de grosses pierres.

98 H6 CORTAILLOD
VERS 4000 AV. J.-C.
SITUATION : Suisse
TYPE DE SITE : Site néolithique
DESCRIPTION DU SITE : Village lacustre qui a donné son nom à une culture locale en raison du bon état de conservation de ses vestiges, en particulier des matériaux organiques.

99 H6 SION-PETIT-CHASSEUR
IIIe MILLÉNAIRE
SITUATION : Suisse
TYPE DE SITE : Nécropole néolithique
DESCRIPTION DU SITE : Nécropole comprenant plusieurs sépultures, remarquable par ses stèles anthropomorphes richement décorées.

100 H8 ANGHELU RUJU
IVe – IIIe MILLÉNAIRE AV. J.-C.
SITUATION : Italie
TYPE DE SITE : Nécropole néolithique
DESCRIPTION DU SITE : Tombes à couloir décorées de sculptures représentant des taureaux.

101 H7 LI LOLGHI
IIe MILLÉNAIRE AV. J.-C.
SITUATION : Italie
TYPE DE SITE : Tombe protohistorique
DESCRIPTION DU SITE : Tombe de Géant : chambre mégalithique avec une façade de grandes dalles dressées de part et d'autre d'une porte monumentale sculptée.

102 H8 BARAMUNI
VERS 1800 AV. J.-C.
SITUATION : Italie
TYPE DE SITE : Site de l'Age du bronze
DESCRIPTION DU SITE : Grande tour fortifiée (*nuraghe*). Des constructions supplémentaires ont été bâties ultérieurement pour englober le village à l'extérieur.

103 H7 ARENE CANDIDE
A PARTIR DE 20 000 ANS
SITUATION : Italie
TYPE DE SITE : Site préhistorique et historique
DESCRIPTION DU SITE : Grotte occupée du Paléolithique à l'époque romaine. Sépulture d'un adolescent coiffé d'une résille richement ornée de coquillages (Mésolithique). Trois sépultures néolithiques avec céramique imprimée cardiale.

104 H7 GÊNES
XIIe SIÈCLE
SITUATION : Italie
TYPE DE SITE : Cité médiévale
DESCRIPTION DU SITE : Important centre d'échanges qui se développa en même temps que la construction de ses grands murs, en 1155. Il reste de nombreux bâtiments médiévaux dont la Porta Soprana.

105 I7 POPULONIA
Ier MILLÉNAIRE AV. J.-C.
SITUATION : Italie
TYPE DE SITE : Ville antique
DESCRIPTION DU SITE : Ville étrusque, et plus tard romaine, qui offrait des débouchés aux mines d'argent et de fer de l'île d'Elbe.

106 I6 PADOUE
XIIIe SIÈCLE
SITUATION : Italie
TYPE DE SITE : Ville médiévale
DESCRIPTION DU SITE : La cité comprend d'impressionnants édifices médiévaux, parmi lesquels la magnifique basilique de Saint-Antoine et la plus ancienne université d'Italie.

107 I6 VENISE
Xe SIÈCLE
SITUATION : Italie
TYPE DE SITE : Ville médiévale
DESCRIPTION DU SITE : Centre d'échanges à la tête d'un empire maritime. De nombreux et impressionnants édifices médiévaux dont le dôme de Saint-Marc et le palais des Doges (p. 91).

108 I6 VILLANOVA
Xe SIÈCLE AV. J.-C.
SITUATION : Italie
TYPE DE SITE : Habitat de l'Age du fer
DESCRIPTION DU SITE : Le Villanovien est une culture des débuts de l'Age du fer, liée au contrôle des mines de fer et de cuivre de la région. Les cimetières attestent que les corps étaient incinérés. Les cendres étaient placées dans un vase recouvert d'un bol.

109 I6 RAVENNE
Ve SIÈCLE
SITUATION : Italie
TYPE DE SITE : Ville antique
DESCRIPTION DU SITE : pp. 81, 88-89.

110 I7 CLUSIUM
VIIe SIÈCLE AV. J.-C.
SITUATION : Italie
TYPE DE SITE : Cimetière étrusque
DESCRIPTION DU SITE : Site contenant de nombreuses chambres funéraires. Ultérieurement, ce fut une colonie romaine.

111 I7 ORVIETO
VIIe SIÈCLE AV. J.-C.
SITUATION : Italie
TYPE DE SITE : Site étrusque
DESCRIPTION DU SITE : Cimetière composé de tombes taillées dans la roche. Il est situé au-dessus d'une cité étrusque.

112 I7 TARQUINIA
Ier MILLÉNAIRE AV. J.-C.
SITUATION : ITALIE
TYPE DE SITE : Site étrusque
DESCRIPTION DU SITE : Le plus important des sites étrusques, comportant la base d'un vaste temple et les vestiges d'un grand mur. Cimetière immense avec des tumulus et des tombes taillées dans la roche et ornées de fresques.

113 I7 CAERE (CERVETERI)
IXe – IVe SIÈCLE AV. J.-C.
SITUATION : Italie
TYPE DE SITE : Site étrusque
DESCRIPTION DU SITE : Site entouré d'un mur et comportant un cimetière impressionnant, avec des tombes trouvées sous des tumulus ou taillées dans le tuf. Découverte de poteries grecques.

114 I7 ROME
Ier MILLÉNAIRE AV. J.-C.
SITUATION : Italie
TYPE DE SITE : Ville antique
DESCRIPTION DU SITE : Fondée, à l'origine, au IXe siècle av. J.-C., Rome fut fortifiée, ultérieurement, par le mur du roi étrusque Servius Tullius. Elle devint le centre de l'Empire romain et il en reste des milliers de vestiges, parmi lesquels le forum, le Colisée et des catacombes à l'extérieur de la ville (p. 68).

115 I7 VÉIES
VIIe SIÈCLE AV. J.-C.
SITUATION : Italie
TYPE DE SITE : Site étrusque
DESCRIPTION DU SITE : Actuellement en cours de fouilles. On y découvre de nombreux cimetières. Le site fut fortifié ultérieurement et il en reste des ruines de tours et de murs. Un temple contient de grandes statues de dieux, en terre cuite.

116 I7 GROTTE GUATTARI
57 000 – 51 000 ANS
SITUATION : Italie
TYPE DE SITE : Site paléolithique
DESCRIPTION DU SITE : Grotte obstruée par un effondrement de la roche. On y a dégagé des ossements de cervidés, de chevaux et de bovidés, ainsi que le crâne d'un homme de Neandertal posé à l'intérieur d'un cercle de pierres.

117 I7 LA PINETA (ISERNIA)
730 000 ANS
SITUATION : Italie
TYPE DE SITE : Site paléolithique
DESCRIPTION DU SITE : Site de plein air dont les outils en silex ou sur blocs de calcaire, associés à de très nombreux restes osseux d'animaux variés, sont les productions humaines les plus anciennes connues en Europe.

118 I7 CUMES
VIIIe SIÈCLE AV. J.-C.
SITUATION : Italie
TYPE DE SITE : Ville antique
DESCRIPTION DU SITE : Ancienne colonie grecque conquise par les Romains. Les tombes ont révélé de la poterie primitive grecque. Parmi les vestiges de la ville romaine, on trouve des temples dédiés à Jupiter et à Apollon, sur l'acropole.

119 I7 POMPÉI
Ier SIÈCLE AV. J.-C.
SITUATION : Italie
TYPE DE SITE : Ville antique
DESCRIPTION DU SITE : pp. 68, 78.

120 I8 HERCULANUM
Ier SIÈCLE
SITUATION : Italie
TYPE DE SITE : Ville antique
DESCRIPTION DU SITE : pp. 68, 79.

121 I8 CASTELLUCIO
IIIe MILLÉNAIRE AV. J.-C.
SITUATION : Italie
TYPE DE SITE : Nécropole néolithique
DESCRIPTION DU SITE : Plusieurs centaines de tombes taillées dans le roc et sculptées de reliefs. Offrandes funéraires incluant des poteries, des objets en cuivre et des plaques en os.

122 J8 SYRACUSE
VIIIe SIÈCLE AV. J.-C.
SITUATION : Italie
TYPE DE SITE : Ville antique
DESCRIPTION DU SITE : La plus ancienne des cités italiennes. Fut une colonie grecque, et, plus tard, une ville romaine. Le temple d'Athéna était richement décoré de marbre et fut ultérieurement incorporé à la cathédrale de la cité.

123 I9 TARXIEN
IIIe MILLÉNAIRE AV. J.-C.
SITUATION : Malte
TYPE DE SITE : Complexe mégalithique
DESCRIPTION DU SITE : Nombreux temples. Les fouilles ont révélé une statue de déesse, un autel décoré et un couteau sacrificiel en silex. On a trouvé des poteries et des poignards en métal dans une nécropole à incinérations datant d'environ 1400 av. J.-C.

124 I9 GGANTIJA
IIIe MILLÉNAIRE AV. J.-C.
SITUATION : Malte
TYPE DE SITE : Centre cérémoniel
DESCRIPTION DU SITE : Chambres cultuelles dans des temples voués au culte d'une effigie de la Terre-Mère. Constructions de blocs et de piliers de pierre massifs.

125 I9 CERCLE DE BROCHTORFF
FIN DU IVe MILLÉNAIRE AV. J.-C.
SITUATION : Malte
TYPE DE SITE : Complexe cérémoniel
DESCRIPTION DU SITE : Tombe taillée dans la roche avec 2 chambres jumelles contenant les restes de 60 individus. Le sanctuaire central avait une grande cachette d'idoles, dont une tête humaine sculptée, une tête de cochon en pierre et une grande jarre de pierre.

126 I6 HALLSTATT
VERS 730 AV. J.-C.
SITUATION : Autriche
TYPE DE SITE : Cimetière primitif
DESCRIPTION DU SITE : Site type d'une culture du début de l'Age du bronze. Contenait 2 000 tombes. Témoins : épées aux pommeaux en ambre et en ivoire (p. 58).

127 J6 KLEINKLEIN
VIIe SIÈCLE AV. J.-C.
SITUATION : Autriche
TYPE DE SITE : Nécropole
DESCRIPTION DU SITE : Nécropole celtique où l'on a découvert de la vaisselle portant des inscriptions et un masque funéraire humain.

128 J5 CARNUNTUM
14 APR. J.-C.
SITUATION : Autriche
TYPE DE SITE : Ville antique
DESCRIPTION DU SITE : Forteresse légionnaire bâtie d'abord en bois, puis en pierre. Trois de ses quatre portes et de nombreux bâtiments subsistent encore. Un amphithéâtre et des sites civils ont été trouvés à l'extérieur de la forteresse.

129 I5 PRIBAM
XIXe SIÈCLE
SITUATION : République tchèque
TYPE DE SITE : Industriel
DESCRIPTION DU SITE : Ancien centre d'exploitation de gisements d'or et d'argent, et, plus tard, de charbon. La plupart des vestiges datent du XIXe siècle. Il reste une tour, des bâtiments administratifs, un atelier de mécanique et des logements ouvriers.

130 I5 UNETICE
VERS 2200 AV. J.-C.
SITUATION : République tchèque
TYPE DE SITE : Nécropole de l'Age du bronze
DESCRIPTION DU SITE : Une trentaine de tombes ont livré un riche mobilier funéraire, comprenant des poignards et des perles.

131 J5 LIBENICE
IIIe SIÈCLE AV. J.-C.
SITUATION : République tchèque
TYPE DE SITE : Complexe religieux celtique
DESCRIPTION DU SITE : Sanctuaire composé d'un enclos de forme allongée et d'une aire sacrificielle. Des restes d'êtres humains et de plusieurs animaux ont été découverts.

132 J5 STRADONICE
IIe SIÈCLE AV. J.-C.
SITUATION : République tchèque
TYPE DE SITE : Habitat de l'Age du fer
DESCRIPTION DU SITE : Oppidum celtique de la période de La Tène. Des céramiques peintes et un coin monétaire ont été découverts.

133 J5 DOLNI VESTONICE
26 000 ANS
SITUATION : République tchèque
TYPE DE SITE : Site paléolithique
DESCRIPTION DU SITE : Habitat préhistorique célèbre pour sa statuette de «Vénus» en poudre d'os et argile cuite. Des burins, des grattoirs, des lames à dos caractérisent l'industrie lithique. Des foyers et des sépultures humaines ont été dégagés.

134 J5 STARE HRADISKO
IIe – Ier SIÈCLE AV. J.-C.
SITUATION : République tchèque
TYPE DE SITE : Habitat celtique
DESCRIPTION DU SITE : Oppidum subdivisé en différents secteurs à l'intérieur de l'enceinte. Restes de bâtiments en bois, et aires réservées à la poterie, au travail de l'émail et à la métallurgie.

135 K5 SPISSKÁ STVRTOK
IIe MILLÉNAIRE AV. J.-C.
SITUATION : Slovaquie
TYPE DE SITE : Site de l'Age du bronze
DESCRIPTION DU SITE : Site avec fortification en pierre. Découverte de bronze et d'or. Ce site occupait une place importante dans le commerce interrégional.

136 J5 ZAMECEK
VERS 1800 AV. J.-C.
SITUATION : Slovaquie
TYPE DE SITE : Site de l'Age du bronze
DESCRIPTION DU SITE : Site de hauteur et centre important, entouré de palissades défensives en bois.

137 J4 SARNOWO
VERS 3000 AV. J.-C.
SITUATION : Pologne
TYPE DE SITE : Site néolithique
DESCRIPTION DU SITE : Restes d'habitations et, postérieurs, 9 énormes tumulus rattachés à la culture kuyavienne.

138 J5 OLSZANICA
FIN DU Ve MILLÉNAIRE AV. J.-C.
SITUATION : Pologne
TYPE DE SITE : Site néolithique
DESCRIPTION DU SITE : Habitat de la culture de la Céramique Linéaire où 13 maisons allongées, des objets en obsidienne et des tessons ont été dégagés.

139 K5 OBLAZOWA
23 000 ANS
SITUATION : Pologne
TYPE DE SITE : Site paléolithique
DESCRIPTION DU SITE : Grotte où ont été trouvés des grattoirs, des lames et un boomerang en ivoire de mammouth, probablement une arme de chasse, qui serait le plus vieux du monde.

140 J6 KOSZIDER
VERS 1700 AV. J.-C.
SITUATION : Hongrie
TYPE DE SITE : Site de l'Age du bronze
DESCRIPTION DU SITE : Tumulus qui contenait un riche mobilier funéraire, dont des haches et des épées décorées, des bracelets, des anneaux de cheville et d'autres bronzes.

141 J5 BODROGKERESZTUR
FIN DU IVe MILLÉNAIRE AV. J.-C.
SITUATION : Hongrie
TYPE DE SITE : Nécropole chalcolithique
DESCRIPTION DU SITE : Restes d'au moins 50 personnes accompagnées d'objets, parmi lesquels de la poterie non décorée et des haches en cuivre.

142 K5 TISZAPOLGAR-BASATANYA
DÉBUT DU IVe MILLÉNAIRE AV. J.-C.
SITUATION : Hongrie
TYPE DE SITE : Nécropole chalcolithique
DESCRIPTION DU SITE : Site de l'Age du cuivre comptant 167 tombes, dégagées pour la plupart. Les sépultures témoignent de l'émergence d'une hiérarchie sociale.

143 I6 MAGDALENSKA GORA
VIe – IIIe SIÈCLE AV. J.-C.
SITUATION : Slovénie
TYPE DE SITE : Habitat fortifié
DESCRIPTION DU SITE : Centre de la période hallstattienne où un cimetière a été mis au jour. On y a découvert des *situles* (récipients en forme de seau), des armes et des cuirasses ainsi que d'autres objets.

144 J7 SPLIT
IVe SIÈCLE
SITUATION : Croatie
TYPE DE SITE : Ville antique
DESCRIPTION DU SITE : Site du palais de l'empereur Dioclétien. Une fois le palais construit, la ville prit le nom d'Aspalto. L'église de Saint-Domnus subsiste.

145 K6 VINCA
Ve MILLÉNAIRE – MILIEU DU IVe MILLÉNAIRE AV. J.-C.
SITUATION : Yougoslavie
TYPE DE SITE : Site néolithique
DESCRIPTION DU SITE : Un tell a été dégagé, contenant des restes de petites maisons allongées et de poterie sombre polie.

146 K6 LEPENSKI VIR
VIIe MILLÉNAIRE AV. J.-C.
SITUATION : Yougoslavie
TYPE DE SITE : Site mésolithique
DESCRIPTION DU SITE : Village où on a trouvé des maisons trapézoïdales, des sépultures et des têtes en pierre sculptée. Des sculptures de poissons étaient placées près des foyers, suggérant une croyance en une forme de dieu des rivières (p. 25).

147 K6 SARMIZEGETUSA
Ier SIÈCLE AV. J.-C.
SITUATION : Roumanie
TYPE DE SITE : Habitat
DESCRIPTION DU SITE : Centre fortifié de l'Etat de Dacie, où des sanctuaires, des ateliers et des maisons ont été mis au jour.

148 L6 HISTRIA
VIIe SIÈCLE AV. J.-C. – VIe SIÈCLE APR. J.-C.
SITUATION : Roumanie
TYPE DE SITE : Site primitif
DESCRIPTION DU SITE : Site occupé à l'origine au VIIe siècle av. J.-C. Il compte un temple de Zeus et un cimetière d'environ 1 000 tombes grecques. Il fut occupé par les Goths au IIIe siècle apr. J.-C. Les vestiges de surface datent pour la plupart de l'occupation chrétienne du Ve siècle. Ils comprennent une basilique et des quartiers résidentiels.

149 L7 CALLATIS
FIN DU VIe SIÈCLE AV. J.-C.
SITUATION : Roumanie
TYPE DE SITE : Cité primitive
DESCRIPTION DU SITE : Site dorien qui devint une puissante cité-Etat. Des fouilles subaquatiques ont révélé qu'une grande partie du port était tombée dans la mer. Les vestiges d'un rempart romain, d'une basilique chrétienne et de nécropoles ont été dégagés.

150 L7 BUCAREST
XVe SIÈCLE
SITUATION : Roumanie
TYPE DE SITE : Cité médiévale
DESCRIPTION DU SITE : Quelques témoignages prouveraient que le site a été occupé il y a plus de 150 000 ans, mais on le connaît en tant que ville depuis le XVe siècle.

151 L7 VARNA
Ve MILLÉNAIRE AV. J.-C.
SITUATION : Bulgarie
TYPE DE SITE : Cimetière néolithique
DESCRIPTION DU SITE : pp. 25, 33.

152 L7 KARANOVO
VIe MILLÉNAIRE AV. J.-C.
SITUATION : Bulgarie
TYPE DE SITE : Site néolithique
DESCRIPTION DU SITE : Enorme tell où de nombreux villages, successifs et superposés, ont été dégagés, révélant des objets en cuivre et en or.

153 K7 STOBI
Ier SIÈCLE AV. J.-C. – VIe SIÈCLE APR. J.-C.
SITUATION : Macédoine
TYPE DE SITE : Ville antique
DESCRIPTION DU SITE : Colonie comprenant des églises, dont une basilique du IVe siècle, à plan géométrique. Des figurines en terre cuite ont été trouvées dans un cimetière païen.

154 K7 TREBENISTE
VIIe SIÈCLE AV. J.-C.
SITUATION : Macédoine
TYPE DE SITE : Cimetière primitif
DESCRIPTION DU SITE : Sépulture hallstatt celtique qui a révélé des masques funéraires dorés et quelques objets importés de la Grèce ancienne.

155 K7 HERACLEA
DÉBUT DU Ier MILLÉNAIRE
SITUATION : Macédoine
TYPE DE SITE : Ville antique
DESCRIPTION DU SITE : Ville fondée par Philippe II de Macédoine au IIIe siècle av. J.-C. Les dernières découvertes comptent une sculpture de la déesse Némésis. On trouve aussi 2 basiliques chrétiennes.

156 J8 APOLLONIA
VIe SIÈCLE AV. J.-C.
SITUATION : Albanie
TYPE DE SITE : Ville antique
DESCRIPTION DU SITE : Colonie côtière corinthienne où des restes de murs, de fours et de tombes ont été dégagés.

157 K8 NÉA NIKOMÍDHIA
VIIe MILLÉNAIRE AV. J.-C.
SITUATION : Grèce
TYPE DE SITE : Site néolithique
DESCRIPTION DU SITE : Vestiges de maisons en torchis et de sépultures. Découverte de céramique, de grenouilles sculptées en pierre verte, de figurines féminines et de haches en pierre.

158 K8 PETRALONA
400 000 – 200 000 ANS
SITUATION : Grèce
TYPE DE SITE : Site paléolithique
DESCRIPTION DU SITE : Grotte qui a livré un crâne anténeandertal, une hache, et des restes de cerfs géants, d'élaphes et d'ours des cavernes. Des grattoirs et des *chopping-tool* ont aussi été dégagés.

159 K8 ARGISSA
VIe MILLÉNAIRE AV. J.-C.
SITUATION : Grèce
TYPE DE SITE : Site néolithique
DESCRIPTION DU SITE : Tell occupé du Néolithique ancien à l'Age du bronze. Les fouilles ont révélé des huttes semi-souterraines au toit de branchages.

160 K8 DELPHES
VIe SIÈCLE AV. J.-C.
SITUATION : Grèce
TYPE DE SITE : Sanctuaire antique
DESCRIPTION DU SITE : Les fouilles ont mis au jour le sanctuaire d'Apollon, le sanctuaire d'Artémis, un temple, des maisons contenant des sculptures-portraits, et une voie processionnelle autrefois flanquée de lions.

161 K8 OLYMPIE
VIe SIÈCLE AV. J.-C.
SITUATION : Grèce
TYPE DE SITE : Sanctuaire antique
DESCRIPTION DU SITE : Sanctuaire panhellénique contenant les vestiges du temple de Zeus, avec la statue du dieu. C'était une des Sept Merveilles du monde. Les fouilles ont mis au jour l'atelier de Phidias, où la statue a été façonnée. On trouve aussi un temple d'Héra, un trésor comportant les socles de statues de bronze et les vestiges d'un stade.

162 K8 CORINTHE
Ve SIÈCLE AV. J.-C.
SITUATION : Grèce
TYPE DE SITE : Ville antique
DESCRIPTION DU SITE : Centre des affaires de la Grèce antique, qui avait 2 ports. Parmi les vestiges on peut citer le temple d'Apollon, la forteresse de l'Acrocorinthe et le temple d'Aphrodite.

Plus tard, la ville fut conquise par les Romains. Il en reste un forum, un théâtre et des thermes.

163 K8 Daphni
XIe siècle
Situation : Grèce
Type de site : Monastère médiéval
Description du site : Important site byzantin construit sur un sanctuaire consacré à Apollon. L'église abrite des mosaïques représentant des saints et des moines. Le *Christos Pantocrator* («Christ en majesté»), dans le dôme, est un chef-d'œuvre de l'art byzantin.

164 K8 Mycènes
Situation : Grèce
Type de site : Citadelle antique
Description du site : Centre majeur de la culture mycénienne. Vestiges du mur cyclopéen et de la grande porte des Lionnes. Autres vestiges : une maison à rampe, des bâtiments en briques crues et une salle du trône. Une structure de grenier contenait du blé et de l'orge carbonisés. Un grand cercle de tombes verticales a été mis au jour et on a trouvé, dans 9 tholos, des armes, des bijoux et des masques en or, dont le masque d'Agamemnon.

165 K8 Grotte de Franchthi
A partir de 22 000 ans
Situation : Grèce
Type de site : Site paléolithique et néolithique
Description du site : Découverte dans cette grotte, qui a livré la plus longue séquence préhistorique de Grèce, de lames à bord abattu et de microlithes paléolithiques. Une autre couche contient des traces d'occupation mésolithique et des sépultures. La grotte a été habitée jusqu'à la fin de l'époque néolithique, avec des preuves d'une domestication précoce du bétail.

166 K8 Mistra
XIIIe siècle
Situation : Grèce
Type de site : Ville byzantine
Description du site : De nombreux exemples de la période byzantine ont été mis au jour : maisons, églises et fresques.

167 K9 Epidaure
VIIIe siècle av. J.-C.
Situation : Grèce
Type de site : Sanctuaire antique
Description du site : Sanctuaire-temple dédié au dieu de la médecine, Asclépios. Il comprend les ruines d'un temple, le Kategogeion (le sanctuaire des pèlerins), une salle de banquet, un stade et les ruines d'un théâtre.

168 K9 Epave d'Antikythera
Ier siècle
Situation : Grèce
Type de site : Epave
Description du site : On a pu sauver la statue d'un jeune homme, une tête de philosophe, une lyre en bronze, un taureau en marbre et un lanceur de disques. Bien que la plupart des objets soient grecs, il s'agirait d'un navire romain.

169 K8 Athènes
Ve siècle av. J.-C.
Situation : Grèce
Type de site : Ville antique
Description du site : L'Acropole était une ville en elle-même, avec le Parthénon et l'Erechthéion. Le temple d'Hephaïstos était entouré de fonderies et d'ateliers de travail du métal (p. 69).

170 K8 Laurion
Ve – IVe siècle av. J.-C.
Situation : Grèce
Type de site : Ville antique
Description du site : Centre important pour l'exploitation de mines de plomb et d'argent. Il reste de longues galeries de mines et de nombreux vestiges d'argenterie classique, ainsi que des réservoirs, des canalisations et des citernes d'une époque ultérieure.

171 L8 Saliagos
Ve – IVe millénaire av. J.-C.
Situation : Grèce
Type de site : Site néolithique
Description du site : Village où l'on a mis au jour des arêtes de poissons, suggérant une économie maritime. Il y a aussi des traces d'agriculture.

172 L9 Akrotíri
Début du IIe millénaire av. J.-C.
Situation : Grèce
Type de site : Age du bronze
Description du site : pp. 47, 57.

173 K9 Grotte du mont Ida
IIe millénaire av. J.-C.
Situation : Grèce
Type de site : Sanctuaire antique
Description du site : Vénéré en tant que lieu de la naissance de Zeus, ce centre abrite un autel sur lequel étaient posées des statues de bronze. Une grotte plus petite a été fouillée, remplie d'images votives, de figurines en bronze, de lampes et de poteries.

174 L9 Knossos
IIe millénaire av. J.-C.
Situation : Grèce
Type de site : Site minoen
Description du site : Site habité depuis le Néolithique, il prend de l'importance pendant la période minoenne, dont il reste un palais à plusieurs étages organisé autour d'une cour centrale. Les murs étaient décorés de fresques et les sanctuaires contenaient des figurines et des tablettes en argile recouvertes d'écriture «linéaire A» et «linéaire B». Il y avait aussi un aqueduc et un cimetière comportant des tombes à chambres (p. 47).

175 L9 Arkhanes
XVIe siècle av. J.-C.
Situation : Grèce
Type de site : Site minoen
Description du site : Centre important où l'on a découvert de l'or, de l'ivoire et des offrandes funéraires en marbre dans un cimetière.

176 L9 Gournia
IIIe – IIe millénaire av. J.-C.
Situation : Grèce
Type de site : Site minoen
Description du site : Ville de l'Age du bronze, bien conservée, où un sanctuaire comprenant un autel en terre cuite a été mis au jour. Une figurine de déesse serpent, des tables d'offrande et des vases rituels comptent parmi les découvertes.

177 L9 Palaikastro
IIe millénaire av. J.-C.
Situation : Grèce
Type de site : Site minoen
Description du site : pp. 47, 48-51.

178 M9 Paphos
Ve siècle av. J.-C.
Situation : Chypre
Type de site : Ville antique
Description du site : Site contenant un important sanctuaire d'Aphrodite. Vestiges d'un temple et d'un tertre utilisé par les Perses lors d'un siège.

179 M9 Sotori-Teppes
Fin du Ve millénaire av. J.-C.
Situation : Chypre
Type de site : Site néolithique
Description du site : Centre protégé par un mur circulaire et caractérisé par ses céramiques décorées au peigne. Les fouilles ont mis au jour un cimetière aux tombes en fosse et des maisons en briques crues.

180 M9 Enkomi
XVIIe siècle av. J.-C.
Situation : Chypre
Type de site : Port antique
Description du site : Vivant du commerce du cuivre. Le minerai était fondu sur le site puis exporté. Plus tard, le port fut reconstruit selon un plan en damier entouré par des fortifications cyclopéennes.

181 M9 Salamine
IIe millénaire av. J.-C.
Situation : Chypre
Type de site : Age du bronze
Description du site : Cité avec découverte de tombes à chambres de la fin de l'Age du fer. Elles contenaient les restes incinérés de personnages appartenant à l'élite de la société.

182 L6 Novye Ruseshty
IVe – IIIe millénaire av. J.-C.
Situation : Moldavie
Type de site : Village néolithique
Description du site : Village de la culture de Cucuteni-Tripolie, occupé à l'origine par la culture de la Céramique Linéaire. A livré un dépôt impressionnant et de nombreux objets en cuivre.

183 L5 Kolomyshchina
IVe millénaire av. J.-C.
Situation : Ukraine
Type de site : Site néolithique
Description du site : Village de la culture de Cucuteni-Tripolie, avec des vestiges de 39 habitations, la plupart disposées en cercle autour d'une structure centrale. Beaucoup contenaient des fours, bien que certaines étaient probablement utilisées comme sanctuaires.

184 M5 Kiev
Xe siècle
Situation : Ukraine
Type de site : Cité médiévale
Description du site : La cité présente des preuves de fabrication de poterie et de travail de l'or. Importants vestiges datant d'avant la destruction de la ville par les Mongols, au début du XIIIe siècle (p. 81).

185 M5 Derejivka
Milieu du Ve – milieu du IVe millénaire av. J.-C.
Situation : Ukraine
Type de site : Site de steppe
Description du site : Village de maisons rectangulaires où on a retrouvé de nombreux ossements de chevaux domestiques qui sont les plus anciennement connus.

186 M5 Mezhirich
18 000 – 12 000 ans
Situation : Ukraine
Type de site : Site paléolithique
Description du site : pp. 13, 21.

187 M6 Olbia
VIIe – VIe siècle av. J.-C.
Situation : Ukraine
Type de site : Ville antique
Description du site : Des restes de poterie d'importation attestent que la colonie prospéra durant le VIe siècle av. J.-C. Elle fut reconstruite ultérieurement, avec une aire sacrée comprenant des autels, un temple d'Apollon, un atelier et un cimetière.

188 M6 Neapolis
IIIe siècle
Situation : Ukraine
Type de site : Habitat scythe
Description du site : Probablement la capitale de la Scythie. Des tertres ont été fouillés, dont l'un a fourni 1 300 objets en or.

189 M1 Novgorod
IXe – Xe siècle
Situation : Fédération de Russie
Type de site : Ville médiévale
Description du site : Peut-être d'origine viking. Ce fut une cité importante en Europe médiévale. Les fouilles ont révélé des objets en métal, du cuir, quelques fresques et des documents en écorce de bouleau (p. 91).

190 M3 Forteresse de Smolensk
1596 – 1611
Situation : Fédération de Russie
Type de site : Forteresse
Description du site : Vestiges d'un mur impressionnant de 6 km de longueur, 15 m de hauteur et 5,5 m d'épaisseur. Le rempart en terre appelé bastion de Korolevsky fut construit par les envahisseurs polonais en 1611.

191 O7 Maïkop
IIIe millénaire av. J.-C.
Situation : Fédération de Russie
Type de site : Tumulus
Description du site : Tombes circulaires, connues sous le nom de kurgans contenant des objets en cuivre, en argent et en or.

192 07 Tumulus de Kostromskaya
VIIe – VIe siècle av. J.-C.
Situation : Fédération de Russie
Type de site : Tumulus de steppe
Description du site : Probablement la sépulture d'un chef de tribu local, disposée dans une chambre funéraire souterraine. 13 autres squelettes humains ont été découverts, ainsi que des squelettes de chevaux et un bouclier en fer orné d'une plaque en or.

ASIE OCCIDENTALE

La carte correspondant à cette liste figure pp. 148-149.

1 C1 CONSTANTINOPLE
VIIe SIÈCLE AV. J.-C. – XVe SIÈCLE APR. J.-C.
SITUATION : Turquie
TYPE DE SITE : Ville antique
DESCRIPTION DU SITE : Colonie grecque à l'origine, Istanbul a ensuite pris le nom de Byzance. La cité a été reconstruite au IVe siècle apr. J.-C. sous le règne de Constantin. Elle comporte de nombreux vestiges, parmi lesquels les impressionnantes murailles de Théodose. La basilique Sainte-Sophie a été transformée en mosquée avant de devenir un musée.

2 D2 GORDION
VIIIe SIÈCLE AV. J.-C.
SITUATION : Turquie
TYPE DE SITE : Ville antique
DESCRIPTION DU SITE : Capitale du royaume de Phrygie où des assises de murs appartenant à des structures regroupées autour d'une cour ont été mises au jour. Du matériel a été exhumé de la nécropole.

3 C2 SARDES
IIIe MILLÉNAIRE AV. J.-C.
SITUATION : Turquie
TYPE DE SITE : Occupation antique
TYPE DE SITE : Etablissement occupé jusqu'à la période classique. Comporte des vestiges de murs et une acropole, témoins de la culture lydienne.

4 C2 TROIE
IV – IIe MILLÉNAIRE AV. J.-C.
SITUATION : Turquie
TYPE DE SITE : Ville antique
DESCRIPTION DU SITE : Citadelle datant de l'Age du bronze comportant 7 niveaux d'occupation. Le «trésor de Priam», composé de pierres et de métaux précieux, figure au nombre des découvertes, ainsi que des céramiques minoennes et mycéniennes de couleur grise.

5 C2 PERGAME
IIIe – Ier SIÈCLE AV. J.-C.
SITUATION : Turquie
TYPE DE SITE : Ville antique
DESCRIPTION DU SITE : Acropole comportant les vestiges d'un aqueduc, d'un théâtre et du temple de Dionysos. L'autel dédié à Zeus est décoré de reliefs représentant les batailles des dieux. On trouve aussi un temple romain dédié à Trajan et le sanctuaire d'Asclépios.

6 C2 IZMIR (SMYRNE)
IIIe MILLÉNAIRE AV. J.-C.
SITUATION : Turquie
TYPE DE SITE : Ville antique
DESCRIPTION DU SITE : Village datant de l'Age du bronze, habité ensuite par les Grecs et les Romains. Un temple à Athéna a été mis au jour, ainsi qu'une basilique et un forum romains. Le site comprend aussi les vestiges d'aqueducs byzantins et ottomans, des manufactures de tabac et des tanneries du XIXe siècle.

7 C2 ÉPHÈSE
Ve SIÈCLE AV. J.-C.
SITUATION: Turquie
TYPE DE SITE : Ville antique
DESCRIPTION DU SITE : pp. 69, 76-77.

8 C3 PRIÈNE
IVe SIÈCLE AV. J.-C.
SITUATION : Turquie
TYPE DE SITE : Ville antique
DESCRIPTION DU SITE : Ville côtière au plan en damier comprenant des vestiges de maisons, un marché public, un stade et un temple à Athéna.

9 C3 MILET
IVe SIÈCLE AV. J.-C.
SITUATION : Turquie
TYPE DE SITE : Ville antique
DESCRIPTION DU SITE : Les fouilles ont révélé des bâtiments administratifs, un théâtre et des statues représentant des lions, ainsi que des céramiques grecques et de Fikellura. Plus tard, Milet est devenue une cité romaine avec un port.

10 C3 APHRODISIAS
IXe SIÈCLE AV. J.-C.
SITUATION : Turquie
TYPE DE SITE : Ville antique
DESCRIPTION DU SITE : Site important où un temple à Aphrodite, édifié sur un tumulus datant de l'Age du bronze, a été transformé en basilique sous la domination byzantine. Parmi les autres ruines, on trouve une agora, des thermes et un odéon (salle de concert).

11 D3 KAS
XIVe SIÈCLE AV. J.-C.
SITUATION : Turquie
TYPE DE SITE : Epave
DESCRIPTION DU SITE : Présence d'outils et d'armes en bronze, de lingots de cuivre, d'étain et de verre, de bijoux égyptiens et égéens, ainsi que de nombreuses céramiques de Chypre, d'Egypte et de l'ancien pays de Canaan.

12 D3 HAÇILAR
VIIe MILLÉNAIRE AV. J.-C.
SITUATION : Turquie
TYPE DE SITE : Village du Néolithique
DESCRIPTION DU SITE : Etablissement agricole organisé en cours rectangulaires équipées de foyers. On a retrouvé des ossements de bovins et d'ovins, des céréales parmi lesquelles figuraient de l'orge et des lentilles, ainsi que de la céramique et du cuivre d'époques plus récentes.

13 D2 YAZILIKAÏA
XIIIe SIÈCLE AV. J.-C.
SITUATION : Turquie
TYPE DE SITE : Sanctuaire
DESCRIPTION DU SITE : Sanctuaire rupestre hittite comprenant des portes et des temples monumentaux. On a découvert 60 bas-reliefs de divinités coiffées d'une haute tiare conique.

14 D3 ÇATAL HÜYÜK
VIe MILLÉNAIRE AV. J.-C.
SITUATION : Turquie
Type du site : Village du Néolithique
DESCRIPTION DU SITE : pp. 25, 26-29.

15 E2 HATTUSHA
MILIEU DU IIe MILLÉNAIRE AV. J.-C.
SITUATION : Turquie
TYPE DE SITE : Cité hittite
DESCRIPTION DU SITE : Capitale du royaume hittite couvrant plusieurs collines, dont la première occupation remonte à l'Age du bronze moyen. La cité était alors ceinte de hautes fortifications en pierre et en briques crues, dans lesquelles étaient percées des portes décorées. Elle comportait 4 temples et plus de 10 000 tablettes en argile ont été retrouvées.

16 E2 KANESH
IIe MILLÉNAIRE AV. J.-C.
SITUATION : Turquie
TYPE DE SITE : Cité hittite
DESCRIPTION DU SITE : Les tablettes rédigées en écriture cunéiforme retrouvées sur ce site sont les plus anciennes archives de l'histoire de la Turquie.

17 F2 ÇAYÖNÜ TEPESI
IXe – VIIe MILLÉNAIRE AV. J.-C.
SITUATION : Turquie
TYPE DE SITE : Village du Néolithique
DESCRIPTION DU SITE : Etablissement agricole où l'on cultivait des céréales. Parmi les découvertes figurent une architecture en pierre, de la poterie séchée et du cuivre martelé issu d'une production locale.

18 E3 ALALAKH
3 400 – 1 200 ANS
SITUATION : Turquie
TYPE DE SITE : Village de l'Age du bronze
DESCRIPTION DU SITE : 17 niveaux archéologiques ont été identifiés. Site important en raison de la découverte de deux documents cruciaux pour la compréhension de l'histoire de la région.

19 E3 ANTIOCHE
300 ANS AV. J.-C. – 600 ANS APR. J.-C.
SITUATION : Turquie
TYPE DE SITE : Ville antique
DESCRIPTION DU SITE : Une des plus importantes cités romaines. Elle resta capitale commerciale avant de devenir une ville byzantine dont des vestiges de murs subsistent.

20 F1 ABKHAZIE
IIIe – IIe MILLÉNAIRE AV. J.-C.
SITUATION : Géorgie
TYPE DU SITE : Tombeau mégalithique
DESCRIPTION DU SITE : On a découvert des tombes appartenant à la culture de Novsobodnoe comprenant une antichambre et une dalle en pierre servant de porte.

21 G2 METSAMOR
IIe MILLÉNAIRE AV. J.-C.
SITUATION : Arménie
TYPE DE SITE : Village de l'Age du bronze
DESCRIPTION DU SITE : Les vestiges ont permis d'identifier une citadelle, une aire cultuelle, des tombes et des espaces réservés à l'habitat et à l'artisanat.

22 G2 KARMIR-BLOUR
VIIIe – VIIe SIÈCLE AV. J.-C.
SITUATION : Arménie
TYPE DE SITE : Forteresse d'Ourartou
DESCRIPTION DU SITE : Ville fortifiée comprenant une citadelle dans laquelle des chambres de stockage se trouvent en-dessous des pièces d'habitation.

23 G2 GARNI
Ier SIÈCLE APR. J.-C.
SITUATION : Arménie
TYPE DE SITE : Temple
DESCRIPTION DU SITE : Temple de style grec dédié à Mithra.

24 G2 LCHASHEN
IIe MILLÉNAIRE AV. J.-C.
SITUATION : Arménie
TYPE DE SITE : Village de la steppe
DESCRIPTION DU SITE : Nombreuses tombes en puits comprenant des sépultures à chariots montés sur roues pleines (p. 35).

25 E3 UGARIT
IIe MILLÉNAIRE AV. J.-C.
SITUATION : Syrie
TYPE DE SITE : Cité de l'Age du bronze
DESCRIPTION DU SITE : Ville côtière où l'on a dégagé des temples et un palais au plan élaboré. Ce dernier a livré une grande quantité de tablettes d'argile en écriture cunéiforme et en plusieurs langues.

26 E3 AMRIT
Ier MILLÉNAIRE AV. J.-C.
SITUATION : Syrie
TYPE DE SITE : Cité antique
DESCRIPTION DU SITE : Etablissement comprenant des ruines d'un temple phénicien, une grande esplanade carrée et des tours funéraires datant du Ve siècle av. J.-C.

27 E3 KRAK DES CHEVALIERS
XIIe SIÈCLE
SITUATION : Syrie
TYPE DE SITE : Château médiéval
DESCRIPTION DU SITE : pp. 91, 97.

28 E3 EBLA
IIe MILLÉNAIRE AV. J.-C.
SITUATION : Syrie
TYPE DE SITE : Cité-Etat
DESCRIPTION DU SITE : Etat qui fut très puissant. Les vestiges se composent d'un palais dans lequel on a retrouvé des archives sous forme de tablettes d'argile donnant des informations sur l'histoire de la cité pendant 140 ans et un aperçu de la littérature de cette période.

29 F3 TELL HUREYRA
VIIe – VIe MILLÉNAIRE AV. J.-C.
SITUTATION : Syrie
TYPE DE SITE : Village du Néolithique
DESCRIPTION DU SITE : Important centre qui illustre l'évolution des moyens de subsistance : le passage de la chasse associée à la cueillette à l'agriculture et l'élevage. On a mis au jour des vestiges d'habitations en briques crues et aux murs peints, de la vaisselle en pierre, des outils en os et des figurines en argile (p. 25).

30 F3 PALMYRE
DÉBUT DU Ier MILLÉNAIRE APR. J.-C.
SITUATION : Syrie
TYPE DE SITE : Ville antique
DESCRIPTION DU SITE : La plupart des vestiges datent de l'époque romaine. Le site comporte le temple de Bêl, de larges avenues à colonnades et des tours funéraires.

31 E4 YABRUD
150 000 ANS
SITUATION : Syrie
TYPE DE SITE : Chasseurs-cueilleurs
DESCRIPTION DU SITE : Trois grottes ont donné leur nom à une industrie lithique caractérisée par des racloirs, des lames et des bifaces.

32 F3 TELL HALAF
Ier MILLÉNAIRE AV. J.-C.
SITUATION : Syrie
TYPE DE SITE : Cité antique
DESCRIPTION DU SITE : Palais araméen dans les fondations duquel on a découvert de la céramique de Halaf, caractérisée par sa couleur et sa finesse. La cité est ensuite devenue une capitale néo-assyrienne.

33 F3 MARI
IIIe – Ier MILLÉNAIRE AV. J.-C.
SITUATION : Syrie
TYPE DE SITE : Cité-Etat
DESCRIPTION DU SITE : Ville de Mésopotamie. Vestiges comprenant un palais de 300 salles ornées de peinture et des temples, distribués autour de 2 cours. On a rctrouvé plus de 15 000 tablettes d'argile en écriture cunéiforme.

34 E3 AL MINA
VIIe – Ve SIÈCLE AV. J.-C.
SITUATION : Liban
TYPE DE SITE : Cité antique
DESCRIPTION DU SITE : Port présentant 10 niveaux d'occupation et où l'on a retrouvé de la céramique et des amphores importées de Grèce.

35 E4 BAALBEK
Ier SIÈCLE AV. J.-C.
SITUATION : Liban
TYPE DE SITE : Ville antique
DESCRIPTION DU SITE : Centre religieux, dont les ruines comprennent un temple monumental.

36 E4 BYBLOS
IIIe MILLÉNAIRE AV. J.-C.
SITUATION : Liban
TYPE DE SITE : Ville de l'Age du bronze
DESCRIPTION DU SITE : Port fortifié, occupé par la suite par les Phéniciens et les Achéménides. Vestiges de nombreux temples.

37 E4 SIDON
IIIe – IIe MILLÉNAIRE AV. J.-C.
SITUATION : Liban
TYPE DE SITE : Cité phénicienne
DESCRIPTION DU SITE : Site qui connut une longue période de prospérité. On a dégagé des temples et une nécropole qui a livré des sarcophages anthropoïdes. Sidon est devenue une ville romaine, puis les croisés y ont édifié 2 châteaux à présent en ruines.

38 E4 TYR
Ier MILLÉNAIRE AV. J.-C.
SITUATION : Liban
TYPE DE SITE : Ville antique
DESCRIPTION DU SITE : Prestigieuse métropole phénicienne dont il ne subsiste que des vestiges des époques romaine et byzantine, parmi lesquels un aqueduc, une nécropole et un cirque.

39 E4 HAZOR
XVIIIe – VIIIe SIÈCLE AV. J.-C.
SITUATION : Israël
TYPE DE SITE : Ville antique
DESCRIPTION DU SITE : Importante cité cananéenne avec des vestiges postérieurs de l'époque du roi Salomon (Xe siècle av. J.-C.), dont une porte fortifiée à 6 salles et un entrepôt. Ruines plus tardives d'un puits et d'une citadelle.

40 E4 ACRE
XIIe SIÈCLE
SITUATION : Israël
TYPE DE SITE : Port médiéval
DESCRIPTION DU SITE : Cité et port fortifiés dont les vestiges comprennent un réfectoire et un caravansérail, le Khan-el Umdan, à la fois hôtellerie et entrepôt.

41 E4 MONT CARMEL
60 000 – 50 000 ANS
SITUATION : Israël
TYPE DE SITE : Chasseurs-cueilleurs
DESCRIPTION DU SITE : pp. 13, 22.

42 E4 NAZARETH
XIe – XIIe SIÈCLE
SITUATION : Israël
TYPE DE SITE : Ville médiévale
DESCRIPTION DU SITE : Les fouilles ont mis au jour l'église de l'Annonciation, qui fut d'abord une synagogue, puis une église à l'époque byzantine.

43 E4 MEGIDDO
Ier MILLÉNAIRE AV. J.-C.
SITUATION : Israël
TYPE DE SITE : Ville antique
DESCRIPTION DU SITE : Fondé à l'Age du bronze, le site est devenu une cité royale fortifiée au IXe siècle av. J.-C. Les ruines comprennent un palais, une cour pavée de grandes pierres plates et une porte fortifiée rouge à 6 salles.

44 E4 CÉSARÉE
Ier SIÈCLE AV. J.-C.
SITUATION : Israël
TYPE DE SITE : Ville antique
DESCRIPTION DU SITE : Port construit sous le règne du roi Hérode, actuellement en fouille. On a trouvé des inscriptions importantes et des ruines byzantines et médiévales plus tardives.

45 E4 GROTTES DE EL-KEBARAH
60 000 ANS
SITUATION : Israël
TYPE DE SITE : Chasseurs-cueilleurs
DESCRIPTION DU SITE : Site néandertalien où l'on a retrouvé des traces de cendres et de foyers, ainsi que des restes humains.

46 E4 KETEF HINNON
VIIe SIÈCLE AV. J.-C.
SITUATION : Israël
TYPE DE SITE : Grottes funéraires
DESCRIPTION DU SITE : Tombes de dignitaires situées dans des grottes. Des ossements et du matériel funéraire étaient posés sur une estrade.

47 E4 BEIT-GUVRIN
Ier SIÈCLE AV. J.-C.
SITUATION : Israël
TYPE DE SITE : Village antique
DESCRIPTION DU SITE : Vestiges couvrant les époques romaine et byzantine ainsi que celles des croisés et des Mamelouks. On a mis au jour des maisons et des tombes familiales souvent ornées de fresques.

48 E4 LAKISH
IIe MILLÉNAIRE AV. J.-C.
SITUATION : Israël
TYPE DE SITE : Ville antique
DESCRIPTION DU SITE : Site présentant un impressionnant rempart datant du siège assyrien, une porte, les ruines d'un temple cananéen. On a trouvé sur un poignard et certains récipients des inscriptions employant l'un des plus anciens alphabets connus.

49 E4 JÉRUSALEM
IIe MILLÉNAIRE AV. J.-C.
SITUATION : Israël
TYPE DE SITE : Ville antique
DESCRIPTION DU SITE : Etablissement fondé par des Cananéens, puis conquis par les Israélites qui ont construit la ville. Salomon a fait bâtir un temple, achevé sous Hérode. La plupart des vestiges datent de l'époque d'Hérode et d'Hadrien ainsi que de la période byzantine tardive.

50 E4 BOKER TACHTIT
45 000 ANS
SITUATION : Israël
TYPE DE SITE : Chasseurs-cueilleurs
DESCRIPTION DU SITE : Industrie du Paléolithique avec utilisation de la technique Levallois. Le matériel se compose de pointes, de lames et de nuclei.

51 E4 AVDAT
IIe SIÈCLE AV. J.-C.
SITUATION : Israël
TYPE DE SITE : Ville antique
DESCRIPTION DU SITE : Emplacement stratégique nabatéen devenu une ville romaine. Le site comporte des vestiges byzantins, dont plusieurs églises restaurées. Les maisons étaient creusées dans la falaise avec des caves servant d'entrepôts.

52 E4 MASSADA
37 AV. J.-C. – 73 APR. J.-C.
SITUATION : Israël
TYPE DE SITE : Palais-forteresse
DESCRIPTION DU SITE : Retraite construite par Hérode, les vestiges comprennent de grandes citernes, des thermes et des palais. La forteresse fut assiégée par les Romains. Il subsiste un mur de circonvallation, des traces de 8 camps romains et une grande rampe. On a aussi découvert des rouleaux et des ostraca de poterie utilisés comme supports d'écriture.

53 E4 ALA-SAFAT
IVe MILLÉNAIRE AV. J.-C.
SITUATION : Palestine
TYPE DE SITE : Nécropole du Néolithique
DESCRIPTION DU SITE : Plus de 200 sépultures ont été fouillées, dont 164 se présentaient sous forme de chambres funéraires.

54 E4 HÉRODION
Ier SIÈCLE AV. J.-C.
SITUATION : Palestine
TYPE DE SITE : Ville antique
DESCRIPTION DU SITE : Terrasse artificielle sur laquelle on a retrouvé un palais, des thermes et des bâtiments administratifs.

55 E4 QUMRÂN
Ier SIÈCLE APR. J.-C.
SITUATION : Palestine
TYPE DE SITE : Site monastique
DESCRIPTION DU SITE : Site où l'on a découvert les 400 rouleaux appelés «manuscrits de la mer Morte». Ils contiennent une grande partie de l'Ancien Testament, des documents juridiques et des écrits de différentes natures.

56 E4 JÉRICHO
Xe MILLÉNAIRE AV. J.-C.
SITUATION : Palestine
TYPE DE SITE : Cité préhistorique
DESCRIPTION DU SITE : La plus ancienne cité du monde, d'abord occupée par les Natoufiens qui ont construit des maisons d'une seule pièce et ont peut-être cultivé des céréales. Plus tard, elle fut dotée d'un mur d'enceinte muni d'une tour ronde et d'un sanctuaire en pierre. Les fouilles ont mis au jour des crânes humains avec des coquillages incrustés à la place des yeux et des céramiques avec ou sans décor peint (p. 24).

57 E4 GERASA
Ier – IIe SIÈCLE APR. J.-C.
SITUATION : Jordanie
TYPE DE SITE : Ville antique
DESCRIPTION DU SITE : Les fouilles ont révélé les fondations d'un habitat hellénistique, mais la plupart des ruines, y compris la rue des Colonnes et le forum, sont romaines.

58 E4 GHASSUL
IVe MILLÉNAIRE AV. J.-C.
SITUATION : Jordanie
TYPE DE SITE : Village du Néolithique
DESCRIPTION DU SITE : Village à 4 niveaux d'occupation, présentant des maisons en briques crues, aux murs peints. On a découvert des traces d'exploitation du cuivre et des céramiques décorées.

59 E4 IRAQ AL-AMIR
IIe SIÈCLE AV. J.-C.
SITUATION : Jordanie
TYPE DE SITE : Site antique
DESCRIPTION DU SITE : Subsistent les vestiges d'un château hellénistique construit sur un promontoire, près d'un lac artificiel alimenté par un aqueduc.

60 E4 KRAK DE MOAB
XIIe SIÈCLE
SITUATION : Jordanie
TYPE DE SITE : Château médiéval
DESCRIPTION DU SITE : Château croisé avec des souterrains, diverses salles, des entrepôts et des donjons. Subsistent aussi de profonds puits et des citernes ainsi que les ruines d'une église byzantine.

61 E5 PÉTRA
Ve SIÈCLE AV. J.-C. – IIe SIÈCLE APR. J.-C.
SITUATION : Jordanie
TYPE DE SITE : Ville marchande
DESCRIPTION DU SITE : Capitale du royaume des Nabatéens comprenant les vestiges de tombeaux creusés dans les falaises et aux façades sculptées dans la roche, des bâtiments publics et des temples. Les traces de la rue à colonnades datent de l'époque romaine.

62 G3 NINIVE
VIIe SIÈCLE AV. J.-C.

SITUATION : Iraq
TYPE DE SITE : Cité antique
DESCRIPTION DU SITE : Cité successivement occupée par les Achéménides, les Assyriens et les Parthes où subsistent de nombreuses ruines. La plupart des monuments, palais, bas-reliefs, statues de taureaux ailés et inscriptions en caractères cunéiformes datent de la période assyrienne. Les archives trouvées dans 2 des palais ont livré une multitude de tablettes d'argile.

63 G3 KHOURSABAD
VIIIe SIÈCLE AV. J.-C.
SITUATION : Iraq
TYPE DE SITE : Cité antique
DESCRIPTION DU SITE : Capitale assyrienne construite à l'emplacement d'un ancien village. Vestiges de 2 enceintes enfermant un arsenal et un palais.

64 G3 ARPATCHIYAH
3500 AV. J.-C.
SITUATION : Iraq
TYPE DE SITE : Village du Néolithique
DESCRIPTION DU SITE : Village aux petites huttes faites en argile avec une nécropole de 40 tombes où l'on a découvert des tessons de la céramique d'Obeïd.

65 G3 Balawat
IXe SIÈCLE AV. J.-C.
SITUATION : Iraq
TYPE DE SITE : Ville antique
DESCRIPTION DU SITE : Ensemble fortifié abritant les vestiges de temples et d'impressionnantes portes en bronze ornées de bas-reliefs.

66 G3 NIMRUD
IXe SIÈCLE AV. J.-C.
SITUATION : Iraq
TYPE DE SITE : Cité antique
DESCRIPTION DU SITE : Capitale assyrienne durant 150 ans, construite à l'intérieur d'une enceinte rectangulaire. Un palais était orné de bas-reliefs présentant une galerie de personnages. L'arsenal se compose d'un temple, d'un palais et de bâtiments administratifs. Parmi les objets retrouvés figurent des ivoires sculptés, un «livre» en caractères cunéiformes et des bijoux en or.

67 G3 ZARZI
12 000 ANS
SITUATION : Iraq
TYPE DE SITE : Chasseurs-cueilleurs
DESCRIPTION DU SITE : Grotte contenant les traces d'une industrie lithique : lamelles tranchantes, microlithes et lames ébréchées.

68 G3 ASSUR
IIe MILLÉNAIRE AV. J.-C.
SITUATION : Iraq
TYPE DE SITE : Cité assyrienne
DESCRIPTION DU SITE : Centre antique où subsistent les vestiges de la ziggourat d'Enlil, du temple d'Assur et des murs de la cité. On a aussi identifié 3 autres ziggourats, 38 temples et 2 palais.

69 G3 DJARMO
5800 AV. J.-C.
SITUATION : Iraq
TYPE DE SITE : Village du Néolithique
DESCRIPTION DU SITE : Etablissement agricole comportant des traces de maisons avec des puits maçonnés. On a mis au jour des jarres en pierre et de la vaisselle en céramique.

70 G4 KHEIT QASIM
IIIe MILLÉNAIRE AV. J.-C.
SITUATION : Iraq
TYPE DE SITE : Village antique
DESCRIPTION DU SITE : Ensemble comprenant une nécropole, l'emplacement d'un village et une maison de la période d'Obeïd avec une entrée en forme de T.

71 G4 TELL ES-SAWWAN
VIe – Ve MILLÉNAIRE AV. J.-C.
SITUATION : Iraq
TYPE DE SITE : Village du Néolithique
DESCRIPTION DU SITE : Village à 3 niveaux d'occupation. Les maisons du niveau I étaient protégées par un fossé rectangulaire. Au niveau III, les fortifications sont plus élaborées. Les maisons en T étaient séparées par des rues.

72 G4 SAMARRA
VIIIe – Xe SIÈCLE
SITUATION : Iraq
TYPE DE SITE : Ville musulmane
DESCRIPTION DU SITE : Capitale temporaire des Abbassides, illustrant l'architecture palatiale. Les fouilles ont aussi révélé des poteries préhistoriques caractéristiques baptisées «céramiques de Samarra».

73 G4 TELL KHAFADJE
IIIe MILLÉNAIRE AV. J.-C.
SITUATION : Iraq
TYPE DE SITE : Site antique
DESCRIPTION DU SITE : Centre comprenant 2 temples sumériens dans lesquels a été retrouvée de la vaisselle rituelle. Les sépultures aménagées dans le sol des maisons renfermaient de la céramique.

74 G4 TELL AGRAB
IIIe MILLÉNAIRE AV. J.-C.
SITUATION : Iraq
TYPE DE SITE : Cité mésopotamienne
DESCRIPTION DU SITE : Tumulus qui a livré les vestiges d'un temple composé d'un sanctuaire et de 2 salles annexes. On a mis au jour des objets votifs, des milliers de perles, des amulettes, de la sculpture en bronze et en pierre ainsi que des massues.

75 G4 TELL HARMAL
IIIe MILLÉNAIRE AV. J.-C.
SITUATION : Iraq
TYPE DE SITE : Ville antique
DESCRIPTION DU SITE : Site du royaume d'Eshnounna abritant des bâtiments administratifs, rituels et résidentiels. On a exhumé des textes et des statues de lions en terre cuite.

76 G4 BABYLONE
IIe – Ier MILLÉNAIRE AV. J.-C.
SITUATION : Iraq
TYPE DE SITE : Cité mésopotamienne
DESCRIPTION DU SITE : Antique capitale détruite et reconstruite à maintes reprises. L'ensemble comporte la célèbre porte d'Ishtar ornée d'un revêtement en céramique polychrome. Parmi les autres ruines figurent une ziggourat, des temples, des palais, des fortifications et peut-être la structure des fameux jardins suspendus (pp. 47, 59).

77 G4 UKHAIDIR
VIIIe SIÈCLE
SITUATION : Iraq
TYPE DE SITE : Palais fortifié
DESCRIPTION DU SITE : Vestiges d'un palais impressionnant dont le plan est organisé sur une succession de cours.

78 G4 KISH
IIIe MILLÉNAIRE AV. J.-C.
SITUATION : Iraq
TYPE DE SITE : Cité mésopotamienne
DESCRIPTION DU SITE : Cité-Etat où subsistent les vestiges de plates-formes des temples de la période du dynastique archaïque, une nécropole et 2 ziggourats. Une zone présente 3 niveaux d'occupation, où l'on a retrouvé des céramiques, des tombes et 3 sépultures à char avec des vases, des armes et des objets en cuivre.

79 G4 ABU-SALABIKH
IIIe MILLÉNAIRE AV. J.-C.
SITUATION : Iraq
TYPE DE SITE : Cité antique
DESCRIPTION DU SITE : Huit tumulus ont livré de la céramique et surtout les plus anciens textes de la littérature sumérienne.

80 G4 AKKAD
IIIe MILLÉNAIRE AV. J.-C.
SITUATION : Iraq
TYPE DE SITE : Cité mésopotamienne
DESCRIPTION DU SITE : Cité-Etat indépendante de la dynastie d'Akkad. Les fouilles ont livré un temple élevé en briques crues.

81 G4 NIPPOUR
IVe MILLÉNAIRE AV. J.-C.
SITUATION : Iraq
TYPE DE SITE : Cité sumérienne
DESCRIPTION DU SITE : Vestiges d'un complexe religieux fortifié, d'une ziggourat et d'un temple orné de bas-reliefs. On a mis au jour des céramiques et des textes en écriture cunéiforme.

82 G4 OUROUK
IVe MILLÉNAIRE AV. J.-C.
SITUATION : Iraq
TYPE DE SITE : Cité mésopotamienne
DESCRIPTION DU SITE : Occupé pendant 4 000 ans, le site a vu se succéder plusieurs cités. Les fouilles ont révélé 2 ziggourats sumériennes, ainsi que des objets en or, en argent et en cuivre, des sceaux et des amulettes.

83 H4 LAGASH
IIIe MILLÉNAIRE AV. J.-C.
SITUATION : Iraq
TYPE DE SITE : Cité mésopotamienne
DESCRIPTION DU SITE : Cité importante où l'on a retrouvé 50 000 tablettes en écriture cunéiforme qui ont livré des informations capitales sur la civilisation sumérienne.

84 H4 TELL EL-OBEÏD
VIe – Ve MILLÉNAIRE AV. J.-C.
SITUATION : Iraq
TYPE DE SITE : Village du Néolithique
DESCRIPTION DU SITE : Site éponyme pour l'ensemble des villages de la région et pour la production céramique de cette période. On a fouillé un temple sumérien et d'autres tumulus.

85 H5 ERIDU
IVe MILLÉNAIRE AV. J.-C.
SITUATION : Iraq
TYPE DE SITE : Cité antique
DESCRIPTION DU SITE : Village devenu une cité sumérienne comprenant des temples en briques séchées et une ziggourat. La nécropole a livré des offrandes votives. Ce site illustre l'évolution de la céramique d'Obeïd.

86 H5 UR
IVe – Ier MILLÉNAIRE AV. J.-C.
SITUATION : Iraq
TYPE DE SITE : Cité mésopotamienne
DESCRIPTION DU SITE : Cité sumérienne comportant un grand nombre de ziggourats et de bâtiments religieux et administratifs. On a exhumé des tombes royales des chars funéraires, les ossements de serviteurs, des bovidés et de la statuaire. 2 500 autres tombes contenaient des céramiques, des armes en métal, des outils, de la vaisselle en pierre et diverses offrandes (p. 35).

87 F5 TEÏMA
VIe SIÈCLE AV. J.-C.
SITUATION : Arabie Saoudite
TYPE DE SITE : Cité néobabylonienne
DESCRIPTION DU SITE : Village comprenant plusieurs enceintes fortifiées, chacune entourant un petit tumulus. On a mis au jour des stèles portant des inscriptions araméennes.

88 H6 DOSARIYAH
Ve MILLÉNAIRE AV. J.-C.
SITUATION : Arabie Saoudite
TYPE DE SITE : Village du Néolithique
DESCRIPTION DU SITE : On a mis au jour de la céramique d'Obeïd et de la pierre taillée sur ce site où se pratiquait l'élevage des moutons, des chèvres et des bovins.

89 G9 ZAFAR
XIe – XIIe SIÈCLE
SITUATION : Yémen
TYPE DE SITE : Ville musulmane
DESCRIPTION DU SITE : Ruines d'une mosquée aux plafonds richement ornés avec des tombeaux à coupole dans la cour.

90 H9 HAJAR IBN HUMAYD
Ier MILLÉNAIRE AV. J.-C.
SITUATION : Yémen
TYPE DE SITE : Ville pré-islamique
DESCRIPTION DU SITE : Le contenu d'une petite fosse a révélé une culture qui a duré 1 500 ans. On a retrouvé des assises de murs, des pans de maisons et le témoignage d'une production céramique.

91 H9 HUREIDHA
VIIe – VIe MILLÉNAIRE AV. J.-C.
SITUATION : Yémen
TYPE DE SITE : Sanctuaire
DESCRIPTION DU SITE : Temple composé de blocs de pierre alignés, modifié à plusieurs reprises. On a aussi retrouvé un groupe de petits tombeaux.

92 K7 MAYSAR
FIN DU IIIe MILLÉNAIRE AV. J.-C.
SITUATION : Oman
TYPE DE SITE : Village antique
DESCRIPTION DU SITE : Centre où l'on a retrouvé des sépultures, des habitations, des fortifications et des objets en cuivre coulé datant de l'Age du bronze.

93 K6 QURUM
VIIIe MILLÉNAIRE AV. J.-C.
SITUATION : Oman
TYPE DE SITE : Chasseurs-cueilleurs
DESCRIPTION DU SITE : Quelques sites à ciel ouvert dont certains dotés d'une nécropole.

94 J6 UMM AN-NAR
VIIIe MILLÉNAIRE AV. J.-C.
SITUATION : Emirats arabes unis
TYPE DE SITE : Village antique
DESCRIPTION DU SITE : Etablissement de l'Age du bronze avec des sépultures d'un type répandu dans tout le Sud-Est de la péninsule arabique.

95 I6 BARBAR
FIN DU IIIe – MILIEU DU IIe MILLÉNAIRE AV. J.-C.
SITUATION : Bahreïn
TYPE DE SITE : Sanctuaire
DESCRIPTION DU SITE : Temples carrés situés sur une esplanade ovale. Cette culture a donné son nom à une production céramique et à des sceaux.

96 I6 CHAMPS DE TUMULUS DE BAHREÏN
IIIe – IIe MILLÉNAIRE AV. J.-C.
SITUATION : Bahreïn
TYPE DE SITE : Nécropole antique
DESCRIPTION DU SITE : Les tumulus recouvrent une ou plusieurs chambres funéraires. Les tombes à ciste sont liées à l'Age du bronze.

97 I6 BEIT-SHEAN
IVe – IIe MILLÉNAIRE AV. J.-C.
SITUATION : Israël
TYPE DE SITE : Cité antique
DESCRIPTION DU SITE : Immense tell d'une cité biblique comportant les ruines de plusieurs forteresses égyptiennes.

98 G2 BASTAN
VIIe SIÈCLE AV. J.-C.
SITUATION : Iran
TYPE DE SITE : Ville d'Urartu
DESCRIPTION DU SITE : Les vestiges incluent 2 portes flanquées de tours et un temple en forme de tour. On a aussi trouvé des céramiques brunies or et rouge.

99 G3 HASSANLU
VIe MILLÉNAIRE AV. J.-C.
SITUATION : Iran
TYPE DE SITE : Village antique
DESCRIPTION DU SITE : Etablissement préhistorique devenu ville fortifiée à l'Age du fer qui se caractérise par ses hauts murs, ses rues et ses bâtiments dont certains sont décorés à l'intérieur de carreaux de céramique polychrome. On a retrouvé des épingles en bronze ornées d'un lion, des sceaux cylindres, des céramiques couleur anthracite et bien d'autres objets.

100 H3 GANDJ DAREH
8450 AV. J.-C.
SITUATION : Iran
TYPE DE SITE : Village du Néolithique
DESCRIPTION DU SITE : Les structures permanentes en briques séchées servaient probablement de quartiers d'hiver. On a mis au jour des outils en silex, de la céramique, des squelettes et des figurines en argile représentant des animaux et des déesses-mères.

101 H4 TELL ASIAB
VIIe MILLÉNAIRE AV. J.-C.
SITUATION : Iran
TYPE DE SITE : Village du Néolithique
DESCRIPTION DU SITE : Site d'une communauté qui habitait dans de petites structures semi-circulaires.

102 H4 GODIN TÉPÉ
IVe MILLÉNAIRE AV. J.-C.
SITUATION : Iran
TYPE DE SITE : Village antique
DESCRIPTION DU SITE : Ville bâtie à l'intérieur d'une enceinte ovale. On a retrouvé des céramiques et des tablettes, ainsi qu'une amphore dont le dépôt laisse penser qu'elle pourrait avoir contenu du vin : ce serait le plus ancien du monde.

103 H4 ALI KOSH
7500 AV. J.-C.
SITUATION : Iran
TYPE DE SITE : Village du Néolithique
DESCRIPTION DU SITE : Campement nomade gardant les traces d'une production de nourriture. La domestication des animaux est attestée par des objets en silex et des tessons de récipients.

104 H4 SUSE
Ier MILLÉNAIRE AV. J.-C.
SITUATION : Iran
TYPE DE SITE : Cité achéménide
DESCRIPTION DU SITE : Habitée depuis le Néolithique, la cité a connu son apogée lorsqu'elle fut une capitale de l'Empire achéménide. Le site comprend 4 tumulus, où l'on a retrouvé la stèle de Narâm-Sin et le palais de Darius Ier. Une cité élamite et des maisons plus modestes ont été dégagées des tumulus.

105 I3 MARLIK
IIe – Ier MILLÉNAIRE AV. J.-C.
SITUATION : Iran
TYPE DE SITE : Nécropole royale
DESCRIPTION DU SITE : Ensemble de 53 tombes dont certaines contiennent des autels et des foyers. On a exhumé des armes en bronze, des statuettes en bronze et en terre cuite, ainsi que des bijoux et des parures en or.

106 H3 RUSTAMABAD
Ier MILLÉNAIRE AV. J.-C.
SITUATION : Iran
TYPE DE SITE : Ville antique
DESCRIPTION DU SITE : Les fouilles ont révélé les fondations en pierre de plusieurs bâtiments en bois. Les tombes ont livré de riches offrandes funéraires, parmi lesquelles des vases en or et en argent.

107 I3 RAYY
VIIIe SIÈCLE
SITUATION : Iran
TYPE DE SITE : Ville musulmane
DESCRIPTION DU SITE : Cité parthe devenue une importante ville musulmane. Elle est devenue un important centre de production céramique. Vestiges de la tour de Tughril-Beg (1139) et d'une autre tour.

108 H4 TCHOGA ZANBIL
XIIIe SIÈCLE AV. J.-C.
SITUATION : Iran
TYPE DE SITE : Cité antique
DESCRIPTION DU SITE : Impressionnant site avec une immense ziggourat, probablement la plus grande de toute la Mésopotamie. On a dégagé les vestiges de temples aux abords de la ziggourat.

109 J3 TURANG TÉPÉ
IVe – IIIe MILLÉNAIRE AV. J.-C.
SITUATION : Iran
TYPE DE SITE : Cité antique
DESCRIPTION DU SITE : Immense tumulus qui a livré les structures des périodes sassanide, parthe et islamique. Des niveaux les plus anciens on a dégagé des bâtiments en briques séchées datant de l'Age du bronze et des tessons de céramique. On a retrouvé un système de canalisation en terre cuite dans un bâtiment sassanide, ainsi que des tessons de fine céramique grise et des colliers en lapis-lazuli.

110 I5 PERSÉPOLIS
FIN DU VIe SIÈCLE AV. J.-C.
SITUATION : Iran
TYPE DE SITE : Palais achéménide
DESCRIPTION DU SITE : Ensemble monumental comprenant des salles d'audience et des salles de réception amplement décorées. Les fouilles ont dégagé les résidences royales, un parc de chasse et un lac artificiel.

111 I5 FIRUZABAD
IIIe – VIIe SIÈCLE
SITUATION : Iran
TYPE DE SITE : Cité sassanide
DESCRIPTION DU SITE : Les ruines de cette cité, comportant les ruines d'un palais, sont importantes.

112 I5 SIRAF
FIN DU Ier MILLÉNAIRE APR. J.-C.
SITUATION : Iran
TYPE DE SITE : Port musulman
DESCRIPTION DU SITE : Cité abandonnée mais bien préservée comprenant une Grande Mosquée, un palais, des installations défensives et militaires, des entrepôts, des *hammams* (bains), des maisons, un *imamzadeh* (sanctuaire abritant le tombeau d'un saint) et une imposante nécropole. On a retrouvé les fondations d'un fort sassanide sous un bâtiment et mis au jour des porcelaines importées de Chine ainsi qu'une grande quantité de verrerie.

113 J5 CHAHDAD
IIIe MILLÉNAIRE AV. J.-C.
SITUATION : Iran
TYPE DE SITE : Village antique
DESCRIPTION DU SITE : Les fouilles de 3 nécropoles ont révélé l'existence d'une société hiérarchisée. Le travail des pierres semi-précieuses et l'exploitation du minerai de cuivre sont attestés au travers de bâtiments distincts. On relève la présence d'ateliers et de fourneaux plus tardifs.

114 J2 DJEÏTOUN
VIIe – VIe MILLÉNAIRE AV. J.-C.
SITUATION : Turkménistan
TYPE DE SITE : Village du Néolithique
DESCRIPTION DU SITE : C'est le plus ancien village néolithique de la région où l'on a retrouvé des bâtiments en briques crues et des céramiques. Les habitants cultivaient l'orge, le blé et élevaient des moutons, des chèvres et des bovins.

115 K3 ALTIN DÉPÉ
Ve – IIIe MILLÉNAIRE AV. J.-C.
SITUATION : Turkménistan
TYPE DE SITE : Cité antique
DESCRIPTION DU SITE : Les vestiges comprennent les murs de la cité, une ziggourat, des nécropoles et des zones de production de céramiques et de métallurgie.

116 K2 YAZ DÉPÉ
IIe – Ier MILLÉNAIRE AV. J.-C.
SITUATION : Turkménistan
TYPE DE SITE : Village de l'Age du fer
DESCRIPTION DU SITE : Ensemble à plusieurs niveaux d'occupation. On a retrouvé les fondations d'une citadelle au niveau le plus ancien, un système d'irrigation développé et de la céramique.

117 K2 GONUR
FIN DU IIIe – MILIEU DU IIe MILLÉNAIRE AV. J.-C.
SITUATION : Turkménistan
TYPE DE SITE : Etablissement fortifié
DESCRIPTION DU SITE : Le site est organisé autour de la forteresse et de la nécropole. On a découvert des amulettes-sceaux dont l'iconographie suggère un lien avec la civilisation harappéenne.

118 M2 TESHIK-TASH
44 000 ANS
SITUATION : Ouzbékistan
TYPE DE SITE : Chasseurs-cueilleurs
DESCRIPTION DU SITE : Grotte du Paléolithique dans laquelle on a retrouvé la sépulture d'un enfant. On a aussi exhumé de l'outillage moustérien.

119 M2 SAMARKAND
XIe SIÈCLE
SITUATION : Ouzbékistan
TYPE DE SITE : Cité musulmane
DESCRIPTION DU SITE : Connue dans l'Antiquité sous le nom d'Afrasiyab, la ville médiévale s'est développée au pied de l'ancienne citadelle. La cité, ancienne capitale de Tamerlan, se trouve à l'intérieur d'une enceinte de 10 km. Au centre sont regroupés les plus impressionnants monuments de l'Asie centrale avec leurs grands dômes couverts de céramique polychrome : il s'agit de mosquées et de mausolées.

120 M2 PENDJIKENT
VIe – VIIIe SIÈCLE
SITUATION : Ouzbékistan
TYPE DE SITE : Cité sogdienne
DESCRIPTION DU SITE : Ce site a livré de précieuses informations sur la civilisation sogdienne. Il comprend une citadelle et un palais reliés à la ville basse par une chaussée surélevée. Les remparts sont en pisé avec un parement de briques crues. Les fresques représentent des scènes de la vie quotidienne.

121 M3 SAPALLI TÉPÉ
FIN DU IIIe – DÉBUT DU IIe MILLÉNAIRE AV. J.-C.
SITUATION : Ouzbékistan
TYPE DE SITE : Village antique
DESCRIPTION DU SITE : Site centré autour d'une place et illustrant 3 ou 4 phases de l'Age du bronze. Il y avait des sépultures dans les quartiers d'habitation, dans lesquelles on a retrouvé des fragments de tissu.

122 M1 BEZEKLIK
VIIIe – IXe SIÈCLE
SITUATION : Kazakhstan
TYPE DE SITE : Village bouddhique
DESCRIPTION DU SITE : Ce site comprend d'importants vestiges d'un établissement bouddhique.

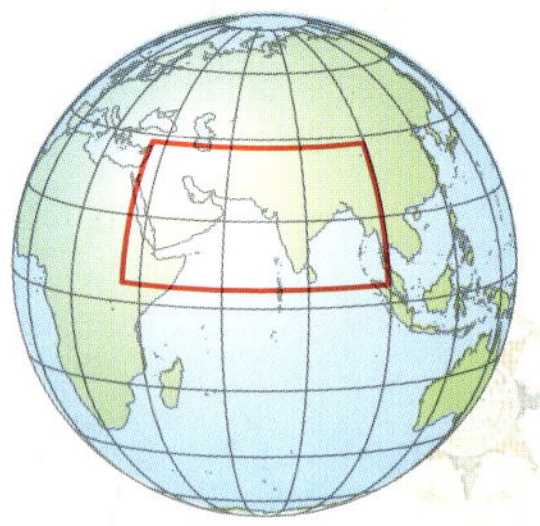

ASIE CENTRALE

La carte correspondant
à cette liste figure pp. 150-151.

1 I1 TILLIA-TÉPÉ
DÉBUT DU Ier MILLÉNAIRE AV. J.-C.
SITUATION : Afghanistan
TYPE DE SITE : Etablissement de l'Age du fer
DESCRIPTION DU SITE : Ensemble fortifié où l'on a mis au jour des tombes contenant des récipients et des bijoux en or (p. 59).

2 I1 DASHLY
FIN DU IIIe MILLÉNAIRE AV. J.-C.
SITUATION : Afghanistan
TYPE DE SITE : Cité ancienne
DESCRIPTION DU SITE : Plusieurs établissements remontent à l'Age du bronze et aux périodes achéménide et classique. L'ensemble inclut des forteresses carrées avec des tours circulaires et un palais comprenant plusieurs pièces. On a retrouvé sur les lieux d'habitation des fours céramiques et une aire de métallurgie.

3 I1 BALKH
IXe SIÈCLE
SITUATION : Afghanistan
TYPE DE SITE : Ville islamique
DESCRIPTION DU SITE : Vestiges d'un établissement comprenant les murs de la ville, une mosquée à 9 coupoles et un oratoire.

4 I1 DILBERGINE
IIIe SIÈCLE AV. J.-C.
SITUATION : Afghanistan
TYPE DE SITE : Ville ancienne
DESCRIPTION DU SITE : Petite ville gréco-bactrienne comportant une citadelle circulaire établie sur le site d'une ville achéménide. Les vestiges incluent un temple, un sanctuaire bouddhique et 2 grandes maisons.

5 I2 BÂMIYÂN
VIe SIÈCLE
SITUATION : Afghanistan
TYPE DE SITE : Etablissement bouddhique
DESCRIPTION DU SITE : Centre de commerce et d'échanges comprenant 2 impressionnantes statues de Bouddha sculptées dans la falaise, des grottes artificielles et des vestiges islamiques plus tardifs.

6 J1 AÏ-KHANOUM
IIIe SIÈCLE AV. J.-C.
SITUATION : Afghanistan
TYPE DE SITE : Ville hellénistique
DESCRIPTION DU SITE : Des bâtiments publics sont groupés au centre du site avec un palais immense, un temple, un mausolée, un arsenal, un théâtre et des quartiers résidentiels.

7 J1 SHORTUGAÏ
IIIe – IIe MILLÉNAIRE AV. J.-C.
SITUATION : Afghanistan
TYPE DE SITE : Etablissement ancien
DESCRIPTION DU SITE : Comptoir préhistorique. Ses 2 niveaux archéologiques inférieurs ont révélé des matériaux harappéens. Les niveaux supérieurs renvoient à la culture de Beshkent.

8 J2 BEGRAM
IIe SIÈCLE AV. J.-C.
SITUATION : Afghanistan
TYPE DE SITE : Colonie grecque
DESCRIPTION DU SITE : Ville hellénistique à peu près à l'échelle d'Aï-Khanoum.

9 I2 RHAZNI
XIe SIÈCLE
SITUATION : Afghanistan
TYPE DE SITE : Ville islamique
DESCRIPTION DU SITE : Bâtiments incluant le palais du sultan Massoud II et la «Maison des poteries mordorées». Les céramiques ont livré des informations sur les périodes rhaznévide et rhouride.

10 I2 MUNDIGAK
Ve MILLÉNAIRE AV. J.-C.
SITUATION : Afghanistan
TYPE DE SITE : Etablissement primitif
DESCRIPTION DU SITE : Habité jusqu'à l'Age du fer, ce village agricole primitif est devenu une citadelle fortifiée avec un palais orné de colonnes. On a mis au jour des poteries sculptées et peintes.

11 H3 LACHKAR BÂZÂR
XIe SIÈCLE
SITUATION : Afghanistan
TYPE DE SITE : Ville islamique
DESCRIPTION DU SITE : Etablissement concentré autour d'un palais richement orné. Les tessons trouvés sur le site donnent des informations sur l'art de la céramique islamique.

12 J2 CIMETIÈRE DE KATELAI
Ier MILLÉNAIRE AV. J.-C.
SITUATION : Pakistan
TYPE DE SITE : Cimetière ancien
DESCRIPTION DU SITE : Nécropole appartenant à la culture du Gandhara, qui a livré un abondant matériel funéraire.

13 J2 CHÂRSADDA
Ier MILLÉNAIRE AV. J.-C.
SITUATION : Pakistan
TYPE DE SITE : Ville achéménide
DESCRIPTION DU SITE : Ruines d'une ancienne capitale où l'on a mis au jour des remparts. C'est l'emplacement d'un établissement indo-grec du IIe siècle av. J.-C.

14 J2 TAXILA
Ier MILLÉNAIRE AV. J.-C.
SITUATION : Pakistan
TYPE DE SITE : Cité ancienne
DESCRIPTION DU SITE : Les fouilles ont mis au jour 2 cités achéménides et une cité indo-grecque. La première, Bhir, était une ville fortifiée, la seconde, Sirkap, a été édifiée selon un plan en damiers et comprenait des monastères, des temples, des stûpas et un palais. Ce dernier renfermait des céramiques, des ornements en bronze et en cuivre, des outils et des sceaux. A Sirsukh, dans la dernière cité, on a découvert un temple du feu voué à la religion zoroastrienne et des pièces de monnaie.

15 K2 BOURZAHOM
IIIe – IIe MILLÉNAIRE AV. J.-C.
SITUATION : Pakistan
TYPE DE SITE : Village agricole
DESCRIPTION DU SITE : On a retrouvé sur ce site des fosses d'habitation ainsi que des entrepôts creusés dans le sol. Ces derniers renfermaient des poteries polies et des outils en pierre. Des ensembles en briques crues et un cercle de pierres, où l'on a mis au jour des poteries rouges, datent d'une époque plus tardive.

16 J2 RAHMAN DEHRI
IVe – IIIe MILLÉNAIRE AV. J.-C.
SITUATION : Pakistan
TYPE DE SITE : Etablissement harappéen
DESCRIPTION DU SITE : Cette ville qui témoigne de l'apogée de la période harappéenne a été fortifiée à une époque plus tardive.

17 J3 HARAPPÂ
IIIe MILLÉNAIRE AV. J.-C.
SITUATION : Pakistan
TYPE DE SITE : Ville primitive
DESCRIPTION DU SITE : Ce site d'une ville ancienne présente un ensemble architectural monumental, une citadelle élevée sur une éminence, et une aire résidentielle comprenant des maisons et des greniers. Les cimetières renfermaient des poteries décorées de couleur rouge (p. 47).

18 I3 MEHRGARH
VIIe – IIIe MILLÉNAIRE AV. J.-C.
SITUATION : Pakistan
TYPE DE SITE : Etablissement primitif
DESCRIPTION DU SITE : Village néolithique et chalcolithique où l'on a mis au jour les vestiges de maisons en briques crues et d'une plate-forme funéraire. Les habitants cultivaient le blé et l'orge (p. 25).

19 I3 PIRAK
IIe – Ier MILLÉNAIRE AV. J.-C.
SITUATION : Pakistan
TYPE DE SITE : Ville ancienne
DESCRIPTION DU SITE : Village de maisons en briques crues plus petit que la plupart des cités harappéennes. Il possédait des silos à grains et l'on a retrouvé des poteries ornées de motifs géométriques. Il existe aussi des traces de culture de millet et de riz.

20 I4 JHUKAR
IIe MILLÉNAIRE AV. J.-C.
SITUATION : Pakistan
TYPE DE SITE : Etablissement harappéen
DESCRIPTION DU SITE : Site où l'on a retrouvé des poteries et des objets en métal, parmi lesquels des épingles en cuivre et une hache au manche creux.

21 I4 SORH DAMB
IIIe MILLÉNAIRE AV. J.-C.
SITUATION : Pakistan
TYPE DE SITE : Etablissement ancien
DESCRIPTION DU SITE : Tell où l'on a découvert des haches plates en cuivre et des burins. Le site comprenait aussi un cimetière rupestre qui renfermait des squelettes et de la poterie.

22 I4 MOHENJO-DARO
IIIe – IIe MILLÉNAIRE AV. J.-C.
SITUATION : Pakistan
TYPE DE SITE : Cité harappéenne
DESCRIPTION DU SITE : pp. 47, 54-55.

23 I4 KOT DIJI
IIIe MILLÉNAIRE AV. J.-C.
SITUATION : Pakistan
TYPE DE SITE : Etablissement harappéen ancien
DESCRIPTION DU SITE : Site fortifié comprenant des bâtiments en briques crues qui renfermaient des céramiques. Certaines d'entre elles étaient décorées.

24 I4 CHANHU-DARO
IIe MILLÉNAIRE AV. J.-C.
SITUATION : Pakistan
TYPE DE SITE : Etablissement harappéen
DESCRIPTION DU SITE : Tell de la fin de la période harappéenne où l'on a dégagé des ateliers d'artisans très intéressants.

25 I4 AMRI
FIN DU IVe MILLÉNAIRE AV. J.-C.
SITUATION : Pakistan
TYPE DE SITE : Village ancien
DESCRIPTION DU SITE : Vestiges de bâtiments en briques crues qui renfermaient des céramiques peintes (grandes coupes polies) et des outils en cuivre.

26 I4 ALLAHDINO
IIIe MILLÉNAIRE AV. J.-C.
SITUATION : Pakistan
TYPE DE SITE : Etablissement harappéen
DESCRIPTION DU SITE : Petit village harappéen qui a apporté un grand nombre d'informations sur l'état de l'agriculture à l'apogée de la période harappéenne.

27 K3 BANAWALI
IIIe – IIe MILLÉNAIRE AV. J.-C.
SITUATION : Inde
TYPE DE SITE : Etablissement harappéen
DESCRIPTION DU SITE : On a retrouvé des fragments de poterie dans les niveaux inférieurs. Le site comprend aussi des vestiges d'ensembles urbains d'époque harappéenne. Le dernier niveau d'occupation a livré des céramiques connues sous le nom de céramiques de Bara.

28 K3 KALIBANGAN
2750 – 2150 AV. J.-C.
SITUATION : Inde
TYPE DE SITE : Etablissement harappéen
DESCRIPTION DU SITE : Le site a montré que les habitants du village pratiquaient l'agriculture. Le cimetière a révélé certains aspects des rites funéraires harappéens et renfermait quelques poteries caractéristiques.

29 K3 MITATHAL
IIIe MILLÉNAIRE AV. J.-C.
SITUATION : Inde
TYPE DE SITE : Etablissement ancien
DESCRIPTION DU SITE : Tumulus double et site de la civilisation de l'Indus, qui devint plus tard un établissement harappéen. On y a trouvé des céramiques et d'autres objets artisanaux.

30 K3 HASTINÂPURA
Ier MILLÉNAIRE AV. J.-C.
SITUATION : Inde
TYPE DE SITE : Etablissement primitif

Description du site : Les fouilles ont mis au jour des vestiges d'architecture en briques crues qui mettent en évidence une évolution vers l'urbanisme. Il s'agit d'une ancienne cité bouddhiste, habitée jusqu'à l'époque médiévale, dont il est largement fait mention dans l'épopée du *Mahâbhârata*. Des céramiques ont été découvertes à tous ses niveaux.

31 L3 Alamgirpur
IIIe millénaire av. J.-C.
Situation : Inde
Type de site : Cité ancienne
Description du site : Etablissement dont l'architecture est à base de briques et de murs en clayonnage revêtus de torchis : les poteries et les autres objets d'art extraits lors des fouilles représentent une variante régionale du style harappéen évolué.

32 L4 Ahicchatrâ
500 av. J.-C. – 1100 apr. J.-C.
Situation : Inde
Type de site : Cité ancienne
Description du site : Ville antique dont subsistent les vestiges des remparts, d'un diamètre de 5,5 km. Les fouilles ont mis au jour diverses céramiques, entre autres des céramiques grises peintes ainsi que des céramiques noires polies, typiques du Nord.

33 J4 Jaisalmer
IXe siècle
Situation : Inde
Type de site : Etablissement hindou
Description du site : Un fort situé dans le désert renfermant de nombreux édifices, notamment des palais et plusieurs temples hindous.

34 K4 Fathpûr Sîkrî
XVIe siècle
Situation : Inde (au sud d'Agrâ)
Type de site : Palais musulman
Description du site : Cité-palais impériale qui combine les architectures hindoue et musulmane. On peut y voir une grande mosquée, un hall d'audience privé avec de nombreux bains ainsi que des citernes. La ville fut désertée quand ses réserves en eau devinrent insuffisantes.

35 K4 Ranthambor
XIIIe siècle
Situation : Inde
Type de site : Etablissement islamique
Description du site : Ruines d'un fort renfermant des palais, des casernes, des temples, des mosquées ainsi qu'une tombe musulmane.

36 K5 Chitorgarh
VIIIe – IXe siècle
Situation : Inde
Type de site : Forteresse hindoue
Description du site : Le site, qui comporte des ruines de pavillons et de temples, est situé à 152 m au-dessus d'une plaine. Les remparts de la forteresse sont considérés comme l'un des meilleurs exemples de fortification. On peut y voir un palais lacustre et une tour à 9 étages, le Jayastambha.

37 J4 Kumbhalgarh
Milieu du XVIe siècle
Situation : Inde
Type de site : Fort hindou
Description du site : Forteresse dont les murs énormes enserrent un grand palais et 365 temples.

38 J5 Ahar
IIIe – IIe millénaire av. J.-C.
Situation : Inde
Type de site : Etablissement primitif
Description du site : Les bâtiments sont constitués de murs en briques crues. Les fouilles ont révélé que les habitants de ce lieu gardaient du bétail, pratiquaient l'agriculture et faisaient fondre le cuivre.

39 J5 Devni Mori
IIIe siècle
Situation : Inde
Type de site : Lieu de culte bouddhique
Description du site : Un stûpa, orné de sculptures en terre cuite, ainsi qu'un monastère : 2 exemples qui illustrent l'étendue de l'influence gréco-bouddhique.

40 J5 Lothal
IIIe millénaire av. J.-C.
Situation : Inde
Type de site : Etablissement harappéen
Description du site : Un port fortifié dont les structures de briques crues comprennent une citadelle et un grenier. Il est probable que ce port ait été lié aux activités de commerce du golfe Persique.

41 K5 Nagda
VIIIe – VIe siècle av. J.-C.
Situation : Inde
Type de site : Etablissement de l'Age du fer
Description du site : Les fouilles ont révélé une soixantaine d'objets dont un poignard, une hache, des pointes de flèches ainsi que des fers de lance.

42 L4 Gwâlior
VIe siècle
Situation : Inde
Type de site : Fort hindou
Description du site : Une grande forteresse comprenant une mosquée, 6 réservoirs d'eau, 6 temples ainsi que des édifices hindous datant du XIe siècle.

43 K5 Kayatha
IIIe – IIe millénaire av. J.-C.
Situation : Inde
Type de site : Etablissement harappéen
Description du site : Le niveau le plus bas et le plus ancien a mis au jour une poterie d'un type très particulier à engobe brun. Les fouilles ont également révélé les traces de petites huttes et d'outils en pierre et en cuivre. Les niveaux postérieurs présentent d'autres poteries.

44 L5 Khajurâho
IXe siècle
Situation : Inde centrale
Type de site : Cité hindoue
Description du site : La capitale de la dynastie des Chandella où l'on peut aujourd'hui voir les vestiges magnifiquement sculptés de temples et de citernes hindous et jaïns.

45 L4 Kalinjar
Xe siècle
Situation : Inde
Type de site : Fort hindou
Description du site : Ancienne forteresse où l'on peut contempler les ruines de temples, des portes, et des sculptures hindoues en pierre. On y trouve également un palais royal ayant livré des objets d'une inestimable valeur.

46 L5 Ajaighar
XIe siècle
Situation : Inde
Type de site : Fort hindou
Description du site : Lieu d'implantation chandella où un gigantesque à-pic est couvert sur toute sa surface de sculptures hindoues taillées à même la roche. Les murs de la forteresse comportent de gros bastions et des chambres souterraines servant de réserve d'eau.

47 L4 Kausambi
1500 av. J.-C. - 1000 apr. J.-C.
Situation : Inde
Type de site : Cité ancienne
Description du site : Les niveaux les plus anciens ont révélé de la poterie ocre, tandis qu'un mur en briques crues ainsi que les ruines du palais et de ses dépendances sont datées du Ve siècle av. J.-C. C'est là que s'était implanté l'un des premiers monastères bouddhiques (p. 59).

48 L5 Bhârhut
IIe siècle av. J.-C.
Situation : Inde
Type de site : Temple bouddhiste
Description du site : Ruines d'un stûpa bouddhiste qui comporte de belles sculptures en relief et des portails de pierre situés à chacun des 4 points cardinaux.

49 M4 Rajghat
800 av. J.-C. – IIe millénaire apr. J.-C.
Situation : Inde
Type de site : Cité antique
Description du site : Une grande variété de poteries typiques couvrant toutes les périodes ont été mises au jour par les fouilles. Des traces de bâtiments datent elles d'environ 200 av. J.-C. Le site révèle un développement urbain différent de ceux des autres établissements de la plaine gangétique.

50 M4 Sarnath
Ier millénaire av. J.-C.
Situation : Inde
Type de site : Etablissemnt bouddhique
Description du site : La ville où le Bouddha a prêché son premier sermon, qui comporte un stûpa et un pilier édifiés par l'empereur Asoka au cours du IIIe siècle av. J.-C.

51 M4 Chirand
IIIe millénaire av. J.-C.
Situation : Inde
Type de site : Etablissement primitif
Description du site : Lieu d'implantation qui a perduré du Chalcolithique jusqu'à l'époque médiévale. La première construction fut un village de huttes en bambou où l'on travaillait la pierre, et qui comportait des poteries rouges et grises polies. Des fouilles relatives à une époque plus récente révèlent des objets de cuivre et des restes d'édifices en briques crues.

52 M4 Vaisâlî
Ve siècle av. J.-C.
Situation : Inde
Type de site : Cité ancienne
Description du site : Capitale de la République des Licchavi, qui est composée de 2 tertres partiellement mis au jour par les fouilles, où l'on a retrouvé des poteries prébouddhiques, tandis que des fouilles relatives à une période plus récente ont révélé de la poterie noire polie typique du Nord. On suppose que la ville était autrefois ceinturée par 3 murs avec des portes et des tours de guet.

53 M4 Lauriya Nandangarh
242 av. J.-C.
Situation : Inde
Type de site : Pilier monumental
Description du site : Le mieux conservé de tous les piliers érigés sous le règne de l'empereur maurya Asoka. Le fût du pilier et le lion assis à son sommet sont en grès.

54 M4 Lomas Rishi
IIIe siècle av. J.-C.
Situation : Inde
Type de site : Caverne rupestre
Description du site : Situées dans une caverne, les salles étaient conçues de façon à imiter le bois et disposaient d'un intérieur avec des voûtes en berceau.

55 M4 Pâtaliputra
Ve siècle av. J.-C.
Situation : Inde
Type de site : Ville ancienne
Description du site : Centre de commerce important qui a été entièrement mis au jour. C'était la capitale des empires maurya et gupta. Parmi les découvertes, on compte un chapiteau jaune clair en grès et des colonnes en pierre qui ont peut-être fait partie d'une salle de 1 000 colonnes.

56 N4 Antichak
IXe – XIIIe siècle
Situation : Inde
Type de site : Etablissement médiéval
Description du site : L'implantation comportait un tertre central en briques avec des salles attenantes. Un monastère comprenait 200 cellules monastiques. Parmi les objets retrouvés au cours des fouilles, on compte des objets en terre cuite bouddhiques et hindous, des statues en pierre, quelques bronzes bouddhiques et quelques poteries.

57 N4 Gaur
XIVe siècle
Situation : Inde
Type de site : Place fortifiée
Description du site : Un impressionnant fort flanqué de remparts sur 3 côtés. Parmi les vestiges, la porte Dakhil Darwaza et une mosquée.

58 K5 Sanchi
IIIe siècle av. J.-C. – XIIe siècle apr. J.-C.
Situation : Inde
Type de site : Complexe bouddhique
Description du site : Une impressionnante collection de stûpas, de temples et de monastères, dont le monument le plus frappant est le Grand Stûpa édifié par Asoka. De nombreux vestiges remontent au début du Ier millénaire de notre ère.

59 L5 Bhimbetka
40 000 ans
Situation : Inde
Type de site : Chasseurs-cueilleurs
Description du site : Site comportant plusieurs strates et constitué de 7 abris creusés dans le roc. Ces derniers offrent des exemples d'art rupestre du Paléolithique et de périodes plus tardives. On a mis au jour quelques outils acheuléens, parmi lesquels figuraient des hachereaux et des couperets.

60 L5 Jabalpur
IVe millénaire av. J.-C.
Situation : Inde
Type de site : Etablissement néolithique
Description du site : Région où l'on a découvert des éclats de nucléus et des lames.

61 K5 Ujjain
ve siècle av. J.-C.
Situation : Inde
Type de site : Cité ancienne
Description du site : Cité religieuse de l'Inde où l'on a mis au jour des céramiques noires et rouges et des céramiques grises peintes. Elle est entourée d'un rempart de terre de 12 m de haut.

62 K5 Mandû
xive – xve siècle
Situation : Inde
Type de site : Etablissement fortifié
Description du site : Ce site, habité pour la première fois au vie siècle, est surtout composé de bâtiments datant du xve siècle, après l'invasion de Tamerlan. Il reste de nombreux vestiges, notamment un palais royal.

63 K5 Navdatoli
IIe millénaire av. J.-C.
Situation : Inde
Type de site : Etablissement primitif
Description du site : Ce site a été habité du Paléolithique jusqu'à l'époque médiévale, mais c'est sa période chalcolithique qui a été le plus étudiée. On a découvert des poteries datant de 4 périodes différentes. Des ruines d'édifices médiévaux subsistent.

64 K6 Les grottes d'Ajantâ
Début du Ier millénaire apr. J.-C.
Situation : Inde
Type de site : Sanctuaire rupestre
Description du site : Les monastères et les sanctuaires d'Ajantâ sont parmi les vestiges les plus importants du bouddhisme en Inde. Beaucoup d'entre eux offrent des reliefs extraordinaires. Les monastères ont des salles à piliers, des colonnades et des vérandas.

65 L6 Sirpur
vie – viiie siècle
Situation : Inde
Type de site : Cité ancienne
Description du site : Ancienne capitale contenant les ruines d'un temple hindou, ainsi que celles de monastères et de temples bouddhiques. On a découvert les sculptures en bronze et en pierre du panthéon mahayanique.

66 K6 Jorwe
Fin du IIe millénaire av. J.-C.
Situation : Inde
Type de site : Etablissement primitif
Description du site : Site type où l'on a retrouvé de la belle poterie rouge et une industrie du cuivre très avancée. Des indices laissent supposer que les habitants pratiquaient la chasse et élevaient du bétail, des buffles, des moutons et des chèvres. Ils cultivaient l'orge, le blé et les légumes.

67 K6 Daimabad
IIIe – IIe millénaire av. J.-C.
Situation : Inde
Type de site : Etablissement primitif
Description du site : Ce site a livré des céramiques des cultures d'Harappâ, de Malwa et de Jowre. Les bâtiments étaient dotés de plates-formes. Un grand nombre de ces dernières servaient peut-être à la célébration de rites. On a découvert un trésor en cuivre, constitué de statuettes d'animaux sur roues et d'un char.

68 K6 Nevasa
40 000 ans
Situation : Inde
Type de site : Chasseurs-cueilleurs
Description du site : Site à ciel ouvert, installé en bordure de rivière où l'on a trouvé des traces attestant l'existence des industries dites de Nevasa. On a aussi découvert des céramiques de Jorwe, des tombes à urne double et des maisons aux sols couverts de plâtre, datant d'une période plus tardive.

69 K6 Inamgoan
IIe millénaire av. J.-C.
Situation : Inde
Type de site : Etablissement primitif
Description du site : Site agricole présentant une forme de hiérarchie sociale. Les maisons à clayonnage enduit de torchis comportaient des plates-formes circulaires et des récipients de stockage.

70 K6 Kârlî
IIe siècle
Situation : Inde
Type de site : Temple rupestre
Description du site : Excellent exemple de *chaitya* (sanctuaire rupestre) orné de beaux bas-reliefs et de colonnes.

71 K6 Piklihal
2100 av. J.-C.
Situation : Inde
Type de site : Etablissement néolithique
Description du site : Site habité pendant une longue période dont les vestiges incluent des cercles de terre battue, entourés de pierres. La poterie retrouvée présente quelques similitudes avec la céramique de Jorwe.

72 J7 Ratnagiri
viiie siècle
Situation : Inde
Type de site : Ensemble de temples
Description du site : Etablissement bouddhique comprenant un grand stûpa à plan étoilé et d'autres plus petits, ainsi qu'un monastère et des sanctuaires rectangulaires.

73 K7 Tekkalakota
IIe millénaire av. J.-C.
Situation : Inde
Type de site : Etablissement primitif
Description du site : Les 2 niveaux archéologiques les plus anciens ont livré des huttes circulaires dont les sols étaient en pierre et en boue. Les sépultures, parmi lesquelles figuraient des urnes, étaient autour du lieu d'habitation. On a retrouvé des outils et des ustensiles en cuivre.

74 L7 Amarâvatî
Ier – IIe siècle
Situation : Inde
Type de site : Cité bouddhique
Description du site : Capitale antique dont les vestiges comprennent un grand stûpa du royaume des Andhra.

75 L7 Nâgârjunakonda
Ier – IIe siècle
Situation : Inde
Type de site : Monument bouddhique
Description du site : Site de culture mégalithique qui a livré plusieurs tombes à ciste entourées de pierres. Ces tombes renfermaient, entre autres, des poteries rouges et noires, ainsi que des objets en fer. Il subsiste surtout des vestiges bouddhiques, parmi lesquels 2 sanctuaires en forme d'abside, ainsi que le seul stade que l'on connaisse en Inde.

76 L7 Utnur
IIIe millénaire av. J.-C.
Situation : Inde
Type de site : Etablissement saisonnier
Description du site : Il s'agit des «collines de cendres» qui étaient en fait des accumulations d'excréments d'animaux, périodiquement brûlés.

77 K7 Hallur
IIe – Ier millénaire av. J.-C.
Situation : Inde
Type de site : Etablissement primitif
Description du site : Site composé de plusieurs strates couvrant trois périodes. Parmi les découvertes figurent des structures circulaires, des outils en cuivre et en fer, ainsi que des tombeaux mégalithiques.

78 K7 Le vieux Goa
xvie siècle
Situation : Inde
Type de site : Etablissement colonial
Description du site : Ruines de la vieille cité portugaise qui comprennent d'élégants édifices des xvie, xviie et xviiie siècles.

79 L7 Madras
xviie siècle
Situation : Inde
Type de site : Etablissement colonial
Description du site : Cité qui était le principal comptoir commercial anglais sur la côte est du sous-continent indien et qui a, par conséquent, été fortifiée (p. 101).

80 L8 Arikamedu
Ier siècle av. J.-C.
Situation : Inde
Type de site : Ancien port
Description du site : Vestiges d'une vieille ville et d'entrepôts laissant supposer l'existence d'échanges commerciaux avec l'Empire romain. On a, en effet, retrouvé des céramiques d'Arezzo, des amphores et des monnaies romaines.

81 L8 Karaikadu
Ier siècle
Situation : Inde
Type de site : Ville ancienne
Description du site : Etablissement ayant des liens avec Rome, comme le montrent les poteries, les perles de verre, les fragments d'amphores et les jarres, retrouvés sur place.

82 K8 Cochin
xviie siècle
Situation : Inde
Type de site : Etablissement colonial
Description du site : Le fort, fondé au xvie siècle par les Portugais, est toujours debout. L'architecture européenne prédomine encore dans cette ville. A l'intérieur du fort, se trouve l'église de Saint-François datant de 1510 (p. 101).

83 L9 Cimetière de Pomparippu
IIIe siècle av. J.-C.
Situation : Sri Lanka
Type de site : Lieu de sépulture
Description du site : Cimetière où l'on a retrouvé des urnes en terre cuite contenant des pots noirs et rouges de plus petite taille, des bronzes, des lames en fer et des perles.

84 L9 Anurâdhapura
ive siècle av. J.-C.
Situation : Sri Lanka
Type de site : Cité ancienne
Description du site : Centre bouddhique comprenant un certain nombre de vestiges, parmi lesquels des temples, des sculptures et des réservoirs.

85 L9 Mihintale
Ier siècle av. J.-C.
Situation : Sri Lanka
Type de site : Cité bouddhique
Description du site : Site abritant quelques-unes des plus anciennes sculptures bouddhiques du Sri Lanka.

86 L9 Polonnaruwa
IIIe siècle
Situation : Sri Lanka
Type de site : Cité ancienne
Description du site : Capitale de l'ancienne Ceylan qui comporte des ruines de temples et de bâtiments bouddhiques. Ces derniers datent, pour la plupart, du xiie siècle.

87 L9 Sigiriya
IIIe – IIe siècle av. J.-C.
Situation : Sri Lanka
Type de site : Palais-forteresse
Description du site : Capitale fortifiée presque imprenable où l'on a retrouvé les vestiges d'un palais, d'un monastère et d'un lac artificiel, alimenté par un système de canaux.

88 L9 Bellan Bandi
Ier millénaire av. J.-C.
Situation : Sri Lanka
Type de site : Etablissement primitif
Description du site : Site de la culture de Balangoda où les cadavres des habitants étaient inhumés deux par deux.

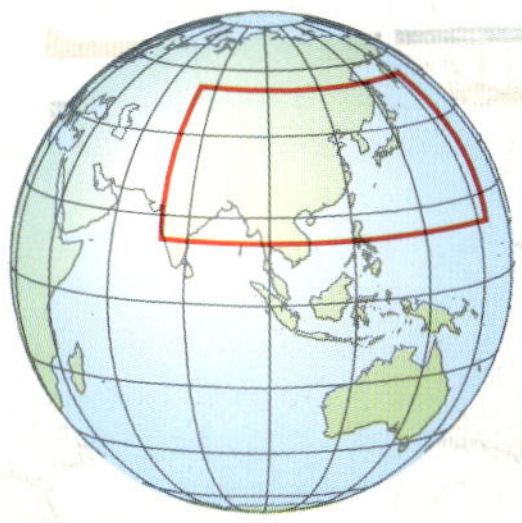

Asie orientale

La carte correspondant à cette liste figure pp. 152-153.

1 C1 Kokorevo
16 000 – 13 000 ans
Situation : Sibérie, Fédération de Russie
Type de site : Chasseurs-cueilleurs
Description du site : Six sites à ciel ouvert témoignant de la culture de Kokorevo et de celle d'Afontova. On a trouvé des lames en forme de coin, des racloirs et des fossiles animaux dans les alluvions du sol.

2 C1 Abakan
IIIe – IIe millénaire av. J.-C.
Situation : Sibérie, Fédération de Russie
Type de site : Etablissement ancien
Description du site : Site d'une ancienne communauté où l'on a retrouvé des tumulus et des idoles de pierre.

3 D1 Pazyryk
ve – IIIe siècle av. J.-C.
Situation : Sibérie, Fédération de Russie
Type de site : Tumulus funéraire
Description du site : Les tombes bien conservées par la glace témoignent de l'existence d'un peuple de cavaliers nomades. Les vestiges comprennent des chaudrons en bronze remplis de charbon. On a retrouvé des chariots en bois à côté des corps inhumés (p. 59).

4 B2 Grotte de Diénissova
25 000 – 14 000 ans
Situation : Sibérie, Fédération de Russie
Type de site : Chasseurs-cueilleurs
Description du site : Site récemment découvert où l'on a mis au jour des racloirs et des burins qui étaient enfouis dans la couche supérieure.

5 F2 Tolbaga
35 000 – 27 000 ans
Situation : Sibérie, Fédération de Russie
Type de site : Chasseurs-cueilleurs
Description du site : Site à ciel ouvert où l'on a déterré des fossiles animaux et des objets, parmi lesquels des burins, des lames retouchées et des racloirs.

6 K4 Grotte de la Société de géographie
32 500 ans
Situation : Sibérie, Fédération de Russie
Type de site : Chasseurs-cueilleurs
Description du site : Site du Paléolithique qui renfermait des nuclei, des éclats et des fossiles d'animaux (mammouths, ours et rhinocéros).

7 F2 Noïn Oula
IIe siècle av. J.-C. – IIe siècle apr. J.-C.
Situation : Mongolie
Type de site : Tumulus funéraire
Description du site : Tombes de cavaliers nomades xiongnu qui pourraient être celles de chefs. Parmi les découvertes figurent des plaques en bronze et des ornements de ceinture.

8 A6 Tholing
XVe – XVIe siècle
Situation : Tibet, Chine
Type de site : Cité bouddhique
Description du site : Ancienne capitale du royaume de Guge comprenant les ruines d'un important monastère. Il ne reste que 3 temples, mais certaines peintures murales sont en très bon état.

9 A6 Tsaparang
XVIe siècle
Situation : Tibet, Chine
Type de site : Cité tibétaine
Description du site : Capitale en ruines du royaume de Guge où il reste des ruines bouddhiques avec des peintures murales d'inspiration tantrique.

10 C4 Tumulus de la rivière Kongque
IIe millénaire av. J.-C.
Situation : Chine
Type de site : Tumulus funéraire
Description du site : Tombes anciennes qui renfermaient des figurines représentant des divinités. La plupart des morts serraient dans leurs mains des pierres lisses, probablement des talismans. On a aussi découvert des piquets en bois, disposés en cercles concentriques.

11 C4 Loulan
Début du Ier millénaire apr. J.-C.
Situation : Chine
Type de site : Centre bouddhique
Description du site : Centre fortifié prospère situé sur la Route de la Soie qui, à une époque, avait son bureau de poste, son hôpital, des écoles et son propre gouvernement. Le désert a bien conservé les objets. On a retrouvé une momie, des tissus, des outils et des tablettes en bois, ainsi que des lettres et des documents juridiques.

12 D4 Grottes de Mogao
IVe siècle
Situation : Chine
Type de site : Art rupestre
Description du site : Ce sont les grottes bouddhiques dans lesquelles l'art rupestre a été le mieux conservé. Une grotte contenait une copie du plus ancien livre imprimé.

13 E4 Jiayuguan
XIVe siècle
Situation : Chine
Type de site : Etablissement fortifié
Description du site : Forteresse édifiée pour protéger l'extrémité ouest de la Grande Muraille de Chine. Restaurée en 1988, elle comprend un pavillon, un temple et un théâtre à ciel ouvert à l'intérieur de ses murs.

14 E5 Dunhuang
IVe – XIVe siècle
Situation : Chine
Type de site : Temple rupestre
Description du site : Ce site comprend près de 500 temples rupestres, décorés de peintures murales et creusés dans des collines calcaires. On a retrouvé des peintures et des manuscrits.

15 F5 Grottes de Binglingsi
VIIe – Xe siècle
Situation : Chine
Type de site : Temple rupestre
Description du site : Temples bouddhiques rupestres contenant des peintures murales et des milliers de sculptures et de statues en argile.

16 F5 Shuitongkou
50 000 – 10 000 ans
Situation : Chine
Type de site : Chasseurs-cueilleurs
Description du site : Site de la fin du Paléolithique qui a livré des fossiles de bisons, des lames, des éclats retouchés et des outils faits à partir de galets.

17 F6 Shizhao
IVe – IIIe millénaire av. J.-C.
Situation : Chine
Type de site : Etablissement ancien
Description du site : Centre du site de Maijayo où l'on a retrouvé de jolies céramiques peintes ornées de motifs géométriques et de dessins en spirale.

18 F6 Fenghuansgshan
IIe siècle av. J.-C.
Situation : Chine
Type de site : Tombes des Zhou
Description du site : Découverte de la tombe en bois d'une femme noble renfermant 100 objets laqués, parmi lesquels de grands plats, des récipients à vin et des figures en bois représentant des serviteurs. On a également trouvé des soieries, des coupes en bambou, des miroirs en bronze et des céramiques. La liste de tous les biens figurait sur 74 planches en bois.

19 F6 Sanxingdui
IIIe – IIe millénaire av. J.-C.
Situation : Chine
Type de site : Cité ancienne
Description du site : pp. 47, 56.

20 F6 Xinjin
Ier – IIIe siècle
Situation : Chine
Type de site : Sépulture des Han de l'Est
Description du site : Sépulture rupestre de 4 chambres funéraires dans lesquelles on a retrouvé 6 cercueils et 156 objets, parmi lesquels le modèle d'un paysan et d'une rizière.

21 E8 Shizhaishan
Fin du Ier millénaire av. J.-C.
Situation : Chine
Type de site : Nécropole des Zhou
Description du site : Tombes qui ont livré des bronzes datant du royaume de Dian, des armes en fer, des motifs représentant des animaux et des hommes, ainsi que des tambours.

22 F8 Hua Shan
IIe siècle av. J.-C.
Situation : Chine
Type de site : Art rupestre
Description du site : On a retrouvé dans la «Montagne des fleurs» des peintures rupestres représentant des hommes, des tambours en bronze et des épées dont les poignées étaient en forme d'anneau. Il y a 1 819 figures en tout.

23 G8 Canton (Guangzhou)
XVIe siècle
Situation : Chine
Type de site : Etablissement colonial
Description du site : Une des plus vieilles cités chinoises, devenue plus tard un poste commercial. Les Jésuites et les Britanniques y avaient installé des manufactures de thé et de soieries (p. 101).

24 G7 Mawangdui
Ier siècle av. J.-C.
Situation : Chine
Type de site : Tumulus funéraire
Description du site : Tombes des Han de l'Ouest qui étaient enfouies à 20 m de profondeur. Les peintures murales illustrent des scènes de la vie quotidienne. Les tombes renfermaient des objets en or, en bronze et en jade.

25 F6 Beishouling
Ve – IVe millénaire av. J.-C.
Situation : Chine
Type de site : Etablissement néolithique
Description du site : Village de la culture de Yangshao où l'on a trouvé des vestiges de maisons ainsi que des céramiques et des outils en pierre.

26 F6 Zhangjiapo
Xe – IXe siècle av. J.-C.
Situation : Chine
Type de site : Cimetière des Zhou occidentaux
Description du site : Les tombes renfermaient des sculptures, des pendentifs et des récipients en bronze. On a aussi découvert des objets en jade du Néolithique, datant de la culture de Shangjie (ou Shang-chieh), que les familles s'étaient probablement transmis de génération en génération.

27 F6 Langjiagou
IIe siècle av. J.-C.
Situation : Chine
Type de site : Tumulus funéraire
Description du site : Site des Han occidentaux où l'on a retrouvé un grand nombre de figurines de soldats en poterie non loin de tombes de ministres. Les 1 000 figurines étaient rangées en ordre de bataille, elles portaient des habits et des boucliers.

28 G6 Banpocun
Début du IVe millénaire av. J.-C.
Situation : Chine
Type de site : Village néolithique
Description du site : Village fortifié de la culture de Yangshao où l'on pratiquait l'agriculture sur le mode de la rotation des cultures. On a retrouvé les vestiges de 46 maisons, de 90 foyers et de 200 puits de stockage. Parmi les découvertes figurent aussi des récipients en argile, des textiles, des ustensiles, des ornements et d'étonnantes céramiques. Les villageois cultivaient le millet et possédaient des cochons et des chiens.

29 G6 Lintong
IIe siècle av. J.-C.
Situation : Chine
Type de site : Tumulus funéraire
Description du site : Sépulture du premier empereur de Chine, Qin Shi Huangdi, qui, à une certaine époque, renfermait un grand nombre de trésors. On a découvert 7 000 soldats et chevaux en terre cuite et ce qu'on pense être un modèle réduit de palais. Beaucoup de guerriers portaient des armes en bronze.

30 G6 Lantian
700 000 ans
Situation : Chine
Type de site : Chasseurs-cueilleurs
Description du site : Site du Paléolithique inférieur où l'on a retrouvé des ustensiles taillés et les fossiles d'un *Homo erectus*.

31 G5 Temple de Famen
IIIe siècle
Situation : Chine
Type de site : Temple bouddhique
Description du site : Edifié pour abriter les reliques sacrées de Sâkyamuni, le temple a été détruit par un glissement de terrain qui a révélé l'existence d'une ancienne crypte. Cette dernière renfermait un grand nombre d'objets : 2 400 objets en or et en argent, des céramiques vernies, de la porcelaine, de la poterie, des bijoux et des textiles.

32 G5 Taosi
Milieu du IIIe millénaire av. J.-C.
Situation : Chine
Type de site : Cimetière de la période de Longshan
Description du site : Sépultures contenant des objets parmi lesquels figurent un grand plat peu profond dont l'intérieur était orné d'un dessin de serpent, représentant le dragon tant révéré dans la Chine ancienne. Un petit nombre de tombes renfermait des biens, mais l'on a quand même retrouvé près de 200 objets, dont 14 récipients en céramique dans l'une d'entre elles.

33 G6 Erlitou
IIe millénaire av. J.-C.
Situation : Chine
Type de site : Cité ancienne
Description du site : Deux enceintes de palais qui ont livré 4 récipients à vin en bronze *jue*, datant du début du IIe millénaire av. J.-C.

34 G6 Grottes de Longmen
VIe – VIIe siècle
Situation : Chine
Type de site : Temple rupestre
Description du site : Grottes contenant plus de 100 000 images représentant la plupart du temps le Bouddha et ses disciples.

35 G6 Parc Jingu
IIe – IIIe siècle
Situation : Chine
Type de site : Sépulture
Description du site : Grande tombe en briques contenant 2 chambres funéraires et datant de la fin de la période des Han orientaux. Elle renfermait de nombreux objets dont un miroir inscrit.

36 G6 Jianxi Xilihe
IIe siècle
Situation : Chine
Type de site : Sépulture han
Description du site : Tombe de briques en forme de T comprenant un certain nombre de chambres annexes. On a retrouvé, entre autres, une grande lampe en forme d'arbre, ornée de nombreuses figures.

37 G6 Xichuan
VIe siècle av. J.-C.
Situation : Chine
Type de site : Cimetière ancien
Description du site : Une grande tombe principale entourée par des tombes moins importantes contenant des objets en bronze. D'autres objets indiquent que le cimetière était destiné aux membres importants de l'Etat de Chu. Un puits contenait les fossiles de 19 chevaux et de 6 chars. On a retrouvé dans une autre tombe plus de 500 objets en bronze, dont 26 cloches.

38 G6 Leigudun
433 av. J.-C.
Situation : Chine
Type de site : Sépulture dynastique
Description du site : Tombe en bois qui se révéla être celle du «marquis» Yi de la principauté de Zeng. Elle est composée de 4 chambres et d'une grande pièce centrale. On a retrouvé un grand nombre de cloches et 70 bronzes rituels, 9 *shin ding* (tripodes), 8 *gui* (récipients rituels), un oiseau sculpté et un coffre peint contenant des vêtements.

39 H7 Tonglushan
Ier millénaire av. J.-C.
Situation : Chine
Type de site : Mine de cuivre
Description du site : L'exploitation et le raffinage du minerai de cuivre étaient indispensables pour alimenter l'abondante production de bronzes. Le cuivre fut surtout extrait sous la dynastie des Zhou. On a retrouvé dans les puits des haches en bronze, des marteaux et des pelles en bois.

40 G5 Huixian
IIe millénaire av. J.-C.
Situation : Chine
Type de site : Cité ancienne
Description du site : Site d'une ancienne cité importante sous la dynastie des Shang. Les fouilles ont révélé la présence de 27 tombes intactes. On a retrouvé les vestiges d'un char muni de roues à rayons. Ces dernières n'apparaîtront en Europe que 2 000 ans plus tard.

41 G5 Liulihe
XIe – Xe siècle av. J.-C.
Situation : Chine
Type de site : Cité ancienne
Description du site : Centre de l'Etat de Yan où l'on a découvert un grand cimetière. Parmi les objets retrouvés figurent des bronzes inscrits de l'époque des Zhou et des masques en bronze représentant des hommes.

42 G6 Zhengzhou
XVIIe – XIe siècle av. J.-C.
Situation : Chine
Type de site : Cité ancienne
Description du site : Capitale de la dynastie des Shang où l'on a retrouvé un palais fortifié et un lieu de culte, entourés par des maisons et des ateliers. Les cimetières se trouvaient hors des murs de la ville (p. 47).

43 G5 Cishan
VIe millénaire av. J.-C.
Situation : Chine
Type de site : Etablissement néolithique
Description du site : Site où l'on a trouvé des traces de cultures sur brûlis. On a fouillé les puits de stockage, les maisons-fosses et les tombes. On a mis au jour des meules, des serpes en pierre, des tripodes et des outils de pêche en os et en pierre. Les villageois domestiquaient des cochons et des chiens.

44 G5 Anyang
XIIIe siècle av. J.-C.
Situation : Chine
Type de site : Cité ancienne
Description du site : Grand site du royaume Shang et lieu de culte connu grâce aux écrits de l'époque Shang. Il comprend la fameuse cité de Yin, entourée d'un vaste territoire de 24 km^2 où l'on trouve des villages, des ateliers et des cimetières. Les palais royaux et la cité sont situés au sud de la rivière Huan, le cimetière royal au nord. On a découvert des hameaux, des fermes et des ateliers de fabrication d'objets en bronze et en os, ainsi que des tombes riches en bronzes et en soieries, bien travaillés (pp. 35, 47).

45 G5 Xiaotun
Fin du IIe millénaire av. J.-C.
Situation : Chine
Type de site : Cité ancienne
Description du site : Les fouilles ont révélé un palais avec plusieurs enceintes comprenant des tours de guet, des autels et des salles réservées à la célébration d'un culte ancestral. Les fondations des plates-formes renfermaient des sépultures qui pourraient être celles de personnes sacrifiées.

46 H5 Xibeigang
Début du IIe millénaire av. J.-C.
Situation : Chine
Type de site : Ensemble de sépultures
Description du site : Il s'agit des plus impressionnants cimetières de la dynastie Shang comprenant la tombe de Fu Hao, 11 tombes creusées dans un puits et plus de 2 000 petites tombes. Les fouilles ont permis de mettre au jour des cauris utilisés comme monnaie à l'époque, ainsi que des haches de guerre ornées de motifs représentant des têtes d'animaux.

47 G4 Yungang
Ve siècle
Situation : Chine
Type de site : Grotte bouddhique
Description du site : Grottes comprenant un certain nombre de monuments bouddhiques où l'on a trouvé des objets étrangers, entre autres, des armes perses et byzantines. Les murs sont décorés d'images bouddhiques et de très grandes représentations du Bouddha.

48 G5 Shiyu
30 000 ans
Situation : Chine
Type de site : Chasseurs-cueilleurs
Description du site : Les fouilles ont livré des fossiles d'hommes et de 14 espèces animales, des nuclei microlithiques et des lames.

49 H5 Lingshou
Ve – IIIe siècle av. J.-C.
Situation : Chine
Type de site : Cité ancienne
Description du site : Capitale de l'Etat de Zhongshan où l'on a fouillé 30 tombes et découvert plus de 2 000 objets en bronze. Le tumulus funéraire du roi Cuo (323-311 av. J.-C.) a montré que celui-ci avait été enterré avec sa femme, ses serviteurs, ses chevaux, ses chars et ses bateaux. Une plaque en bronze indiquait le plan de la tombe, enfouie sous des temples funéraires.

50 H5 Yanxiadu
IVe siècle av. J.-C.
Situation : Chine
Type de site : Cité ancienne
Description du site : Capitale de l'Etat de Yan où l'on a mis au jour une tombe datant de la fin des Royaumes combattants contenant des armes et une armure en fer. Les fouilles ont montré qu'un acier à haute teneur en charbon avait été élaboré pour la fabrication des armes.

51 H4 Grotte de Zhoukoudian
7000 000 – 200 000 ans
Situation : Chine
Type de site : Chasseurs-cueilleurs
Description du site : Grotte où l'on a retrouvé les fossiles d'un *Homo erectus* connu sous le nom de l'homme de Pékin. Un niveau archéologique plus tardif (7500 av. J.-C.) a livré les premières parures fabriquées à partir des os de tigres, de léopards, d'ours et de cerfs. Les os étaient taillés et attachés ensemble pour faire des pendentifs, des colliers et des boucles d'oreilles (p. 13).

52 G4 La Grande Muraille
IIe siècle av. J.-C.
Situation : Chine
Type de site : Fortification
Description du site : La construction d'un mur de 5 000 km de long a été commencée sous la dynastie Qin pour relier les différents royaumes. C'est à Badaling, près de Pékin, que le mur a été le plus restauré (p. 59).

53 H4 Mancheng
100 av. J.-C.
Situation : Chine
Type de site : Sépulture royale
Description du site : Tombe creusée dans le roc de Liu Sheng et de Du Wan enterrés avec des linceuls de jade. La tombe était recouverte de bois et de briques et renfermait des objets en bronze, en argent et en or.

54 H4 Dingling
1583
Situation : Chine
Type de site : Tombe Ming
Description du site : Sépulture

construite pour l'empereur Wanli, de la dynastie Ming. L'ensemble comprenait des tombes souterraines avec des lieux de culte au-dessus. On a retrouvé des trônes en marbre et des coffres remplis de trésors, ainsi que de nombreux objets précieux en argent. Wanli était enterré avec 2 femmes et des objets funéraires, parmi lesquels des ustensiles en or et en argent et la «couronne au phénix» de l'impératrice.

55 H4 Niuheliang
Milieu du IVe millénaire av. J.-C.
Situation : Chine
Type de site : Lieu de culte
Description du site : Temple où l'on a découvert des tombes et des figurines féminines en argile. On a mis au jour des tombes recouvertes de pierres, situées sous des tumulus et renfermant des objets en jade ou autres.

56 H4 Hongshan
Fin du IVe millénaire av. J.-C.
Situation : Chine
Type de site : Etablissement néolithique
Description du site : Site comprenant d'importants vestiges, entre autres, des enceintes de pierre et un temple. On a trouvé des objets en jade et des statues de femmes grandeur nature.

57 H4 Xinglongwa
VIe millénaire av. J.-C.
Situation : Chine
Type de site : Etablissement néolithique
Description du site : Village ancien où l'on a trouvé des objets, parmi lesquels figure la sculpture en pierre d'une personne agenouillée.

58 I4 Xinle
Fin du VIe millénaire av. J.-C.
Situation : Chine
Type de site : Etablissement néolithique
Description du site : Village ancien où l'on cultivait le millet. On a retrouvé des amas coquilliers et des poteries similaires aux poteries coréennes au peigne (Chulmun).

59 H5 Sufutun
IIe millénaire av. J.-C.
Situation : Chine
Type de site : Ensemble funéraire
Description du site : Fosse funéraire Shang comprenant la chambre funéraire principale et des squelettes d'hommes et de chiens sacrifiés. On a découvert dans les tombes de grandes haches en bronze, des jades, des poteries et des cauris.

60 H6 Yingpashan
Début du IIIe millénaire av. J.-C.
Situation : Chine
Type de site : Cimetière ancien
Description du site : Ensemble funéraire du Néolithique où l'on a découvert des statues de têtes humaines en argile, ainsi que des colliers et des coiffes en jade.

61 I6 Fanshan
IIIe millénaire av. J.-C.
Situation : Chine
Type de site : Etablissement primitif
Description du site : Centre Liangzhu où l'on a fouillé un grand nombre de tombes. On a retrouvé des jades rituels *(congs)* dont les coins sont décorés de têtes portant des coiffes en plumes. Parmi les objets, on a découvert des disques, des céramiques, des haches en pierre et des objets en jade accompagnant chaque sépulture.

62 I7 Hemudu
Début du VIe – fin du Ve millénaire av. J.-C.
Situation : Chine
Type de site : Etablissement primitif
Description du site : Village du Néolithique constitué de maisons sur pilotis. On a découvert des fossiles animaux, des dépôts de grains de riz et de la paille. Les habitants possédaient des chiens, des cochons et des buffles.

63 J5 Lolang
Ier siècle av. J.-C.
Situation : Corée du Nord
Type de site : Etablissement primitif
Description du site : Colonie fondée sous la dynastie des Han où subsistent un grand nombre de bâtiments administratifs et des centaines de tombes. On a mis au jour, entre autres, des céramiques et quelques objets en métal.

64 J4 Kulpori
50 000 ans
Situation : Corée du Nord
Type de site : Chasseurs-cueilleurs
Description du site : La découverte de huttes dans le roc atteste l'existence de lieux d'habitation durant cette période.

65 J5 Amsa-Dong
Ve – IIe millénaire av. J.-C.
Situation : Corée du Sud
Type de site : Etablissement primitif
Description du site : Village chulmun où l'on a fouillé 12 habitations souterraines. On a mis au jour des moulins à bras et des poids de filet utilisés pour la pêche.

66 J5 Mongchoon
IIIe – Ve siècle
Situation : Corée du Sud
Type de site : Etablissement ancien
Description du site : Le site était probablement un important centre du royaume de Paekche. On a découvert des maisons souterraines, des puits de stockage, des harnachements de chevaux en fer et une armure constituée de plaques d'os.

67 J5 Muryong
Début du VIe siècle
Situation : Corée du Sud
Type de site : Tumulus funéraire
Description du site : Tombe du royaume de Paekche dans laquelle on a trouvé un ensemble de baguettes et de cuillères, des affaires de toilette, des sculptures en verre et une planche sur laquelle des inscriptions étaient gravées.

68 J5 Sinan
XIVe siècle
Situation : Corée du Sud
Type de site : Epave
Description du site : Epave d'un bateau de commerce dans laquelle on a découvert plus de 17 000 pièces de poterie, 18,5 t de monnaies, ainsi que d'autres objets en pierre, laque et métal.

69 J6 Songguk
Ve siècle av. J.-C.
Situation : Corée du Sud
Type de site : Etablissement agricole
Description du site : Site d'un village agricole où l'on a découvert des maisons souterraines et une ciste en pierre.

70 J6 Wando
XIe siècle
Situation : Corée du Sud
Type de site : Epave
Description du site : Epave d'un bateau coréen traditionnel contenant plus de 30 000 céladons.

71 J5 Osan-ni
VIIe millénaire av. J.-C.
Situation : Corée du Sud
Type de site : Etablissement néolithique
Description du site : Site d'un village primitif où l'on a mis au jour les plus anciennes poteries au peigne (Chulmun).

72 J5 Anapchi
VIIe siècle
Situation : Corée du Sud
Type de site : Complexe palatial
Description du site : Grand palais lié au royaume de Silla. On a découvert dans l'étang du jardin des représentations bouddhiques, des pirogues, de la poterie, des récipients en bois et des tablettes en bois gravées, ainsi que des carreaux.

73 J5 Tombe du «cheval céleste»
Ve siècle
Situation : Corée du Sud
Type de site : Tumulus funéraire
Description du site : Tombe du Silla constituée d'une chambre funéraire intérieure recouverte de terre et de galets. Elle renfermait le cercueil d'un homme qui portait une couronne en or et une ceinture ornée de perles peintes. On a, par ailleurs, retrouvé dans la tombe des harnachements, des laques, des coupes en verre et des cornes de bœufs.

74 M4 Shirataki
13 000 ans av. J.-C.
Situation : Japon
Type de site : Chasseurs-cueilleurs
Description du site : Site type de la culture de Yubetsu et d'une industrie microlithique. On a retrouvé des objets de Shirataki dans des coins aussi éloignés que la Mongolie, à l'est, et l'Alaska, au nord.

75 L4 Kamegaoka
Xe – IVe siècle av. J.-C.
Situation : Japon
Type de site : Etablissement primitif
Description du site : Site d'un village jômon où l'on a découvert des récipients en bois laqués, des ornements en pierre et des figurines en céramique.

76 L4 Babadan
70 000 – 50 000 ans
Situation : Japon
Type de site : Chasseurs-cueilleurs
Description du site : Lieu de fouille qui a donné matière à controverses car la découverte d'outils en pierre laisse supposer une présence humaine au Japon plus ancienne que ce que l'on pensait.

77 L5 Fudodo
IIIe millénaire av. J.-C.
Situation : Japon
Type de site : Etablissement primitif
Description du site : Site d'un village datant du milieu de la période jômon où l'on a retrouvé 16 trous destinés aux fondations d'un grand bâtiment oval, ainsi que 4 foyers entourés de pierres.

78 L5 Iwajuku
22 000 – 17 000 ans
Situation : Japon
Type de site : Chasseurs-cueilleurs
Description du site : Site paléolithique qui a livré des lames, des racloirs et des hachoirs (choppers).

79 L5 Ubayama
IIIe millénaire av. J.-C.
Situation : Japon
Type de site : Etablissement primitif
Description du site : Tumulus de coquillages qui a révélé 6 types de fosses, laissant supposer l'existence d'une grande variété d'habitations. Une fosse renfermait 5 squelettes. Le site a donné son nom à un type de poterie jômon.

80 L5 Tumulus de Kamihongo
Fin du IVe millénaire av. J.-C.
Situation : Japon
Type de site : Etablissement primitif
Description du site : Neuf tumulus renfermaient des poteries d'Ubayama.

81 L5 Kasori
Ve millénaire av. J.-C.
Situation : Japon
Type de site : Etablissement primitif
Description du site : Immense amas coquillier. Les couches successives de coquilles et de cendres laissent penser qu'il s'agissait à l'origine d'un camp saisonnier et surtout d'un site de pêche. On a fouillé près de 50 maisons souterraines.

82 L5 Idojiri
IIIe millénaire av. J.-C.
Situation : Japon
Type de site : Etablissement primitif
Description du site : Site comprenant 50 localités dispersées, représentatives du milieu de la période jômon. On a découvert un grand nombre de moulins à bras en pierre et des restes de nourriture.

83 K5 Torihama
VIIe – Ve millénaire av. J.-C.
Situation : Japon
Type de site : Etablissement primitif
Description du site : Site immergé qui avait conservé des formes d'horticulture et des objets en os et en bois, parmi lesquels figuraient des canoës, des pagaies, des arcs de chasse, des manches d'outils et des jattes.

84 K6 Karako
Fin du Ier millénaire av. J.-C.
Situation : Japon
Type de site : Etablissement agricole

Description du site : Les fouilles ont prouvé qu'il s'agissait d'un village rizicole Yayoi, entouré d'un fossé double.
On a découvert des puits de stockage.

85 K6 Horyuji
viie siècle
Situation : Japon
Type de site : Monastère
Description du site : Monastère gardant l'empreinte du style continental. Il fut la proie des flammes en 670 et fut reconstruit en 711.

86 K6 Heijo
viiie siècle
Situation : Japon
Type de site : Cité ancienne
Description du site : Palais et capitale de l'Etat du Ritsuryo qui comprennent de nombreux temples bouddhiques anciens, parmi lesquels le temple à 5 étages de Kofuku, une grande statue en bronze, et le grand sanctuaire shinto de Kasuga. On a retrouvé des objets datant de plus de 1 000 ans dans un entrepôt en rondins.

87 K6 Takamatsuzuka
Fin du viie siècle
Situation : Japon
Type de site : Tumulus funéraire
Description du site : Tombe à tumulus de la période Kofun comprenant une chambre en pierre décorée de peintures murales représentant les 5 directions cardinales chinoises.

88 K6 Fujinoki
viie siècle
Situation : Japon
Type de site : Tumulus funéraire
Description du site : Tombeau dans lequel on a retrouvé un sarcophage en pierre contenant une collection de harnachements et des ornements en bronze.

89 K6 Asuka
vie – viie siècle
Situation : Japon
Type de site : Complexe palatial
Description du site : Grand site du Yamato dont les bâtiments comprennent le plus ancien temple bouddhique du Japon, l'Asuka-dera.

90 K6 Fujiwara
viie siècle
Situation : Japon
Type de site : Cité ancienne
Description du site : Capitale bâtie sur le modèle de la ville chinoise de Chang'an. Elle fut abandonnée au bout de seulement 20 ans.

91 K6 Nintoku
ve siècle
Situation : Japon
Type de site : Tumulus funéraire
Description du site : Grand tombeau dit «en trou de serrure» de 485 m contenant le corps de l'empereur Nintoku.

92 K6 Kami-Kuroiwa
IXe millénaire av. J.-C.
Situation : Japon
Type de site : Etablissement primitif
Description du site : Site rupestre de la période jômon où l'on a retrouvé des céramiques anciennes et des statuettes féminines.

93 J6 Dazaifu
viiie siècle
Situation : Japon
Type de site : Centre administratif
Description du site : Centre administratif lié à l'Etat de Ritsuryo où l'on a retrouvé les fondations de quelques bâtiments.

94 J6 Fukui
12 700 ans
Situation : Japon
Type de site : Chasseurs-cueilleurs
Description du site : Grotte qui a livré les plus vieilles poteries jômon connues au monde. On a aussi mis au jour des microlithes en obsidienne portant l'empreinte de cordes.

95 J6 Yoshinogari
ier siècle av. J.-C.
Situation : Japon
Type de site : Etablissement yayoi
Description du site : Site d'un village où l'on a retrouvé des vestiges de tours de guet et d'habitations à demi enterrées, ainsi que des puits de stockage.
Les cimetières ont livré plus de 2 000 jarres. Un tombeau renfermait un poignard en bronze et des perles.

96 K6 Saitobaru
ve – vie siècle
Situation : Japon
Type de site : Cimetière
Description du site : Plusieurs de ces grands tumulus funéraires, couvrant plusieurs kilomètres carrés, sont en «trous de serrure».

97 I8 Dapenkeng
VIe – Ve millénaire av. J.-C.
Situation : Taiwan
Type de site : Etablissement primitif
Description du site : Village où l'on a retrouvé des poteries. Les habitants prenaient des plantes pour faire des cordages. Ils les utilisaient pour décorer les pots et pour fabriquer des filets de pêche.

98 I8 Fengbitou
2 400 – 1 800 ans av. J.-C.
Situation : Taiwan
Type de site : Etablissement néolithique
Description du site : Site néolithique de la culture de Fengbitou.

99 G8 Macao
xvie siècle
Situation : Macao
Type de site : Colonie
Description du site : Ville commerciale portugaise qui comprend des éléments d'architecture ancienne parmi lesquels figurent les ruines de São Paulo et une forteresse (p. 101).

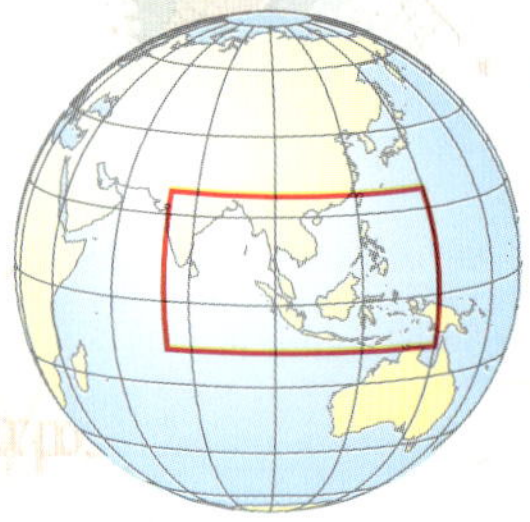

Asie du Sud-Est

La carte correspondant à cette liste figure pp. 154-155.

1 F1 Halin
ier siècle
Situation : Birmanie
Type de site : Cité ancienne
Description du site : Ancienne cité fortifiée entourée d'un fossé. Elle présente des vestiges bouddhiques et brahmaniques.

2 F2 Pagan
IXe siècle
Situation : Birmanie
Type de site : Cité ancienne
Description du site : Centre bouddhique, aujourd'hui constitué en majeure partie de ruines, qui comprend près de 5 000 temples et stupas. Les plus vieux bâtiments sont 2 sanctuaires dédiés aux *nat* (génies tutélaires). Les livres du monastère se trouvaient dans une bibliothèque du XIe siècle.

3 F2 Peikthano
ier – ve siècle
Situation : Birmanie
Type de site : Etablissement bouddhique
Description du site : Centre bouddhique ancien comprenant les vestiges de plus de 100 bâtiments en briques, entourés par un mur en briques crues. Des tumulus en briques abritant des cryptes contiennent un certain nombre d'urnes funéraires. Non loin de ces derniers, on peut voir les vestiges d'un monastère.

4 F2 Sriksetra
viie siècle
Situation : Birmanie
Type de site : Ancienne cité
Description du site : Ancienne capitale et centre religieux de forme circulaire. Ce site comprend la pagode du Shwesandaw qui était entourée par 83 autres temples.

5 F2 Padah Lin
13 000 ans
Situation : Birmanie
Type de site : Chasseurs-cueilleurs
Description du site : Grotte où l'on a retrouvé des outils hoabinhiens et d'autres vestiges.

6 F3 Pegu
IXe siècle
Situation : Birmanie
Type de site : Cité ancienne
Description du site : Ancienne capitale du royaume Mon, dont les ruines incluent un vieux mur et un fossé.

7 F3 Thaton
Début du Ier millénaire
Situation : Birmanie
Type de site : Cité ancienne
Description du site : Port qui a subi l'influence de l'Inde et est devenu un centre bouddhique.

8 G2 Wat Padeang
xve siècle
Situation : Thaïlande
Type de site : Ensemble de temples
Description du site : Site religieux comprenant 25 tumulus recouvrant des monuments en ruines. On trouve aussi 4 remparts successifs.

9 G2 Grotte de l'Esprit
xe siècle av. J.-C.
Situation : Thaïlande
Type de site : Chasseurs-cueilleurs
Description du site : Etablissement primitif où les villageois se nourrissaient de coquillages et de poissons, d'amandes et de noix. On a trouvé des signes laissant penser qu'ils cultivaient des plantes, fabriquaient des outils en pierre et des poteries (p. 13).

10 G3 Sukhotaï
xiiie siècle
Situation : Thaïlande
Type de site : Centre bouddhique
Description du site : Ancien Etat thaïlandais où l'on a trouvé les ruines de plusieurs temples, des images bouddhiques et des poteries en grès vernis.

11 G3 U Thong
xiie siècle
Situation : Thaïlande
Type de site : Centre bouddhique
Description du site : Grand établissement comportant des ruines hindoues et bouddhiques, entouré d'un fossé et situé au milieu d'une route commerciale.
Ce site a donné son nom à un style d'art bouddhique.

12 G3 Ban Kao
IXe millénaire av. J.-C.
Situation : Thaïlande
Type de site : Cimetière du Néolithique
Description du site : Grande sépulture de 44 tombes où l'on a déterré des herminettes en pierre polie et des poteries (p. 25).

13 G4 Nakhon Pathom
viie – xe siècle
Situation : Thaïlande
Type de site : Centre bouddhique
Description du site : Vaste établissement entouré de fossés qui pourrait avoir été une capitale de l'Etat de Dvaravati.
Il comporte d'importants monuments bouddhiques. On a retrouvé des objets en bronze, parmi lesquels des cloches et des cymbales.

14 G3 Pho Noi
IIe millénaire av. J.-C.
Situation : Thaïlande
Type de site : Cimetière ancien
Description du site : Les fouilles de 3 parties de ce site ont mis au jour 26 tombeaux. On a découvert des récipients en poterie, des herminettes en pierre polie, ainsi que des colliers de pierres et de coquillages.

15 G3 LOPBURI
IIe MILLÉNAIRE AV. J.-C.
SITUATION : Thaïlande
TYPE DE SITE : Etablissement primitif
DESCRIPTION DU SITE : Site se trouvant à proximité de régions productrices de cuivre et de bronze. Entre le XIe et le XIIIe siècles, il devient un important centre culturel.

16 G3 LE CAMP PORTUGAIS
XVIe SIÈCLE
SITUATION : Thaïlande
TYPE DE SITE : Etablissement colonial
DESCRIPTION DU SITE : Communauté portugaise résidant dans la capitale de l'époque dotée de trois églises. Parmi les objets retrouvés figurent des colliers, des monnaies, des poteries et une croix.

17 G4 KHOK PHNOM DI
IIe MILLÉNAIRE AV. J.-C.
SITUATION : Thaïlande
TYPE DE SITE : Etablissement primitif
DESCRIPTION DU SITE : Tumulus comportant des preuves de la culture du riz et de la domestication d'animaux. Parmi les trouvailles figurent des poteries, des coquillages, des perles, des herminettes polies, des enclumes et les tombeaux de plus de 150 personnes.

18 G4 KO SI CHANG
XVIe SIÈCLE
SITUATION : Thaïlande
TYPE DE SITE : Epave
DESCRIPTION DU SITE : Des fouilles sous-marines ont mis au jour des vestiges du bateau, des poteries, des céramiques chinoises, des objets en bronze et des fragments de laques.

19 H2 BAN CHIANG
IIIe MILLÉNAIRE AV. J.-C.
SITUATION : Thaïlande
TYPE DE SITE : Etablissement primitif
DESCRIPTION DU SITE : Habité pendant plusieurs périodes, le site a livré des objets en bronze réalisés à l'aide de techniques métallurgiques sophistiquées, ainsi que des poteries décorées, comprenant des céramiques rouges-sur-crème et des céramiques noires incisées.

20 H3 BAN NA DI
1500 AV. J.-C. – 200 APR. J.-C.
SITUATION : Thaïlande
TYPE DE SITE : Etablissement ancien
DESCRIPTION DU SITE : Village bâti sur une éminence où ont été découvertes de nombreuses tombes. Dans l'une d'elles, celle d'un homme, on trouve un récipient contenant des fragments d'arêtes et des figurines d'argile (p. 35).

21 G3 NON PRAW
Xe – VIe SIÈCLE AV. J.-C.
SITUATION : Thaïlande
TYPE DE SITE : Cimetière primitif
DESCRIPTION DU SITE : Cimetière de l'Age du bronze à 4 niveaux, comprenant 25 tombes. On y a trouvé des poteries, des bracelets de coquillages et des perles en forme de disque. Des tombes plus récentes contiennent des bronzes, notamment des bracelets et des haches à douille.

22 H3 NON NOK THA
IIe MILLÉNAIRE AV. J.-C.
SITUATION : Thaïlande
TYPE DE SITE : Cimetière primitif
DESCRIPTION DU SITE : 217 tombes, dont 9 témoignent d'un travail du bronze. On y a découvert des poteries, des haches à douille en bronze, des os de cochons, des têtes d'herminettes en pierre et des pierres à aiguiser.

23 H3 PHIMAÏ
IIe SIÈCLE AV. J.-C.
SITUATION : Thaïlande
TYPE DE SITE : Etablissement ancien
DESCRIPTION DU SITE : Poste commercial et de travail du fer, entouré de douves, où ont été découvertes un grand nombre de poteries. Devint une grande cité khmère entre le XIe et le XIIIe siècles apr. J.-C.

24 H3 BURIRAM
DÉBUT DU Ier MILLÉNAIRE APR. J.-C.
SITUATION : Thaïlande
TYPE DE SITE : Cité ancienne
DESCRIPTION DU SITE : Centre recelant de nombreux vestiges bouddhiques et brahmaniques.

25 G5 TAKUA PA
DÉBUT DU IIe MILLÉNAIRE APR. J.-C.
SITUATION : Thaïlande
TYPE DE SITE : Centre bouddhique
DESCRIPTION DU SITE : Centre d'habitation
et de culte ayant des liens avec l'Inde du Sud. On y a trouvé un document portant des inscriptions en tamoul. Il abrite également le temple de Prasat Thom et un réservoir.

26 H4 KOH KER
DÉBUT DU Xe SIÈCLE
SITUATION : Cambodge
TYPE DE SITE : Centre ancien
DESCRIPTION DU SITE : Site de la capitale de Jayavarman IV, dotée d'un temple-montagne en son centre, symbole d'une cité royale.

27 H4 ANGKOR
IXe – XIIIe SIÈCLE
SITUATION : Cambodge
TYPE DE SITE : Ensemble de temples
DESCRIPTION DU SITE : La capitale khmère est l'un des sites monumentaux les plus impressionnants d'Asie. Ses temples gigantesques intègrent à la fois des influences hindoues et bouddhiques. La plupart des édifices qui ont survécu datent du XIIe siècle, ils ont une structure très élaborée et sont ornés en relief.

28 H4 SAMBOR PREI KUK
VIIe – VIIIe SIÈCLE
SITUATION : Cambodge
TYPE DE SITE : Cité ancienne
DESCRIPTION DU SITE : Capitale de l'Etat d'Isanapura où une centaine d'édifices s'organisaient autour de 3 places centrales. Des temples contenant des objets, dont un chat en pierre, ont été mis au jour.

29 H4 LAANG SPEAN
VIIe – Ier MILLÉNAIRE AV. J.-C.
SITUATION : Cambodge
TYPE DE SITE : Chasseurs-cueilleurs
DESCRIPTION DU SITE : Grotte préhistorique où ont été découverts des poteries et des outils hoabinhiens.

30 H4 SAMRONG SEN
FIN DU IIe MILLÉNAIRE AV. J.-C.
SITUATION : Cambodge
TYPE DE SITE : Etablissement primitif
DESCRIPTION DU SITE : Centre comprenant un grand nombre de tombes qui traduisent la transition entre l'usage de la pierre et l'usage du bronze. Parmi les objets découverts, on trouve des herminettes en pierre, des moules à faucille en bronze, des haches, des hameçons et des cloches.

31 H2 XIANG KHOUANG
300 AV. J.-C. – 300 APR. J.-C.
SITUATION : Laos
TYPE DE SITE : Etablissement ancien
DESCRIPTION DU SITE : La «Plaine des jarres» recèle de nombreux sites rituels et des jarres funéraires en pierre. Les tombes ont révélé des perles en verre, des bijoux en bronze, des têtes de flèche, des fers de lance, et des cauris.

32 H2 SÔN VI
20 000 – 11 000 ANS
SITUATION : Vietnam
TYPE DE SITE : Chasseurs-cueilleurs
DESCRIPTION DU SITE : Site qui donne son nom à un type d'outils qui précèdent les outils hoabinhiens, et que l'on reconnaît à leurs galets à enlèvements unifaciaux, leurs choppers, leurs grattoirs discoïdes et leurs galets à bords ronds.

33 H2 PHUNG NGUYEN
MILIEU DU IIIe – MILIEU DU IIe MILLÉNAIRE AV. J.-C.
SITUATION : Vietnam
TYPE DE SITE : Etablissement primitif
DESCRIPTION DU SITE : Centre qui traduit la transition entre le Néolithique et les cultures de l'Age du bronze. Il se caractérise par des herminettes en pierre polie et la présence de bronze.

34 H2 CÔ LOA
Ier MILLÉNAIRE AV. J.-C.
SITUATION : Vietnam
TYPE DE SITE : Cité primitive
DESCRIPTION DU SITE : Grande cité qui pourrait avoir été la capitale de l'ancien royaume Au Lac. On y trouve 2 ensembles de fossés et 3 ensembles de remparts. On y a déterré un grand tambour en bronze.

35 H2 DONG DAU
XVe – XIIIe SIÈCLE AV. J.-C.
SITUATION : Vietnam
TYPE DE SITE : Etablissement de l'Age du bronze
DESCRIPTION DU SITE : Site qui donne son nom à une période primitive de travail du bronze et où ont été faites de nombreuses découvertes d'objets en bronze. Beaucoup de moules en pierre utilisés pour fabriquer des outils de travail et des armes ont également été mis au jour.

36 H2 HOA BINH
Xe – IIIe MILLÉNAIRE AV. J.-C.
SITUATION : Vietnam
TYPE DE SITE : Chasseurs-cueilleurs
DESCRIPTION DU SITE : Grotte où a été mise au jour la fabrication d'outils en pierre, qui donne son nom aux objets hoabinhiens qui prévalent dans la région.

37 I3 TRA KIEU
IIIe SIÈCLE
SITUATION : Vietnam
TYPE DE SITE : Cité ancienne
DESCRIPTION DU SITE : Cité en ruines du royaume de Champa qui possède de nombreux édifices religieux. Les sculptures datent du début du Xe siècle et reflètent bien l'art de ce royaume.

38 I3 SA HUYNH
600 AV. J.-C. – 100 APR. J.-C.
SITUATION : Vietnam
TYPE DE SITE : Cité ancienne
DESCRIPTION DU SITE : Etablissement commercial côtier. Un cimetière recèle des jarres funéraires contenant des objets, parmi lesquels on trouve des boucles d'oreilles et des pendants en jade représentant des animaux à 2 têtes.

39 I4 KAUTHARA
VIIIe – IXe SIÈCLE
SITUATION : Vietnam
TYPE DE SITE : Cité ancienne
DESCRIPTION DU SITE : Etablissement du Champa organisé autour de 6 sanctuaires.

40 H4 OC-ÈO
IIe – VIIe SIÈCLE
SITUATION : Vietnam
TYPE DE SITE : Etablissement commercial
DESCRIPTION DU SITE : Site de l'empire maritime du Funan. C'était un enclos urbain constitué de 5 remparts rectangulaires et de 4 fossés, et relié par des canaux aux autres sites. Parmi les objets trouvés figurent des bronzes chinois, des médaillons romains, des perles indiennes, des sceaux et d'autres bijoux.

41 G5 GUNUNG JERAI
FIN DU Ier MILLÉNAIRE APR. J.-C.
SITUATION : Malaisie
TYPE DE SITE : Complexe palatial
DESCRIPTION DU SITE : Palais doté d'un sanctuaire dont une volée de marches mène à des terrasses et des enceintes de temples.

42 G5 KEDAH
Ve SIÈCLE
SITUATION : Malaisie
TYPE DE SITE : Port ancien
DESCRIPTION DU SITE : A l'origine, un poste commercial qui possédait quelques sanctuaires le long de la rivière.

43 G6 GUA CHA
VIIIe MILLÉNAIRE AV. J.-C.
SITUATION : Malaisie
TYPE DE SITE : Chasseurs-cueilleurs
DESCRIPTION DU SITE : Abri en pierre qui était utilisé pour des sépultures, où de nombreux outils en pierre ont été déterrés.

44 H6 PONTIAN
DÉBUT DU Ier MILLÉNAIRE APR. J.-C.
SITUATION : Malaisie
TYPE DE SITE : Tumulus
DESCRIPTION DU SITE : Sépulture dans un bateau dotée d'une poterie aux motifs décoratifs similaire à celle découverte à Oc-èo.

45 G6 KAMPONG SUNGEI
3000 AV. J.-C.
SITUATION : Malaisie
TYPE DE SITE : Etablissement primitif
DESCRIPTION DU SITE : Site de transition dont les fouilles ont révélé une sépulture dans un bateau. Parmi les objets découverts figurent 2 tambours en bronze de Dong Son et des objets en fer.

46 G6 Malacca
XVIe siècle
Situation : Malaisie
Type de site : Etablissement colonial
Description du site : Le plus ancien comptoir commercial de l'Asie du Sud-Est avec vestiges hollandais et portugais. Le *stadthuys* (hôtel de ville) contient de nombreuses reliques. La Porta de Santiago est tout ce qui reste du fort portugais (p. 101).

47 J6 Santubong
Xe – XIIIe siècle
Situation : Malaisie
Type de site : Etablissement commercial
Description du site : Vestiges d'un grand port. Industrie locale du fer, exportation d'or et de bois. On a trouvé des poteries de production locale.

48 J6 Grotte de Niah
40 000 ans
Situation : Malaisie
Type de site : Chasseurs-cueilleurs
Description du site : Important établissement préhistorique. On a entre autres retrouvé l'un des plus vieux crânes d'*Homo sapiens*. D'autres sépultures datent de 12000 à 5000 av. J.-C. Des cercueils en bois, des jarres et des urnes funéraires datent de 1500 av. J.-C. à 1000 apr. J.-C.

49 J6 Kota Batu
Xe – XVe siècle
Situation : Malaisie
Type de site : Etablissement commercial
Description du site : Ancien site portuaire qui devint le second port après Santubong (n°47).

50 K6 Tingkayu
26 000 – 15 000 ans
Situation : Malaisie
Type de site : Chasseurs-cueilleurs
Description du site : Site de fabrication d'outils en pierre (galets et éclats) près d'un lac. Prédominance de bifaces : couteaux en pierre sur éclats et grands bifaces plats.

51 K6 Grottes de Baturong
17 000 – 12 000 ans
Situation : Malaisie
Type de site : Chasseurs-cueilleurs
Description du site : Abri-sous-roche où l'on a trouvé des traces de production d'outils en pierre, surtout des couteaux à longue lame.

52 K6 Grottes de Madai
IXe millénaire av. J.-C.
Situation : Malaisie
Type de site : Chasseurs-cueilleurs
Description du site : On a découvert des grottes préhistoriques qui contenaient des poteries et des outils sur éclats et galets.

53 F6 Lobo Tuwa
XIe – XIIe siècle
Situation : Indonésie
Type de site : Etablissement commercial
Description du site : Vestiges d'un port de Srivijaya qui renfermait des poteries en grès chinoises et des verreries du Moyen-Orient.

54 G6 Padang Lawas
XIIe – XIVe siècle
Situation : Indonésie
Type de site : Centre bouddhiste
Description du site : Cet ensemble de temples bouddhistes avait probablement des relations avec l'empire commercial de Srivijaya.

55 G7 Tiangko Panjang
IXe millénaire av. J.-C.
Situation : Indonésie
Type de site : Chasseurs-cueilleurs
Description du site : La grotte contenait des vestiges d'industrie de microlithes en obsidienne. Des tessons de poterie étaient présents dans les couches supérieures.

56 H7 Maura Jambi
Xe – XIIIe siècle
Situation : Indonésie
Type de site : Etablissement commercial
Description du site : Le plus grand port de l'empire de Srivijaya avec nombreux vestiges de temples.
Des monnaies et des céramiques chinoises ont été découvertes.

57 H8 Palembang
VIIe siècle
Situation : Indonésie
Type de site : Etablissement commercial
Description du site : Grand centre commercial, capitale de l'empire de Srivijaya. On a trouvé des inscriptions du VIIe siècle.

58 H8 Hauteurs de Pasemah
Ier siècle
Situation : Indonésie
Type de site : Ensemble de sépultures
Description du site : Statues mégalithiques figurant des animaux et des hommes accroupis. Des tombes en pierre avec des peintures montrant des guerriers et un buffle ont été trouvées à proximité.

59 H8 Pugungraharjo
IXe siècle
Situation : Indonésie
Type de site : Complexe mégalithique
Description du site : Vestiges de pierres dressées indiquant des influences bouddhiques et hindoues. Le lieu fut habité jusqu'au XVIe siècle.

60 I8 Batavia
XVIIe siècle
Situation : Indonésie
Type de site : Etablissement colonial
Description du site : Colonie fondée par les Hollandais sur les ruines de l'ancienne Djakarta. Le site, fortifié, devint la capitale de la Compagnie hollandaise des Indes orientales.

61 I8 Buni
Début du Ier millénaire apr. J.-C.
Situation : Indonésie
Type de site : Etablissement commercial
Description du site : Port ancien faisant le commerce des épices. Des fouilles de sépultures ont montré une industrie du bronze, des creusets et des poteries décorées à la roulette.

62 I9 Dieng
VIIIe – IXe siècle
Situation : Indonésie
Type de site : Centre cérémoniel
Description du site : Complexe de temples hindouistes qui renferme de nombreux monuments en pierre.

63 I9 Sangiran
700 000 ans
Situation : Indonésie
Type de site : Chasseurs-cueilleurs
Description du site : Petite industrie d'outils sur éclats. Site majeur pour comprendre l'évolution de l'homme (reste d'*Homo erectus*) et de la faune.

64 I9 Borobudur
VIIIe – IXe siècle
Situation : Indonésie
Type de site : Complexe de temples
Description du site : C'est le plus grand temple bouddhiste au monde. Construit sous la forme d'un stûpa, il comporte 432 statues de Bouddha. Les reliefs muraux couvrent plus de 5 km.

65 I9 Prambanan
VIIIe - IXe siècle
Situation : Indonésie
Type de site : Centre cérémoniel
Description du site : Ensemble de temples hindous et bouddhiques similaire à Borobudur (n° 64). Le site contient les ruines de 224 temples.

66 J9 Trinil
1 million – 500 000 ans
Situation : Indonésie
Type de site : Chasseurs-cueilleurs
Description du site : Site d'une importance capitale car on y découvrit le premier crâne d'*Homo erectus*, le premier exemple de ce type d'hominidé.

67 J9 Mojotokerto
1 million d'années
Situation : Indonésie
Type de site : Chasseurs-cueilleurs
Description du site : Site où l'on découvrit des ossements d'un enfant d'*Homo erectus*.

68 J9 Gilimanuk
IIIe millénaire av. J.-C.
Situation : Indonésie
Type de site : Etablissement primitif
Description du site : Premiers établissements du Paléolithique. On découvrit des sépultures et des doubles jarres funéraires avec des objets en bronze, fer, or, coquillages, verre et terre cuite ainsi que des poteries et des perles.

69 K9 Sembiran
Ier – XIIe siècle
Situation : Indonésie
Type de site : Port ancien
Description du site : Ce port devint un centre de commerce particulièrement important sur la route des épices.
On y découvrit des poteries décorées à la roulette et des perles de verre.

70 L8 Ulu Leang
VIIIe – VIIe millénaire av. J.-C.
Situation : Indonésie
Type de site : Etablissement primitif
Description du site : On trouva dans des grottes des outils et des lames en pierre, ainsi qu'un type de poteries particulier.

71 L7 Kalumpang
3 000 ans av. J.-C.
Situation : Indonésie
Type de site : Etablissement néolithique
Description du site : On découvrit un village très ancien avec des poteries.

72 M6 Paso
VIIe millénaire av. J.-C.
Situation : Indonésie
Type de site : Amas coquillier
Description du site : Ce site d'amas coquillier sur les rives d'un lac contenait des outils d'obsidienne et des poinçons en os.

73 K5 Grottes de Tabon
24 000 ans
Situation : Philippines
Type de site : Chasseurs-cueilleurs
Description du site : Ces grottes renfermaient des restes de squelettes très anciens. Les couches supérieures contenaient des jarres funéraires du Ier millénaire av. J.-C.

74 L4 Kalanay
Ier millénaire av. J.-C.
Situation : Philippines
Type de site : Sépultures primitives
Description du site : Une grotte renfermait des jarres funéraires.
Ce site a donné son nom à un type d'ustensiles (400 av. J.-C. – 1500 apr. J.-C.).

75 L4 Grottes de Batungan
Xe – milieu du VIIIe siècle av. J.-C.
Situation : Philippines
Type de site : Etablissement primitif
Description du site : Un des premiers sites où l'on découvrit un type de poterie décorée, similaire à celle de la culture Lapita de Micronésie.

76 L3 Grotte de Musang
10 000 à 3 500 ans av. J.-C.
Situation : Philippines
Type de site : Chasseurs-cueilleurs
Description du site : Cette grotte renfermait des outils de pierre sur éclats. Une seconde période est caractérisée par un assemblage du Néolithique tardif (3500 av. J.-C.).

77 L3 Dimolit
2500 av. J.-C.
Situation : Philippines
Type de site : Etablissement primitif
Description du site : Site à ciel ouvert où l'on découvrit des poteries semblables à celles de la grotte de Musang (n° 76).

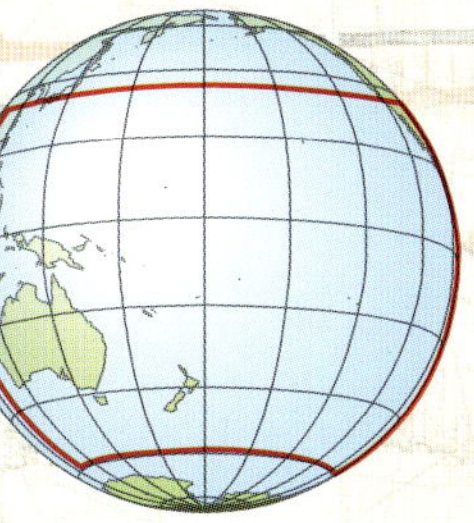

LE PACIFIQUE ET L'AUSTRALASIE

La carte correspondant à cette liste figure pp. 156-157.

1 A6 MANDU MANDU CREEK
34 000 – 19 000 ANS
SITUATION : Australie
TYPE DE SITE : Chasseurs-cueilleurs
DESCRIPTION DU SITE : Abri-sous-roche qui a livré plus de 5 000 objets dont des coquilles de mollusques et des fragments d'os terrestres et marins. Ce site est le plus ancien témoignage de l'exploitation des ressources marines par l'homme.

2 A7 VERGULDE DRAECK WRECK
1656
SITUATION : Australie
TYPE DE SITE : Epave
DESCRIPTION DU SITE : Bien que le navire ait été entièrement détruit, un grand nombre d'objets ont été récupérés, entre autres, 50 pots de grès, des pipes en argile, un coffre à outils, des briques de lest, des défenses d'éléphants d'Afrique, 8 coffres de pièces d'argent, 14 canons, 6 ancres et 2 mortiers en bronze.

3 A7 UPPER SWAN RIVER
38 000 ANS
SITUATION : Australie
TYPE DE SITE : Chasseurs-cueilleurs
DESCRIPTION DU SITE : Vaste campement en plein air, dans lequel on a retrouvé des éclats de silex, certains contenant des fossiles, et des petits racloirs en quartz.

4 A7 DEVIL'S LAIR
32 000 – 10 000 ANS
SITUATION : Australie
TYPE DE SITE : Chasseurs-cueilleurs
DESCRIPTION DU SITE : Grotte dont la période d'occupation fut l'une des plus longues d'Australie. Les fouilles ont révélé des foyers bien dégagés, des éclats retouchés, des éclats d'herminettes en silex et en quartz, des objets en calcaire ainsi que des pointes et des colliers en os.

5 B6 WILGIE MIA
XIe SIÈCLE
SITUATION : Australie
TYPE DE SITE : Chasseurs-cueilleurs
DESCRIPTION DU SITE : Carrière aborigène dans laquelle l'ocre, extrêmement prisée par la société aborigène, était obtenue en brisant la pierre avec un caillou, puis en extrayant le pigment à l'aide de bâtons de bois.

6 B6 PURRITJARRA
27 000 – 6 000 ANS
SITUATION : Australie
TYPE DE SITE : Chasseurs-cueilleurs
DESCRIPTION DU SITE : Abri-sous-roche en grès rouge recelant de nombreux dessins et peintures rupestres. On y a aussi retrouvé des éclats de pierre.

7 C7 KOONDALDA
24 000 – 15 000 ANS
SITUATION : Australie
TYPE DE SITE : Chasseurs-cueilleurs
DESCRIPTION DU SITE : Grotte où le silex était extrait dans une doline calcaire. Les fouilles ont permis d'exhumer des foyers, du charbon de bois, ainsi que des traces du processus d'extraction.

8 C5 FORT DUNDAS
1824 – 1829
SITUATION : Australie
TYPE DE SITE : Etablissement colonial
DESCRIPTION DU SITE : Place fortifiée temporaire dont il est resté une digue, les vestiges d'un quai, un entrepôt, des fosses à ordures et des bâtiments pour les forçats.

9 C5 MALANGANGERR
23 000 ANS
SITUATION : Australie
TYPE DE SITE : Chasseurs-cueilleurs
DESCRIPTION DU SITE : Profond abri-sous-roche en surplomb contenant des peintures rupestres. Le mobilier découvert comprend des outils sur éclats, des racloirs à bords coupants et de petites houes.

10 C5 MALAKANANJA II
52 000 – 18 000 ANS
SITUATION : Australie
TYPE DE SITE : Chasseurs-cueilleurs
DESCRIPTION DU SITE : Abri-sous-roche peu profond témoignant de la première présence humaine en Australie. Plus de 15 000 objets ont été découverts au niveau d'occupation inférieur. On a retrouvé notamment des racloirs, des éclats, du quartz et de la quartzite ainsi que de l'ocre jaune et rouge.

11 C5 NAUWALABILA
55 000 – 20 000 ANS
SITUATION : Australie
TYPE DE SITE : Chasseurs-cueilleurs
DESCRIPTION DU SITE : Abri formé par une chute massive de pierres. Les différentes fouilles témoignent d'une occupation permanente de cet abri durant la dernière glaciation.

12 C5 ANURU BAY
XVIIIe SIÈCLE
SITUATION : Australie
TYPE DE SITE : Site précolonial
DESCRIPTION DU SITE : Site appartenant à la culture Macassan, utilisé pour la récolte du trépang (sorte de concombre de mer). Plusieurs dépressions du terrain attestent la présence d'anciennes fumeries. On a découvert une tombe double d'homme, le second enterré selon la coutume islamique, le corps face à l'Ouest, en direction de La Mecque. On a également exhumé des tessons provenant du sud des îles Célèbes, des céramiques vernies, des morceaux de verre de bouteilles de gin hollandaises et des hameçons en métal.

13 C5 LYABO
FIN DU XVIIIe SIÈCLE
SITUATION : Australie
TYPE DE SITE : Site précolonial
DESCRIPTION DU SITE : Autre site Macassan comprenant 15 rangées de pierres, des fosses servant à conserver le trépang, et quelques vestiges de fumeries. Parmi les objets retrouvés, on compte une balle à mousquet, un crapaud d'amarrage en plomb et une pièce de monnaie venant de la Compagnie hollandaise des Indes orientales.

14 D6 KENNIFF CAVE
19 000 ANS
SITUATION : Australie
TYPE DE SITE : Chasseurs-cueilleurs
DESCRIPTION DU SITE : Vaste grotte décorée de peintures aborigènes rouges, blanches et jaunes. Plus de 800 objets et 22 000 éclats lithiques. Ce site, qui abonde en objets extrêmement variés, renferme les outils les plus caractéristiques d'Australie (p. 13).

15 C7 GAWLER
XIXe SIÈCLE
SITUATION : Australie
TYPE DE SITE : Site industriel
DESCRIPTION DU SITE : Vestiges d'ateliers de construction où l'on fabriquait des équipements pour l'exploitation des mines et des locomotives. Parmi les bâtiments qui subsistent, on compte une minoterie, une fonderie, une usine de gaz, une briqueterie et un four à chaux.

16 D7 ROONKA FLAT
Ve – IIIe MILLENAIRE AV. J.-C.
SITUATION : Australie
TYPE DE SITE : Sépulture ancienne
DESCRIPTION DU SITE : Sépulture sur un site qui avait été initialement utilisé comme campement. Les corps étaient placés verticalement dans une fosse, parés d'ornements. Un des squelettes a été retrouvé avec un poignard en os ; un autre portait un bandeau, constitué de 2 rangées d'incisives de wallaby, soigneusement taillées.

17 D7 LAC NITCHIE
6800 AV. J.-C.
SITUATION : Australie
TYPE DE SITE : Sépulture ancienne
DESCRIPTION DU SITE : Tombe d'un homme contenant un collier fait de 178 dents percées de diables de Tasmanie.

18 D7 LAC MUNGO
36 000 – 26 000 ANS
SITUATION : Australie
TYPE DE SITE : Sépulture ancienne
DESCRIPTION DU SITE : Un des plus anciens sites au monde où se pratiquait la crémation ; un homme y a été inhumé après avoir été recouvert d'ocre rouge. On a exhumé des amas coquilliers d'eau douce et quelques foyers. Parmi les objets recueillis figuraient des lames, des microlithes, des éclats et des lames renforcées (p. 13).

19 D7 KOW SWAMP
13 000 – 9 500 ANS
SITUATION : Australie
TYPE DE SITE : Sépulture ancienne
DESCRIPTION DU SITE : Vestiges d'environ 40 tombes placées dans du limon. Les tombes renfermaient de l'ocre, des coquillages et du quartz. Un corps gisait sur un lit de coquilles de moules ; un autre portait un bandeau de dents de kangourou autour de la tête.

20 E7 CRANEBROOK TERRACE
40 000 ANS
SITUATION : Australie
TYPE DE SITE : Chasseurs-cueilleurs
DESCRIPTION DU SITE : Campement où l'on brûlait des rondins de bois sur un terrain, fait de graviers. Parmi les objets trouvés figuraient des galets aménagés et des racloirs tranchants.

21 E7 SIDNEY COVE
XIXe SIÈCLE
SITUATION : Australie
TYPE DE SITE : Etablissement colonial
DESCRIPTION DU SITE : pp. 101, 109.

22 E7 PARRAMATTA
1790
SITUATION : Australie
TYPE DE SITE : Etablissment colonial
DESCRIPTION DU SITE : Peu de choses ont été conservées d'un des premiers établissements coloniaux, habité initialement par des bagnards, puis par des colons. On a trouvé les vestiges d'une cabane pour les forçats, dotée de trous de poteaux, de fosses et de légers creux. Des traces d'un autre bâtiment laissent supposer la présence de ce qui devait être une grange. On a retrouvé des clous en fer, des morceaux de verre et de la porcelaine importée.

23 E7 LAC BURRIL
20 000 ANS
SITUATION : Australie
TYPE DE SITE : Chasseurs-cueilleurs
DESCRIPTION DU SITE : Immense abri-sous-roche en grès contenant un atelier de fabrication d'outils similaire à celui de Kenniff Cave (n° 14).

24 D8 GROTTE DE CLOGG
17 000 ANS
SITUATION : Australie
TYPE DE SITE : Chasseurs-cueilleurs
DESCRIPTION DU SITE : Abri-sous-roche dont le toit a été noirci par les feux de camp, pratiqués durant des siècles. Un rocher suspendu était utilisé comme planche à tailler, on y a retrouvé des lames renforcées et des racloirs (datant du dernier millénaire). C'est ici que l'on voit les vestiges des foyers les plus anciens (vieux de 8 000 à 17 000 ans) et des fours creusés dans le sol dans lesquels on plaçait des pierres chaudes pour réchauffer la nourriture.

25 D8 GROTTE DE CAVE BAY
23 000 ANS
SITUATION : Australie
TYPE DE SITE : Chasseurs-cueilleurs
DESCRIPTION DU SITE : Campement recouvert de coquillages et d'os d'animaux, ainsi que de détritus provenant de parties de chasse saisonnières organisées dans ce lieu.

26 D8 WEST POINT MIDDEN
Ve SIÈCLE AV. J.-C.
SITUATION : Australie
TYPE DE SITE : Chasseurs-cueilleurs
DESCRIPTION DU SITE : Site dans lequel des groupes d'aborigènes campaient plusieurs mois d'affilée, chaque été. Ils habitaient dans des huttes en forme de dôme et se nourrissaient de phoques et de coquillages.

27 D8 Mount Cameron West
VIIe – XIe siècle
Situation : Australie
Type de site : Art rupestre
Description du site : Pétroglyphes trouvés dans un abri creusé dans la falaise qui représentent des formes géométriques : cercles, croix et alignements de trous. L'habitat renfermait aussi des outils pointus.

28 D8 Kutikini Cave
20 000 ans
Situation : Australie
Type de site : Chasseurs-cueilleurs
Description du site : Grotte immense où l'on a découvert 250 000 os d'animaux et 37 000 éclats de pierre dans seulement 1 m^3 de dépôts. Il y avait des traces de foyers et d'outils tranchants faits à partir d'éclats de verre, provenant de l'impact d'une météorite.

29 D8 Port Arthur
XIXe siècle
Situation : Australie
Type de site : Etablissement colonial
Description du site : Colonie pénitentiaire comprenant des casernes et des lieux de travail, parmi lesquels une boulangerie, une menuiserie, une forge, un chantier naval et une immense briqueterie de 4 étages. Dans les casernes, on a retrouvé des pipes en argile, fabriquées pour la plupart d'entre elles à Glasgow, en Ecosse.

30 D8 Risdon Cave
XIXe siècle
Situation : Australie
Type de site : Etablissement colonial
Description du site : Site où l'on a essayé en vain d'établir une colonie en 1803. Trois bâtiments ont jusqu'alors fait l'objet de fouilles. Les entrepôts avaient été abandonnés à la suite d'un incendie alors que la maison de Mountgarrett, faite de clayonnage enduit de torchis, renfermait une cheminée en terre damée et un tuyau de cheminée. Parmi les objets retrouvés sur place figurent des boutons d'uniformes de marins, la sculpture en os d'un marin, des mousquets, de la grenaille de plomb et un boulet de canon.

31 F7 Kingston
1810 – 1856
Situation : Australie
Type de site : Etablissement colonial
Description du site : Colonie pénitentiaire établie sur une île éloignée où des bâtiments en pierre et d'autres sites sont intacts. Les bâtiments comprennent la maison du Gouverneur, les logements officiels, un entrepôt, des silos souterrains, un moulin à vent, des fours à chaux et les fondations d'une grande prison. On trouve aussi le Murderers' Mound, tertre qui contient les restes des 12 forçats qui furent enterrés à cet endroit après s'être rebellés.

32 D4 Kuk
VIIe millénaire av. J.-C.
Situation : Papouasie-Nouvelle-Guinée
Type de site : Etablissement primitif
Description du site : Système de drainage d'un marais qui prouve combien l'agriculture était avancée dans cette région.

33 D4 Kiowa Abri-sous-roche
IXe – IIIe millénaire av. J.-C.
Situation : Papouasie-Nouvelle-Guinée
Type de site : Chasseurs-cueilleurs
Description du site : Campement où l'on a déterré des outils faits à partir de galets et d'éclats de pierre. Le niveau supérieur (3 000 ans) contenait des lames d'herminettes et de haches polies ainsi que des fragments de poterie sans décor.

34 D4 Kafiavana
8700 av. J.-C.
Situation : Papouasie-Nouvelle-Guinée
Type de site : Chasseurs-cueilleurs
Description du site : Abri rupestre qui était un site d'industrie lithique où l'on a retrouvé des objets en galets, des éclats et des fragments de lames de haches et d'herminettes.

35 D5 Motupore
XVIe – XVIIIe siècle
Situation : Papouasie-Nouvelle-Guinée
Type de site : Site d'échange
Description du site : Centre de commerce côtier qui a livré des monnaies de coquillages et un atelier de poterie.

36 D5 Kosipe
24 000 ans
Situation : Papouasie-Nouvelle-Guinée
Type de site : Chasseurs-cueilleurs
Description du site : C'est le plus ancien campement du pays où l'on ait découvert des lames de débitage. Le niveau archéologique supérieur (8 000 ans) renfermait une lame de hache.

37 E5 Ile de Mailu
IIe – XVIe siècle
Situation : Papouasie-Nouvelle-Guinée
Type de site : Site d'échange
Description du site : Centre intermédiaire de commerce sur une petite île qui détient un monopole sur les ateliers locaux de poteries. Il produisait aussi ses propres monnaies de coquillages.

38 E5 Numata
XIe siècle
Situation : Papouasie-Nouvelle-Guinée
Type de site : Site fortifié
Description du site : Vestiges d'un fort où l'on a retrouvé les traces de 13 fondations de maisons en pierres rondes et ovales, entourées par un fossé. On a aussi récupéré des céramiques à décor imprimé et l'anse en forme d'anneau d'un pot à eau.

39 G8 Great Mercury Island
Début du IIe millénaire apr. J.-C.
Situation : Nouvelle-Zélande
Type de site : Site ancien
Description du site : Sites associés qui comprennent des tombes, des vestiges d'un hameau et des amas coquilliers. A Stingray Point, on a découvert des puits de stockage et des trous de poteaux complexes.

40 G8 Otakanini
XVe – XVIIe siècle
Situation : Nouvelle-Zélande
Type de site : Colline fortifiée maori
Description du site : *Pa* (site fortifié) de grande taille qui présente 3 phases de fortification. On a découvert des puits de stockage contenant des patates douces.

41 G8 Waioneke
XVIIe siècle
Situation : Nouvelle-Zélande
Type de site : Colline fortifiée maori
Description du site : Il s'agit d'un *pa* qui a été fortifié par deux fois. Il comprenait un puits de stockage. On a retrouvé les restes de plusieurs personnes qui avaient été atteintes de blessures mortelles. C'étaient probablement les derniers habitants du lieu.

42 G8 Sarah's Gully
XIVe – XVIIe siècle
Situation : Nouvelle-Zélande
Type de site : Colline fortifiée maori
Description du site : Il s'agit de 2 sites adjacents. L'un était un promontoir et comprenait les habitations et les lieux de stockage. L'autre était un dépôt composé de plusieurs couches, une aire d'activités et un site funéraire. On trouve des vestiges de trous de poteaux, de fours et de fosses-silos.

43 G8 Mont Wellington
XIVe siècle
Situation : Nouvelle-Zélande
Type de site : Colline fortifiée maori
Description du site : Un *pa* comprenant un fossé et des talus défensifs sur lesquels se dressaient, autrefois, des palissades en bois, des fosses-silos pour conserver la nourriture et des terrasses pour les maisons.

44 G8 One Tree Hill
XIe – XVe siècle
Situation : Nouvelle-Zélande
Type de site : Colline fortifiée maori
Description du site : Site où l'on trouve un *pa* édifié sur une colline aménagée par terrassement. De nombreux *pa* étaient bâtis sur les pentes de volcans éteints.

45 G8 Kauri Point
XVIe siècle
Situation : Nouvelle-Zélande
Type de site : Colline fortifiée maori
Description du site : Site non défendu qui présentait des traces de fosses-silos pour conserver la nourriture, un dépôt et des maisons, ainsi qu'un *pa* érigé sur une falaise à 3 niveaux d'occupation. On a découvert des peignes et d'autres objets en bois dans les marais situés en contrebas.

46 G8 Aotea
XVIe – XVIIe siècle
Situation : Nouvelle Zélande
Type de site : Colline fortifiée maorie
Description du site : *Pa* qui présente des vestiges de terrasses, des fosses-silos pour conserver la nourriture, un amas coquillier et des aires de cuisson.

47 G8 Te Awanga
Début du IIe millénaire apr. J.-C.
Situation : Nouvelle-Zélande
Type de site : Colline fortifiée maorie
Description du site : *Pa* comportant les vestiges de maisons et de fosses-silos pour conserver les patates douces.

48 G8 Paremata
XVIe – XIXe siècle
Situation : Nouvelle-Zélande
Type de site : Site ancien
Description du site : Amas coquillier comprenant des niveaux d'occupation préhistoriques dans lequel on a retrouvé des ossements de moa (un oiseau qui ne pouvait pas voler, aujourd'hui disparu), des objets polynésiens et un *pa* du XIXe siècle.

49 G8 Makotukutuku
XIVe – XVIe siècle
Situation : Nouvelle-Zélande
Type de site : Site maori
Description du site : On a découvert plusieurs tombes dans une crevasse du roc, ainsi que des murs en pierre et des tumulus à l'emplacement d'une maison.

50 G8 Pararaki North
XIIIe – XIVe siècle
Situation : Nouvelle-Zélande
Type de site : Colline fortifiée maorie
Description du site : *Pa* occupé pendant 3 périodes distinctes.

51 G8 Wairau Bar
XIIe siècle
Situation : Nouvelle-Zélande
Type de site : Campement maori
Description du site : Camp de chasseurs de moas qui a livré le plus bel ensemble de mobilier funéraire jamais exhumé en Nouvelle-Zélande. Les sépultures contenaient des ossements de moa, des dents de requin, des herminettes en pierre, des hameçons et des harpons en os.

52 G8 Clarence River Mouth
XIIe – XVIe siècle
Situation : Nouvelle-Zélande
Type de site : Site maori
Description du site : Les fouilles ont mis au jour des jardins horticoles précoces, des amas coquilliers et un *pa*.

53 G8 Pa Bay
Début du XIXe siècle
Situation : Nouvelle-Zélande
Type de site : Site maori
Description du site : Vestiges de plusieurs maisons.

54 G9 Waitaki River Mouth
XVe siècle
Situation : Nouvelle-Zélande
Type de site : Site maori
Description du site : Site en bordure de rivière présentant des restes de moa, des fours et des objets façonnés parmi lesquels des herminettes en pierre.

55 C3 Badrulchau
XIIe siècle
Situation : Palau, Micronésie
Type de site : Site ancien
Description du site : Les fouilles ont mis au jour un grand tertre funéraire en forme de pyramide, 52 mégalithes et un *bai*, c'est-à-dire « maison des Hommes de la communauté sur cette île ».

56 C3 Village d'Irrai
XVe siècle
Situation : Palau, Micronésie
Type de site : Village ancien
Description du site : Village préhistorique qui comprend les vestiges de 43 plates-formes rectangulaires (8 d'entre elles sont en forme de pyramide et 18 contiennent des tombeaux), des pentes de colline aménagées par terrassement et trois *bai*. Le *bai* central renfermait deux *chab* (foyers creusés dans le sol).

57 D3 BAIE DE NOMNA
XIVe – XVIIe SIÈCLE
SITUATION : Guam, Micronésie
TYPE DE SITE : Site ancien
DESCRIPTION DU SITE : Village composé de 17 *latte*, de grandes constructions sur fondations mégalithiques. On a trouvé, dans des foyers creusés dans le sol, de nombreuses poteries, des pierres et des restes d'animaux, des mortiers en pierre pour la cuisine. Les sépultures sous *latte* ont toutes été fouillées.

58 D3 RIVIÈRE TALOFOFO
IIIe SIÈCLE AV. J.-C.
SITUATION : Guam, Micronésie
TYPE DE SITE : Site ancien
DESCRIPTION DU SITE : Village avec un *latte*, fondations de 9 maisons et 2 abris-sous-roche, l'un d'eux contenant une sépulture avec des poteries et des outils en pierre.

59 D3 TACHOGNYA
DÉBUT DU IIe MILLÉNAIRE APR. J.-C.
SITUATION : Guam, Micronésie
TYPE DE SITE : Site ancien
DESCRIPTION DU SITE : Vestiges pratiquement intacts d'un village préhistorique contenant dix *latte*. Des coquillages et des tessons furent exhumés près des constructions.

60 E3 SAPWTAKAI
XIVe SIÈCLE
SITUATION : Pohnpei, Micronésie
TYPE DE SITE : Site ancien
DESCRIPTION DU SITE : Ancien centre administratif au sommet d'une montagne comportant de nombreuses tombes en pierre, des plates-formes et des enclos.

61 E3 NAM MADOL
Ier – XVIe SIÈCLE
SITUATION : Pohnpei, Micronésie
TYPE DE SITE : Site ancien
DESCRIPTION DU SITE : Ce site fut habité très longtemps, mais la plupart des constructions mégalithiques datent des XIIe et XIIIe siècles. Des murs en basalte ont permis de construire des îlots artificiels qui servirent de lieu d'habitation ou de sépulture. Les tombes les plus récentes étaient formées de 4 dalles et une voûte en basalte. Les fondations des maisons ont souvent un foyer creusé dans le sol. Des vestiges de *nahs* (demeure servant de lieu de réunion) et des enclos auraient servi lors de cérémonies.

62 E3 PANPEI
XIVe SIÈCLE
SITUATION : Pohnpei, Micronésie
TYPE DE SITE : Groupe de sépultures
DESCRIPTION DU SITE : On a découvert 4 cryptes, avec une grande plate-forme funéraire, construites surtout avec des blocs de basalte.

63 F3 RUINES DE LELA
XIIIe – XIXe SIÈCLE
SITUATION : Kosrae, Micronésie
TYPE DE SITE : Site cérémoniel
DESCRIPTION DU SITE : Vestiges d'une ancienne ville qui fut le centre administratif et religieux de l'île, et fut divisée par des enceintes. Des murs impressionnants datent du XVe – XVIIe siècle. On y découvrit un ensemble de tombes royales et sacrées.

64 F5 NENUMBO
XIIe SIÈCLE AV. J.-C.
SITUATION : Iles Salomon
TYPE DE SITE : Site ancien
DESCRIPTION DU SITE : Site Lapita où l'on trouva de nombreux signes d'activités diverses et des restes de porcs, poulets, poissons et tortues de mer.

65 F6 TOMBE DE ROY MATA
XIIIe SIÈCLE
SITUATION : Vanuatu
TYPE DE SITE : Tombe royale
DESCRIPTION DU SITE : Importante tombe aristocratique où un roi, Roy Mata, fut inhumé avec des victimes sacrifiées. 35 individus dont 22 hommes sont enterrés côte à côte. Les femmes étreignaient leurs partenaires masculins. On trouva des traces de cannibalisme et des os de porc. Les objets funéraires comprenaient des colliers en perles de coquillage, des brassards, des cauris et des herminettes en coquillage.

66 F6 VATCHA
Ier MILLÉNAIRE AV. J.-C.
SITUATION : Nouvelle-Calédonie
TYPE DE SITE : Site ancien
DESCRIPTION DU SITE : Site Lapita occupé à deux reprises.

67 G6 NATUNUKU
XIIIe SIÈCLE AV. J.-C.
SITUATION : Iles Fidji
TYPE DE SITE : Site ancien
DESCRIPTION DU SITE : Important site Lapita où l'on trouva de nombreuses poteries à décor complexe.

68 H5 PULEMELEI
DÉBUT DU IIe MILLÉNAIRE APR. J.-C.
SITUATION : Samoa occidentales
TYPE DE SITE : Tertre cérémoniel
DESCRIPTION DU SITE : Grand monticule d'environ 12 m de hauteur, entouré de monticules plus petits. Une rampe conduisait au sommet. Des trous de poteaux et des pierres montrent qu'il existait une maison de cérémonie. La date exacte est inconnue, mais se situe probablement entre les XIe et XVe siècles.

69 H5 'AOA
Ier MILLÉNAIRE AV. J.-C.
SITUATION : Samoa américaines
TYPE DE SITE : Tertre cérémoniel
DESCRIPTION DU SITE : Site comportant 40 plates-formes en forme d'étoile surmontées de pierres élevées en saillie.

70 H6 HA'AMONGA-A-MAUI
XIIe SIÈCLE
SITUATION : Tonga
TYPE DE SITE : Monument cérémoniel
DESCRIPTION DU SITE : Un trilithe (deux pierres dressées supportant une troisième) symbolise les 2 fils du souverain Tui Tonga.

71 H6 MU'A
XVe – XVIe SIÈCLE
SITUATION : Tonga
TYPE DE SITE : Tertre funéraire
DESCRIPTION DU SITE : Tumulus d'un chef recouvert de plaques de corail.

72 H6 PAEPAE'O TELE'A
XVIe SIÈCLE
SITUATION : Tonga
TYPE DE SITE : Tertre funéraire
DESCRIPTION DU SITE : Cette structure pyramidale est typique des rites funéraires des Polynésiens.

73 H6 NAMOALA
DÉBUT DU IIe MILLÉNAIRE AV. J.-C.
SITUATION : Tonga
TYPE DE SITE : Tertre funéraire
DESCRIPTION DU SITE : Pyramide à 3 gradins surmontée d'une voûte funéraire en pierre.

74 I2 ILE NECKER
XIe – XVe SIÈCLE
SITUATION : Iles Hawaii
TYPE DE SITE : Site ancien
DESCRIPTION DU SITE : Petite île isolée où se trouvent les ruines de maisons, 33 *heiau* (vestiges de temple en pierre) et des terrasses cultivées. Les *heiau* contenaient des figures gravées masculines et des statues en pierre.

75 I2 WAILAU
XIIe SIÈCLE
SITUATION : Iles Hawaii
TYPE DE SITE : Centre cérémoniel
DESCRIPTION DU SITE : On a découvert un *heiau* et de nombreux pétroglyphes.

76 I2 BAIE DE BELLOWS
VIIe – Xe SIÈCLE
SITUATION : Iles Hawaii
TYPE DE SITE : Site ancien
DESCRIPTION DU SITE : Un des plus anciens sites des îles Hawaii. Des fouilles ont montré des assemblages d'hameçons, d'herminettes et d'autres objets.

77 J2 HALAWA VALLEY
VIIe – XIIe SIÈCLE
SITUATION : Iles Hawaii
TYPE DE SITE : Site ancien
DESCRIPTION DU SITE : Un village avec des blocs de pierre qui servirent probablement de base à des maisons aux extrémités arrondies. On a découvert des objets composites en obsidienne, des herminettes et des hameçons.

78 J2 FORT ELIZABETH
XIXe SIÈCLE
SITUATION : Iles Hawaii
TYPE DE SITE : Site colonial
DESCRIPTION DU SITE : Site fortifié russe, utilisé pendant une courte période, où subsistent de nombreux vestiges : quartiers des officiers, murs intérieurs avec emplacements de canon.

79 J2 MAUNA KEA
DÉBUT DU IIe MILLÉNAIRE APR. J.-C.
SITUATION : Iles Hawaii
TYPE DE SITE : Site ancien
DESCRIPTION DU SITE : Grande carrière d'herminettes ainsi que des ateliers et des lieux sacrés.

80 J5 MAUPITI
IXe – XIIe SIÈCLE
SITUATION : Polynésie française
TYPE DE SITE : Ensemble de tombes
DESCRIPTION DU SITE : On a découvert de nombreuses sépultures avec hameçons, herminettes et autres ornements.

81 J5 TAPUTAPAUTEA
XVIIe SIÈCLE
SITUATION : Polynésie française
TYPE DE SITE : Centre cérémoniel
DESCRIPTION DU SITE : Ce centre religieux était le site où l'on adorait le dieu Oro. Un *marae* (plate-forme de temple polynésien) est toujours visible.

82 J5 VAITOOTIA
VIIIe – IXe SIÈCLE
SITUATION : Polynésie française
TYPE DE SITE : Site ancien
DESCRIPTION DU SITE : Lieu d'habitat où l'on découvrit des *patu*, massues en bois ou en os de baleine, ainsi que des vestiges d'un entrepôt en bois et un pilier en basalte qui appartenaient peut-être à un temple.

83 J5 MAEVA
FIN DU Ier MILLÉNAIRE APR. J.-C.
SITUATION : Iles de la Société
TYPE DE SITE : Centre cérémoniel
DESCRIPTION DU SITE : Nombreux *marae* où des pierres de corail érigées indiquaient probablement la place des prêtres.

84 N7 ILE DE PÂQUES
Ve – XVIIe SIÈCLE
SITUATION : Ile de Pâques
TYPE DE SITE : Site ancien
DESCRIPTION DU SITE : Cette île connut 3 grandes périodes d'occupation. La plus ancienne (400 à 1100 apr. J.-C.) est caractérisée par des autels, les *ahu* (plates-formes rectangulaires en pierre). Il en reste environ 300. D'imposantes statues mégalithiques, les *moai*, la plupart sculptées ou surmontées d'une coiffure, furent ajoutées par la suite. La plupart furent sculptées dans la carrière de Rano Raraku où sont restées de nombreuses statues inachevées. Des vestiges de maisons en forme de bateau sont visibles dans le village d'Orongo. Il existe de nombreux *tupa* (chambre au toit en encorbellement). Le matériel comprend des couteaux en basalte, des herminettes, des hameçons en os et en pierre, ainsi que des éclats d'obsidienne.

GLOSSAIRE

A

ACHÉMÉNIDES
Dynastie perse qui régna du VIe au IVe siècle av. J.-C. Ils bâtirent des monuments très impressionnants mais furent vaincus par Alexandre le Grand en 330 av. J.-C.

ACHEULÉEN
Culture du Paléolithique inférieur caractérisée par un outillage en pierre, en particulier le biface, outil obtenu au percuteur dur (en pierre) dans les phases anciennes, puis au percuteur tendre (bois animal ou végétal).

ADOBE
Technique de fabrication de briques en terre ou en argile séchées au soleil (non cuites).

AGE DE LA PIERRE
Plus ancienne période attestant la présence de l'homme, divisée en : Paléolithique, Mésolithique et Néolithique. Ce terme, très général en archéologie mais peu utilisé aujourd'hui, peut être appliqué à des cultures ayant existé jusqu'au siècle dernier.

AGE DU BRONZE
Durant la préhistoire, deuxième période du système des trois Ages (pierre, bronze, fer) caractérisée par la fabrication d'objets en bronze et associée à une urbanisation croissante. Le bronze fut découvert dans maints endroits du monde à partir du IVe millénaire av. J.-C. L'Age du bronze est divisé en trois périodes : Bronze ancien (environ 3200-1900 av. J.-C.), Bronze moyen (environ 1900-1500 av. J.-C.) et Bronze final (environ 1500-1200 av. J.-C.).

AGE DU FER
Dernière période du système des trois Ages (pierre, bronze, fer). Le fer devient le métal le plus important pour fabriquer des armes et des outils. Il remplace souvent le bronze. En Afrique et aux Amériques, c'est le premier métal utilisé.

AGORA
Dans les cités de la Grèce antique, place utilisée pour le marché et les réunions publiques.

AHU
En Polynésie, plate-forme rectangulaire cultuelle en pierre.

AMAS COQUILLIER
Accumulation de déchets domestiques constitués de restes alimentaires (coquillages, ossements animaux...) et de résidus divers.

ASSEMBLAGE
Groupe d'objets découverts ensemble et souvent utilisés pour identifier une culture.

ASSYRIE
Aux IIe et Ier millénaires av. J.-C., empire du Proche-Orient (Mésopotamie) centré sur les capitales Nimroud et Ninive. Sur ces sites, on a découvert d'importants vestiges et de nombreux monuments.

B

BABYLONE
Cité-Etat du pays d'Akkad fondée au IIe millénaire av. J.-C. dans l'est des fertiles vallées de Mésopotamie, constamment en guerre avec l'Assyrie et la Perse.

BASILIQUE
Dans la Rome antique, grand édifice avec nefs utilisé pour des fonctions publiques. Fut par la suite associée à l'architecture des premières églises chrétiennes.

BIFACE
Outil de pierre taillée en forme d'amande et aminci par enlèvements d'éclats sur les deux faces.

BRUNISSAGE
Action consistant à faire briller en frottant. Terme utilisé par les archéologues pour décrire un type de poteries que l'on lissait avec un morceau de bois pour leur donner un aspect brillant et les rendre étanches.

BURIN
Outil en pierre caractéristique du Paléolithique supérieur. Le burin présente un biseau permettant d'inciser des matériaux durs (os, bois, pierre...) et un flanc permettant de les racler.

C-D

CACHE
Groupe d'objets intentionnellement cachés ou enterrés.

CAIRN
Monticule de terre et de pierres servant en général à recouvrir une sépulture.

CAMPANIFORME (CULTURE)
Culture de l'Age du bronze caractérisée par ses poteries décorées de motifs géométriques. Nombreux objets et tombes découverts dans toute l'Europe.

CARBONISATION
Phénomène transformant les matières organiques (bois, céréales, etc.) en charbon par combustion incomplète et permettant une datation au carbone radioactif.

CHASSEUR-CUEILLEUR
Homme vivant de la chasse et de la cueillette.

CIRE PERDUE (FONTE À)
Méthode pour fabriquer des objets en métal : un moule recouvre un modèle sculpté en cire ; la cire sera remplacée par une coulée de métal en fusion.

CISTE
Coffre de pierre.

COLLINE FORTIFIÉE
Du Bronze final à l'Age du fer ancien, lieu d'habitat défendu par des talus de remblai.

COLOMBIN (MONTAGE AU)
Méthode de poterie consistant à enrouler de longs boudins d'argile puis à lisser la surface pour obtenir un récipient.

COLOSSE
Statue représentant un homme ou une créature de taille supérieure à la taille réelle.

CULTURE SUR BRÛLIS
Technique agricole : des terres étaient défrichées puis brûlées avant d'être exploitées jusqu'à épuisement du sol. On prenait alors un autre terrain et on recommençait la même opération.

CUNÉIFORME
Un des premiers systèmes d'écriture, utilisé en Mésopotamie du IIIe au Ier millénaire av. J.-C., fait de symboles imprimés dans l'argile à l'aide d'un roseau en forme de coin.

CYCLOPÉEN (APPAREIL)
Appareil irrégulier décrivant des maçonneries aux blocs énormes, désignant surtout des fortifications mycéniennes.

DATATION AU CARBONE 14
Méthode de datation de matériaux organiques (constituants de la matière vivante) utilisant la décroissance du rayonnement du carbone radioactif ou C 14.

DÉBITAGE
Technique d'éclatement d'une matière dure (pierre, os...) effectuée à l'aide d'un percuteur.

DÉBITAGE PAR PRESSION
Des éclats de silex sont détachés du nucléus par pression avec un outil en os ou en bois de cervidé, plutôt que par percussion avec une autre pierre.

DENDROCHRONOLOGIE
Méthode de datation du bois par l'étude des anneaux de croissance des arbres.

DOLMEN
Monument funéraire mégalithique constitué d'une grande pierre plate soutenue par des pierres dressées.

DYNASTIE
Série de rois liés par la filiation due au sang, en particulier pour l'Egypte ancienne, la Mésopotamie et la Chine.

E-F

ECLAT
Fragment résultant du débitage d'un rognon de pierre.

ECOSYSTÈME
Communauté biologique de plantes et d'animaux en équilibre avec leur environnement.

ENCEINTE MÉGALITHIQUE
Agencement plus ou moins circulaire de pierres dressées.

FAÏENCE
Matériau à base de sable et d'argile, vitrifié par cuisson et utilisé pour des perles et des objets décoratifs ou utilitaires.

FIBULE
Fermoir ou broche servant à attacher des vêtements.

FRESQUE
Peinture murale sur un enduit encore humide.

G-H

GALET AMÉNAGÉ
Galet présentant un tranchant obtenu grâce à l'enlèvement par percussion de quelques éclats. Les galets aménagés sont les plus anciens outils en pierre connus.

GÉOMÉTRIQUE
Se dit pour des lignes ou formes régulières gravées sur des surfaces, particulièrement les poteries.

GLAÇURE
Enduit de verre ou de minéraux appliqué sur des poteries que l'on fait cuire pour créer une surface décorative dure et imperméable.

GLYPHE
Signe (image ou symbole) gravé.

GRATTOIR
Outil de pierre servant à racler des peaux d'animaux ou à travailler le bois.

HACHOIR
Outil en pierre lourd avec un tranchant droit servant à couper.

HELLÉNISTIQUE (PÉRIODE)
Epoque de l'histoire grecque allant de la mort d'Alexandre le Grand en 323 av. J.-C. jusqu'à l'entrée dans l'empire romain au Ier siècle av. J.-C.

HERMINETTE
Sorte de hache dont la lame est perpendiculaire à la direction du manche.

HITTITE (EMPIRE)
Empire du IIe millénaire av. J.-C. centré sur Hattusha en Anatolie.

HOABINHIEN
Doit son nom à la ville de Hoa-Binh au Vietnam. Se réfère à des industries d'outils préhistoriques variés durant la période de 10 000 à 2 000 av. J.-C.

HOLOCÈNE (POSTGLACIAIRE)
Période climatique actuelle caractérisée par un réchauffement ayant commencé il y a environ 10 000 ans.

HOMINIDÉ
Forme française de *Hominidae*, famille de l'Homme moderne et de ses ancêtres.

HOMO ERECTUS
Type humain ancien aujourd'hui disparu dont les fossiles ont été retrouvés sur le continent africain il y a environ 1 million d'années, et en Europe il y a 500 000 ans.

HOMO HABILIS
Premiers fossiles humains découverts en Afrique et datés d'1,7 million d'années.

HOMO SAPIENS
Les *Homo sapiens* sont divisés en deux branches : *Homo sapiens neanderthalensis*, apparu il y a 500 000 ans et disparu il y a 35 000 ans et *Homo sapiens sapiens*, ancêtre direct de l'homme actuel, apparu il y a 100 000 ans.

HOPEWELL
Culture (500 av. J.-C. et 500 apr. J.-C) de l'Est des Etats-Unis caractérisée par des tumulus très vastes. Le peuple Hopewell cultivait le maïs.

HUACA
Mot péruvien désignant un temple. Le plus souvent en rapport avec des structures édifiées par les Incas.

HYPOCAUSTE
Système de chauffage central développé par les Romains : de l'air chaud circulait dans des tuyaux sous les sols et dans les murs.

I-J-K

INSULAE
Bloc de maisons et d'appartements dans une ville romaine.

INUIT
Nom donné aux peuples des régions arctiques de l'Amérique du Nord et du Groenland qui signifie «homme».

IONIQUE
Ordre d'architecture grec caractérisé par des colonnes surmontées de chapiteaux en double volute.

JEU DE BALLE
Dans les cités de Méso-Amérique, aire destinée à des jeux de balle rituels.

KIVA
Chambre souterraine cérémonielle présente dans de nombreux villages *pueblos* en ruine, au sud-ouest des Etats-Unis.

L

LAPITA
Dans des îles de Mélanésie, d'Indonésie et de Nouvelle-Guinée jusqu'aux Fidji (Océan Pacifique), culture caractérisée par des poteries aux motifs imprimés.

LA TÈNE
Culture celtique du second Age du fer caractérisée par un style curviligne.

LINÉAIRE A
En Crète du XVIIe au XVIe siècle av. J.-C., écriture de la culture minoenne caractérisée par des pictogrammes souvent retrouvés sur des tablettes d'argile ou autres supports. Cette écriture n'a pas encore été déchiffrée.

LINÉAIRE B
Entre le XVe et le XIIe siècle av. J.-C., écriture qui remplaça le linéaire A. Déchiffrée, elle s'avéra être une forme ancienne du Grec.

M

MAGDALÉNIEN
En Europe, il y a 18 000 à 12 000 ans, culture du Paléolithique supérieur remarquable par ses peintures pariétales.

MAGNÉTOMÉTRIE
Méthode permettant de détecter des structures et des objets souterrains grâce aux propriétés magnétiques de la terre et des autres matériaux.

MARAE
Plate-forme de temple polynésien.

MAUSOLÉE
Monument funéraire, d'un style souvent recherché, de grandes dimensions.

MÉGALITHE
Grande pierre dressée, isolée ou intégrée à un monument.

MENHIR
Mot celtique signifiant «longue pierre dressée». Etait érigé dans un but funéraire. Certains sont isolés, d'autres disposés en lignes ou en cercles.

MÉSOLITHIQUE
Période succédant au Paléolithique et antérieure au développement de l'agriculture. Caractérisé par de très petits outils en pierre (microlithes).

METATE
Mot espagnol désignant une pierre sur laquelle sont broyées les graines en Amérique centrale.

MICROLITHE
Très petit outil en pierre souvent fixé dans un outil composite, très commun au Mésolithique.

MINOENNE (CIVILISATION)
En Crète, civilisation de l'Age du bronze caractérisée par des palais et des villes très évoluées, basée sur le commerce dans le bassin méditerranéen.

MISSISSIPPI (CULTURE DU)
Culture importante de la vallée du Mississippi du VIIIe au XVIIIe siècle apr. J.-C. caractérisée par des centres imposants de cérémonie (*burial mounds*) et une alimentation basée sur le maïs, la courge et le haricot.

MOSAÏQUE
Décoration de sol ou de mur, utilisée surtout par les Romains, aux motifs colorés obtenus avec de petits morceaux de céramique ou de pierre (tessères).

MOTTE SEIGNEURIALE
Au Moyen-Age, aire fortifiée sur une surface surélevée. Lieu de résidence du seigneur et de refuge pour la population.

MYCÉNIENNE (CIVILISATION)
En Grèce, culture de l'Age du bronze final partageant la même langue, les mêmes croyances et commerçant entre elles. Mycènes est une ancienne ville du Péloponnèse.

N

NATOUFIEN
Importante culture de la fin du Paléolithique en Palestine.

NAZCA
Sur la côte péruvienne, importante culture (200 av. J.-C. – 600 apr. J.-C.). La culture nazca est surtout réputée pour ses poteries polychromes et ses lignes mystérieusement gravées dans le désert, formant des dessins géométriques d'êtres abstraits et d'animaux.

NÉCROPOLE
Littéralement «la cité des morts». Ensemble de sépultures ou de tombes.

NÉOLITHIQUE
Autrefois appelé Age de la pierre polie. S'étendant du IXe au IIe millénaire av. J.-C., époque caractérisée par le début de la sédentarisation et les débuts de l'agriculture et de l'élevage.

NOUVEL EMPIRE
En Egypte ancienne, période caractérisée par le règne des pharaons de la XVIIIe à la XXe Dynastie.

NURAGHE
En Sardaigne, à partir du IIe millénaire, grandes tours coniques fortifiées.

NUCLÉUS À LAMELLES
Petit bloc de pierre (en général de silex), de forme pyramidale, présentant des facettes régulières d'enlèvement de lamelles.

O

OBEÏD (CULTURE)
En Mésopotamie, du Ve au IVe millénaire av. J.-C., importante culture liée au développement de l'agriculture et caractérisée par ses céramiques.

OCRE
Terre jaune-rouge à base d'oxyde de fer utilisée comme pigment par

de nombreux groupes préhistoriques lors de rites funéraires ou pour des peintures rupestres.

Olduvai
Vallée de Tanzanie où furent découverts des restes des premiers hominidés.

Oppidum
Fortification de type celtique souvent aménagée en surplomb. S'applique surtout pour les premières villes celtes et romaines d'Europe du nord.

Outil composite
Outil formé d'au moins deux parties, par exemple des pointes en os armées sur leur bord de lamelles de silex.

P

Pa
Site fortifié maori.

Paléo-Indiens
En Amérique du nord, désigne des cultures de chasseurs-cueilleurs datant de la fin du Pléistocène/début de l'Holocène.

Paléolithique
Autrefois appelé Age de la pierre taillée. Caractérisée par un mode de vie basé sur la chasse et la cueillette, cette période du développement humain la plus ancienne est divisée en : Paléolithique inférieur (apparition des premiers hommes), Paléolithique moyen (homme de Néandertal et développement de la technique Levallois) et Paléolithique supérieur (apparition de l'homme moderne, du débitage laminaire et de l'art).

Papyrus
Support de l'écriture dans l'ancienne Egypte. Obtenu à partir des tiges d'un roseau.

Pétroglyphe
Sculpture, surtout préhistorique, sur pierre ou roche.

Plate-forme
Dans l'ancienne Amérique du Nord, monticule de terre à sommet aplati. A son sommet, des constructions rituelles servaient souvent de foyer aux communautés locales.

Plaza
Terme espagnol désignant un espace ouvert dans un village servant de lieu de rassemblement.

Pléistocène
Période de l'ère quaternaire précédant la période actuelle, ou Holocène. Commencée il y a environ 1,8 million d'années, elle se termine vers 8 000 ans av. J.-C. Elle est caractérisée par des alternances de périodes de refroidissement et de réchauffement.

Positionnement global par satellite (GPS)
Technique pouvant servir en archéologie pour localiser des sites et en établir une carte détaillée et précise.

Préhistoire
Toute période avant l'apparition de l'écriture, variable d'une région du monde à une autre.

Prospection à pied
Observation du terrain pour découvrir des vestiges archéologiques affleurant (tessons, silex, etc.).

Prospection géophysique
Investigation souterraine sans fouille par la mesure des propriétés physiques du sol : résistance, magnétométrie, etc.

Pueblo
Dans le sud-ouest de l'Amérique du Nord, terme espagnol désignant un village indien aux maisons en pierre ou en briques crues comprenant trois ou quatre pièces.

R

Repoussé
Méthode de travail du métal à l'aide de marteaux et de poinçons.

Résonance électronique de spin (ESR)
Méthode de datation utilisant les changements de niveaux d'énergie des électrons sous l'influence de radiations pour dater des dents, des os, des silex, des poteries, etc.

Runes
Chez les Scandinaves et les Vikings, système d'écriture apparu au IIIe siècle de notre ère utilisé pour des inscriptions gravées sur des bijoux, des pierres ou du bois (pierres runiques).

S

Sarsen
Dans l'ouest de l'Angleterre, grès utilisé pour des monuments pendant le Néolithique et l'Age du bronze (pierre des druides).

Sépulture mégalithique
Tombe construite avec des mégalithes. Des couloirs donnent sur des chambres funéraires.

Sériation
Groupe d'objets typique, servant de référence, comme des poteries permettant d'identifier des objets inconnus.

Sigillée
Désigne un type de vaisselle en céramique rouge de bonne qualité, produite en grande quantité durant l'Empire romain.

Site type
Site faisant référence pour une période particulière et pouvant servir de modèle d'identification d'autres sites.

Spectrographie de masse par accélérateur
Nouvelle méthode de datation au carbone radioactif permettant de dater rapidement de petites quantités de matière. Voir Datation au carbone 14.

Spondyle
Coquillage très coloré de la mer Méditerranée (*Spondylus gaederopus*) dont on faisait des bracelets. Très répandu au Néolithique.

Stèle
Dalle en pierre érigée, souvent sculptée ou peinte, pour des raisons rituelles ou commémoratives.

Stratigraphie
Etude de la superposition des couches de terre sur un site donné, les couches les plus profondes renfermant les objets et les ossements les plus anciens. Permet de reconstituer l'histoire d'un site.

Stûpa
Lieu saint bouddhique. Monticule ou dôme souvent en forme de cloche.

Système des trois âges
Système ancien définissant les trois grandes périodes de la préhistoire : Age de la pierre, Age du bronze et Age du fer, par les changements de technologie.

T

Technique Levallois
Technique de taille du silex consistant à préparer un bloc en vue du détachement d'un éclat de forme prédéterminée.

Tertre funéraire
Monticule de terre recouvrant une sépulture préhistorique. Tertres (allongés) et tumulus (ronds) se rencontrent fréquemment dans maintes cultures, du Néolithique jusqu'à l'époque des Vikings et des Saxons.

Tesson
Morceau de poterie cassée.

Thermoluminescence
Méthode de datation de la céramique et de pierres chauffées à haute température (pierres de foyers, par exemple). Pendant la cuisson, l'objet absorbe des particules radioactives. Celles-ci se libèrent en émettant de la lumière lorsqu'on réchauffe la pièce à dater. En mesurant l'intensité de cette lumière ou thermoluminescence, on trouve la date à laquelle les cristaux furent chauffés pour la dernière fois, lors de la cuisson.

Tombe à fosse
En Chine ancienne, ce type de sépulture était le plus courant. Une chambre funéraire en bois se trouvait au fond d'une fosse très profonde.

Torque
Chez les Celtes, collier de bronze ou d'or en spirale torsadée.

Trilithe
Monument composé d'un linteau posé sur deux pierres dressées comme ceux de Stonehenge.

Trou de poteau
Trou creusé pour recevoir un poteau en bois. Après décomposition du bois, les traces de la construction originelle restent dans le sol. Permet aux archéologues d'étudier le plan d'anciennes constructions.

Typologie
Classification en types d'un groupe d'objets et étude de leur évolution permettant de comprendre l'histoire des civilisations.

V-W-Z

Voûte en encorbellement
Ouvrage de maçonnerie où l'on construit la voûte d'une toiture en posant des blocs de pierre en surplomb vers l'intérieur jusqu'à ce qu'ils se rejoignent au centre.

Vénus préhistorique
Pendant toute la préhistoire, sculpture féminine stylisée représentant la déesse-mère et probablement la fertilité.

Wilton
En Afrique du Sud, industrie du Mésolithique, caractérisée par des microlithes, puis un type particulier de céramiques.

Ziggourat
En Mésopotamie, édifice religieux en briques crues de forme pyramidale fait de la superposition de plates-formes.

Bibliographie

P. Amiet, *L'art antique du Proche-Orient*, Citadelles et Mazenod, Paris, 1997.
B. Andreae, *L'art de l'ancienne Rome*, Citadelles et Mazenod, Paris, 1973.
G. Andreu, *Images de la vie quotidienne en Egypte au temps des pharaons*, Hachette, Paris, 1992.
G. Andreu, *Les Egyptiens au temps des pharaons*, Hachette, Paris, 1997.
F. Anfray, *Les anciens Ethiopiens*, Armand Colin, Paris, 1990.
P. Anker et A. Andersen, *L'art scandinave*, 2 vol, Zodiaque, La Pierre-qui-Vire, 1969.
C. Baudez et S. Picasso, *Les cités perdues des Mayas*, Gallimard Jeunesse, Paris, 1987.
C. Bernand, *Les Incas, peuple du soleil*, Gallimard Jeunesse, Paris, 1988.
J.-Y. Blot, *L'histoire engloutie ou l'archéologie sous-marine*, Gallimard Jeunesse, Paris, 1995.
J. Bottéro et M.-J. Stève, *Il était une fois la Mésopotamie*, Gallimard Jeunesse, Paris, 1993.
M. Chauveau, *L'Egypte au temps de Cléopâtre*, Hachette, Paris, 1997.
Collectif, *La grande histoire des Indiens d'Amérique du Nord*, Reader's Digest, Paris, 1983.
K. Conant, *Cluny, les églises et la maison du chef d'ordre*, Mâcon, 1968.
M. Cornevin, *Archéologie africaine*, Maisonneuve et Larose, Paris, 1993.
A. D'Avella, *Le monde Océanien*, Flammarion, Paris, 1998.
J. Devisse (sous la direction de), *Vallées du Niger*, Réunion des musées nationaux, Paris, 1993.
G. Duby, *Le temps des cathédrales, l'art et la société 980-1420*, Gallimard, Paris, 1976.
M. Durliat, *Des Barbares à l'an mil*, Citadelles et Mazenod, Paris, 1992.
D. et V. Elisseeff, *L'art de l'ancien Japon*, Citadelles et Mazenod, Paris, 1980.
Encyclopaedia Universalis, *Le grand atlas de l'archéologie*, Paris, 1985.
A. Erlande-Brandebourg, *Le monde gothique, la conquête de l'Europe 1260-1380*, Gallimard, Paris, 1988.
J.-F. Fino, *Forteresses de la France médiévale*, A. et J. Picard, Paris, 1970.
R. Fossier, *Le Moyen Age 1, Les mondes nouveaux 350-950*, Armand Colin, Paris, 1982.
J. Garanger (sous la direction de), *La Préhistoire dans le monde*, nouvelle édition de *La Préhistoire* de A. Leroi-Gourhan (1965), Presses Universitaires de France, Paris, 1992.
P. Gros, *L'architecture romaine : les édifices publics*, Picard, Paris, 1996.
S. Gruzinski, *Le destin brisé de l'empire aztèque*, Gallimard Jeunesse, Paris, 1987.
Institut du Monde Arabe, *Soudan, royaumes sur le Nil*, Flammarion, Paris, 1997.
A. Guillou, *La civilisation byzantine*, Arthaud, Paris, 1974.
P. Jacquin, *Les Indiens d'Amérique*, Flammarion, Paris, 1996.
M. Julien, M. et C. Orliac (sous la direction de), *Mémoire de pierre, mémoire d'homme*, Publications de la Sorbonne, Paris, 1997.
A. Kaeppler, C. Kaufmann, D. Newton, *L'art océanien*, Citadelles et Mazenod, Paris, 1993.
A. Kaspi, *Les Américains*, Le Seuil, Paris, 1986.
A. Le Bonheur, *L'art de l'Asie du Sud-Est*, Citadelles et Mazenod, Paris, 1994.
J. Le Goff, *La civilisation de l'Occident médiéval*, Arthaud, Paris, 1964.
A. Leroi-Gourhan (sous la direction de), *Dictionnaire de la Préhistoire*, nouvelle édition mise à jour, Presses Universitaires de France, Paris, 1994.
P. Lévêque, *La naissance de la Grèce*, Gallimard Jeunesse, Paris, 1990.
D. Meeks et C. Favard-Meeks, *La vie quotidienne des dieux égyptiens*, Hachette, Paris, 1993.
B. Menu, *Ramsès II, souverain des souverains*, Gallimard Jeunesse, Paris, 1998.
J. Mesgui, *Châteaux et enceintes de la France médiévale*, Picard, Paris, 1991.
J.-P. Mohen, *Les mégalithes*, Gallimard Jeunesse, Paris, 1998.
P. Montet, *L'Egypte au temps de Ramsès*, Hachette, Paris, 1995.
L. Musset, *Les peuples scandinaves au Moyen Age*, Presses Universitaires de France, Paris, 1951.
M. Pacaut et J. Rossiaud, *L'âge roman*, Fayard, Paris, 1969.
K. Papaioannou, *L'art grec*, Citadelles et Mazenod, Paris, 1993.
P. Périn et L.-C. Feffer, *Les Francs à la conquête de la Gaule*, Armand Colin, Paris, 1987.
P. Périn et L.-C. Feffer, *Les Francs à l'origine de la France*, Armand Colin, Paris, 1987.
P. Pinon, *La Gaule retrouvée*, Gallimard Jeunesse, Paris, 1991.
La Protohistoire de l'Europe, Presses Universitaires de France, Paris, 1985.
C. Sivaramamurti, *L'art en Inde*, Citadelles et Mazenod, Paris, 1974.
H. Stirrlin, *Islam*, vol. I et III, Taschen, Cologne, 1996.
N. Thomas, *L'art de l'Océanie*, Thames ans Hudson, Paris, 1995.
Y. Thoraval, *Dictionnaire de la civilisation musulmane*, Larousse, Paris, 1995.
R. Turcan, *L'art dans l'histoire romaine*, Flammarion, Paris, 1995.
J. Vercoutter, *A la recherche de l'Egypte oubliée*, Gallimard Jeunesse, Paris, 1998.
D. Vialou, *Chasseurs et artistes au cœur de la Préhistoire*, Gallimard Jeunesse, Paris, 1996.
W. Watson et M.-C. Rey, *L'art de la Chine*, Citadelles et Mazenod, Paris, 1997.

INDEX

A

Abu Hureya, 25
Acier, production d', 111, 120
ADN, test, 130
Afghanistan
Carte, 150-151
Sites, 186
Afrique
Carte, 142
Sites, 167-170
Afrique du Sud
Carte, 142
Sites, 170
Age du bronze
Avebury, 35,36-39
Bracelets, 52
Bronzes du Bénin, 53
Burins, 52
Cratère de Vix, 66
Décorations de La Tène, 63
Fonte à cire perdue, 53
Haches, 52
Navan, 61, 63
Palaikastro, 47, 48-51
Poterie, 37, 38, 40
Sanxingdui, 47, 56
Saxon, 81
Statues chinoises, 53
Typologie, 52-53
Villes, 46-57
Age du cuivre, 33
Age du fer, 58-67
Carte, 58-59
Boucliers, 53
Grand Zimbabwe, 64-65
Tara, 67
Mont Lassois, 66
Navan, 60-63
Agriculture
Age du bronze, 46-47
Agriculture sur brûlis, 25
Amérique centrale, 139
Asie du Sud-Est, 154
Blé, 26, 28
Çatal Hüyük, 26-29
Céréales, 27, 28
Développement, 26-29
Egypte, 47
Maïs, 24
Néolithique, 24-29
Origines, 139
Pommes de terre, 24
Pueblo, 136
Riz, 25
Tabac, 104
Vallée de l'Indus, 46, 54
Akrotíri, 47, 57
Albanie
Carte, 147
Sites, 180
Alexandre le Grand, 68
Alexandrie, 69
Alfred le Grand, 80
Algérie
Carte, 142
Sites, 167
Alhambra, Grenade, 5, 90
Allemagne
Carte, 146-147
Sites, 178
Essen, 111, 120
Amenhotep III, 45
Amérindiens
Flèches, 103, 104
Maryland, 102-105
Amérique centrale
Carte, 138-139
Sites, 161-163
Amérique du Nord
Carte, 136-137
Sites, 158-160
Amérique du Sud
Carte, 141
Sites, 165-166
Amphithéâtre romain, 79
Amsterdam, 101
Analyse de l'alimentation, 130
Analyse de l'environnement, 127
Stanton Harcourt, 14-17
Analyse de graines, 16
Analyse des maladies, 130
Analyse géophysique
Avebury, 9, 36, 38
Château de Hylton, 92-93
Navan, 122
St. Mary's City, 102-103
Stanton Harcourt, 14
Techniques, 122
Tockenham, 70-71
Angkor, 154
Angleterre *(voir aussi Royaume-Uni)*
Carte, 144
Sites, 173-174
Angola
Carte, 142
Sites, 168
Anguilla
Carte, 139
Sites, 163
Animaux domestiques
Chevaux, 25
Lamas, 24
Anse Amour, 12
Anse aux Meadows, 80, 87
Anubis, 35
Anyang, 35, 47
Aphodias fasciatus,16
Arabie Saoudite
Carte, 148-149
Sites, 184
Arbres, dendrochronologie, 126
Arc de Caligula, Pompéi, 78
Archéologie sous-marine
Fort Jesus, 108
Techniques, 127
Argent, pièces, 69, 117
Argentine
Carte, 141
Sites, 166
Arménie
Carte, 148
Sites, 182
Armes
Acier, 120
Amérindiens, 103, 104
Canon, 106
Epée mérovingienne, 87
Fer, 59, 61
Pierre, 103, 104
Production de masse, 120
Plomb, 103, 105
Silex, 26-27, 29
Viking, 80
Artémis, 76
Aryballe, 74
Asa, 86
Asie
Cartes, 148-155
Sites, 182-194
Asie centrale
Carte, 150-151
Sites, 186-188
Asie du Sud-Est
Carte, 154-155
Sites, 192-194
Asie occidentale
Carte, 148-149
Sites, 182-185
Asie orientale
Carte, 152-153
Sites, 189-192
Assyrien, empire, 59, 149
Athènes, 69
Australie
Carte, 156
Sites, 195-196
Sydney Cove, 101, 109
Australopithecus boisei, 20
Autriche
Carte, 147
Sites, 179
Avebury, 6, 7, 9, 35, 36-39
Excavation, 36-37
Analyse, 38, 39
Avila, 90
Aztèques, 43, 139

B

Babylone, 47, 59
Babylonien, empire 149
Bahreïn
Carte, 149
Sites, 185
Baltimore, Lord, 102, 104
Ban Kao, 25
Ban Na Di, 35
Banpo, 25
Basilique St.-Nazaire, Carcassonne, 98
Bateau
Transatlantique, 110
Viking, 81
Battersea, bouclier de, 53
Beaumont, Texas, 110
Becket, archevêque, 90
Belgique
Carte, 146
Sites, 178
Le Grand-Hornu, 111, 121
Belize
Carte, 138
Sites, 162
Bérenger, 89
Bijoux
Age du fer, 62
Mérovingiens, 81, 87
Paléolithiques, 21
Saxons, 83, 84-85
Birmanie
Carte, 154
Sites, 192
Birmingham, 111
Soho Manufactory, 112-115
Blackwater Draw, 12
Blé, culture, 26, 28
Bois
Akrotíri, 57
Dendrochronologie, 126
Paléolithique, 15, 16
Bolivie
Carte, 140
Sites, 166
Botswana
Carte, 142
Site, 169
Bougon, 25, 32
Boulton, Matthew, 112-115, 117
Frappe des pièces, 117
Soho Manufactory, 112-115
Boutons, manufacture de, 113, 114
Brésil
Carte, 141
Sites, 166
Bristol, 101
Broighter, bateau en or de, 58
Bronzes du Bénin, 53
Bucarest, 91
Boudhisme, 150, 153
Buhaya, 59
Bulgarie
Carte, 147
Sites, 180
Varna, 25, 33
Byzantine, période, 149

C

Cadman's Cottage, Sydney, 109
Cahokia, 34
Cahuachi, 46
Calvert, Charles, 102
Calvert, Leonard, 102, 103
Cambodge
Carte, 154
Sites, 193
Campaniforme
Avebury, 37, 38
Caractéristiques, 40
Canada
Carte, 136-137
Sites, 158
L'Anse aux Meadows, 80, 87
Canterbury, 90
Canton, 101
Çatal Hüyük, 25, 26-29
Excavation, 26-27
Analyse, 28, 29
Carcassonne, 90, 98
Carnac, 35, 42
Carter, Howard, 45
Cartes, 136-157
Digitale, 102-103

Mappa Mundi, 91
New York, 107
Soho Manufactory, 112
Virginie, 100
XVIe siècle, 132-133
Carthage, 68
Celsus, bibliothèque de, 8, 77
Celtes, 58
Navan, 60-63
Céramique sigillée, 41, 71
Tockenham, 71, 72
Cercle de pierre, Avebury, 36-39
César, Jules, 69
Chadouf, 47
Charbon
Production de coke, 118-119
Techniques industrielles, 121
Charlemagne, 80
Chasseurs-cueilleurs, 12-23
Carte, 12-13
Afrique, 142
Danger Cave, 23
Egypte, 143
Gorges d'Olduvai, 20
Mezhirich, 21
Mont Carmel, 22
Stanton Harcourt, 14-17
Chavín de Huantar, 34
Chevaux
Cavaliers scythes, 59
De la Caspienne, 25
Domestication, 25
Childe, Gordon, 30
Childéric, 87
Chili
Carte, 141
Sites, 166
Chimú, 140
Chine
Carte, 152-153
Sites, 189-191
Artisanat du bronze, 53
Grande Muraille, 59
Os divinatoires, 47
Sanxingdui, 47, 56
Christianisme
Amérique du Nord, 103, 104
Croisades, 97, 98
Mérovingiens, 87
Monastères, 96, 99
Pèlerins, 99
Société médiévale, 90
Chypre
Carte, 147
Sites, 181
Clovis, 87
Cluny, 90, 96
Coalbrookdale, 111, 118-119
Coalport, porcelaine de, 119
Coca-Cola, 75
Cochin, 101
Coke, production de fer, 118-119
Colombie
Carte, 141
Sites, 165
Colonies, 100-109
Carte, 100-101
Afrique, 108
Amérique du Nord, 102-105
Australie, 109
Hollandaises, 106
Pénitentiaires, 109
Principaux sites, 100-101
Colt, Samuel, 110
Commerce
Afrique, 64-65
Age du bronze, 51
Celte, 66
Colonial, 100-101
Grec, 66
Harappéen, 54
Origines, 24
Palaikastro, 7, 51
Compagnie des Indes orientales, 101
Conant, Kenneth, 96
Conchobor, 60
Conservation
De la pierre, 131
Des métaux, 131
Constantinople, 91
Cook, James, 109
Coquillages
Analyse, 127
Manufacture de boutons, 113, 114
Mollusques, 15, 17
Huîtres, 71, 73
Corbicula, 15, 17
Corée du Nord
Carte, 153
Sites, 191
Corée du Sud
Carte, 153
Sites, 191
Corse
Carte, 146
Site, 178
Costa Rica
Carte, 138-139
Sites, 163
Côte-d'Ivoire
Carte, 142
Sites, 167
Crânes
Homo habilis, 20
Horemkenesi, 129-129
Jéricho, 24
Reconstitution, 128-129
Trépanation, 32
Crète
Carte, 147
Sites, 181
Minoens, 46, 47
Palaikastro, 7, 47, 48-51
Cristal au plomb, 75
Croatie
Carte, 147
Site, 180
Croisades, 97, 98
Cueva del Civil, 12
Cuivre, Amérique du Nord, 102
Culture sur brûlis, 25
Cuve de flottaison, 127
Cycle d'Ulster, 60

D

Danemark
Carte, 145
Sites, 175
Chaudron de Gunderstrup, 58
Danger Cave, 12, 23
Darby, Abraham, 118, 119
Dartmouth, 111
Datation au carbone 14
Age du bronze, 56
Bougon, 32
Céréales, 27
Danger Cave, 23
Denrées carbonisées, 27
Grand Zimbabwe, 64
Homme de Lindow, 11
Mezhirich, 21
Néolithique, 32
Paléolithique, 21, 23
Sanxingdui, 56
Techniques, 126
Deir el-Bahri, 45
Dendrochronologie
Akrotíri, 57
Techniques, 126
Dents
Analyse, 17
Elephant, 15, 17
Homme, 130
Mammouth, 15, 17
Ours, 15, 16
Dermestes murinus,16
Detroit, 110

E

Ebbesbourne, 52
Ecriture
Cunéiforme, 46
Sceaux harappéens, 55
Linéaire A, 49, 50
Egypte
Carte, 143
Sites, 170-171
Faïence, 74
Gizeh, 35
Thèbes, 35, 45
Electrum, 116
Eléphants, 15, 17
Elmina, 101
El Salvaldor
Carte, 138
Sites, 163
Emain Macha, 60
Emirats Arabes Unis
Carte, 149
Site, 185
Epave
St. Antonio de Tanna, 108
Techniques de fouilles, 127
Ephèse, 8, 69, 76-77
Bibliothèque de Celsus, 8, 76
Epoque classique 68-79
Carte 68-69
Equateur
Carte, 140-141
Sites, 165-166
Ere industrielle, 110-121
Carte, 110-111
Coalbrookdale, 118-119
Essen, 120
Le Grand-Hornu, 121
Soho Manufactory, 112-115
Ere monumentale, 34-45'
Carte, 34-35
Eruptions volcaniques, 57, 78-79
Escargot, analyse, 127
Espagne
Carte, 146
Sites, 176
Peintures rupestres, 12
St.-Jacques-de-Compostelle, 90, 99
Wisigoths, 80
Esprit, grotte de l', 13
Essen, 111, 120
Estonie
Carte, 146-147
Sites, 175
Etats-Unis d'Amérique
Carte, 136-137
Sites, 158-160
Danger Cave, 12, 23
New York, 100, 106-107
St. Mary's City, 100, 102-105
Ethiopie
Carte, 142
Sites, 168
Etude en surface
Photographie aérienne, 124
St. Mary's City, 102
Techniques, 124
Europe continentale
Carts, 146-147
Sites, 176-181
Examen géophysique, 122

F

Faïence, 74
Farine, 25
Feddersen Wierde, 81
Fenêtres romaines, 71, 72
Fer
Fonte, 118-119
Epingle, 83
Production, 111
Fermes *(voir Agriculture)*
Fibule
Age du fer, 62
Mérovingienne, 87
Fidji
Carte, 156
Sites, 197
Fierebrace, Guillaume, 99
Figurines
Africaines, 64
Age du bronze, 49, 51
Chasseurs-cueilleurs, 13, 21
Néolithiques, 27,29
Pakistan, 35
Finlande
Carte, 145
Sites, 175
Fiorelli, Guiseppe, 78
Fonte à cire perdue, 53
Ford, Henry, 110
Fortifications
Carcassonne, 98
Château de Hylton, 92-95
Fort James, New York, 106
Fort Jesus, Kenya, 101,108
Grand Zimbabwe, 64-65

Krak des Chevaliers, 97
Mont Lassois, 66
Navan, 60-63
Fort James, New York, 106
Fort Jesus, Kenya, 101, 108
Fosse sacrificatoire, 56
France
Carte, 146
Sites, 177-178
Bougon, 25, 32
Carcassonne, 90, 98
Carnac, 35, 42
Cluny, 90, 96
Grand, 68, 79
Mont Lassois, 58, 66
Pouan, 81, 87
Frappe des monnaies, 116-117
Fresques
Akrotíri, 57
Minoennes, 46

G

Gambie
Carte, 142
Sites, 167
Gange, vallée du, 150-151
Garnier, Jean-Michel, 31
Garlake, Peter, 64
Géorgie
Carte, 148
Sites, 182
Ghana
Carte, 142
Sites, 167
Gizeh, 35
Gland, 28
Gorge-Legrand, Henri, 111, 121
GPS *(voir positionnement global par satellite)*
Grenade, 90
Grand, 68, 79
Great Eastern, 110
Grande Muraille de Chine, 59
Grand Zimbabwe, 59, 64-65
Grauballe, homme de, 58
Grèce
Carte, 147
Sites, 180-181
Commerce, 66
Ephèse, 8, 69, 76-77
Mythologie, 69
Poterie, 40
Principaux sites, 68-69
Grimes Graves, 25
Groat, 117
Groenland, 80
Grottes
Danger Cave, 12, 23
Habitat, 12-13
Mont Carmel, 22
Peintures, 12-13
Guatemala
Carte, 138
Sites, 162-163
Guerre de Cent Ans, 95
Guilá Naquitz, 12
Gundestrup, chaudron de, 58
Gutenberg, 91

H

Haches
Acheuléennes, 15, 17, 18, 19
Avebury, 37, 39
Bronze, 52
Jadéite, 42
Levallois, 18
Néolithique, 19
Paléolithique, 15,17,18, 19
Stanton Harcourt, 15, 17
Typologie, 18-19
Haïti
Carte, 139
Sites, 163
Hallstatt, 58
Harappa (civilisation harappéenne), 47, 54-55
Hartford, 110
Hatchepsout, 45
Haua Fteah, 13
Haut Moyen Age, 80-89
Carte, 80-81
Monnaies, 116
Hawaii
Carte, 157
Sites, 197
Healy, lac, 12
Henge, 36-39
Héraldique, 93, 94
Herculanum, 68, 79
Hister quadrinaculatus, 16
Hofstadir, 81
Hominidés
Australopithecus boisei, 20
Homo erectus, 18, 20
Homo habilis, 18, 20
Homo sapiens, 18
Néandertal, 13, 22, 149
Homo erectus, 20
Outils, 18
Homo habilis
Gorges d'Olduvai, 20
Outils, 18
Homo sapiens
Outils, 18
Honduras
Carte, 138
Sites, 163
Hongrie
Carte, 147
Sites, 180
Hopewell, 34
Horemkenesi, 128-129
Hudson, Henry, 106
Huîtres, 71, 73
Hylton, château, 90, 92-95
Excavation, 92-93
Analyse, 94-95
Hypocauste, 71, 73

I

Incas, 140
Inde
Carte, 151
Sites, 186-188
Indonésie
Carte, 154-155
Sites, 194
Indus, vallée de l'
Agriculture, 46
Mohenjo-Daro, 47, 54-55
Villes, 47, 150
Industrie de l'armement, 120
Ingstad, Helge et Anne, 87
Inuit, 136
Iona, 81
Iran
Carte, 148-149
Sites, 185
Iraq
Carte, 148
Sites, 184
Irlande
Carte, 144
Sites, 172
Navan, 8, 58, 60-63
Newgrange, 35
Tara, 58, 62
Irrigation
Chadouf, 47
Vallée de l'Indus, 54
Isidore de Séville, 80
Islam, 149, 150
Croisades, 97
Verre, 75
Islande
Carte, 145
Sites, 174
Israël
Carte, 148
Sites, 183
Mont Carmel, 13, 22
Italie
Carte, 146-147
Sites, 178-179
Herculanum, 68, 79
Lombards, 81
Pompéi, 68, 78
Ravenne, 88-89
Ivoire
Kouros, 49, 51
Palaikastro, 7, 47, 49

J

Jade, 56
Jadéite, 42
Jamaïque
Carte, 139
Sites, 163
Jamestown, Virginie, 100
Japon
Carte, 153
Sites, 191-192
Johannesburg, 101
Jordanie
Carte, 148
Sites, 183-184
Justinien, 88-89

K

Kausambi, 59
Kazakhstan
Carte, 149
Sites, 185
Kenniff Cave, 13
Kenya
Carte, 142
Sites, 168-169
Fort Jesus, 101, 108
Khmers, 154
Kiev, 81
Knossos, 47
Kouros, 49, 50, 51
Krak des Chevaliers, 91, 97
Krupps, 111, 120

L

Laetoli, 6
Lamas, 24
Laos
Carte, 154
Sites, 193
Lascaux, 13
La Tène, 63
Latrines, romaines, 76
La Venta, 46
Lauze 93, 95
Lchasen, 35
Leakey, Louis, 20
Le Creusot, 111
Le Grand-Hornu, 111, 121
Légumes, 28
Lentilles, 28
Culture, 26
Lepenski Vir, 25
Lésotho
Carte, 142
Sites, 170
Lettonie
Carte, 145
Sites, 175
Liban
Carte, 148
Sites, 183
Levallois, technique, 18
Levant, 149
Lewgar, John, 102
Libby, Willard, Frank, 126
Libye
Carte, 142
Sites, 167
Lindow, homme de, 10-11
Linéaire A, 49, 50
Lisbonne, 101
Lituanie
Carte, 145
Sites, 175
Livrée, 95
Lombards, 81
Loughnashade, 63
Louis II d'Anjou, 90
Lowell, 110
Lydiennes, pièces, 116
Lysimaque, 76

M

Macao
Carte, 152
Sites, 192
Machine à vapeur
Boulton et Watt, 114
Rocket, 111
Maçonnage, 104
Macrofossiles, 127

Madagascar
Carte, 142
Sites, 170
Madras, 101
Magnétométrie
Fondations, 8
Techniques, 122
Tockenham, 70
Maïs, 24, 139
Maisons
Çatal Hüyük, 26-29
Colonies, 104-105
En os de mammouths, 13, 21
L'Anse aux Meadows, 87
Mehzhirich, 21
Néolithique, 26-29, 30-31
Paléolithique, 21
Romaines, 70-73
St. Peter's, 104-105
Skara Brae, 30-31
Tockenham, 70-73
Trous de poteaux, 125
Viking, 87
Malacca, 101
Malawi
Carte, 142
Sites, 169
Malaisie
Carte, 154-155
Sites, 193-194
Mali
Carte, 142
Sites, 167-168
Malte
Carte, 147
Sites, 179
Mammouths 13
Nourriture, 17
Maisons en os, 13, 21
Défenses, 15
Manching, 58
Manufacture, 112-115
Mappa Mundi, 91
Marae, 157
Marais, homme des, 10, 11
Maroc
Carte, 142
Sites, 167
Marsyas, 79
Mauritanie
Carte, 142
Sites, 167
Mayas, 139
Mégalithique
Bougon, 32
Carnac, 42
Le Menec, 42
Stonehenge, 42
Mehrgarh, 25
Memnon, colosses de, 45
Menhirs, 42
Mérovingiens, 81, 87
Méso-Amérique, 46, 138-139
Teotihuacán, 34, 43
Mésopotamie, 47, 149
Ecriture cunéiforme, 46
Mexique
Carte, 138
Sites, 161-162
Teotihuacán, 34, 43
Mezhirich, 13, 21
Microfossiles, 127
Microlithes, 19
Micronésie
Carte, 156
Sites, 197
Minoenne, culture
Akrotíri, 57
Fresques, 46
Palaikastro, 48-51
Minorque
Carte, 146
Site, 176
Mocassins, 23
Moché, 140
Mohammed Ier, 90
Mohenjo-Daro, 4, 47, 54-55
Figures symboliques, 35
Moldavie
Carte, 147
Sites, 181
Mollusques
Analyse, 127
Corbicula fluminalis, 15, 17
Huîtres, 71, 73
Mombasa, 108
Mongolie
Carte, 152
Sites, 189
Mont Carmel, 13, 22
Mont Lassois, 58, 66
Monte Verde, 12
Mosaïques
Herculanum, 79
Ravenne, 88-89
Tockenham, 70, 73
Moyen Age, 90-99
Carte, 90-91
Carcassonne, 98
Cluny, 96
Hylton, château, 90, 92-95
Krak des Chevaliers, 97
Paysans, 90
Pièces, 117
Poterie, 41
St.-Jacques-de-Compostelle, 99
Société, 90
Mozambique
Carte, 142
Sites, 169
Mur d'Hadrien, 68
Mungo, lac, 13

N

Namibie
Carte, 142
Sites, 170
Natoufienne, culture, 22
Navan, 8, 58, 60-63, 122
Excavation, 60-61
Analyse, 62-63
Navire funéraire
Oseberg, 86
Sutton Hoo, 130
Nazca, 46
Néandertal 149
Mont Carmel, 13, 22
Néolithique, 24-33
Carte, 24-25
Bougon, 32
Çatal Hüyük, 25, 26-29
Haches, 19
Métallurgie, 33
Poterie, 40
Skara Brae, 30-31
Tara, 67
Varna, 33
New Amsterdam, 106-107
Newgrange, 35
New York, 100, 106
Carte, 107
Site primitif, 106
Tabac, 105
Yaocomico, 102
Niger
Carte, 142
Sites, 168
Nigeria
Carte, 142
Sites, 168
Bronzes du Bénin, 53
Nil, vallée du, 46
Noisettes, 28
Norvège
Carte, 145
Sites, 174-175
Oseberg, 81, 86
Nouvelle-Calédonie
Carte, 156
Sites, 197
Nouvelle-Zélande
Carte, 156
Sites, 196
Novgorod, 91

O

Obsidienne, 29, 43
Oldfield, 52
Olduvai, 13, 20
Outils de pierre, 18, 20
Olmèques, 46, 139
Oman
Carte, 149
Sites, 185
Or
Australie, 109
Monnaie, 109
Néolithique, 33
Orge, culture, 26, 26
Orkney, îles, 25, 30-31
Os
Divinatoires, 47
Maisons, 21
Ostéologie, 130
Omoplates, 37, 39
Techniques de l'exhumation, 130
Oseberg, 81, 86
Ouganda
Carte, 142
Sites, 169
Ours, 15, 37, 38
Outils de pierre
Amérique, 12
Fabrication, 19
Microlithes, 19
Néolithique, 19, 37, 39
Olduvai, 18, 20
Paléolithique, 15, 17, 18-19
Technique Levallois, 18
Typologie, 18-19
Outils en os
Avebury, 37,39
Skara Brae, 31
Ouzbékistan
Carte, 149
Sites, 185
Oxford, 90

P

Pacifique
Carte, 156-157
Sites, 195-197
Pakistan
Carte, 150-151
Sites, 186
Mohenjo-Daro, 35, 47, 54-55
Paléolithique
Climat, 14-17
Danger Cave, 23
Environnement, 14-17
Haches, 18, 19
Mezhirich, 21
Mont Carmel, 22
Olduvai, 20
Peintures rupestres, 12
Stanton Harcourt, 14-17
Palaikastro, 7, 47, 48-51
Excavation, 48-49
Analyse, 50-51
Palau
Carte, 156
Sites, 196-197
Palestine
Carte, 148
Sites, 183
Panamá
Carte, 139
Sites, 163
Papouasie-Nouvelle-Guinée
Carte, 156
Sites, 196
Pâques, île de
Carte, 157
Sites, 197
Paris, 90
Parthe, empire, 150
Pays Baltes
Carte, 145
Sites, 175
Pays-Bas
Carte, 146
Sites, 178
Pays de Galles
Carte, 144
Sites, 174
Pazyryk, 59
Peintures rupestres, 28
Pèlerins, 99
Perse, empire, 150
Pérou
Carte, 140
Sites, 164-165
Pétroglyphes, 157
Pharos, Alexandrie, 69
Philippines
Carte, 155
Sites, 194

Phillip, capitaine Arthur, 109
Photos aériennes
  Avebury, 36
  St. Mary's City, 102
  Techniques, 124
Pièces
  Argent 69, 117
  Bronze, 72
  Estampage, 116
  En roue de charette, 117
  Frappe, 115, 117
  Groat,117
  Haut Moyen Age, 116
  Lydiennes, 116
  Noble, 117
  Or, 109
  Romaines, 69, 71, 72, 116
  Saxonnes, 116
  Soho Manufactory, 112-113
  Statère, 116
  Thaler, 117
  Tockenham, 71, 72
  Typologie, 116, 117
  Viking, 116
Pierres dressées
  Avebury, 36, 38-39
  Carnac, 42
  Tara, 67
Pioche en bois de cervidé, 37
Pipes
  Amérindiennes, 103, 105
  Manufacture, 113, 115
Pithoi, 49, 51
Pline le Jeune, 78
Poids, 49
Pois, culture, 26
Pollen, 127
Pollution, 131
  Teotihuacán, 43-44
Pologne
  Carte, 147
  Sites, 180
Polynésie française
  Carte, 157
  Sites, 197
Pommes de terre, 24
Pompéi, 68, 78
  Arc de Caligula, 78
Pont du Gard, 68
Porte narbonnaise, Carcassone, 98
Portugal
  Carte, 146
  Sites, 176
  Colonies, 100-101, 108
Positionnement global par satellite (GPS)
  Moyens, 8
  St. Mary's City, 102
  Techniques, 123
Potassium, datation, 20
Poterie
  Age du fer, 61, 63
  Akrotíri, 57
  A rebord plat, 61, 63
  Avebury, 37, 38
  Campaniforme, 37, 38, 40
  Celte, 61, 63
  Coalport, 119
  Etude en surface, 124
  Faïence verte, 41
  Grecque, 40
  Médiévale, 41, 93, 94
  Minoenne, 49, 51, 57
  Navan, 61, 63
  Néolithique, 32, 40
  Palaikastro, 49, 51
  Reconstitution, 128-129
  Saxonne, 83, 84
  Sigillée, 41, 71, 72, 124
  Techniques, 40-41
  Types, 128
  Typologie, 40-41
  Valdivia, 24
  Wedgwood, 41
Potosí, 100
Pouan, 81, 87
Premières villes, 46-57
  Carte, 46-47
Presse à imprimer, 91
Production de masse, 110, 112-115
Puerto Rico
  Carte, 139
  Sites, 163
Puit de pétrole, 110
Pyramides
  Gizeh, 35

Q-R

Québec, 100
Radar, 123
  Au sol, 8, 123
Ravenne, 81, 88-89
Rayons X, 131
Reconstitution
  Crâne, 128-129
  Poterie, 128-129
Renne, 80
Repoussé, 53, 63
République centrafricaine
  Carte, 142
  Sites, 168
République démocratique du Congo
  Carte, 142
  Sites, 168
République dominicaine
  Carte, 139
  Sites, 163
République tchèque
  Carte, 147
  Sites, 179, 180
Résistivité
  Techniques, 122
  Tockenham, 70
Résonance éléctronique de spin (ESR), 22, 130
Riz, 25
Richard II, 95
Rocket, 111
Romain, empire, 68-79
  Carte, 68-69
  Armée, 69
  Céramique, 41
  Ephèse, 8, 69, 76-77
  Grand, 79
  Herculanum, 79
  Pièces, 116
  Pompéi, 78
  Routes, 68
  Tockenham, 70-73
Rothenburg, 91
Roumanie
  Carte, 147
  Sites, 180
Route de la Soie, 150-151
Royaume-Uni
  Carte, 144
  Sites, 172-174
  Avebury, 6, 9, 35, 36-39
  Birmingham, 111, 112-115
  Coalbrookdale, 111, 118-119
  Hylton, château, 90, 92-95
  Navan, 8, 58, 60-63
  Skara Brae, 25, 30-31
  Stanton Harcourt, 13, 14-17
  Tockenham, 68, 70-73
  Winterbourne Gunner, 81, 82-85
Rozwi, 64
Ruhr, 120
Russie, Fédération de
  Carte, 147, 152
  Sites, 181, 189

S

Sabratha, 68
Sacrifices humains, 10-11
St. Antonio de Tanna, 108
St. Apollinaire-le-Neuf, 88-89
St. Augustine, 100
St. Jacques-de-Compostelle, 90, 99
St. James, 90, 99
St. Kitts, 100
St. Mary's City, 100, 102-105
  Excavation, 102-103
  Analyse, 104-105
St. Peter's, 103, 104-105
Saladin, 97
Salomon, îles
  Carte, 156
  Sites, 197
Samoa américaines
  Carte, 156
  Sites, 197
Santorin, 57
Sanxingdui, 47, 56
Sargon d'Akkad, 47
Sassanide, empire, 150
Saumur, 90
Saxons
  Pièces, 116
  Tombes, 82-85
  Winterbourne Gunner, 81, 82-85
Scandinavie
  Carte, 145
  Sites, 174-175
  Skara Brae, 25, 30-31
Scarabées, 16
Sceaux, 27, 28
Scythes, cavaliers, 59
Sénégal
  Carte, 142
  Sites, 167
Sépultures
  Age du bronze, 67, 82
  Bougon, 32
  Carnac, 42
  Celtes, 66
  Coloniales, 103
  Egyptiennes, 45
  Ere monumentale, 34-35, 42
  Homme de Lindow, 10, 11
  Mérovingiennes, 87
  Mont Carmel, 22
  Natoufienne, culture, 22
  Navire funéraire, 86, 130
  Néolithiques, 27, 29, 32, 33
  Oseberg, 86
  Paléolithiques, 22
  Pouan, 87
  Sanctuaire aux taureaux, 27, 29
  St. Mary's City 103
  Saxonnes, 82-85
  Technique d'exhumation, 130
  Tara, 67
  Thèbes, 45
  Varna, 33
  Vikings, 86
  Vix, 66
  Winterbourne Gunner, 82-85
Shona, empire, 64-65
Sibérie
  Carte, 152
  Sites, 189
Singe de Barbarie, Navan, 61, 62
Site fortifié
  Mont Lassois, 66
  Navan, 60-63
  Tara, 67
Site rituel
  Avebury, 36-39
  Bassins, 58, 63
  Carnac, 42
  Navan, 8, 60-63
  Sanxingdui, 56
  Tara, 67
Skara Brae, 25, 30-31
Skhull, grottes de, 22
Slovaquie
  Carte, 147
  Sites, 180
Slovénie
  Carte, 147
  Sites, 180
Smith, John, 100
Société, îles de la
  Carte, 157
  Sites, 197
Soho Manufactory, 7, 111, 112-115
  Excavation, 111-113
  Analyse, 114-115
Sol, analyse du
  Cuve de flottaison, 127
  Stanton Harcourt, 14, 16
Sols
  Mosaïque, 70, 73, 79, 88
  Pavage, 93, 95
Soudan
  Carte, 142
  Sites, 168
Sri Lanka
  Carte, 151
  Sites, 188
Stanton Harcourt, 13, 14-17
  Excavation, 14-15
  Analyse, 16-17
Stéatite, 64
Stephenson, George, 111

Stonehenge, 42
Stratigraphie, 125
Suède
Carte, 145
Sites, 175
Suisse
Carte, 146-147
Sites, 178
Sumérien, empire, 149
Swaziland
Carte, 142
Sites, 170
Sydney Cove, 101, 109
Symboles de la fertilité, 27, 29
Syrie
Carte, 148
Sites, 182-183
Krak des Chevaliers, 91, 97

T

Tabac
Culture, 104
Fumer, 105
Tabun, grottes, 22
Taima-Taima, 12
Taïwan
Carte, 153
Sites, 192
Tamaulipas, 24
Tanzanie
Carte, 142
Sites, 169
Buhaya, 59
Laetoli, 6
Olduvai, 13, 18, 20
Taperinha, 12
Tara, 58, 67
Tchad
Carte, 142
Site, 168
Techniques archéologiques
Analyse de l'environnement, 127
Analyse des trous de piliers, 125
Archéologie sous-marine, 127
Conservation des découvertes, 131
Datation au carbone, 14, 126
Datation au potassium, 20
Dendrochronologie, 126
Etude en surface, 124
Examen géophysique, 122
Exhumation de restes humains, 130
Magnétométrie, 122
Photographie aérienne, 124
Positionnement global par satelite, 123
Radar au sol, 123
Reconstitution d'un crâne, 128-129
Reconstitution d'une poterie, 128-129
Résistivité, 122
Technique de fouilles, 125
Techniques de datation
Datation au potassium, 20
Datation au carbone 14, 126
Dendrochronologie, 57, 126
Résonance éléctronique de spin, 22, 126
Thermoluminescence, 22
Techniques de fouilles, 9, 125
Exhumation de restes humains, 130
Plan des fouilles, 15
Tehuacán, vallée du 24
Teotihuacán, 34, 43-44, 139
Tesselles, 70, 73
Thaïlande
Carte, 154
Sites, 192-193
Thaler, 117
Thèbes, 35, 45
Théodoric, 89
Thera, 57
Thermoluminescence, 22
Thoutmosis, 45
Tiahuanaco, 34
Tibet
Carte, 152
Sites, 189
Tillya-Depe, 59
Tissage, 49, 50
Tissus
Conservation, 131
Machines, 111
Néolithique, 27, 29
Production de masse, 111
Tockenham, 68, 70-73
Excavation, 70-71
Analyse, 72-73
Toit
Moyen Age, 93, 95
Romain, 71, 73
Tombe, 32, 42
Tonga
Carte, 156
Sites, 197
Toutankhamon, 45
Traite des esclaves, 101
Trelleborg, 81
Trépanation, 32
Trevithick, Richard, 119
Troupeau de bétail, 25, 26
Trou de poteau
Analyse, 125
Navan, 60, 62
Tuiles romaines, 71, 73
Tumulus de St. Michel, Carnac, 42
Tumulus du Serpent, 34
Tunisie
Carte, 142
Sites, 167
Turkménistan
Carte, 149
Sites, 185
Turquie
Carte, 148
Sites, 182
Çatal Hüyük, 7, 25, 26-29
Ephèse, 8, 69, 76-77
Typologie
Bronze, 52-53
Outils de pierre, 18-19
Pièce, 116-117
Poterie, 40-41
Verre, 74-75

U

Ukraine
Carte, 147
Sites, 181
Mezhirich, 13, 21
Ur, 35
Usines
Birmingham, 112-115
Colonies, 101
Ford, 110
Le Grand-Hornu, 121
Munitions, 120

V

Valdivia, 24
Valériane, 16
Valltorta, gorges de, 12
Vanuatu
Carte, 156
Site, 197
Varna, 25, 33
Varsovie, 91
Venezuela
Carte, 141
Sites, 166
Venise, 91
Vénus de Willendorf, 13
Verre
Coca-Cola, 75
Cristal au plomb, 75
Egyptien, 74
Fenêtre, 71, 72
Islamique, 75
Phénicien, 74
Romain, 71, 72, 74
Soufflage, 75
Tockenham, 71,72
Typologie, 74-75
Vénitien, 91
Vésuve, 78-79
Vietnam
Carte, 154-155
Sites, 193
Vikings, 80-81, 145
L'Anse aux Meadows, 87
Flèches, 80
Oseberg, 81, 86
Pièces, 116
Villa Nova de São Pedro, 25
Villa romaine
Tockenham, 68, 70-73
Villes
Age du bronze, 46-57
Akrotíri, 57
Carcassone, 98
Ephèse, 8, 69, 76-77
Mohenjo-Daro, 47, 54-55
Néolithique, 26-29
New York, 106-107
Premières villes, carte, 46-47
Ravenne, 88-89
Romaine, 78-79
Sanxingdui, 47, 56
Sydney, 109
Teotihuacán, 43-44
Thèbes, 35, 45
Vinland, 87
Viollet-le-Duc, 98
Virginie, 100
Vix, cratère de, 66

W

Wall Street, New York, 106
Wasserburg Buchau, 47
Waterman, Dudley, 60
Watt, James, 112-114
Wedgwood, 41
West Stow, 81
Wheeler, Sir Mortimer, 55
Wilton, diptyque de, 95
Winterbourne Gunner, 7, 81, 82-85
Excavation, 82-83
Analyse, 84-85
Wisigoths, 80, 89

Y

Yémen
Carte, 148-149
Sites, 184
Yougoslavie
Carte, 147
Sites, 180

Z

Zambie
Carte, 142
Sites, 169
Zhengzhou, 47
Zhoukoudian, grotte, 13
Zimbabwe
Carte, 142
Sites, 169
Grand Zimbabwe, 59, 64-65

REMERCIEMENTS

Dorling Kindersley tient à remercier : Joanna Warwick, David Williams et Paul Greenleaf, spécialement Joanne Mitchell. Jenni Butterworth, Victoria Batten, Suzanne Lavery, Steve Speake, Steve Breeze, Robin Piercy, Hugh Sackett, Mark Moak, Dr Alex MacGillivray, Theya Molleson, Rita Maclean, Nicholas Kingsley, George Demidovich, Janet Bell, James et Arlette Mellaart, Phil Harding, Beric Morley, Dr Rosamund Cleal, Chris Lynn, Rowena Gale, Ciaran Lyons, Danny Sutherland, Malcolm Fry, Dr Christopher Scarre, Dr Mark Horton, Dr John Gater, Geophysical Surveys of Bradford, Stewart Ainsworth and Bernard Thomason du RCHME, Dr Kate Scott, Helena Cave-Penny, Tony Corey, James Finnigan, Nick Pearson à BSS, Gail Boyle, Sue Giles, Sarah Ashun et Carinne Allinson.

Assistance pour la maquette : Heather McCarry, Dooty Williams, Ngaio Ballard, Richard Sinclair, Tracy Timson et Jo Long.

Assistance éditoriale : Jo Marceau et Susannah Steel.

Index : Richard Raper et Margaret Binns.

Dorling Kindersley tient à remercier les personnalités et les organismes suivants pour les autorisations de reproduction des illustrations :

g = gauche, d = droit, h = haut, c = centre, b = bas.

AKG : 24bg, 76c, 86bg, 120bg ; Alexis Rosenfeld : 5cd, 127bg, 127bd ; Ancient Art and Architecture Collection : 12bg, 33c, 50bg, 99bd ; Architectural Association : Paul Simpon 68bc ; Ashmolean Museum, Oxford : 109hd ; Birmingham City Museum : 46bd ; Bridgeman Art Library, London : Hereford Cathedral 91hd British Library, London 100bg ; Musée Condé, Chantilly, France/Lauros-Giraudon 90bg Museo e Gallerie Nazionali di Capodimonte Naples/Giraudon 69hd ; National Musuem of India, New Delhi 35bd, British Museum : 10–11, 35bc, 40bg, 40bc, 43bd, 46hd, 47hd, 52bc, 53bd, 53bg, 53bc ; 59hg, 63c, 69cd, 74bc, 75bg, 90hd, 91cg,104hd, 116-17, 128hg, 128hd, 129hg, 129hd, 131bg ; Chelmsford Museums Service : Paul Strarr 75bc ; Christie's Images : 119cd ; CM Dixon : 21bc, 29hd, 57cd, 59hd, 68bg ; Conseil Général des Vosges : Laurenson 79bg ; 79bc ; Department of Arts, Culture and the Gaeltacht, Ireland : 67hg ; English Heritage Photographic Library : 7b, 9bg, 36bg ; E.T. Archive : 58bg, 81hd, 109bg ; Giraudon : 33hc, 66bc ; Grand Hornu Images : 121bg, 121bd, 121hd ; Hulton Getty : 118bd, Hutchison Library : 31hd ; Images Colour Library : 43hd, 43cd, 118hg ; Institute of Archaeology Cultural Relics Bureau, Sichuan Province, China :1c, 56bg, 56hg, 56hd, 56cd ; Instituto Nacional de Antropologia e Historia, Mexico : Michael Zabe 34cd ; Institute of Archaeology, University College London : 27bc, 131cd ; Joe Cornish Photographer : 42hd, 42bg ; La Belle Aurore : Juliette Coombe 45hd ; MacQuitty International Photographic Collection : 4bd, 54cg ; Mary Evans Picture Library : 105hd, 106bc, 110hd, 111bg ; Maryland Historical Society, Museum and Library of Maryland History : 102bg (24.7.1 Landing of Leonard Calvert and the First Maryland Colonists, artist : DA Woodward, medium : oil on canvas) ; Michael Holford : 46bg ; Musée des Tumulus de Bougon, Conseil Général des Deux-Sèvres, France : 32cd, 32bg, 32hg ; Musée d'art et d'histoire de Troyes : Jean-Marie Protte 87cd ; Musée du Châtillonnais - Châtillon-sur-Seine : 66hd, 66bg ; Museo del Duomo di Monza : 89hg ; Museum of London : Dave King 25bd, 25hd ; 73hc, 100cd ; Museum of the City of New York : 106cg, 107 ; National Museum of Denmark : 80hd ; National Museum of Ireland, Dublin : 58cg, 63hd ; National Museums of Scotland : 31bc, 63hc ; National Trust : 39hd, 73bc, 73hd ; Natural History Museum, London : 13c, 20hg, 21cd, 40hg ; Novosti (London) : 21hd ; Oseberg Ship Museum, Oseberg : 86hd ; Parks Canada : 87hd ; Photo Editions Gaud : 42bc, 96hd ; Pictor International : 119h ; RCHME © Crown Copyright : 35c ; Robert Estall : 34bg ; Robert Harding Picture Library : 20bg, 22bg, 30bg, 30cd, 45bd, 54hd, 55hd, 55bg, 55bd, 64hg, 65hc, Teresa Black 67bc, 96bg, 97bd, 99cg ; Robert O'Dea : 78bd, 79hg, Scala : Museum of Archaeology, Belgrade 3c ; Iraq Museum Baghdad 47bc ; 69bc ; Museum of Archaeology, Florence 81bd ; Bargello Florence 87bd ; 88 ; St.-Apollinaire Nuovo Ravenna 89bd ; Bibliotheca Estense, Modena 132-197 ; Science Museum, London : Dave King 101hc, 114bg ; Science Photo Library : John Reader 6hc, James King Holmes 126bd ; Smithsonian Institution : Mark Gulezian 12c ; Sonia Halliday : 76bg ; 80bg ; /Jane Taylor 97cd ; 97hd ; Studio Kontos : 57hd ; The Image Bank : 8bg, 77 ; By permission of Tyne and Wear Museums Archaeology Department : 93bg, 95hc ; The Metropolitan Museum of Art, New York : 35hd ; Tony Stone Images : 65bg, 76hd, 106hd, 109bd ; Trip : T Bognar 44 ; W Jacobs 65hd ; Photographs courtesy of the Trustees of the Imperial War Museum : 120hd, 120bc ; Reproduced by courtesy of the Trustees, The National Gallery, London : 95cd ; University College Dublin : 67cd ; Utah Museum of Natural History : 23bc, 23hd ; Vladimir Vitanov : 33hd, 33bd ; Werner Forman Archive : 23cg, 64cg, 87hg ; Zev Radovan : 22hd, 22bd.

Remerciements particuliers pour : Alexander Keiller Museum, Avebury : 37cd, 37bd, 37hd, 37hc, 38 hd, 40bc ; Mick Aston : 60bc, 60 cg, 82cg, 83 hg, 83c, 92c, bg, 93 hg, 93c, 93bd, 102c, 103hg, 103 hc, 112cg, 113hg, 113hc ; Reproduced by Birmingham City Archives/Birmingham Library Services : 112–13cb, cd ; Bristol City Museum and Art Gallery : 40bg, 40bd, 41bg, 41bc, 41bd, 83bd ; The British School at Athens : 49d ; la bouteille a été reproduite avec la permission de The Coca-Cola Company. «Coca-Cola», Coke, sont des marques déposées de Coca-Cola Company ; Creative TV Facilities : 14c, 70cb, 70cg ; Environment and Heritage Service, Belfast : 60c ; Rowena Gale : 16hd ; Geophysical Surveys of Bradford : 14cg, 38bg, 82–3, 92–3 ; Phil Harding : 4hc, 18-19 ; INA : 108hd, 108cg, 108bc ; INAH : 34cd ; Arlette Mellaart : 26cg, 26bg, 27hg, 27cg, 27hc, 27hd, 28cg ; © Mark Moak : 51hd ; Museo Archaeological di Napoli : 78hg ; The Navan Centre : 60bd, 61c, 61hg, 61d, 61bc ; Oslo Ship Museum : 86bc, Hugh Sackett : 48cg, 48bg, 49hg, 49cg, 49bg, 49hc, 49bc, 49bg, 51bc ; Salisbury and South Wiltshire Museum : 4cg, 9hd, 13hg, 18-19, 37c, 40bc, 41bc, 41bd, 52bd, 62bg, 62bg, 71hc, 72bg, 81bg, 83hd, 83bd, 84bg, 84hd, 85hd, 85hg, 93hc, 93cd, 94hd, 99hg ; Soho House Museum : 111hg, 113cd, 113bg,113bc,113cd ; Time Team : 5bg, 6bg, 14cg, 15c, 17hd, 102bd, 103bd, 103cd, 103c, 103hd, 103bg.

Remerciements aux illustrateurs
Nick Hewetson : 5hg, 12-13, 16-17, 16cd, 24-5, 28-9, 34-5, 46-7, 62-3, 68-9, 80-1, 84-5, 90-91, 100-1, 104-5, 110-11, Richard Draper : 72-3, 94-5, 114-5, Stephen Conlin : 38-9, 50-1, Royston Knipe : 19hd, 41hd, 53 hd, 75 hd, 117hd.

Photographies additionnelles : DK© sp James Finnigan, 60bd, 61c, 61hg, 61d, 61bc.

Photographies Dorling Kindersley : 13cd, 25cd, 41bg, 101cd, 101bg, 16bg, 21bd, 24hc, 24bc ; Peter Anderson : 86bc ; M. Dunning : 111hd, Andreas Einsedel : 14bg ; Christi Graham/Nick Nicholls : 69bd ; Peter Hayman : 35bg ; Dave King : 12hd, 59bd, 104c ; 14bg ; James Stevenson : 2c, 78hg ; Michel Zabé : 34cd.

Malgré les efforts accomplis pour retrouver les propriétaires de tous les copyrights, les éditeurs prient par avance de les excuser pour les omissions involontaires qui pourraient subsister. Ils seront heureux, le cas échéant, de corriger ces oublis éventuels lors d'une prochaine réédition.